特朗普评传

温　宪　著

世界知识出版社

目 录

从任何负面的东西中特朗普总能找到光明的因素；这个有高度洁癖的人钻进了一条很脏的街道；你需要的并不是最好的地段，而是一单很好的生意；好地段是创造出来的；他对时机的把握有着极为敏感的直觉；越是有别人看似飞蛾扑火的事他越要干；要赌就赌大的，要干就干轰轰烈烈的；把大话说出去，实际上就是给自己下了一个军令状，就会逼迫着自己千方百计兑现承诺。人的潜力就是这样被挖掘出来的；他恨许多人，也能用许多人；在这片商海中扑腾，商人的奸、滑、狠、黑，一样都不能少；要找到最懂得这件事的人，要找到最好的人，要能够用最好的人；他善于从每件小事中悟出道理，总结升华之后成为规律性原则；他有无数敌人，但他内心深处仍有柔软的一块

在首都华盛顿精华中的精华地段，立起了“特朗普”的围栏；对品牌之执着可谓登峰造极；特朗普成为金钱、权力和奢侈的代名词；连离婚也有助于打响特朗普品牌；无形资产值多少，到底有多富，其实说不清楚；“女人是伟大的激励导师”；进入好的婚姻就像谈一笔重要的交易；婚礼上的贵客：希拉里·克林顿；让孩子认识每一块钱的价值；这家里的富二代挺懂事

“你被解雇了”+特朗普=哈哈一乐；人越疯狂，收视率就会越高；张扬是特朗普的符号，真人秀的跨界主持为他搭建了利用现代媒体环境的平台，磨砺了“语不惊人死不休”的张扬手段，也成为日后在更为宽广的美国总统竞选活动舞台上四处出击的“撒手锏”；这是特朗普一生中极为高调、光环也随之极为五彩缤纷的一段时期；到了生命中的这个阶段，我拥有一个难得的条件，就是可以去做任何自己想做的

大选决战中，特朗普从“骗子”角度对希拉里穷追猛打；奥巴马最为在意的是尽力保留、保护、延续他八年执政的政治遗产；“要赢得选举，需要两样东西：第一是金钱，第二我就记不得了”；两党总统候选人背后大资本的角逐与较量；当初痛快淋漓的“搅局”，现在的首要任务却是将七零八落的碎片捡起来，黏在一起；共和党必须咽下特朗普这口气；内部问题浮出水面，下出“中途换马”等险棋；令特朗普出冷汗的插曲今后注定少不了，因为他做出了一个直通“高处不胜寒”的选择；奥巴马的接任者也得面对美国在阿富汗陷入“打不赢又撤不走”的窘境；美国最为不可一世之时，恰恰是其从巅峰跌落之际；整个世界都在悄悄地做着一旦“特朗普总统”成为事实后的预案；真正坐在白宫椭圆形办公室，而不是坐在特朗普大厦内的特朗普会身不由己地将钟摆向中间拨回

美国第一号外交官深感“难堪”；特朗普：美国主义而不是国际主

若轻的承受和决断能力；美国正处于又一次钟摆运动过程中。特朗普所推动的是另一场大规模社会实验活动。美国的变化当然会对整个世界产生影响，但这种影响已经不具有一呼百应的霸主效应。这个世界毕竟已经多极化了

引　子

当地时间 2016 年 7 月 19 日晚，美国俄亥俄州克利夫兰市，共和党全国代表大会召开。

46 岁的本次共和党全国代表大会主席、美国国会众议院议长保罗·瑞恩走上讲台，宣布唐纳德·特朗普正式获得 2016 年美国总统选举共和党候选人提名。

第一时间知道这一结果的特朗普在自己的官方推特账户上表示，“成为共和党总统候选人提名是如此之荣耀。我将努力工作，永远不会让你们失望！美国第一！”

身在现场的特朗普家人欢天喜地。稍早时，唐纳德·特朗普的儿子小唐纳德·特朗普在全国代表大会上将纽约州的 89 张代表人选举票投给了特朗普，从而使得他最终超过了获得提名所需的 1 237 张选票。

这是一个历史性时刻！

铺天盖地的相关报道重复着这样一个共识：正式成为 2016 年共和党总统候选人的特朗普是一位使数以百万计选民激奋，同时又分裂了共和党的亿万富翁。此次共和党全国代表大会对这个纽约人的拥戴是美国政治历史中一个创纪录的时刻。这是对一场打破先例、蔑视权威、将建制派共和党取而代之的竞选活动的背书。之前，在2016年7月15日，特朗普选定曾担任美国众议院共和党党团会议主席的印第安纳州州长、坚定的保守派迈克·彭斯作为他的副总统竞选搭档。对于“局外人”特朗普而言，选择对华盛顿政治运作较为熟悉的彭斯显然有着扬长避短的考虑。

远在内华达州赌城拉斯维加斯的美国民主党总统候选人希拉里·克林顿当然不会置之不理。她嘲讽共和党全国代表大会恰如影片《绿野仙踪》般离奇，并将特朗普比作影片中的男巫奥兹。她说，“我一直在想，这像什么呢？后来我想到，当我还是一个小女孩时所看过的《绿野仙踪》，它（指共和党全国代表大会）与此有很多类似之处。你听到了好多喧闹声，但当你走到幕后，却看到唐纳德·特朗普没有为美国人民拿出任何东西。”

这无疑是美国共和党历史上最分裂、最无奈的一次全国代表大会。布什、罗姆尼、麦凯恩等共和党大佬或以“忙着出去钓鱼”“家中后院需要割草”等为由缺席大会。大会期间，台下一片吵嚷混乱。会场外，天主教修女、白人光头党、威斯特布路浸信会信徒等团体则轮番举行抗议示威活动。

这是一次令人战战兢兢的大规模集会。克利夫兰政府为此额外调动了2 500名警察，法院的日常工作时间延长至20小时，当地监狱腾空了1 000张床位，以备出现大规模逮捕情况。鉴于俄亥俄州是美国几个允许有证持枪者公开携带武器的州之一，前往采访的不少媒体为工作人员提供了战区式训练。

这是2016年全球瞩目的一场大戏。

2016年，中国农历为丙申猴年，似乎注定是一个活蹦乱跳的年份。

2016年的世界果然很不安分。这一年的6月24日，英国脱离欧洲联盟的公民投票结果出炉，“脱欧”派竟然取得多数选票，英国脱离欧盟将成为现实。

多极化的世界中，欧盟这一极出现分崩离析征兆。“娜拉出走后怎么办？”这个产生于欧洲大陆的经典问题，不仅困扰着英国和欧盟，整个世界都在掂量着其中的意味。

东滨大西洋的美利坚合众国，2016 年意味着一个新的政治周期走入高潮。

美国每四年举行一次总统大选。2016 年 11 月 8 日举行的是美国第 58 届总统选举。根据美国宪法第 22 修正案的规定，美国总统最多只有两个为期四年的任期，因此，2016 年总统大选将选出第 45 任总统和第 48 任副总统，以取代现任总统奥巴马和副总统拜登。根据美国宪法第二款规定，美国总统和副总统必须为年满 35 岁、出生在美国的公民，且必须在美国居住至少 14 年。

在这个新的政治周期中，因为一个名为唐纳德·特朗普的商人的出场，美国政治舞台因此上演了一出前所未有的精彩大戏，其精彩程度超出了任何一部想象力超级丰富的政治题材电视连续剧，包括那部有着“白宫甄嬛传”之称的火爆电视剧《纸牌屋》。

继 2013 年 2 月 1 日推出第一季后，具有冷峻批判现实主义风格特点的《纸牌屋》第二季、第三季和第四季相继于 2014 年 2 月 14 日、2015 年 2 月 27 日和 2016 年 3 月 4 日推出，紧跟着 2016 年美国总统大选进程的步伐，剧情内容最大限度地取材、暗合、演绎和预测着 2016 年美国总统大选。凯文·史派西所饰演的政客安德伍德从一名国会多数党党鞭最终入主白宫，其间玩弄了多少两面三刀、背信弃义、暗度陈仓、合纵连横、当面是人背后是鬼的权谋？安德伍德之妻克莱尔同样冷血无情、野心勃勃、老谋深算的权变及最终问鼎白宫的政治诉求不禁令人联想到现实生活中的希拉里·克林顿。

然而，即使这样一部用最大胆的想象揭示美国政坛黑幕的“美式宫廷戏”在极为骨感的现实中也显得格外苍白。

此前，即使好莱坞最为才华横溢的编剧们也未能想象到这位名为唐纳德·特朗普的商人有如此巨大跨界颠覆美国政坛的潜能！

2015 年 6 月 16 日，特朗普正式宣布角逐 2016 年美国总统大选，登时为美国总统竞选进程平添许多娱乐效应。

不知多少美国人当时听到这一消息后的第一反应便是撇嘴一乐。就是那位爱吹牛、破过产、离过婚的纽约商人吗？就是那个西装总是宽到溜肩、外套总是鼓鼓囊囊、红色领带总是长过腰带、头上总是顶着一蓬怪里怪气的横发、脸上总是喷抹显示褐色皮肤的喷剂、眼神总是露出谁都看不上眼的不屑、嘴里总是动不动就说“你被解雇了”的家伙吗？

对，就是他！

特朗普的参选及相关言论在美国引起一波又一波巨大争议。美国前中央情报局局长海登将军竟罕见地表示，如果特朗普当选，美军可能拒绝服从其命令。

在不到半年的初选进程中，就是这个特朗普在共和党内过关斩将，将其余 16 名总统候选人全部挑下马来。

2016 年 5 月 3 日晚，美国共和党全国委员会主席莱因斯・普里巴斯宣布，在共和党 2 472 张党代表票中，特朗普已经获得提名所需的过半票数 1 237 张选票，他已成为共和党“假定的”总统候选人提名。

普里巴斯在做出这样的宣布时难掩极为勉强的神情。

这是曾经产生过林肯的美国共和党历史上所做出的一次最无奈的宣布，其背后也有着共和党历史上最分裂、最混乱、最茫然、最频繁的争吵、内斗、协调与妥协。

这是一件创造历史的事情。

1952 年，五星将军艾森豪威尔作为共和党总统候选人角逐美国总统。特朗普是自那时以来首位被提名为共和党总统候选人前没有担任过选举公职的人。

1940 年，美国商人温德尔・威尔基作为“局外人”被共和党选定为总统候选人与民主党的富兰克林・罗斯福在大选中抗衡。特朗普是自那时以来的首个类似“黑马”商人。

仅仅在几年月以前还根本不可想象的事情就这样发生了！

曾几何时，对于特朗普的加入，多少人冠之以“跳梁小丑”，没有人想到特朗普会走得这样远。整个世界都看错了！

当特朗普在共和党内将要出线的局面越发明朗之时，整个世界的腔调也开始转变。

“特朗普总统不再是一个笑话”，德国《明镜》周刊发表评论说，地产大亨特朗普本来被认为是美国大选的一道美味的甜点，但随着竞争的白热化，特朗普非但不是昙花一现，还赢得了民心。现在是应该认真对待特朗普的时候了，不仅是共和党的几名竞争对手，对希拉里来说，他也将是一大挑战。

“特朗普证明他可以令媒体和支持者每天都迎来惊奇”，美国政治连线网站报道称，几项民调都显示，如果立即举行大选，特朗普将领先。这表明，特朗普在一系列问题上让人看好，能够迎合大批选民的支持。

美国“热气”网评论说，如果不是美国民调出现严重失误的话，事情的原因只能是，我们大家都错了。特朗普现在仍然每天都在打破日常规则，很多人冲着这点要在党内初选、甚至大选中把票投给他。让我们看着这一有趣时刻的到来。

《洛杉矶时报》称，就在几周前，人们还普遍认为，特朗普不过是愤怒的选民们的恣意选择，他的支持率很快会迎来天花板。但最近的民调显示，特朗普不断提高这一天花板的高度。共和党内资深人士认为，如果特朗普能够在未来推出更多政策建议，表明他在真正思考作为总统的职责。共和党人承认，美国人对于特朗普的钟爱并不仅仅是一场夏日浪漫，或许会远远多于此。

曾参加共和党总统选举的美国前国会众院议长金里奇承认，“美国政治家们都低估了特朗普”。

在吵吵嚷嚷闹剧般的喧嚣中，特朗普笑了。

他带着第三任妻子梅拉尼亚，开始到全美各地进行第二阶段大选的决战。他的对手是已被他定义为“骗子的”民主党总统候选人希拉里·克林顿。

就在2005年1月22日，当特朗普与梅拉尼亚在佛罗里达州举行那场极其奢华、盛大的婚礼时，所有贵宾中最为引人注目的便是这位希拉里·克林顿和她的丈夫、美国前总统克林顿。

一边是特朗普，一边是希拉里，无论谁能胜出，都是创造了新的历史。

其实，他们已经创造了历史。

面对这样一出精彩大戏，整个世界看得目瞪口呆。

最终，特朗普昂首走入白宫。

这就是美国！

特朗普究竟是谁？

第一章
“这小子从小就不是省油的灯”

查来查去，祖辈来自德国；父亲的教诲：“人最重要的是热爱自己从事的事业”；从小对家族房地产业便有着归属和依恋的感觉；从父亲那里学会在棘手的生意面前，一定要表现强硬；跟着父亲上工地；“谨慎进入；按时动工；全力做好；完美退出”；“作为学生我不是最用功的人”；恶作剧的“孩子王”；“学习成绩不代表一切”；争强好胜，就是这个基因；强者之间相处之道使他在日后的打拼中屡屡受用；他要不断超越，不断向最好进军；拿到进入富人圈的通行证

论出生，特朗普是来自大城市的人。那在美国还是最大城市——纽约。

不过，特朗普是纽约郊区人，这一点一直让特朗普有些耿耿于怀，也成为他日后一定要在纽约市中心干出点名堂的强大动力。

全世界的人心目中的纽约市中心是哪里？曼哈顿呀！地球人一提纽约，那指的就是有个自由女神像、华尔街、世界贸易中心、时代广场、中央公

园、第五大道、帝国大厦、洛克菲勒中心、东河和哈得孙河，还有设联合国总部的曼哈顿！

其实，曼哈顿只是濒临大西洋的一座小岛，也只是纽约市五个区中的之一。在总面积达 1 214.4 平方千米的纽约市中，曼哈顿区只占 59.5 平方千米。其他四个区分别是布朗克斯、布鲁克林、斯塔腾岛和皇后区。

特朗普就出生在皇后区。

纽约皇后区，那里有家族祖业

皇后区是纽约五区中最东边的一个区，地处长岛西端，西南与布鲁克林接壤。皇后区的面积在纽约市也是最大的，有 460 平方千米，近八倍于曼哈顿。

美国从来就没有皇帝，却如何出来一个皇后区呢？

意大利人哥伦布于 1492 年 10 月 12 日发现美洲新大陆后，来自欧洲的殖民者便一波接一波地涌入这块新大陆。最早在现在纽约地区落下脚跟的欧洲殖民者是荷兰人。

1624 年，荷兰人在加弗纳斯岛建立皮草贸易站，由此开始了欧洲人在“新荷兰”正式的永久居留。1626 年，荷兰殖民总督彼得·米纽特从当地勒纳佩人手中以 60 荷兰盾（这个数字到了近 400 年后的 2006 年也仅约为1 000 美元）买下曼哈顿岛。荷兰人在这里建立贸易站，并按荷兰大城市阿姆斯特丹的名字，将这个地方命名为“新阿姆斯特丹”，那时的荷兰居民约 300 人。

荷兰人于 1642 年、1643 年先后将曼哈顿周边的马斯佩斯、现在的法拉盛等地区纳入自己的殖民地范围。此后，陆陆续续又有殖民者落户到现在的埃尔姆赫斯特和牙买加地区。根据荷兰殖民地法律，居住在这些地方的多为从北部新英格兰地区通过长岛东部迁移至此的英国人。

在这块新大陆上，欧洲列强之间没少“掐架”。1651 年，英国人为这块殖民地同荷兰打了起来。1661 年 4 月，英国国王查理二世加冕，一年后便与葡萄牙国王若昂四世之女凯瑟琳结婚。1664 年，英国舰队开到当时的“新荷兰”，也就是现在的纽约外海，荷兰人最终无力抗争，“新荷兰”总督彼得·斯特伊维桑特举手投降，将“新阿姆斯特丹”拱手让给英国人。查理二世将这片地方交给他的弟弟管辖。于是，英王的弟弟便将自己的领地从英国的约克郡迁到“新阿姆斯特丹”，并于 1664 年正式将地名改为“纽约”，意即“新约克”。

1683 年，英国殖民者将纽约地区划分为 12 个县，其中一县便命名为皇后县。这个皇后是谁呢？她就是当时英国国王查理二世之妻凯瑟琳皇后。

时至今日，皇后区仍是人丁兴旺，百业发达。如果你乘飞机抵达或离开纽约，很可能走的是肯尼迪国际机场或拉瓜迪亚机场，那两个机场的所在地便是皇后区。

皇后区的一大特点就是种族多元化程度特别高。除了早期欧洲移民后裔，非洲裔、拉美裔、亚裔等种族都在这里聚居。皇后区有个法拉盛小镇特别值得一提。走在这个小镇的街上，满眼都是中文，令人恍若进入中国某省某县城。定居在这里的华人已经超过曼哈顿的华埠，成为纽约乃至全美最大的华人聚居地。2010 年 5 月 4 日，美国纽约皇后区与中国江苏省南京市建邺区正式结为友好城区。

历史上，皇后区还见证了不少名人的出生与成长。身为美国总统里根“第一夫人”的女演员南希·里根 1921 年就出生于法拉盛。

1946 年 6 月 14 日，一个男孩降生在皇后区一个名为牙买加的小镇，他的名字叫唐纳德·约翰·特朗普。

特朗普的母亲名为玛丽·安娜，1912 年出生在苏格兰一个名为刘易斯和哈里斯的小岛上，2000 年过世。1930 年，18 岁的玛丽·安娜在美国游览时遇到弗雷德·特朗普。他们于 1936 年结婚，安家于皇后区的牙买加一个住宅区。

弗雷德·特朗普比玛丽·安娜大七岁，出生于1905年，过世于1999年。

特朗普的先人来自何处，还曾有过争议。或许在骨子里对金发碧眼一直存有下意识的膜拜心理，在1976年《纽约时报》所刊载的自我介绍和此后出版的著作中，特朗普曾称他的爷爷来自瑞典。但这种说法又多次与他老父亲的说法对不上。弗雷德奋斗一生，最终成为纽约地区最大的地产商之一，而弗雷德·特朗普曾多次明确地说，他自己"有很多犹太人房客，而这对于一个德国人来说不是一件好事"。唐纳德·特朗普后来改口说他的父辈来自德国。

美国是一个移民国家。各个族裔在美国的成功人士都会成为本族裔的"榜样"。德裔美国人的榜样之一便是施托伊本。

施托伊本（1730—1794）是美国独立战争时与华盛顿将军共同作战的大陆军将领。他原为德意志军官，1777年抵美后，于1778年被任命为大陆军监察长，主持陆军训练工作，领少将衔，编著有《美国军队队列条令》。纽约是个喜欢以各种各样的由头搞各种各样游行的地方。为纪念这位先人，在纽约的德裔美国人也搞了一个施托伊本大游行。1999年，已成业界名人的特朗普就在纽约市德裔美国人施托伊本大游行中担任了总指挥。这也算是对自己身为德裔的证明吧。

特朗普家族之根来自德国莱茵河以西40英里一个名为卡尔斯达特的小镇。1608年，一个名为汉斯·德拉姆夫的德国律师定居在这里。十七世纪末，这个家族更名为特朗普，主要经营葡萄酒业。

唐纳德·特朗普的爷爷名为弗里德里克·特朗普，他是特朗普家族中第一个从德国来到新大陆的人。同当时打破脑袋来到美国的诸多欧洲移民一样，不愿意一辈子与葡萄酒打交道的弗里德里克也是一位到新大陆的"淘金者"。

弗里德里克有理发的手艺，还兼做好几项生意，其中包括经营一家餐馆。他后来将家从美国东海岸的纽约搬到西海岸的西雅图。

1896年8月16日，加拿大当地矿工在位于加拿大西北部育空地区的克朗代克河河谷地区发现黄金。当消息传到美国，立即引起北上淘金热，淘金大军人数最多时达到十万。

弗里德里克便是这支淘金大军中的一员。不过，弗里德里克·特朗普并没有真正到河边淘金，而是为淘金者在当地开办了一家名为“北极饭店”的餐馆。餐馆办得很成功。

老特朗普确实在这场北上加拿大的淘金热中掘到了第一桶金。他将这第一桶金转手投资到了纽约地区的房地产生意。

说到这里，就不能不提唐纳德·特朗普的奶奶伊丽莎白·克里斯特·特朗普。1906年，弗里德里克与伊丽莎白搬到纽约皇后区，开始在那里做房地产生意。或许是在加拿大淘金时留下的嗜好，弗里德里克酗酒成性，患下肝硬化。1918年，弗里德里克因患流行性感冒，引起并发症过世。那时得个感冒也会死人的！

弗里德里克过世后，留下一块价值31 359美元的地皮，按2016年的价值便是492 016美元。如同很多来美国的第一代移民一样，伊丽莎白也有着顽强不屈的创业精神。她在丈夫死后继续操持房地产生意。她在那块地皮上建起新屋，然后将其出租，收取租金。作为单身母亲，她的最大愿望便是将三个孩子养大成人，使他们受到良好教育后继承家族产业。

伊丽莎白三个孩子中的老二，也就是唐纳德·特朗普的父亲弗雷德·特朗普从小就是一个好孩子。他对妈妈说，等到他上大学学业完成后再接管家业就太晚了。妈妈听了他的话。当弗雷德刚18岁的时候，也就是1923年，伊丽莎白就成立了一个“伊丽莎白母子公司”，让弗雷德开始下海扑腾。又鉴于弗雷德那时还太小，伊丽莎白就负责签署所有法律文件。为了这家公司，伊丽莎白操持了一辈子。直至20世纪70年代，她还逐门逐户地收取特朗普房产租户的租金。

祖传房地产业

在唐纳德·特朗普的一生中，父亲弗雷德·特朗普对他的成长有着深刻影响。用他自己的话说，父亲“对我的影响最大”。

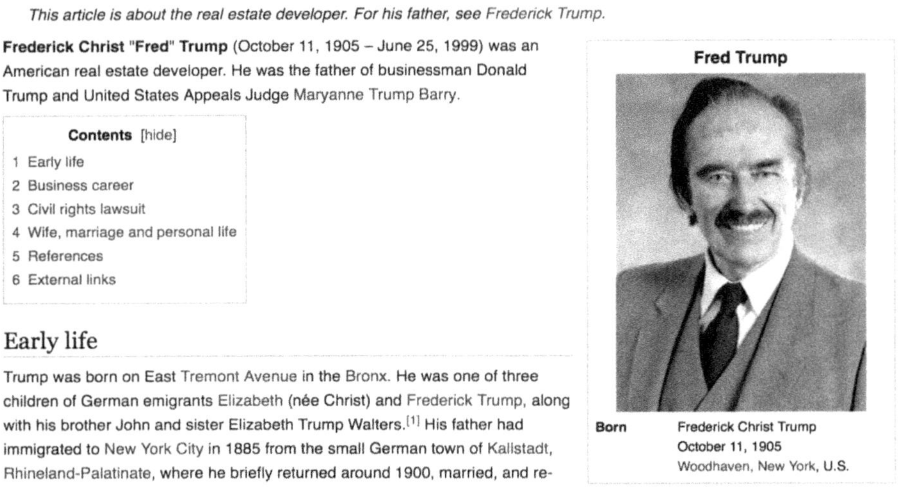
This article is about the real estate developer. For his father, see Frederick Trump.

Frederick Christ "Fred" Trump (October 11, 1905 – June 25, 1999) was an American real estate developer. He was the father of businessman Donald Trump and United States Appeals Judge Maryanne Trump Barry.

Contents [hide]

1 Early life
2 Business career
3 Civil rights lawsuit
4 Wife, marriage and personal life
5 References
6 External links

Early life

Trump was born on East Tremont Avenue in the Bronx. He was one of three children of German emigrants Elizabeth (née Christ) and Frederick Trump, along with his brother John and sister Elizabeth Trump Walters.[1] His father had immigrated to New York City in 1885 from the small German town of Kallstadt, Rhineland-Palatinate, where he briefly returned around 1900, married, and re-

Fred Trump

Born	Frederick Christ Trump October 11, 1905 Woodhaven, New York, U.S.

弗雷德·特朗普

资料来源：https：//en. wikipedia. org/wiki/Fred_Trump，2016 年 7 月 14 日登录。

作为来到美国的第二代移民，弗雷德·特朗普身上有着德意志民族认真、苦干、严格但也不乏刻板的特点。

作为家中第一个男孩，弗雷德从小便主动承担起家庭重担，小到刷盘洗碗的家务事，大到在外为父亲打零工，什么苦活累活都干。

人活着要有一门可以安身立命的手艺，这是弗雷德从小便有的信念。因为父亲做房地产生意，耳濡目染中，弗雷德对建筑业从开始感兴趣到将其视为职责。在建筑业中，木匠又是一门很吃香的手艺活。在高中时，弗雷德就通过上夜校学习木匠活。到了 16 岁时，弗雷德完成了自己人生中的第一件木工作品：一座可以容纳两辆汽车的车库。20 世纪初，汽车开始流行于美国，修建车库也成为热门生意。肯动脑子的弗雷德钻研出一种可拆卸的车库，做好后每间车库以 50 美元的价格卖出。

父亲去世后，弗雷德主动承担家业。为此，他没有像母亲所希望的那样在高中毕业后继续上大学深造。在弗雷德的一生中，没有上过大学是终身缺憾。他也因此对于上过大学的人有着一种深深的“敬畏感”。

只有教育才可以改变命运，这是众多寻求“美国梦”的人们的共识。虽然自己没能上大学，但弗雷德通过自己的打拼，最终资助弟弟约翰·特朗普走进了大学校门。约翰后来攻读了麻省理工学院博士学位，成为一名物理学家。

没有受过高等教育，又要改变命运，就只有比别人更为加倍的打拼。弗雷德自己便走的是这样一条更为艰辛的创业道路。

除了木工活外，弗雷德通过给一位建筑师当助手自学了不少业内活计，包括用钢曲尺做椽子，也包括数学，到老年时，弗雷德还能够心算 5 纵行数相加的结果——在房地产行业中，当场就能计算出个子丑寅卯很重要！

当然，更重要的不是自己能干木工活，而是要盖了房子以后能将房子很快卖出去。弗雷德高中毕业一年后，就在皇后区的伍德黑文小镇建了第一所独幢住宅房子。建房成本 5 000 美元，弗雷德以 7 500 美元售出，获纯利 2 500美元。这对牛刀小试的弗雷德来说可是含金量很高的第一桶金！

在妈妈的帮助下，弗雷德的房子一处又一处地建设起来。刚开始弗雷德将目标人群定位在收入不高的工薪阶层。对于这些人来说，这种独立式砖房价格可以接受，又有别墅风格和独立空间，较之人口密度大得多的公寓来说改善不少，因此销路极好。弗雷德建房的地点也从伍德黑文开发到了霍里斯、皇后村等地。

当生意像滚雪球那样越滚越大时，弗雷德的心也越来越大。自己的腰包慢慢鼓起来了，他的目光盯住了同他一样腰包里有点真金白银的富裕群体。

他的建房风格也从小型砖房转变为设计更为欧式的三层独立式小楼。在欧洲移民聚居的牙买加小区，他建了一批有着都铎王朝、维多利亚王朝风格的小楼。唐纳德·特朗普便出生在这样一座欧式风格小楼中。

20 世纪 20 年代末，美国遭遇了经济危机。经济一萧条，房价便下跌。弗雷德先买了一家贷款公司，后开办了一家小型超市，后又转手将它们卖掉，还是回头做房地产生意。

至 1934 年，美国从经济危机中慢慢缓过气来。弗雷德将房地产生意做出了皇后区。他用很便宜的价格在布鲁克林区贫穷地段弗拉特布什买了一块地，然后在那里开发建房。这一新投资很快得到了良好的回报。三星期内，弗雷德便卖出 78 处住房。此后，弗雷德又在皇后区和布鲁克林区建了近 3 000套住房。他也因此成为纽约地区相当成功的房地产商人。

1948 年，弗雷德在布鲁克林区希普德黑德湾的 Z 街建了一栋办公楼，他自己便在那里办公，也一直没有离开那里。

在唐纳德·特朗普看来，父亲确是一位成功者，但他也默默地看到，父亲一生中从未跨过那条河，染指纽约的核心地段曼哈顿。

在唐纳德·特朗普眼中，父亲一直都是标准很高、要求很严格的人。从他记事的时候起，弗雷德就总是对他说，“人最重要的是热爱自己从事的事业，因为这是唯一一件你能做出成就的事情。”

随着年事渐增，何为“事业”，何为“成就”，唐纳德·特朗普的界定不断发生着变化。

在弗雷德的五个孩子中，唐纳德·特朗普排行老四。唐纳德·特朗普有两个姐姐：大姐玛丽安娜出生于 1937 年；二姐伊丽莎白出生于 1942 年。他还有一个 1938 年出生的哥哥小弗雷德和一个名为罗伯特的弟弟，出生于 1948 年。

作为五个孩子中的大姐，玛丽安娜确实有大姐样。没有上过大学的父亲一直支持她接受高等教育。玛丽安娜最终进入了位于马萨诸塞州西部小镇南哈德利的曼荷莲学院。

曼荷莲学院距纽约北部约三小时车程。在美国东海岸女子文理学院联盟“七姐妹学院”中，创建于1837年的曼荷莲学院是联盟中的大姐。在这所以“走没人走过的路，做没人做过的事”为宗旨的学院中，走出过诸多杰出人才，其中包括美国白宫第一位女性阁僚弗朗西斯·珀金，美国著名诗人艾米莉·狄金森和曾在小布什政府内担任劳工部长、后又在特朗普政府中被任命为交通部长的赵小兰。作为华裔的赵小兰被许多在美华人视为“美国梦”的成功榜样。

从曼荷莲学院毕业后，玛丽安娜也面临着事业与家庭这一古老的挑战与抉择。她最终决定先照顾家庭，当了一段家庭主妇，以抚养孩子，操持家务。待孩子13岁时，她重回大学攻读法律，最终以优异成绩毕业。毕业后，她先开了一家私人律师事务所，后转任公职，做了五年美国联邦检察官。20世纪80年代，她成为美国联邦第三上诉法院主管老年人事务的联邦法官。

较之大姐玛丽安娜，唐纳德的二姐伊丽莎白更加平民化一些。这位被唐纳德形容为“性格温和开朗，但是没有什么野心”的伊丽莎白曾在大通曼哈顿银行工作多年。

唐纳德的哥哥小弗雷德在特朗普家中最具叛逆性格。他从小便与父亲弗雷德不和。弗雷德曾有意将这个长子培养成为家族房地产业的接班人，但小弗雷德对房地产业没有丝毫兴趣，一味沉溺于各种聚会和花天酒地。大、小弗雷德之间爆发大吵一度成为家中常事。

此后，小弗雷德跑到了美国最东南边的佛罗里达州，最终学会了开飞机，并入职环球航空公司。上班之余，小弗雷德最喜欢干的便是钓鱼和驾着游艇在海上狂飙。

远在佛罗里达的小弗雷德和家中关系一直不好，短暂的开心并未去除这块心病。郁闷的他最终走上了爷爷的老路——酗酒。1981年，小弗雷德终因酗酒引起的并发症过世，那一年他才 43 岁。

唐纳德对哥哥的过早去世颇感懊悔。小弗雷德在世时，他也曾像其他家人一样对小弗雷德动辄指责。有一次，他对比自己大 8 岁的哥哥说，“你知道你在干什么吗？你是在虚度自己的人生！”忆及此事，唐纳德认为全家都“误解了”小弗雷德，因为大家都把他看成了“一事无成”的人。“其实，他能开心生活才是最重要的，”唐纳德说，“他本可以生活得很幸福，却苦于找不到自己的位置。或许他曾经找到过，但是家里人却没有给他追寻的机会。我真希望能早点想明白这一切。”

与小弗雷德相比，唐纳德和弟弟罗伯特与父亲之间的关系要密切得多。罗伯特比唐纳德小两岁，较之极为张扬的唐纳德，罗伯特的性情更为平易、低调。小的时候，唐纳德和罗伯特在一起玩搭积木时，不是哥哥让着弟弟，而是弟弟让着哥哥。唐纳德要搭一座大楼时，积木不够用，他便伸手向罗伯特“借”，说“我用完了就还给你。”结果唐纳德将所有积木“借”去搭成大楼后，因为“实在太喜欢”，他将胶水将大楼粘了起来，还积木的事早就抛在脑后。罗伯特也不跟他计较。

与小弗雷德不同，唐纳德从小对家族房地产业便有着归属和依恋的感觉。还在会走路的时候，和父亲一起到建筑工地成了唐纳德和罗伯特特别愿意做的事。那些有着各种各样建筑材料的工地简直就像偌大的玩具场一样，唐纳德和弟弟一边玩，一边捡东西，他们将那些捡回来的瓶瓶罐罐收罗在一起，过一阵卖掉，便成了自己的零花钱。

弗雷德不是那种休息时带孩子们去电影院看电影或到公园玩捉迷藏的父亲。他最爱带孩子们到皇后区和布鲁克林的建筑工地。“走，咱们去巡视巡视。”说完这话，弗雷德就带领孩子们出发了。

弗雷德从来不对孩子们咆哮，但小唐纳德却莫明其妙地还是怕父亲。在他看来，父亲是一个很强势的人，但有点让人敬而远之，难以亲近。

就在这一次又一次随着父亲到建筑工地，小唐纳德有意无意间观察到了许多做生意的细节，包括如何与承包商周旋，参观楼盘时应注意什么细节，如何与人讨价还价。

小唐纳德注意到，父亲在讨价时是一个很实在却也很坚定的人，因而有着很高的公信力。他看到，父亲在与承包商讨价时，常常会把对承包商的价格压得很低，但他同时会对承包商说，老伙计，你看，你可以按时得到所有报酬，别人可没有给你这个保证哟。他父亲还会运用“将欲取之，必先予之”“放长线，钓大鱼”等心理战术，告诉承包商这次活干好了，下次还有活干；你们自己把活干好，不会耽误接下一个活；等等。

弗雷德办事有板有眼、细致入微的风格也给唐纳德留下深刻印象。作为雇主，弗雷德非常严格。工程一上马，他每早必到工地监工，哪个环节做得不到位，他还会亲自上去比画两下。别忘了，对于木工活和其他活计，他弗雷德可不是外行。

做买卖要赚钱，必得压低成本。这是古往今来的通理。只不过弗雷德在施行过程中更为较真。他首先非常清楚从拖把、地板蜡到石板、木材等各种建材的市场行情，也从宏观上了解房市形势，他与供应商、承包商们和各式买主杀起价来便表现得格外理直气壮和切中要害。如在一幢建筑物中安装一套自来水管道需 40 万美元，弗雷德一定会将最终价格控制在 60 万美元之内。毕竟也得让对方小赚一些。

搞建筑是一整套系统工程，一环扣一环，工期能否按时，这对能否盈利非常重要。弗雷德在这一点上表现得狠之又狠。同样在皇后区弗拉特布什小镇搞房产建设，弗雷德每次都比旁边的同行提前三四个月完工。提前完工意味着预算的大幅度节省和房产更快地投入市场，转而将得到的资金更快地流转到其他工程上去。在很长时间里，弗雷德在皇后区和布鲁克林区建设的低价住房仍是中低收入者的首选。

多年之后，唐纳德回忆说，他从父亲那里学会了在棘手的生意面前，一定要表现强硬；要以自己的自信感染和激励别人。做房地产生意要注意四个步骤：谨慎进入；按时动工；全力做好；完美退出，每一步都需要讲求方法，每一步都需要讲求效率。

纽约军事学校的摔打

美国的学生很快乐。美国的老师很宽容，很懂得保护孩子们的自尊心，也很懂得鼓励孩子。然而，即便是用美国老师的标准，特朗普从小也算不上是一个“好学生”。

特朗普一家住在皇后区牙买加住宅小区内那所都铎式二层独立小楼时，特朗普先被送到邻近的基福里斯特学校上学，他的父亲弗雷德当时担任这所学校的理事会成员。

然而，特朗普因为“行为”问题，于13岁时离开基福里斯特学校，转而被送入纽约军事学校。

1983年，特朗普的父亲弗雷德在接受采访时回忆说，唐纳德“这小子从小就不是省油的灯”。

特朗普到底有什么“行为”问题呢？

这世间事总有“翻手为云，覆手为雨”的特点。“雄心壮志”换种说法便成了“野心勃勃”，“自信好胜”也可能被人看成“狂妄自大”。“行为”一词也有着众说纷纭的寓意。尽管如此，当美国的家长对着孩子说出那句“注意你的行为”的时候，那孩子可能真要注意了。

有一点是肯定的。特朗普从小确实不是一盏省油的灯。

上小学二年级的时候，特朗普曾经将音乐老师打了个如同“熊猫眼”一样的“黑眼圈”。为此，他差点就被学校开除。在学校看来，这真是一个浑小子。但特朗普自己可不这么看。他认为这件事表明，自己从小就能勇敢地讲出自己的看法。他认为那位音乐教师根本就不知道什么是音乐。

特朗普至今对把老师打成“熊猫眼”这件事没有后悔之意。早已是成年人的特朗普唯一的变化是，“现在长大了，我会用自己的智慧而不是拳头去反击别人。”

请记住“反击”二字。三岁看老。此后特朗普的人生中频频出现“反击”的场景。是不是都很“智慧”则另当别论。

自认为“自信、好胜”的特朗普从小就是说一不二的“孩子王”，也是个恶作剧大王。他常将气球装满水后到处乱扔，把唾沫远远地吐得哪里都是，在体育场内和同学的生日会上更是一个捣蛋鬼。对于诸多这般糗事，特朗普毫不脸红地说，他毫无恶意，只是想证明自己有多么大胆。

特朗普版的“自信、好胜”也是解读其一生的关键词，其结果必然是“大胆的”好斗。特朗普承认，自己骨子里就有爱惹事的基因。

在这么一个“孩子王”面前，特朗普也确实有一些追随者，也有人很讨厌他。已经成名的特朗普忆及当时情景时，坦承这种有人喜欢，有人讨厌的情况“现在仍然一样”。

特朗普在小学里实在太闹了，家里人也管不住他。13 岁那年，弗雷德决定将这个“孩子王”送入纽约军事学校。

军队是个大熔炉，军事学校也不例外。那里所讲究的“纪律”专治特朗普这类动辄便搞恶作剧的毛病。

纽约军事学校的老师们也是这么想的。

纽约军事学校是座寄宿制学校，位于纽约市以北 97 千米一个名为上哈德孙康韦尔村。那里就是一个大乡村，想逃学都不容易。

纽约军事学校 1889 年由查尔斯·杰斐逊·赖特创建，是美国最古老的军事学校之一。赖特是美国内战老兵，曾在新罕布什尔州当过学校老师。既当过兵也当过老师的赖特相信，一个有着军事环境的学校会为学生的学业提供最好的环境。该校至今仍秉持这一办学理念。

纽约军事学校是有着军事架构的大学预科学校，招收来自纽约、全美及世界各地的学生。纽约军事学校刚开办时是男校，1975 年改为男女同校。2015 年 3 月 3 日，面临严重财政困难和招生严重不足的纽约军事学校申请破产保护。2015 年 9 月，该校关闭，在一次拍卖中被来自中国的投资者竞得。当年 11 月，纽约军事学校重新开放。

Republican presidential front-runner Donald Trump has cited his high school experience at the New York Military Academy as having given him "more training militarily than a lot of the guys that go into the military."

In recent weeks, Business Insider reached out to several of Trump's former classmates at the school. They paint a picture of Trump as a star athlete who rose to become one of the highest-ranked members of his class.

Donald Trump in his high school yearbook.

Classmates.com

上纽约军事学校期间的特朗普

资料来源：http：//www. businessinsider. com/donald-trump-high-school-classmates-what-he-was-like-2015-10，2016 年 7 月 14 日登录。

特朗普在纽约军事学校完成了高中课程。在高中期间，特朗普参加了长途行军等训练课程，最终，他在纽约军事学校的军装上扛上一个队长肩章。2015 年，他回忆说，他在纽约军事学校所受到的军事训练“甚至多于许多真正入伍从军的人”。

特朗普此言过于夸张了。但纽约军校的生活使得特朗普更能吃苦，也学会了一些处世之道却是事实。当初父亲决定将他送入军校时，特朗普对此决定感到“毛骨悚然”。但从军校毕业之时，他感到父亲为他的人生做出了一个正确的决定。

纽约军事学校的生活教会了特朗普遵守纪律，严于律己。那颗争强好胜的心也不再用于打架，而是争取一个好的学习成绩。

特朗普认为自己在军校时是一名“优秀”的学生，但“并不是最用功的那一个”。纽约军事学校的作业一般都很简单，尽管如此，特朗普还是对完成作业不感兴趣。他对此的解释是，他很早就明白一个道理，学校教育只不过是为人的终身发展起一个打好基础的作用。

以特朗普争强好胜的个性，学会如何与人相处算得上是一大收获。要知道，在军事学校内，那些军事教官信奉的是魔鬼式灌输训练，从来就不会轻声细语地与学生说话，学生也只能以“是，是，是”作答。这对于当惯“孩子王”的特朗普来说，一时还真有些难以适应。

军校内有一位名为西奥多尔·杜比安斯的老师，就是一个典型的军事教官。西奥多尔原是一名海军军官。在美国诸军种中，海军是相当自负的一个军种。实际上，美国各军种间都有一种谁也不服谁的文化。美国海军的最高学府是位于马里兰州的安纳波利斯海军学院，美国陆军的最高学府则为在纽约郊区的西点军校。美国海军与陆军间谁也不服谁最典型的表现便是每年两军代表队间的美式橄榄球比赛。大赛期间，在西点军校校园内，到处挂着“打败海军”的横幅标语，海军大院内则喊着针锋相对的口号。这种文化旨在培养出一种以自信为基础的拼死获胜精神。在这种拼死好斗文化中培养出来的军官要处处表现出硬汉风范。

身材强壮的西奥多尔就是这样。他在打橄榄球比赛时，能戴着护帽将球门柱撞断，但自己的铁头完好无损，脸不变色，继续奔跑。他对学生永远是绷着脸大声吼叫，谁也不能顶撞他。不管你有什么特殊背景，都得乖乖地听话，否则便严厉惩罚。

到军校的孩子都不是省油的灯。有一些人也是曾经的“孩子王”，到这里后还是不改昔日做派，西奥多尔说东，有人竟敢说西，结果被西奥多尔收拾得很惨。也有不少人见状变得乖乖的，唯命是从。

特朗普走了个“第三条道路”。他在身体上当然不是西奥多尔的对手，没法让他也尝尝“黑眼圈”，那么就“以智取胜，讨他喜欢”。我不怕你，但我也不招惹你。

特朗普很相信直觉。骨子里充满争强好胜基因的他从与西奥多尔的相处中悟出与强者的相处之道。面对西奥多尔这样的强者，不能一味对着干，否则一旦他发现你的弱点，便会轻而易举将你击倒在地；但你又不能一味认怂，自尊还是要表现出来的，也要表现出强势，与此同时也要装笑脸，讲配合。这样，对方就会尊重你，进而真诚待你。也正因为这样，所以最终双方都会感到舒适。这是强者之间的双赢之道。

特朗普从纽约军校悟出的强者之间相处之道也使他在日后的打拼中屡屡受用。

特朗普还从他在军校的同学身上获取了不少受益终生的教益。

在特朗普的同学中，有一位是历史迷，并且特别迷恋第二次世界大战的历史。只要一有空，这位同学就捧读有关二战的书籍。

久而久之，特朗普对这位同学产生了强烈的好奇和尊重感。有一次，特朗普跟这位同学聊了起来。他说，“你这么迷二战史，你一定是这方面的专家。”这位同学抬起头来，认真地回答说，“我是越读越感到没有底。我已经花了这么长时间研读二战，却发现还有那么多不懂的东西。我为了了解第二次世界大战，我还要了解第一次世界大战。为了理解第一次世界大战，我还必须了解第一次世界大战以前的欧洲形势。真是个无底洞！”

最后，这位同学告诉特朗普，越学习越让他感到自己的不足，也因此变得愈发谦虚，因为他真的觉得自己很多事情并不懂。

特朗普从这位同学身上懂得了学然后知不足的道理。他自己也因此更加如海绵吸水般加倍学习。

走入宾夕法尼亚大学沃顿商学院

1964年，从纽约军校毕业的特朗普已出落成了一个帅小伙。那正是青春躁动的时期。争强好胜是特朗普的基因，纽约军校的打磨可以暂时令其克制，但消磨不了他内心的冲动。

在特朗普身上，争强好胜的本性还表现在爱表演，爱表现。这一点上，可以看出是他母亲的遗传基因。

特朗普的母亲嫁给弗雷德后，为抚养五个孩子，她一直是一位家庭主妇。但来自大西洋彼岸苏格兰的她很有表演天分，渴望万众瞩目，还乐善好施。特朗普的母亲喜爱排场。当年英王伊丽莎白女王加冕仪式在大洋彼岸举行之时，她一动不动地在电视机前观看那一盛大豪奢的仪式场面，什么家务事也不干了。弗雷德则不耐烦地打断说，“算了，算了，有什么好看的?！玛丽，快把电视关上吧!”但她不为所动。母亲在日常生活中张扬的气质与弗雷德恰成鲜明对比。

特朗普也喜欢表演。自纽约军校毕业后，他生出了去美国西部南加州大学电影学校读书的想法。像不少年轻人一样，他对好莱坞充满向往，对当红影星膜拜不已。

特朗普的父亲仍是一如既往地实际。在儿子人生中又一关口，他那张严肃的脸早已向特朗普的电影美梦说了“不”字。想归想，特朗普最终又回到了美国东海岸的现实中来。

该上大学了。特朗普最初选择了位于纽约布朗克斯地区的福德汉姆大学，那里离特朗普住家很近，特朗普也与办校的耶稣会关系不错。

在美国东海岸林立的诸大学中，未能立足于所谓“常春藤大学”之列的福德汉姆大学算不上一流大学。但因为美国东海岸总体教育水平不低，福德汉姆大学也成为不少不愿离家太远的纽约人的选择。

在福德汉姆大学学习了两年之后，特朗普心气变了。福德汉姆大学当时以成为纽约的反主流文化中心而出名，学生们经常抵制上课，并在校园使用精神药品。面对这一情形，特朗普在想，既然要上大学，那为什么不努力上一所最好的大学呢？

特朗普这一问，又显现出其争强好胜、永不安分的特质——他要不断超越，不断向最好进军！

哪里是特朗普眼中最好的大学呢？他的目光盯住了宾夕法尼亚大学沃顿商学院。

创建于1740年的宾夕法尼亚大学位于距纽约以南两个小时车程的费城，是美国8所“常春藤大学”之一，创建者是美国建国之父之一的本杰明·富兰克林和费城的贵格会教徒，这是全美第一所非宗教大学。

宾夕法尼亚大学在美国历史上占有不少第一，其中1881年创建的沃顿商学院便是美国第一所大学商学院。沃顿之名来自美国费城企业家约瑟夫·沃顿。沃顿19世纪出生于费城一个富商家庭，通过经营伯利恒钢铁公司和美国镍公司积累了一笔可观的财富。1881年他55岁时，由于没有儿子继承他的家业，他便将一部分资产捐给宾大建立了沃顿商学院。

自建校之后，沃顿商学院本身又创造了不少第一：20世纪初，沃顿出版了第一本商业教科书；1921创立了第一个商学院工业研究中心，并于同年设立了工商管理硕士学位；1970设立了第一个卫生健康管理工商管理硕士学位；1973建立了第一个中小企业创业中心；1978设立了第一个管理和科学技术双学位。多年来，沃顿商学院在诸多大学排行榜中也屡屡名列第一。

美国的大学都以自己的“著名校友”为荣。在沃顿商学院的校友录中，就有诸如“股神”沃伦·巴菲特、通用电气公司荣誉退休主席雷金纳德·琼斯、雅诗·兰黛公司主席兼首席执行官伦纳德·兰黛等名人。

其实，特朗普选择沃顿商学院多半出于一个很实际的考虑。在父亲的说服下，那时的特朗普已经决定将自己的未来放在房地产业发展上。在当时的全美大学中，只有沃顿等几所高校开设房地产研究课程。20世纪60年代，经商的人能到沃顿商学院深造俨然是一种时尚。人们一般认为，哈佛大学商学院固然培养了不少上市公司的行政总裁，而真正成功的企业家则来自沃顿商学院这个摇篮。且不说沃顿商学院离特朗普在纽约的家不算太远。

特朗普一直不愿谈的一件事是，作为一名学习成绩谈不上好的他究竟如何进入沃顿商学院。美国《沙龙》杂志对此的报道是，特朗普接受了一位曾经是他哥哥同学的沃顿商学院面试官的“友善”面试，然后转学进入了该校。当时上得起宾大沃顿商学院的主要还是有钱的白人男性，女性是不许入学的。

初入沃顿商学院的特朗普还是有些战战兢兢，对于一个学习成绩从来不是一流的他来说，这里毕竟是美国一流大学的一流商学院。但入学后的特朗普慢慢恢复了自信。

事情从来都是这样。光环都是从远处看来最为耀眼和神秘，大海都是在岸上观看蔚为壮观神秘莫测，真正下海扑腾起来也没那么可怕。

回首沃顿岁月，特朗普认为这一段经历让他最为明白的一件事便是“学习成绩不代表一切”。真正混迹于这家美国第一所商学院内，人人都食人间烟火，每日也是吃喝拉撒睡，周围的同学并非像原来想的那么优秀，特朗普认为自己“一点儿也不比他们差”。

特朗普在沃顿商学院上学期间，美国正值越南战争。特朗普就赶上一个应在越南战争期间被抽签当兵的事。

自二战前至1973年，美国在征召士兵问题上实行选择服役系统，也就是抽签。美国于1969年12月1日对从1944年至1950年出生的男生进行了两次当兵抽签。这次抽签结果既决定入伍时间与顺序，也决定为入伍做准备的体检顺序。

本在抽签队伍中的特朗普最终没有去当兵，其原因之一是当时有四个仍在大学读书的学生缓期服役，另外一个原因是特朗普在 1968 年大学毕业之前做的一个体检中不合格。

在 1968 年那次体检称特朗普不适合当兵之前，他其实本应在 1966 年就适合入伍服役。越南战争期间多有富家子弟以种种理由拒绝当兵。在特朗普此后出版的自传中，他曾将自己之所以没去当兵归因于两脚脚跟有“骨刺”。但在 2015 年遭到记者追问时，特朗普先说他不记得当时哪只脚有骨刺，后来又改口说两只脚都有。

总而言之，身强力壮的特朗普的履历中没有正式穿过军装这一段。

对于特朗普而言，沃顿岁月最为实际的收获便是那张文凭。虽然这一纸文凭在特朗普眼中不算什么，但它毕竟是一块权威性很高的敲门砖，是一张进入富人圈的通行证，是一个说起话来底气很足的谈资。

本来就有着商人基因，现在又经过商学院镀金的特朗普一番权衡后得出的结论是，宾夕法尼亚大学沃顿商学院这个学上得很值！

第二章
进军曼哈顿，这事儿他爹想都不敢想

从小就是个“大嘴巴”；第一笔投资打了水漂；感到现实很骨感。这个世界没有最好，只有最坏；别人的失败正是我们的机会；鄙夷那些交不起房租的房客；一如其超级自信的风格，自称“看人很快也很准”；学会像驯兽者那样手持皮鞭；悟出任何时候都不要胆怯，也不要害怕；做你认为对的事情，坚定自己的主张，不向任何人低头。该来的就让它来吧；对父亲不再仰视；他的心要比父亲大得多；跃入那片最深、最为凶险，也是最为暴利的商海；从小就自认为“胆大”“勇敢”的他从来不缺那股子闯劲；打入富人圈，织就关系网；“我喜欢想大事情，我就是要大手笔”

特朗普骨子里就是个商人，一个心特别大的商人。

商人是要做生意的，做生意需要直觉。特朗普对于自己的直觉非常有自信，自认为他有这方面的天赋和基因。他认为，一个沃顿商学院毕业的学生，即便他的所有成绩都满分，智商达到170，但如果没有生意人的直觉，他也不可能成为成功的企业家。

特朗普从小就是个“大嘴巴”。但每逢提到败走麦城那些糗事，他也会小事化了，避而不谈。

从沃顿商学院毕业之后，特朗普从父亲那里得到20万美元的“创业基金”，这笔钱到了2015年相当于102.1万美元。但到了21世纪的时候，已经成名的特朗普提及此事时，却称父亲那时很“小气”，毕业后只给了他100万美元，此语顿时令举座哗然。那时的100万美元到他称父亲“小气”的时候已值约680万美元。

具体钱数不说了，反正特朗普从父亲手中收受了一笔创业费。特朗普手中有点钱后，那心思又飞到了娱乐业。他作为联合制作人投资7万美元于百老汇喜剧《巴黎出局》，但该戏的票房最终以失败告终。

特朗普的第一笔钱在娱乐业打了水漂。第一次投资虽然不成功，但特朗普内心的娱乐业情结却扎下了根。若干年后，特朗普果然东山再起，在娱乐业大出风头。

还在沃顿商学院的时候，当别的同学还在对漫画和报纸体育版看得津津有味的时候，特朗普已经开始关注美国联邦住房管理局没收的房产列表。

那时的特朗普已不仅仅是一个大学生，他已经开始为他父亲的“伊丽莎白母子公司”做生意。

弗雷德对于儿子做出了子承父业的选择很欣慰，也更加悉心地手把手传授心得。

弗雷德带儿子干的第一件事便是到各处收租金。这既是一个体力活，也是一个有风险的事。租户中什么人都有，什么人都得学会应对，最终必须将钱收到手中。

特朗普从父亲那里学到收取租金的一招就是敲门时不要站在大门正面，

应该靠墙站，侧身敲门。刚开始特朗普对此颇为不解。后来一位同行告诉他，租户中既可能有赖账者，也可能有不仅要赖账而且脾气暴烈者。万一碰上有枪的租户，又恰好碰上他或她心情不好，贸然敲门便可能招致开枪射击。因此不得不防。

不用多久，这个需要到处跑腿收租金的差事让特朗普见到了沃顿校园外严酷的现实世界，也让他见识了各种各样的人。如同亿万刚刚走出校门的年轻人一样，特朗普感到现实很骨感。这个世界没有最好，只有最坏。

收租人的工作也使特朗普渐渐深切感到阶层的差异。公司业务集中于纽约周边布鲁克林、皇后、斯塔腾岛等几个行政区的房屋租赁。他的父亲和他是房主，那些租户则是中下层甚至是底层的穷人。在房主与租户这一对矛盾之间，特朗普学会了尽管内心深处对那些穷人充满鄙视，但表面上还需多方敷衍。

当他看到很多房客因嫌麻烦或干脆出于懒惰，就将生活垃圾直接从窗户向外扔出去时，特朗普就为房客搞了一个培训，教授他们如何使用垃圾焚化炉。一些人从此改正了从窗户向外扔垃圾的做法，另有一些人仍我行我素。特朗普怒称这些人“冥顽不化”，感到跟这些人在一起“纯粹浪费时间”，鄙夷之情溢于言表。

满街跑猪的地方淘金，差点掉坑里

当特朗普读大学研究美国联邦住房管理局没收的房产列表时，他的目光盯住了俄亥俄州的辛辛那提市。

俄亥俄州位于纽约西部或西南部，属美国中部。辛辛那提位于俄亥俄州西南部。宝洁公司总部便设在辛辛那提市。

2001 年，我到辛辛那提市采访宝洁公司总部时，那幢大厦一楼展出着很多辛辛那提历史的黑白老照片。辛辛那提历史上曾是美国的贩猪中心。1835年便在美国得了个“猪都”的称谓。那些黑白照片中街头一片猪群乱跑的情景给我留下了很深印象。早已成为世界级企业的宝洁公司最初以做肥皂起家，而做肥皂的原料也是出自猪身。

辛辛那提历史上便是非洲裔人多，穷人多。全城近一半人口为非洲裔人。2003年的一项统计表明，辛辛那提仍是美国最穷的城市之一，每户平均年收入仅为29 493美元。

特朗普盯住的是辛辛那提市一个名为斯威福顿村的低档公寓区。

这个小区开发了1 200个单元房，由于最初的开发商破产，政府没收了这些单元房的回赎抵押权，当时的空置房屋多达800套。

在辛辛那提政府看起来是一片烂摊子的斯威福顿村，特朗普父子看到了机会。商人的直觉告诉他们，别的开发商的失败正是他们的商机。

特朗普父子以570万美元价格买下这个小区，而开发商在此之前对小区的投资就接近1 200万美元。特朗普和他父亲对小区又投资了50万美元进行升级改造。

面对一片脏兮兮、乱糟糟的破败小区，改造升级从何处下手？魔鬼在细节。特朗普的做法是，从给每个单元房的窗户上安装白色百叶窗开始。

白色让人看上去很干净，百叶窗令人感到很温馨。纯白色的百叶窗一装，整个小区看起来舒坦多了。

改装还要使小区看上去上档次，于是，原来那些铝合金的大门被拆了下来，换上有着殖民时期特色的白色大门。还是白色！这样看上去不仅干净整洁，还典雅了许多。

对房屋的面子工程完成后，房内的门厅也要重新粉刷一遍，再铺上显得很漂亮的地板。

对细部进行改造后，整个小区的环境也要改造。特朗普要求小区必须进行美化，并保持整洁干净。容不得垃圾从窗户扔出的特朗普也容不得小区内乱七八糟。

这些升级改造的活当然需要花钱。特朗普对这些钱值不值得花有一番自己的算计。他认为，一个想要将汽车卖掉的人，他或她应该先花点小钱将车打上蜡以后再卖，五美元的打蜡钱很可能使这辆车多卖四五百美元。房子也是一样，那些一看上去便很光鲜的房子肯定售价会更高一些。

特朗普的这点生意经对于现在的美国人来说已成常识。我在美国时就看到许多人在卖房之前的一个必需步骤是先将欲卖房屋各处整修、粉刷一下，卖车前至少先将汽车好好洗刷一遍，让人一眼看上去很光鲜。难得的是特朗普于半个世纪前就已经身体力行这一常识了。

这便是商人的直觉。特朗普说，如果我看到谁在卖一辆脏兮兮的车，我一定会把他卖不出去的原因告诉他，那就是把车打理干净点。其实，这是很简单的一件事。

升级改造完了的小区需要重新招租。对于如何推销，特朗普也动了一番脑筋。他用了一个现在看起来很稀松平常的招数：印发制作精美的小广告，并到处散发。要知道，那个年代，在曾经肥猪满街跑的辛辛那提市，还从未有人为房地产做什么广告。

特朗普的这番努力没有白费，这个曾破败不堪的小区入住率一度从 34% 上升至 100%。

整个辛辛那提市非洲裔人多，穷人多，斯威福顿村的租户中也不例外。特朗普在这个新整修的小区中便面临着如何与这些租户打交道的问题。

这个小区中的租户有不少人来自邻州肯塔基州的山区，这些人家境贫穷，子女众多，常常无法按时缴纳房租。特朗普在对小区进行整修后，又提高了房租，这些穷人更是难以承担，逃租情况时有发生。夜深人静之时，这些难以按时缴纳租金的人会悄悄利用租来的卡车，将本来就不多的所谓财产装车后全家老小一走了之。

此时的特朗普对这些人采取的一个非常措施便是安排了“卡车巡视员”，一天到晚四处巡逻，防止有人逃租。

尽管特朗普本人长得高头大马，但巡夜抓人、四处做广告这些事不能总是一人承担，找人为他干活便成为急务。这对初入商海的特朗普而言也是一番历练。

一如其超级自信的风格，特朗普自称他“看人很快也很准”。但在辛辛那提市找个合适的销售经理还真不那么容易。

特朗普也试用过一些人。有的人忠厚老实，却不善言辞，其中有一个人待在公寓小区办公室一天到晚不出门。这种人显然不具商人的基因。另有一些人看似伶俐，却在销售上对不上特朗普的路子。

说白了，搞销售也得脸皮厚心要狠。

最终，特朗普对一名叫欧文的人感到很满意，甚至称其“厉害”。在这个世界上，能让特朗普感叹“厉害”的人还真不多。在特朗普看来，欧文首先厉害在嘴。特朗普的嘴就已很厉害，能让他感到厉害的欧文之嘴更可想而知。

据特朗普说，欧文个头不高，体形较胖，有些秃顶，鼻子上架着一副大厚眼镜，天天手不离笔，整天胡吹瞎侃。

收房租这事让特朗普都有些发怵，但欧文不怵。他常常打上门去，一上来便脸红脖子粗地讨要租金。对方立即就范也就罢了，如还要争执起来，欧文会将美式英语中的所有脏话一股脑地倾倒出来，令对方毫无还嘴之力，最终不得不拿钱还债。

越是厉害的粗鲁房客欧文越是不怕，但他怕女人。有一次，他去收租时，一个10岁的小女孩开门。欧文一上来就气势汹汹地说，“赶快叫你爹出来交房租，否则我让他屁股开花!”吓得小女孩躲入屋内。不一会儿，一位漂亮女人来到门前，欧文一时傻眼，不仅不再提房租之事，反而约面前这位女子共进晚餐。

大约一小时后，一位体重110公斤的大汉怒气冲冲跑到办公室，质问欧文为何对着他女儿乱吼，还竟敢约他的女人出外晚餐。怒火冲天中，大汉一副恨不得马上杀人的架势。

在一旁看到此景的特朗普已是吓得有些瘫软，但欧文竟惧意全无，反而挥着拳头大吼道："小子，你给我立马滚出去。看见这双手了吗？我会杀了你小子。"

壮汉见状，也骂了起来，"臭胖子，你出来，我跟你拼了！"

欧文并不服软，但跟着说了一句，"想跟我玩命，可以。但我不干违法的事。"

欧文最终并没有跟那壮汉决斗。壮汉最终也只好气哼哼地走了。

欧文的这番表现令特朗普佩服极了。在他看来，那时的欧文很像一名走入狮笼的驯兽师。体量肯定不如雄狮的驯兽师之所以敢于走入狮笼，一定是那股子无所畏惧的气概。如果驯兽师哪怕表现出一丝胆怯，闻到味道的雄狮会毫不犹豫地将他扑倒在地。如果驯兽者手持皮鞭，大义凛然地向雄狮挥鞭喝令，雄狮反会服服帖帖。

特朗普由此悟出一个道理，任何时候都不要胆怯，也不要害怕。做你认为对的事情，坚定自己的主张，不向任何人低头。该来的就让它来吧。

欧文的"厉害"还在于他手脚并不干净，但特朗普却在权衡之后，决定对此人不得不用。在这一点上，又显示出特朗普在用人之道上的厉害之处。

特朗普从父亲那里就学会憎恶私吞公司钱财，即使要花十倍价钱也要对犯案者严惩。特朗普屡屡听到人们打欧文的小报告，告他是个小偷和骗子。有一次，特朗普听到一位女员工说，欧文连他们为一位去世朋友凑钱买花的钱也偷走了。

在处理欧文的问题上，特朗普犯了难。他容忍不了这些偷鸡摸狗的行为，但他必须容忍欧文。因为在他看来，一个能干的欧文顶上一个无能的团队。欧文工作一小时，比那些一天待在办公室 12 个小时的人还强。从欧文身上，特朗普学到，重要的不是你工作了几个小时，而是在每个小时你都干了什么。

在如何处理欧文的事情上，特朗普选择了内紧外松的策略。一次，他利用机会看似漫不经心地对欧文说，“伙计，我一年给你开 5 万美元工资，你能不偷东西吗？”欧文闻后脸色很不自在。

在用人问题上，特朗普算过这笔账。他一年付给欧文 5 万美元工资，把他稳在这里，欧文最终能够给他带来大得多的利润。

由于辛辛那提市大环境的局限，加之越南战争、美国货币供应量的增长、通货膨胀率不断上升等诸多因素，斯威福顿村的整体经营状虽有好转，但特朗普已经闻到“此地不可久留”的味道。

商人的直觉使特朗普对听到耳朵里的东西特别敏感。斯威福顿村住着一位开卖肉连锁店的犹太人。特朗普同他的关系还不错。一次，特朗普在小区巡视之时，这位犹太人将特朗普拉到一旁，耳语起来：“唐纳德，我是把你当作朋友才跟你这么说的。这个小区不能要了，快把它卖了吧。这里的情况一天不如一天。哦，我倒不是说你改建的不好，而是这里的人没有信用可言，他们会让你赔得精光。他们个个不是省油的灯。”

犹太人的这番耳语令特朗普格外警觉起来。他为此专门在辛辛那提多待了一段时间。考察的结果令他有一种这里正在酝酿发生大麻烦的感觉。

在与父亲商量后，特朗普决定卖掉这个小区。有意接手这个小区的是审慎信托投资公司。名为审慎公司，实为很不审慎。这家公司派到现场考察小区现状的是一位贪吃的年轻人。他来去匆匆，到了辛辛那提后又想着在当地著名的餐馆吃顿大餐。特朗普投其所好，耗时三小时陪他大吃一顿。酒足饭饱之后，小伙子在小区匆匆看了几眼之后，便乘车打道回府。回到公司后，当着老板把斯威福顿村小区说得天花乱坠。

望着眼前这位与自己年龄差不多的年轻人，特朗普心中生出一丝鄙夷：这小子跟我完全不一样。如果我只有这么一天考察时间，我一定只是匆匆扒拉几口饭后将主要精力放在认认真真考察上面。

也好，碰上个糊涂蛋也是特朗普的机会。这笔买卖居然谈成了。1972年，特朗普以675万美元价格将斯威福顿村卖出。从买进到卖出，特朗普的这笔投资还是亏损的。但特朗普对外可不这么说。他称对方出价1 200万美元，特朗普净赚600万美元。认真为特朗普这笔投资算过账的人普遍认为，其实，“大嘴巴”特朗普在这个数字上又在夸大其词。

特朗普在这笔买卖上确实用了心机。双方在签订的合同中规定，所有条款在合同签订之时都须真实有效，但不保证交易结束以后的情形如何。此外，买方必须确保交易按时完成，否则将付巨额违约金。这一条款的规定有违常规。当时一般的商业模式是买方先付出占总价10%的定金。如违约，只需将定金赔给卖方，但审慎信托投资公司再次不审慎地同意了特朗普的条件。

特朗普的直觉早就为买家挖了个坑。谈判这桩交易时，斯威福顿村的入住率确为100%，但到双方签字结束交易时，情形骤变，小区内空置的住房已有几十间。

辛辛那提不是特朗普的福地，但作为特朗普商人生涯中第一笔大买卖，斯威福顿村小区是特朗普牛刀小试的处女地。在这桩买卖中，涉及了投资眼光、商业决断、谈判技巧、整修改造、市场营销、用人策略、能进能出等成功商人必备胆识与执行力。特朗普得到了磨炼。

此时的特朗普，再次想起了他父亲的关于做生意的四个步骤：进入，动工，做好，退出，每一步都要讲方法，讲效率。

其实，从小时起，特朗普对父亲并非言听计从、亦步亦趋。

特朗普很有自信，换言之，他也很自负。从没有上过大学的父亲对上过大学的人一直很敬畏。不知不觉间，他对于自己这位已在沃顿商学院镀过金的儿子也开始从俯视、平视到有些仰视了。而特朗普对父亲的那一套生意理念却从仰视、平视到开始有些不屑了。

在跟着父亲一起搞过斯威福顿村小区买卖后，特朗普感到自己与父亲之间的差异越来越大。

这种不知不觉的变化最初表现在父子俩人对某种建材的选用、对某些色彩的喜好或对某一项目投资意向的看法，最终，特朗普愈发强烈地感觉到，他与父亲之间的差异便在于他的心比父亲大得多。换言之，特朗普愈发感到父亲格局不大。

初涉商海时，特朗普常常感到父亲事无巨细、亲力亲为的工作作风令他吃不消。在他看来，父亲过于刻板，而他则更倾向于多用心机。

特朗普替父亲监管着在布鲁克林、皇后、斯塔腾岛等地约 14 000 套公寓的房产业务。在他眼里，这些公寓住房面对的都是中下层人群，房子建得千篇一律，都是那种红砖房，正面都是普通石料，内部均为白墙。在特朗普看来，这种房子一点也不上档次，更不要说什么独特的设计风格了。更重要的是，鉴于这种房子的目标人群都不是富人，所以利润极低。钱都是靠严格开工时间、节省建材费用、尽量减少各项成本赚来的，太辛苦了。

还在皇后区打拼的时候，特朗普就将眼睛盯在更好的地段，如福里斯特小山住宅区。有了辛辛那提市的体验后，特朗普的眼睛看得更远了。他的目光再次聚集到了曼哈顿。

特朗普说，1968 年，刚从沃顿商学院毕业时，他的目光就曾瞄准曼哈顿。他说，我很早就清楚自己心里想要什么。离开父亲，其实不是因为自己长得不够强壮，或是真嫌父亲赚钱太少。真正的原因是，我有了开阔的视野和更高的理想。如果还像父亲那样只在纽约市郊区发展，我永远都不能实现自己的理想。

进军曼哈顿，这就是 20 多岁的特朗普非常明确的理想。

这是搞了一辈子房地产的特朗普的老爸弗雷德想都不敢想的事情。

曼哈顿的诱惑

曼哈顿，这是一个多少人梦想和梦碎的地方。

纽约曼哈顿一景　　　　何小燕　摄

较之中国，美国真可称为地广人稀。在整个美国，真正称得上国际大都市的只有纽约曼哈顿。

第一次去曼哈顿的人，几乎都带有一种莫名其妙的膜拜心理。在这个水泥和光亮派建筑丛林般林立的国际大都市中，每一座能够矗立在那里的大厦都有着一个之所以能够在那里扬眉吐气昂首挺立的故事。

曼哈顿只是一个小岛，四周被东河、哈得孙河和哈莱姆河包围。2010 年的统计表明，就在这座小岛上，曼哈顿拥有 1 585 873 名居民，即平均每平方千米拥挤着 26 668 人，这使得曼哈顿成为世界上人口最稠密的地方之一。

曼哈顿也是全美最为富有的地方之一，2005 年的人均生产总值便超过 10 万美元。

“9 · 11”事件发生之前，我便到过纽约曼哈顿，目睹过被撞毁前的世界贸易中心双子塔真容。那时的曼哈顿还不是那样草木皆兵。人们四处游览的自由度要比“9 · 11”之后大得多。我也因此曾钻到自由女神像肚子里的最高点，也就是那位女神手举火炬的顶尖端，那里只能容下一个人。

此后，我又多次前往纽约曼哈顿。仅 2015 年，我先后 8 次前往人海茫茫、车水马龙的曼哈顿。每次进出曼哈顿岛都是一番深有感触的体验。每次进入曼哈顿时，我都有一种跳入大海前般的紧张与兴奋；每次通过林肯隧道离开曼哈顿进入新泽西州的地界时，我又有一种莫名的放松，随着脑中“终于离开了”的默语，长长地出了一口气。

与 20 世纪不同，现在走在曼哈顿的大街上，每每可以望见标明特朗普的建筑。我曾良久地仰望着那座特朗普大厦。

在曼哈顿的水泥和玻璃丛林中，特朗普大厦绝对属于小字辈。随便望一眼远处的大厦，哪一座的背后没有一段显赫的历史?!

20 世纪 30 年代是纽约摩天大楼建设的兴旺期。从曼哈顿 48 街到 51 街，占据了三个街区的洛克菲勒中心是洛克菲勒家族投资兴建的。20 世纪 30 年代建造的帝国大厦曾在很长时间内占据着高度排名的第一位置，它背后的建设者是当年的百万富翁拉斯布。建于 1926 年的克莱斯勒大厦是曼哈顿第一座摩天大厦，它的建设者便是当年的汽车大王克莱斯勒。

曼哈顿是世界最深、最为凶险，也是最为暴利的商海。敢在这里蹚水的必是越深越要跳，越是凶险越能撩拨出兴奋感的弄潮儿。恰如极限运动有着刺激的诱惑一样，曼哈顿对于真正的商人而言是一种难以抵抗的诱惑。

特朗普就是这样的人。皇后区绝对不是特朗普的菜。

曼哈顿是整个美国的经济和文化中心，是纽约市中央商务区所在地，世界500强公司中的多数在这里设立总部。曼哈顿还是联合国总部所在地，华尔街是世界上最重要的金融中心，有纽约证券交易所和纳斯达克。曼哈顿的房地产市场自然也是全世界最为昂贵的寸土寸金之地。

对于向往曼哈顿的特朗普而言，心够大，但钱包却不够鼓。在居高不下的房价面前，特朗普急于寻找合适的生意。所谓“合适”意味着地段要好，他又能买得起。在他父亲看来，曼哈顿是一个无底洞，他才不愿意让儿子把钱扔到这个无底洞呢。

1971年，认为时来运转的特朗普决定首先在位于曼哈顿第三大道和75街交会处的大楼内租一间公寓。

这是一间又暗又脏的公寓房。房内窗户直对邻近大厦的顶层水箱，要视野没视野，要空间没有空间。但就是这样一间公寓令特朗普兴奋不已。

这毕竟是特朗普人生中一个质的突破。这个在皇后区出生、在纽约郊区中下层红楼间奔跑的“市郊人”终于能在曼哈顿东区睡在自己的公寓里了！

较之曼哈顿那些金窝银窝般的摩天大厦，这间公寓不过是一个草窝，但这是自己的草窝！正如再丰盛的美味也无法令中国明朝开国皇帝朱元璋忘记自己落魄时那碗“珍珠翡翠白玉汤”一样，即使特朗普15年后搬入特朗普大厦内极为豪华的三层公寓，他的那股激动劲也远远不如刚刚搬入这间草窝般的公寓房时的心情。

在曼哈顿刚刚安顿下来以后，特朗普开始在曼哈顿各处转悠。他以商人的直觉打量着房地产市场，像猎犬一样嗅着满是铜臭的味道，学着那些地道曼哈顿人的生活气派。特朗普内心那点“市郊人”的自卑渐渐淡化下来。

如同有些奴才当了主子更比主人“拿派”，有些多年媳妇熬成婆的人对自己的媳妇更加苛刻一样，特朗普一旦当上曼哈顿人之后，那派头也大不一样了。

打入业内社交圈

物以类聚，人以群分。美国是一个将“人以群分”做到极致的国度。在美国的街头，你可以到处遇到陌生人的点头问候，你可以迎来许多微笑，但那是社会表面的一层润滑剂，真正的社会交往要看你到底在哪个圈子之中。

教堂、会所、俱乐部等场所都可能是各类圈子的活动平台，那里是各种利益集团的聚居处，那里流淌着各种各样的利益诉求。在那里，同一阶层的人们互相编织着一张封口很严密的大网，这张大网会转而帮助这个圈子内的人们满足各种利益诉求。

在灯红酒绿的曼哈顿，有着各种各样的俱乐部，里面来往着各类圈子中的成员。这些俱乐部从外面看上去简朴平常，但一旦进入，便是吃喝拉撒睡，甚至黄赌毒一应俱全。

受友人之邀，我曾在曼哈顿的哈佛俱乐部用过午餐。这个采取会员制的俱乐部只接受曾经读过哈佛大学或与哈佛大学有特殊利益关系的人们进入。俱乐部内部装潢考究，菜品精致，服务周到，极力制造出一种上流社会独有的舒适、温馨、又很有绅士感的氛围。在这一片温情的背后，有着一个极为严酷的现实，那便是这个相当封闭的圈子里绝大多数人处于美国社会的上层，别人几无可能进入这个圈子。恰如贾府中的焦大怎么也不可能与贾政一起议论政事，住在纽约曼哈顿非洲裔美国人聚居区哈雷姆的那些人一辈子也别想进入这个俱乐部的大门。

曼哈顿东区54街有个54俱乐部，那里的会员都是纽约商界成功人士和社交界最有姿色的女人。在同一条大街，另有一个同样类型的俱乐部，称为Le俱乐部。这个俱乐部里聚集着曼哈顿房地产及律师等相关行业的成功人士。

在沃顿商学院时，特朗普已经懂得了圈子的重要性。其实，沃顿商学院本身也是一个不断扩大的关系网和彼此相互照应的社会圈子。要想在曼哈顿这个大码头站住脚，必须进入这个富人圈。

20来岁的“市郊人”特朗普要想进入曼哈顿这个富人圈并不是一件容易的事。他并没有圈内富人作为介绍人，自己又初来乍到，谁都不认识。

怎么办？从小就自认为“胆大”“勇敢”的特朗普从来不缺那股子闯劲。

特朗普找到了俱乐部对外联系的电话，径直拨打过去。电话拨通后，他来了一个开门见山：“你好！我的名字叫唐纳德·特朗普。我想加入你们的俱乐部。”

对面显然怔了一下，然后传出轻轻的笑声，特朗普能够听得出笑声中那一丝难掩的轻蔑。“你是在开玩笑吗？”说完这话，对方将电话机挂断。

又过了一天，特朗普又将电话打过去，待到电话接通后，他尽可能心平气和地说，“我能不能看一下贵俱乐部的名册，我想找一下我可能认识的人。”对方的口吻虽也在尽可能心平气和，但有着一种不容分辩的强硬：“抱歉，本俱乐部的名单从不外泄。”电话机又被挂断。

像弹簧一样，你压得越狠，他反弹得越强。特朗普有股子愈挫愈奋的韧劲。到了第三天，他又变换了一招。电话一接通，特朗普的声调也听上去不容置疑：“喂，我要与俱乐部老板直接联系，我有重要东西转交给他。”对方显然是个怕老板的家伙，一听此话，便将俱乐部老板的商务电话号码告诉了特朗普。

特朗普立即将电话打给老板，对方果然接听了他的电话。特朗普尽量低声下气地介绍了自己，并提出“我想加入贵俱乐部。”

“你有朋友或家人是我们俱乐部的成员吗？”老板问。

“没有，我谁也不认识。”特朗普实话实说。在这种时候，一向夸大其词的特朗普明白，说实话才是上策。

“小伙子，那么你为什么一定要加入我们这个俱乐部，你认为自己有什么资格加入这个俱乐部吧?”老板问道。

电话没有被挂断，反而给他一个说话机会，特朗普立即兴奋起来。他便将事先早已在脑内转了许多遍的说辞一股脑地倒了出来，先表白自己的雄心壮志，再夸夸 Le 俱乐部有多么的高大上，进而说说虽然没与老板见过面，但景仰之情久已有之云云。恰遇这位老板酒喝得正美，听到这番美言竟乐了起来。最后，老板向特朗普说，“小伙子，听起来你这个人还挺有想法。本俱乐部的一个宗旨是吸收年轻才俊，这对本俱乐部的发展也有好处。这样吧，我们明天找个时间到 21 号包间喝杯酒吧。”

特朗普闻此言后大喜。21 号包间实则一个令人眼花缭乱的酒吧。特朗普第二天如约赶到那里后，毕恭毕敬地见到那位老板。早已阅人无数的老板冲他打了一通哈哈之后，便同另外一位一同带来的朋友自顾自地大喝起来，将不喝酒的特朗普晾在一旁。

从小就是“孩子王”的特朗普骨子里便是处处争强好胜。对他而言，被人晾在一旁是极为难以容忍之事。但此时难忍也要忍。他在纽约军校时就已经学会不能与比他更强的人硬碰硬。初来乍到，委曲求全还是必需的。

两个小时过去了，老板和他的朋友还在有说有笑地喝着，聊着。时间已经不早了，特朗普实在忍不住了，挤出一副笑脸弱弱地说了一句，“时候不早了，用不用我送你们回家?”老板看了一眼他的朋友后脸色一沉，甩出一句，“不用，我们接着喝。”

到了夜间十时，特朗普终于熬到老板和他的朋友拍屁股走人。没有喝酒的特朗普当了一把车夫，将醉醺醺的俩人送回家去。

一顿大酒，又当了一回车夫，特朗普就等着这个俱乐部发来邀请通知了。谁知两周过去，音信全无。特朗普忍不住又给老板打了一个电话。电话那边的老板竟一时根本不知特朗普何许人也，他早已将那个车夫忘在脑后。

特朗普心中一阵愤怒，但他的直觉仍告诉此时还需隐忍。他耐着性子将他又自我介绍了一番，最后说，“那天咱们还一块在21包间喝酒来的呢!”

话到这个份上，老板终于松口同意特朗普进入俱乐部。圈子里毕竟有圈子的私密事，也自然有自身的规矩。老板这时告诉他，俱乐部都是业界成功大佬，年龄都比你大，老夫少妻有的是，漂亮女人也有的是。你小子长得人模狗样的，可不能随便勾引那些有夫之妇啊!

俱乐部里的那点事特朗普早有耳闻，但老板这么直白地发出警告还是让他感到震惊。20来岁的他早已开始注意女人，内心的萌动亦如地火奔突。但此时的他怎敢随心所欲。

在曼哈顿夜色之中，真正走入了俱乐部大门后，眼前的景象还是令特朗普有些局促不安。除了各色人等把酒言欢外，七八十岁的富翁左拥右抱三两个金发女郎的场景随处可见。

此情此景，对于特朗普来说是有过心理适应过程的。他出生在一个家教严格、生活规律的家庭。作为一名基督徒，父亲弗雷德生活得严谨刻板，有板有眼，该工作时努力工作，工作结束后每晚7时回家，晚饭后读报看电视，从不外出寻欢作乐。他对孩子的教育也是如此，绝不允许他的子女染上酗酒、嫖娼等恶习。因为他自己的父亲就有过因贪杯丧命的前车之鉴。特朗普的父母厮守一生，没有绯闻。这些都使得特朗普至少在一段时间内不敢恣意妄为。

在时间不长的一段心理冲击过程后，特朗普对于俱乐部里的一切逐渐适应，曾有的震惊已如涟漪般慢慢散去。在这个满眼都是富人的圈子内，在生意上已经决意不走父亲老路的特朗普也决意经历父亲从未经历的一切。

特朗普从来不缺乏社交能力，加之20多岁的他看上去仪表堂堂，他在俱乐部里愈发感到如鱼得水。他学会了端着酒杯四处寒暄交谈，他也学会了与漂亮女人打情骂俏。交往多了，他渐渐看出不少漂亮女人其实就是一副外表姣好的皮囊而已。这些人的普遍特点便是爱慕虚荣，苍蝇般围着富翁们叮咣。对于特朗普这样的年轻人，她们更是自吹自擂，投桃送李。特朗普也是逢场作戏，游刃有余中自得其乐。

特朗普自称在俱乐部内从未与任何一个女人真正交过心。他也知道，自己在俱乐部里穿戴得西装革履，实则住在一个很穷酸的小公寓间里。那些只图富有的女人不会真正看上他。

在女人问题上，特朗普并不是一个十分清白的“不粘锅”。他不乏花心，但在刚刚进入曼哈顿的当口，父亲的教诲还言犹在耳，事业还未打开局面，特朗普只是颇为收敛而已。

特朗普明白自己费尽周折打入这个圈子是要干什么，那就是尽快编织一张曼哈顿的关系网，为今后的发展铺平道路。

在这个俱乐部内，特朗普确实收益不少。他如必修课般每晚前往俱乐部，在那里他结识了不少业内富豪，了解了不少曼哈顿房地产市场行情，弄懂了只有圈里人才能明了的运作模式，交了不少“有用”的朋友，其中不乏来自欧洲、南美、中东的巨商。

这是一个逐渐编大的关系网。事实证明特朗普这番社交功夫没有白下。靠着这些人，特朗普一步一步在曼哈顿打开局面，在他后来建造的特朗普大厦和特朗普广场的租户或买家中，有不少是在这个俱乐部中认识的老朋友。

初到曼哈顿之时，特朗普一边做着一些租房业务，一边在寻找价格合适的地皮。20 世纪 70 年代初的曼哈顿房地产市场风雨飘摇。1973 年，在联邦政府延期支付开发商建房补贴、银行利率波动、通货膨胀加剧等因素影响下，曼哈顿房地产情况更糟。

在特朗普看来，低潮意味着机遇，此时正是以低价买到好地段的大好时机。他更加勤快地在曼哈顿各处寻找机会。他看到哈得孙河边有一个被废弃的铁路站场，那片地起于 59 街、止于 72 街。每每走到这里，他都在想象着如果能在这个沿河100多英亩的土地上开发盖楼，将会是怎样一番新景象！

经过一年多的闯荡，其中不知经历了多少碰撞、交涉、百般说服和夸大其词，特朗普在曼哈顿终于买下地皮。

1974年7月29日，特朗普正式宣布以6200万美元价格买下59街到72街、34街至39街沿河两块地皮，且不需付押金。

在曼哈顿房地产低迷的情形下，特朗普的这一动作一出手便成新闻。《纽约时报》在头版位置刊登了这名叫特朗普的年轻地产商的大手笔。

我就是要大手笔，特朗普说。

人人都长着脑袋，个个都有思想。特朗普的过人之处在于，他不仅敢想，更是敢为。

特朗普说，我并不满足于像父亲那样只是在皇后区小打小闹。那都是些简单的石料生意，满大街盖得都是红砖房。我的理想是在曼哈顿盖出不朽的大厦。

我喜欢想大事情，特朗普说，这个道理其实很简单，既然人都是有思想的，那么为什么不站得更高，看得更远，干得更好呢?！很多人思考问题畏首畏尾（这是不是在暗指他父亲呢），他们畏惧大手笔和大成功，害怕做出非同寻常的决断，不愿意卷入严酷的竞争。那么好吧，这正好给我特朗普可乘之机。

“取法乎上，仅得其中；取法乎中，仅得其下”。特朗普冥冥之中对于这个中国古老的哲理似有体悟。他说，我做生意的方式简单且直接。我给自己定很高的目标，然后不断为此努力，直到成功。有时候我得到的可能比预期的少，但多数情况我都能够如愿。

初闯曼哈顿的经历使得特朗普又多了一分自信。他说，其实很多人比我聪明，也有商人的天赋与直觉，但他们没有挖掘这种潜能。人都是有潜能的，没有勇气或不够幸运都可能最终埋没这种潜能。这个世界肯定有不少男人的高尔夫球会比杰克·尼克劳斯打得更好，但他们却可能一辈子连球杆都没有摸过。这个世界也可能有网球技艺超过克里斯·埃弗特和玛蒂莲·纳芙拉蒂诺娃的女人，但她们却从未尝试挥拍上阵，或根本就没有勇气迈出这一步。这些人最终都只能坐在电视机，观看其他大师们的种种表演。

不，我特朗普可不是旁观者，我是胸怀大事的人！

第三章

在反击中崛起

第一次打出“特朗普集团”的名号；特朗普一家早已熟谙为政客捐款的商界潜规则；他身上有19世纪开发商所具有的优良品质，他可以成为这个时代的英雄；别人的丑话也能成为他前进的动力；反击是特朗普人生中的关键词，其第一招便是贬低；为了尊严开骂，其实顿失尊严，多少人都掉在特朗普挖好的这个坑中；特朗普渴望的就是知名度；他是一位对细节观察极为精到，并能够发现问题的人；顺者昌，逆者亡，“我”就是要争这口气；对于特朗普而言，冠名这事儿很重要，他喜欢出名

中国驻纽约总领事馆位于曼哈顿哈得孙河畔。距中国总领馆不远处是贾维茨会展中心。

就是这个贾维茨会展中心，差点被冠名为特朗普会展中心。提起这事，特朗普至今仍耿耿于怀。

2015年5月28日，我前往纽约采访美国书展“全球市场论坛”中国主

宾国活动。活动举办地便是贾维茨会展中心。

纽约贾维茨会展中心外景　　　　何小燕　摄

贾维茨会展中心的设计者为著名华裔建筑师贝聿铭。光亮的玻璃外墙设计、极为硕大的内部空间，加上窗外哈得孙河的美好视野，这些都使得贾维茨会展中心跻身世界最著名的会展中心之一，每年有 150 余个展览，近 4 万家公司设展，年营业额 20 亿美元（约合 126. 9 亿元人民币）。参展者中不乏中国公司的身影。

贾维茨会展中心建成于 1986 年，其冠名来自当年去世的美国纽约州联邦参议员雅各布 · 贾维茨。特朗普曾极力说服纽约市政府以他自己的名字冠名，但遭到冷冷的拒绝。

较之当了几十年联邦参议员的贾维茨，当时又有几个人知道特朗普？

特朗普之所以敢张这个口，就是因为他买的这块地。

20 世纪 70 年代初的纽约是房地产业的低潮。面临严重债务负担的纽约市令人感到已走到破产边缘。1973 年 1 月至 9 月，纽约市政府批准建设 1. 5 万套公寓住房，但到 1974 年同期，这一数字陡降至 6 000 套。

特朗普于危机之中警觉地寻找着生机。除经常外出现场考察外，天天从报纸房地产专栏处查询各类信息也成为他必做功课。

就是在这种情形下，特朗普在哈得孙河畔发现了那块破破烂烂、已遭废弃的铁路站场。

1973 年夏天的一天，特朗普从报纸上读到一条新闻，得知宾夕法尼亚州中央铁路公司正在为其位于曼哈顿的资产提交破产申请。这些资产主要位于曼哈顿西区 60 街和 30 街。宾夕法尼亚州铁路聘请了一家公司专事处理破产资产，并允诺其每处理完一笔资产，这家公司将得到相应分红。

得知此事，特朗普看到了机会。

他很精明，也不失狡黠

处理破产财产的公司老板名为维克托·帕尔米里。此前特朗普从未与维克托谋面。他必须首先与维克托建立联系，于是将电话打给维克托的经纪人，并通过他转告维克托，自己有购买 60 街那块地皮的意愿。

特朗普急于买地，以便在曼哈顿打破一穷二白的局面，维克托急于卖地，以便做成一笔捞一笔。两者可谓愿打愿挨。于是两人的第一次见面便很快约定下来。

在 Le 俱乐部里，特朗普与各类生意人见面已成常事，完全不怵。但与维克多的这次见面非比寻常，关乎着自己这第一脚能否踢得出去。

说是见面，其实就是谈判。初次见面，分寸感要极强，既要表达愿望，又要不卑不亢；既要摸清底线，又要讨价还价。

都说无商不奸，对于有着商人基因的特朗普而言，他不仅很精明，还很狡黠。

特朗普与维克托的会面进行得很流畅。有着意大利血统的维克托有着意大利式的热情，一见面就让人感到不是陌生人，但深谈下去尽显老到与圆滑。特朗普则尽力表现出谦逊，一通恭维之后，特朗普说，60 街那块地实在太差了，整个街区乱得难以收拾。我提出买那块地，可能还真是头脑发热。言外之意是，那不是什么好地，你别狮子大张口要价太高。

接下来，特朗普依旧哭诉般道出诸般难处：即使买下那块地，去政府办各种手续令人实在头痛。那片社区也很麻烦，社区管理委员会肯定会出面干涉，更不用说城市规划委员会、财政预算委员会那些衙门门槛高着呢，今后在他们那里碰壁的事还多着呢。

特朗普说的也是实情。在曼哈顿买地开发这种事，走各种手续确实是很麻烦的事情。维克托当然了如指掌。

维克托频频点头表示理解之余，脸上的一丝笑意似乎在问，既然如此，你小子又为何打上门来？想买这块地的人可不止你一个人！

特朗普退一步，进两步的招数早就候着呢。咱们是第一次见面，我还是介绍一下特朗普集团公司吧！特朗普说。

那时哪有什么特朗普集团公司?! 1980 年，即他与维克托这次见面 7 年后，特朗普才将原有的“伊丽莎白母子公司”更名为特朗普集团公司。

特朗普集团实力雄厚，资金充足，信誉良好。特朗普滔滔不绝地向维克托说这些话的时候，他内心中也在暗笑，我这个特朗普集团公司其实就是布鲁克林 Z 大道上那几间小办公室而已。

但在表面上，特朗普还是表现得气壮如牛。虽然我还年轻，还没有太多的建设经验和成果，但我有理想，有抱负，我一定会干出个模样来。他对维克托说。

虽说买地后诸多手续繁杂，但我也认识不少人，市长咱也认识。特朗普告诉维克多。

当时的纽约市长为民主党人亚什拉罕·比姆。特朗普此言并非虚构。

说起特朗普一家与比姆的关系，就不能不先说说美国政商两界之间的权钱关系。

当官的有权，商人有钱，两者间的权钱关系说到底还是个利益关系。在这一点上，美国从未免俗。

美国刚刚建国之时，那些建国之父们本身多为大奴隶主或富绅，加之立国之初，崇尚节操，政治机器多有磨合，伸手必被捉，政治献金之事闻所未闻。到了19世纪中期，随着疆土扩张、信息手段丰富和政党组织化程度的提高，官员竞选对金钱的需求急剧增加，卖官鬻爵现象随之泛滥，权钱交易渐趋热络。投资当然需要回报。政客一旦当选，就要将手中空余的政府职位安排给金主或以其他利益优惠形式回馈捐助者。

时至马克·吐温那个年代，此风愈发不可收拾。在《镀金时代》一书中，马克·吐温淋漓尽致地讽刺了充斥政坛的贪婪和腐败。1881年，履新未久的美国总统詹姆斯·加菲尔德因为没有给竞选时的某位支持者安排官职，竟被此人枪杀。深受震动的美国政府于两年后着手实行公务员制度改革，卖官鬻爵现象稍有收敛。

美国历史上的权钱交易一直呈道高一尺，魔高一丈之势。现代公务员制度的建立在一定程度上堵住了官职交易的渠道，却远远未能消灭竞选对金钱的需求。为了获得充分的资金，政治人物开始转向大公司与大财团以及后来兴起的工会，并以特殊的政策优惠作为回报。以标准石油公司起家的洛克菲勒人称石油大王，他与参议员尼尔森·阿尔德里希结成儿女亲家，尼尔森·阿尔德里希在国会赤裸裸地为洛克菲勒争得利益，被时人讥为“标准石油公司的参议员”。这类毫不掩饰的权钱交易在19世纪末和20世纪初的美国政坛上屡见不鲜。

在一系列权钱交易丑闻的压力下，美国政府再次决心治理政治献金问题。在老罗斯福总统的呼吁下，美国国会于1907年第一次专门就政治献金之事立法。从当年的《提尔曼法案》直到1971年的《联邦选举竞选法案》，美国国会数十年间多次试图限制金钱对民主选举的影响，但最终都是虎头蛇尾，治标不治本。

特朗普一家与民主党渊源很深

特朗普的父亲弗雷德是一位在商言商的商人。在美国这种政商关系中，他早已熟谙为政客捐款的商界潜规则。特朗普从他父亲那里早就学会了与政界人士拉关系那一套。在他们看来，这是一种投资，一种必要的投资。

是投资，就要求回报。如果没有回报，特朗普就会耿耿于怀，甚至会怀恨在心。

特朗普一家与美国民主党渊源很深。弗雷德曾与亚伯拉罕·比姆同在一家民主党俱乐部。比姆要竞选市长之时，特朗普父子都为比姆送上政治献金。

听着眼前这位只有 27 岁的特朗普一番述说，维克托说我愿意帮助你。他建议特朗普不仅将 60 街那块地买下，也可以把西区 34 街的开发权也买下来。特朗普闻后大喜。

一时间，特朗普与维克托成为密切商业伙伴。维克托向特朗普许诺，买下那两块地后，除到政府和到负责宾州中央铁路破产案的法院办理许可证明等事宜外，特朗普可以得到宾州中央铁路提供的开发资金。这令特朗普又惊又喜。此前从来没有过卖方还要为买方提供开发资金的好事。事实是，在当时经济衰败的形势下，帮人也是帮助自己，宾州中央铁路方面巴不得赶紧甩掉那块废弃场地。

做成一笔生意便可以分红一笔的维克托也在为特朗普打气加油。一份美国财经杂志为此采访维克托，问在诸多地产开发商中，他为何选择了人们不大知道的特朗普？维克托说，现在的形势你已知道。这个项目在此情形下存在很多未知的风险。这就像黑洞一般，有可能一旦陷入便难以抽身。在此之前，我已同多个开发商进行交涉，但他们都知难而退。他们既没有闯劲，也没有对未来发展的眼光。他们不是我想要寻找的开发商。特朗普显然与他们不一样。从与他的接触中，你可以看到他身上有 19 世纪开发商所具有的优良品质，他可以成为这个时代的英雄。

一个刚刚 27 岁、初出茅庐的开发商，竟被维克多说成时代英雄，这立即在纽约地产界引起轩然大波。

特朗普本人对此当然感到很受用。与此同时，他自己也通过媒体宣传自己。

但直到那时，他其实什么还没有做呢。

纽约一位房产界大佬对特朗普的一个朋友说道，这个特朗普是什么人？他就知道瞎吹！他说了那么多，怎么没看到他盖楼的一砖一瓦和哪怕一车灰石砂浆呢？

这话传到特朗普耳朵里后，特朗普感到自己的自尊心受到极大伤害。在很长一段时间里，他甚至见了面也不理那个说这话的大佬。

转念一想，特朗普又觉得那人说的话也可以理解：他特朗普确实还没在曼哈顿有过一砖一瓦之功，人家凭什么就认可你这个“时代的英雄”？

想到这里，特朗普要尽快打开局面的劲头又像上紧了一圈弦一样绷足了劲。

这便是特朗普的过人之处之一：别人的好话能够成为他不断进取的动力，别人的丑话也能够化解为前进的动力。尽管他对说丑话的人心里确实不大舒服，甚至记恨一辈子。

1974 年 7 月 29 日，特朗普正式向外界宣布买下两块地皮之后，便大力争取在 34 街那块地皮建设纽约的会展中心。

特朗普的算计很精明：到那时为止，纽约还没有一个像样的会展中心。

会展中心是每日千万人来来往往的地标性建筑，能够在这样的建筑上打上特朗普的印记，他的进军曼哈顿将会是怎样一曲雄壮的凯歌！

比姆当上市长后，特朗普心中一阵窃喜：当初那笔投资没有白送。此时的他就等着比姆对他有所回报。

比姆进入市长办公室后，特朗普不失时机申请在西区 34 街那块地上建造一座会展中心。为此，特朗普与纽约市政府来来回回打了四年交道，但比姆似乎早已将曾接受特朗普捐款这件事忘了，在很长时间内不公开表示支持这一项目，更避免在政策上给特朗普吃偏食。比姆的这一态度使特朗普在很长时间内对他没有好话。

其实，政客有政客的厚黑之道，他们的心里也清楚呢。给比姆捐过钱的地产开发商多着呢，他既要顾及方方面面的利益关系，还要做得天衣无缝。

在建设会展中心这件事上，纽约市政府在很长时间内纠结于多种方案。这也是比姆市长在很长时间内尽量避开特朗普纠缠的原因。

主要问题在于选址。在多个备选方案中，第 44 街、位于曼哈顿南部的炮台公园区和 34 街都曾是比姆市长案头的选择。

第 44 街的方案因为濒临哈得孙河，很得地利之势，也得到许多商界大佬的支持，为了前期的准备工作，纽约市政府支出了近 3 000 万美元，纽约市副市长约翰·祖克蒂为此事忙乎了三年。

炮台公园区与世贸中心相望，会展中心建在那里似有锦上添花之势，也是一个强有力的竞争方案。

面对这两个强大的竞争方案，特朗普开足马力，全力反击。

反击三部曲

反击是特朗普人生中的关键词。

从特朗普如何反击第44街和炮台公园区两个方案的事实，人们可以窥见特朗普在此后的人生道路上如何反击阻碍他前进的各色人等，如何反击各种各样的官司，以及40年后站在总统候选人的辩论台上如何反击其他十余名竞争者，如何与民主党总统候选人希拉里·克林顿针锋相对，如何在入主白宫后利用推特反击包括主流媒体在内的各种反对力量和人物。

反击的首要一着是贬低。特朗普直言，为了做成一笔生意，你必须贬低你的竞争者。对于在炮台公园区建造会展中心，特朗普请到了在纽约政界很有影响力的劳工谈判专家西奥多·基尔。基尔为此说了一句令特朗普很中意的话："在炮台公园建会展中心，无异于在墓地建夜总会。"如此生动的短句，令闻者入耳入脑，亦令竞争者顿现颓势。

特朗普逢人便说，44街那个地方地块太小，根本没有发展空间。炮台公园地处曼哈顿最南端，交通、住宿、娱乐均为不便。

第二着便是赞美。在对竞争者贬低的同时，必须加大对自身方案的赞美。这个声音放得越大越好。为此，特朗普召开了他人生中第一次新闻发布会。包括美国联邦参议员曼夫瑞德·奥伦斯汀和西奥多·基尔等多名重量级人物到场为特朗普站台。也为了让外人入耳入脑，特朗普在会场上打出了"34街见奇迹"的条幅。特朗普对人们普遍关心的造价问题夸下海口，称他只需1.1亿美元，比政府拟在44街支出的节省至少1.5亿美元。

此外，特朗普逢人便说，34街交通便捷。比起44街和炮台公园，这里距地铁和公交车站都很近。除了开支更少外，34街还不必大规模搬迁。这片区域面积宽广，日后开发余地很大。

第三着是极力抓住对手软肋，祭出"撒手锏"。要想打败对手，必须研究对手的弱点何在，随之毫不留情地揭开疮疤，在其伤口上大把撒盐。

纽约市副市长约翰·祖克蒂是支持44街方案最主要的背后推手，他本人也为此捞了不少油水。特朗普抓住他的这个短处，公开抨击他阻碍34街方案就是企图从中谋私，这证明他这几年花费纳税人巨额资金和精力其实是无用之功，他是一个彻头彻尾自私自利和心胸极为狭隘的人。约翰·祖克蒂听后大怒，也顾不得副市长的身段，立刻与特朗普叫骂起来。殊不知，这正好掉到特朗普挖的坑中，为了尊严开骂，其实顿失尊严。与特朗普开骂，抬高了特朗普的身价，无形中为特朗普做了免费广告。骂得越欢越狠，特朗普的知名度越高。

要知道，那时的特朗普渴望的就是一个知名度。

特朗普还善于从对手的漏洞中寻找攻击点。

44 街的方案一直有一个难以言传的短板，那就是因为那块地皮不大，真要在那里建会展中心，就需在哈得孙河上搭建水台。将会展中心的一半建在河上，听起来很浪漫，但成本极高，也会有诸多建筑上的新问题，且不论施工周期会拉得很长。最为要命的是，要在水上搭建水台，必须得到纽约市政府的建筑许可。特朗普在仔细研究后发现，要获得水上建筑许可证极难。因为政府要批准开发商在特定水域搞这种大规模建设，国会必须首先立法，而所有人都知道，要让国会能够为此通过一项立法又是多么繁难的事情！

为了反击对手，光是骂人是不够的，还需拿出事实与证据。对此，特朗普也做了功课。为了驳倒炮台公园方案，特朗普特意组织了一份调查报告。这份报告显示，如真在那里建设会展中心，就得重新整修西区高速公路，以便直通那里。此外，会展中心附近还需再建数千套宾馆客房，这些配套设施就很费周张。

为让人们知道特朗普方案的优势，特朗普推动一位名为罗伯特·瓦格纳的议员组织大学毕业班的学生到 34 街现场进行项目评优研究，最终形成一份名为“瓦格纳报告”的文件。特朗普拿到这份报告后便四处敲打对手。

在特朗普的人生轨迹中，他有着一股子令顺者昌、逆者亡的狠劲与韧劲。诸般招数使出后，形势果然有了转机。比姆市长首先下决断甩掉了炮台公园的方案，随后于 1977 年成立一个委员会，对会展中心的选址再做判断。在比姆卸任前几周，他终于表态支持在 34 街建设会展中心。

1978 年 1 月，纽约迎来一位名为科克的新市长。特朗普不失时机地继续向新市长游说和推动此事。在经过自己的一番考察后，有着新官上任三把火执政需求的科克于 1978 年 4 月宣布批准在 34 街建设会展中心。

纽约市政府做出这一决定后，同时决定将这一地皮也从宾州中央铁路买下。因为在此之前特朗普已同宾州中央铁路谈妥地皮合同，纽约市政府允诺赔偿特朗普 83. 3 万美元。

这时特朗普提出，如果政府同意建成后的会展中心以特朗普的名字冠名，他可以不要这笔赔偿费。

83. 3 万美元说不要就不要，跟着特朗普干活的那些人有些不愿意了。公司正处于在曼哈顿初创之时，这也是一笔数额不小的资金啊!

特朗普想得可与他们不一样。他要的就是“特朗普”这个名。在他眼中，在曼哈顿能有这个名，其真正价值岂止 83. 3 万美元?!

这个特朗普是谁?科克市长领导的纽约市政府可没买特朗普的账。他们径直拒绝了特朗普的冠名请求。

此事令特朗普至今很不舒畅。在他看来，如果没有特朗普家族的努力，34 街上也不会有这样一个标志性的会展中心。

冠名事宜泡了汤，特朗普继续为承包建设会展中心开始了新一轮的公关大战。他保证说，如果我特朗普承包此事，我可为政府省下一大笔钱，整个工程不超过 2 亿美元，超出部分由我特朗普自掏腰包。

科克政府打定主意这件事与你特朗普没有关系了。你不能刚刚把这块地卖出，转过身来就成为工程的承包商。这理由弄得特朗普整个一个悻悻然。真是匪夷所思，他愤愤地说。

折腾了这么长时间，纽约会展中心与特朗普没关系了，这让特朗普颇感五味杂陈。

不管怎么说，这个会展中心终于建在特朗普所力主的 34 街。会展中心的历史上不能没有特朗普这一笔。这是特朗普的胜利，尽管这种胜利形式大于内容。一个声音在说。

你终归没有得到冠名，你终归没有承包，你在曼哈顿的第一脚踢出去后好像崴了一下。另一个声音说。

反正这心里就是有些不痛快！

特朗普终究还是不死心。

会展中心最终请著名华裔建筑师贝聿铭主持设计。这位贝先生名声很大。中国北京的香山饭店是他的杰作，位于华盛顿的中国驻美国大使馆新馆也是他的作品。

在特朗普看来，贝聿铭手笔确实很大，但毫不含蓄。会场空间框架设计成为职业工程师公认的难题。这种设计肯定令建筑费用大幅超支。

特朗普对于将会展中心大门设计在11大道、而不是面对哈得孙河也颇为不屑。他认为如果将大门放在面向哈得孙河处，出来进去的人们可以顺便欣赏哈得孙河的美景。

将近40年后，当我在哈得孙河边打量贾维茨会展中心时，我能够理解当年设计者的苦衷。会展中心临河处是一条车水马龙的主干道，每日便已如肠梗阻般时时堵车。若将会展中心大门设在此处，无异于再添一波重量级的堵源。事实上，人们进入会展中心后，也会在楼上远眺哈得孙河美景。特朗普在会展中心大门选址问题上是不是有些过于挑剔或者自爱了？

反正就是不死心。眼看着工程虽说动土了，但是延期和超支问题越来越严重。特朗普又坐不住了。1983年，特朗普提笔致信纽约新任城市发展委员会主任斯特恩，再次提出承包会展中心建设，并且不要任何资金补助。只要给我工程监管权即可，我保证在原有预算内高效完成工程建设。

特朗普这次努力再次碰壁。他与会展中心深度介入的愿望彻底破灭。

热望遭到拒绝之后便生怨艾。在特朗普眼中，这一工程早已从失败走入惨败。1986年，工程最终完工，但超支2.5亿美元，整个工程耗资超过10亿美元，财政赤字不少于7亿美元。

这项工程简直就是耻辱！特朗普愤愤地说，本来可以在这里打造出一个完美的建筑，但这一切都毁了！

1986年，贾维茨会展中心正式开幕时，举行了一个盛大的揭幕仪式。喜欢在大庭广众尽显风头的特朗普接到了邀请，但他最终拒绝出席。

现在出入贾维茨会展中心的人们不会理会其建设史上的这一幕插曲，也没有多少人理会特朗普每每经过这里时心中怦然一动的痛感和嘴角上那难以察觉的不屑。

特朗普的心很受伤。他内心深处也因此留下了一道深深的阴影。

他要反击！

别人熟视无睹，他总能见到机会

同样也是在1986年，就在他因为贾维茨会展中心闷闷不乐之时，《纽约时报》一则报道引起了特朗普的关注。

报道说，纽约市政府已经决定开始重建位于中央公园的沃尔曼溜冰场。纽约市政府还允诺说，如果一切顺利的话，溜冰场将于两年内重新开放。

特朗普看到这里，沉思了片刻之后，一股向纽约市政府反击的决心顿从胆边生。

这是一个机会！特朗普的直觉告诉他。

此时，特朗普的脑中幻化出沃尔曼溜冰场一旦重新开放后的诱人景象。

沃尔曼溜冰场在纽约中央公园内，而中央公园则是纽约人极为喜爱的“后花园”。

无论是站在帝国大厦、洛克菲勒大厦，还是登上新近建成的世界贸易中心顶层观景台，都能看到在曼哈顿密集的高楼大厦中，一块长方形、占地5 000多亩的绿地地毯般铺在曼哈顿的中央。

曼哈顿的神奇之一便是在寸土寸金、耸入云霄的水泥、钢铁和玻璃丛林中，居然还有这样一块春天嫣红嫩绿、夏天阳光璀璨、秋天枫红似火、冬天银白萧索的宝地。凡是到中央公园的人，都会感到这块不动产的价值。它使得整日为名利奔波的曼哈顿人得以有一块放松、休闲、运动、娱乐的空间。中央公园对纽约有着无法取代的珍贵价值。

19 世纪 50 年代，纽约正在经历着前所未有的城市化进程。大量人口涌入曼哈顿，经济优先的发展理念，不断被压缩的公园绿化等公共开敞空间使得 19 世纪初确定的城市格局的弊端暴露无遗。包括传染病流行在内的城市问题凸显，满足民众对新鲜空气、阳光以及公共活动空间的要求便成为纽约市政府的当务之急。

1851 年，纽约州议会通过《公园法》，在曼哈顿建设公园一事提上日程。最初，有人提出在曼哈顿岛东侧沿河建设公园。但这一方案很快流产。1853 年，中央公园的位置及规模大致确定。1858 年，中央公园设计竞赛公开举行。在 35 个竞争方案中，奥姆斯特德及沃克斯二人合作的方案脱颖而出，成为中央公园的实施方案。

纽约中央公园是美国第一个城市公园，奥姆斯特德及沃克斯都是第一次设计这样的公共游览场所。中央公园的设计吸取了英国自然风光式园林建设的经验，曲线道路、不规则的草坪、森林、湖沼，构成了一个安静、清洁、纯朴的田园环境。在历时 15 年的建设后，中央公园于 1873 年全部建成。

又经过一百多年的发展建设，中央公园内除绿地、森林、湖泊、山石、庭院、剧场、动物园、运动场、美术馆外，还有一个沃尔曼溜冰场。

如果说中央公园的历史体现了早期建设者们的眼光，沃尔曼溜冰场建成后的经历则暴露出纽约市政管理机构的诸般弊端。

位于中央公园东南角的沃尔曼溜冰场1949年对公众开放。凯特·沃尔曼（1869—1955）为建设这一溜冰场捐赠了60万美元，以纪念她的全家。沃尔曼一家来自堪萨斯州莱文沃斯，凯特的哥哥威廉·沃尔曼曾在堪萨斯城开设了一家股票交易市场，后将这一交易市场迁到了纽约。沃尔曼溜冰场之名便来自于此。

沃尔曼溜冰场位于纽约中央公园内，以曼哈顿为背景，和爱人一起在中央公园的沃尔曼溜冰场里溜冰是无比浪漫的体验，一如1970年的电影《爱情故事》中，在男女主角之间发生的动人情节那样。寒冷的季节里手拉手在冰面飞舞，仿佛整个城市都将化作绵绵爱意。

沃尔曼溜冰场　　　　曹敏　摄

资料来源：http：//baike.baidu.com/link？url = wwzZX0rHgRSqd - 5JBgxE2rj6I2LRlTEAx56cNqM8BdPsqCiTDZ3xng9Rwo4SsHXYlrY3ROQrxONm1Od9NCM9-q，2016年7月16日登录。

沃尔曼溜冰场建成后，每年10月至次年4月，这里都成为纽约人溜冰娱乐的好去处，到了夏天，这里又会举行爵士、摇滚、乡村等各类音乐会。

1980年，沃尔曼溜冰场被宣布将关闭两年，其间，将进行耗资910万美元的整修。然而，6年时间过去后，耗资已达1 300万美元，溜冰场仍未修好。

这6年中到底发生了什么？细细查看下来，在这6年光阴中，在设计、施工、管理等多个环节充斥着混乱、渎职、不作为等弊端。制冰设备安装完毕后，整个溜冰场的设计还没有拿出来。管道铺设后，一场倾盆大雨使得管道内淤积了大量泥沙，很长时间内无人清理。对于人行道的设计争论不休，以至于地基混凝土的浇筑搁置了 9 个月。久久的拖延使得铜制管道长久暴露在现场，现场安保工作又不严密，导致不少人翻越围栏切断铜管倒卖生财。不合格的混凝土浇灌产生大量裂痕。面对一团乱麻的局面，纽约市政府决定改换承包商，但双方扯皮多时，才就新合同达成一致。整个系统进行测试时，发现混凝土下面管道多处漏水。整修管道后再次测试，发现系统根本无法制冰。

诸如此类，不一而足。

一个和尚挑水吃，两个和尚抬水吃，三个和尚就没水吃了。特朗普发现，这个工程一团乱麻般的背后是没有一个强有力的管理和负责机制。

在这个工程拖延期间，特朗普曾经路过施工中的溜冰场。那是在一天的下午 2 时左右。他看到有大约 30 名工人在工地现场无精打采地坐着。大约一小时后，当特朗普再次走回那里时，他看到那 30 名工人仍然在那里无所事事地待着。没有人发话，没有人管理，好像那些人就将这样一直待到天黑后下班回家。这是在附近正在施工中的特朗普大厦工地上根本不可能发生的事情。特朗普清醒地意识到，这里根本就没有人进行严格的管理。

特朗普是一位对细节观察极为精到，并能够发现问题的人。当他路过溜冰场时，他看到不少被丢弃在路边的麻布袋，其中一些上面已经长满杂草，而袋子里面装的是用于新景观绿化的植物。这些植物就这样被丢在路边，没有人管。当特朗普盯着这些麻布袋若有所思的时候，一名工人路过这里，他踩着这些麻布袋头也不回地径直走自己的路。这一幕令特朗普吃惊不已：花了那么多钱来修建的溜冰场，就这样在这些建设者们自己的脚下被踩得一塌糊涂。

特朗普对沃尔曼溜冰场的关注是因为其状况如何与自己有重大利益关系。

沃尔曼溜冰场于1980年关闭修整之时，正值特朗普大厦轰轰烈烈开工建设之时。特朗普大厦是已在曼哈顿打拼数年的特朗普心血之作，在他眼里，特朗普大厦才是他真正立足曼哈顿的标志性建筑。

特朗普大厦是一座有着68层的摩天大楼，除购物区、办公区外，还有着263套豪华住宅式公寓，这些公寓的朝向多为中央公园，即所谓“公园房”，这类房子的售价几为天价。

特朗普大厦按预期在两年半时间内实现竣工。然而，从新大厦的窗户向中央公园望去，没有完工的沃尔曼溜冰场工地就像一块绿色地毯上的大补丁一样难看。

1986年5月，特朗普知道纽约市政府决定开始重建沃尔曼溜冰场的消息后，他从自己在特朗普大厦内办公室的窗户凝视了那个溜冰场很久。

那个乱糟糟一大片的溜冰场工地死一样寂静。刚刚拒绝出席贾维茨会展中心的特朗普心情仍然很郁闷。

两年半，修理这么一个溜冰场还要两年半?！整个特朗普大厦的建设时间不过才两年半！纽约市政府，你们行不行啊?

这事要让我干，几个月时间就可以搞定！特朗普恨恨地想着。

他决定再次找纽约市政府说说这事，尽管他在与新市长科克打交道的过程中已屡屡遭到冷遇。

实际上，在此之前两年，特朗普看到沃尔曼溜冰场一再延误工期，就已经给纽约市政府负责城市建设的负责人亨利·斯特恩打电话，提出免费接管这一工程。斯特恩拒绝的很干脆。

特朗普决定再次找亨利·斯特恩说说此事。电话打过去之后，亨利仍然一口拒绝，“我们不需要你这样做，我们自己能够完成。谢谢!”

“亨利，你都看到了。两年前你就这么说，现在怎么样了？”特朗普开始嚷了起来。

跟亨利说没用。特朗普决定直接给纽约市长科克写信力陈此事。

我简直受不了了，特朗普回忆说，管事的那些人真是不称职。我由衷相信我可以出色地完成这个工程。这个溜冰场本应带给纽约人巨大的欢乐，而不是这么多年乱在这里。大家，包括我的家人，本来早就可以享用这个溜冰场。不管你们怎么想，我的想法就这么简单。

此时的特朗普一肚子气，这气里既有对无能者的生气，也有要努力用事实为自己争一口气。

气不打一处来，特朗普给科克市长写的这封信便一气呵成：

“尊敬的科克市长，几年来我亲眼见到纽约市政府未能兑现按时完工、开放沃尔曼溜冰场的承诺。其实，在我看来，重建这一溜冰场的工程并非难事，有4个月时间应可完成。然而，这一已经耗时6年的工程还要再拖延两年半才能完成，这对于盼望早日享用沃尔曼溜冰场的人们来说实为难以容忍之事。我相信，所有纽约人对于这类消极怠工、效率低下的现象已深恶痛绝，这也正是纽约市政府的失职。在这样的状态下，我难以想象在预定的两年半之后，沃尔曼溜冰场是否能够如期完工，并向公众开放。事实上，广大民众已经在此事上深受其害……”

痛陈弊端后，特朗普笔锋一转，直截了当地提出要求，“尊敬的市长先生，我希望能够接手这一工程。我将自己出资建设这一溜冰场，并保证工程将于今年11月竣工。我同时希望能够以合理的价格租下竣工后的溜冰场，以进行有效的经营管理。”

特朗普还提出他希望同时经营溜冰场旁边的餐馆，以经营溜冰场和餐馆的盈利补助重建溜冰场的建设费用。他开出的建设费用为300万美元。

这封挥就于1986年5月28日的信很快被送到科克市长的办公室，科克也很快有了回复。科克明确表示不能让特朗普经营溜冰场。在特朗普看来，科克市长的这封信“尽说些风凉话”。但科克在信中说，如果特朗普真想自己掏钱重建溜冰场，这倒是一件好事。

特朗普希望接手重建沃尔曼溜冰场但遭市政府拒绝一事被人有意无意地捅给了新闻媒体。恰如干柴遇烈火，工程一再拖延一事早就失去人心，媒体抓住此事着实炒作了一番。与贾维茨会展中心不同，这次媒体几乎全站在了特朗普一边。

连续好几天，此事成为纽约报章言论的主题，矛头皆指向纽约市政府。

美国媒体就是要拿个放大镜到处找料，刚上台的科克自己送来了这块好料。

《纽约邮报》的评论说，特朗普承诺重建沃尔曼溜冰场，除承担所有费用外，还保证在11月完工。这完全不是坏事。回头看看这些年到底发生了什么？这完全是一个耗资巨大的烂尾工程。人们应该为特朗普的承诺高兴才对，但事实是纽约市政官员更乐于找出种种理由阻止重建的进行，而不是更多地关注于力求达成一致意见，实现工程完工。纽约市政府如果有异议，为什么不尽快召开一个公开听证会？这个烂尾工程闹剧实在不能继续下去了。

《每日新闻》在社论中说，就让特朗普勇敢地进行尝试有何不可？纽约市政府在这件事上已经被证明无所作为。科克政府本应为有人提供这一机遇，进而解决一个老大难问题感到欣慰，但恰恰相反，他却提出了诸多很不合情理的反对意见。真正的问题可能在于纽约市政府在浪费了1 200万美元之后感到十分尴尬，并遮遮掩掩。

特朗普的名字在纽约媒体上时有曝光，但此次是特朗普第一次以如此正面形象得到支持，也是刚上台的科克市长首次如此广泛地遭到舆论批评。科克不能不对这种舆论予以关注，因为这在很大程度反映着民意。

善用媒体，那是特朗普的绝活

在美国，执政者与媒体间一直有着“水可载舟，亦可覆舟”的微妙关系。“新闻自由”在美国也是一个只具有相对意义的理念。媒体背后的资本力量决定着任何一家媒体都无法做到绝对意义上的客观公正，但媒体不失为一个多元化社会中的民意输出渠道。

《纽约邮报》创办于1801年，是美国历史上最悠久的报纸之一，其报道风格被认为以煽情、八卦而闻名，现属于媒体大亨默多克的新闻集团。纽约《每日新闻》报创办于1919年，是美国最大众化的报纸之一，发行量居美国日报前列。这家报纸热衷于报道纽约地方新闻、社会新闻和各类花边新闻。

有意思的是，《纽约邮报》和《每日新闻》平日里是两家不共戴天的竞争对手。在沃尔曼溜冰场这件事上，这一对死对头说出来的话竟像对了口径一样穿着一条裤子。纽约市政府在这样的民意面前，就不能不有所顾虑了。

科克市长领导的新政府本来是想干出点新官上任三把火的事情，没想到让一个地产开发商闹腾得挺被动，这身段便不得不低了下来。科克市长最终决定请特朗普接手沃尔曼溜冰场的重建工程。

1986年6月6日，在科克市长的过问下，特朗普与纽约市政府一些官员，包括亨利·斯特恩一起坐下来谈判重建条款。

这场谈判仍是一次讨价还价的过程。

政府说，特朗普你要参与重建，可以，但要像其他政府资助建设项目一样，你要参加投标。

特朗普说，能不能换个思维，我自己投资重建，但我也应从溜冰场的收益中获得回报。

政府说，不行，你不能利用溜冰场谋利。

特朗普说，政府可以借给我300万美元作为贷款。溜冰场获利后我用这笔钱还贷。

政府说，不行。政府没有这笔预算。你自己需拿出300万美元走招标程序，重建完成后，市政府全额偿还你。

当天快下班的时候，双方终于达成一致：特朗普将承担建设费用，并同意在当年12月15日竣工。到那时，纽约市政府将偿还特朗普所付出的建设费用，总金额不超过300万美元，但前提条件一定是溜冰场能够正常使用。如果实际工程开支低于这一预算，政府将按实际支出额偿还；如果实际费用超出，特朗普将自己承担这部分费用。

从达成这项协议到特朗普所允诺的完工期限只有半年时间。特朗普实际上给自己推上了悬崖边沿。这完全是背水一战！

争取到工程承包权是一回事，真正操作起来又是另一回事。当球踢到特朗普这一边时，根本不懂得建造溜冰场的他皱起了眉头。

他只有半年时间。这意味着他必须全然改变思路，以最有效率的方式兑现承诺。

其实，他已经拥有了最有效率的基本条件，那就是这件事他一个人说了算，这是多头政治的纽约市政府无论如何也竞争不过他的地方。

特朗普不懂溜冰场的建设，他必须找到最懂这件事的人。他想到了冰雪运动比美国发达的邻国加拿大。他以最为直接的方式请来加拿大冰场建设专业公司多伦多思姆科公司的专家，向他请教最佳方案。

首先要确定的是溜冰场将用哪一种制冷技术。氟利昂制冰系统更节电，但耐用性差，性能不稳定，维护难度大。在已经使用氟利昂系统的世界溜冰场中，约有三分之一都出现了问题。另一种便是盐水制冷系统，这种系统成本高些，便可靠性强，持久耐用。1936年开放的洛克菲勒溜冰中心使用的就是这种系统，半个世纪过去了，从未出现大问题。

那就使用盐水制冷系统。特朗普拍板说。

在仅有的半年时间内，如果先将旧的场地清理完后，再打地基搞建设，那将花费很长时间。特朗普再一次拍板说，旧的场地不清了，就在上面铺设一层地基后开建新的溜冰场。这一决定又节省了大量时间。

有了前车之鉴，特朗普采取极为严格的现场管理负责制。他本人一天到晚盯在工地上。同时，他也不允许外人，包括纽约市政府的人无故接近工地现场，不得以任何形式和理由干预工程进度。

整个工程进度细到每日每时。从当年9月7日至10日，四天内铺设了22英里（约合35千米）管道；9月11日，用10小时时间完成地面浇筑。由于事先安排，没有出现在一次性浇筑中水泥供应不足的情况，也因此防止了出现开裂等情况。第二天的检查表明，浇筑很成功，非常平坦。9月15日，新的制冷设备被安装在改建的空气压缩机室。9月底，所有制冷设备安装完毕。下一步工作便是测试，但需要连续四天气温低于13摄氏度。纽约那几天连续多日是晴好天气。特朗普急得团团转，那是他有生以来第一次盼望着冬天的早日到来。

天公有眼。到当年10月12日，纽约开始出现气温连续几天下降到13摄氏度以下的天气。10月15日，施工人员给管道注入盐水，进行第一次制冷测试。经过测试，整条管道没有出现漏水并且压力稳定。当天晚上，一场秋雨洒下，溜冰场上结上了一层亮晶晶的冰。

这是占地3 000多平方米的沃尔曼溜冰场近七年来第一次再现冰层。很多人驻足观看，真是美极了！

自批准由特朗普负责重建到全部竣工，仅用了四个月时间。工程款项算下来，300万美元的预算节省了75万美元。经纽约市政府同意，特朗普将这笔费用重建了冰场休息室和餐厅。

在这四个月中，特朗普成为不仅纽约，而且是全美媒体关注的焦点。

自特朗普接手重建工程后，沃尔曼溜冰场的建设情况便成为诸多媒体的话题。特朗普每天都能接到“管道铺设如何”“混凝土浇筑怎么样了”或“空气压缩机房建好了吗”等询问细节的电话。

在争取这一项目过程中，特朗普再次理解了媒体所具有的推波助澜的作用。特朗普准备再次利用媒体做些工作。

在特朗普的一生中，善用媒体成为他游刃有余的绝活。

8月7日，特朗普站在还是毛坯地板的溜冰场上召开了一场新闻发布会。他向闻讯赶来的近40名记者说，把各位请来，就是要告诉你们一个简单的事实，这个工程迄今为止进展顺利。我们将坚守承诺，让这一溜冰场于今年12月重新向公众开放。

多么具有现场感的新闻发布会，多么简单但又牵动着多少人心的新闻事实！

“特朗普将还冰上爱好者一个冰雪惊喜”“特朗普给沃尔曼蛋糕披上一层冰霜”……第二天，多家报纸出现了这样的标题。另有媒体就此进行了深度报道，其中《时代》杂志在“国家”版用整版篇幅对此事的前因后果进行了报道，主旨便是一个无作为的地方政府与高效私营企业家的鲜明对比。

曾经负责这一工程建设，但始终未能完成任务的前负责人戈登·戴维斯出人意料地给特朗普写来一信，信中说，他很宽慰地看到自己的错误在特朗普的领导下得到了纠正。接到此信，特朗普心头一热。

然而，那位纽约市主管官员亨利·斯特恩先生则一如既往地冷嘲热讽，品头论足。这一点连一向尖刻的《每日新闻》也看不下去了。这家报纸在一篇评论中写道，“亨利先生，你就不能试着说一声谢谢吗？在现在这种情形下，你说一声感谢恰恰更加令人尊重。”

心头也有些酸酸感觉的还有科克市长。为什么市政府原打算两年半时间做到的事特朗普用四个月便完成了呢，科克市长说，“特朗普的时间安排很有弹性”，“他能够与自己能干的工人一起努力压缩时间，而且工人们，如果他们不这样做，将可能遭到解雇”。

科克市长的话并非全无道理。施工期间，特朗普确实像魔鬼一样向工人们施压。科克市长没有提及的是，或他仍不愿面对是一些体制性的弊端。

美国是一个法治国家。这个法治国度的一大特点便是事无巨细，都有各种各样的法在那里管着。凡事有利有弊。这种做法做到极端，便使得公平与效率的天秤失去平衡，进而损害效率。

根据相关法律，纽约市政府必须与出价成本最低的承包人签订合同。但这一法律的漏洞在于并不理会成本最低的承包人是否真是最适合这一项目的人。

在另一项名为威克斯法的法规中，规定在所有公共项目的建设中，如果预算超过 5 万美元，工程必须分包给 4 个不同的承包人。这一法规的目的在于增强竞争，减少建设成本，并防止暗箱操作。出于好意的法规在执行中却有着南辕北辙的效果。三个和尚就没水吃了，何况四个和尚?！在没有一个承担全部责任的主管承包人的情形下，结局很可能是谁也不负责任，扯皮、延误、超支等乱象丛生便成为必然。

特朗普顶住来自各方，特别是来自纽约市政府的压力，反击了别人，也战胜了自己，最终赢得了成功。

在沃尔曼溜冰场工程一事上，特朗普的做法有些反体制的味道。特朗普认为，那些相关法规自有其道理，但也确有缺陷。对于这样一项工程而言，让最好的承包人按时、按预算完成工程的关键在于，一定要盯住工程进度。只要意志坚定，任何任务都是可以完成的，前提是你必须了解项目。为什么此前很多承包人在与市政府打交道时说，对不起，工程出现了问题，我们必须再申请 100 万或 200 万美元资金才能完成项目，而这时市政府层层官员根本无人反驳，其原因就是那些主管官员根本不了解情况。

从他父亲那里，特朗普就早已学会对从建材价格到施工细节的所有情况要心中有底。这样才能胸有成竹。

1986 年 11 月 13 日，沃尔曼溜冰场举行了向公众开放的剪彩仪式和新闻发布会。科克市长也应邀出席。

与同年早些时候在贾维茨会展中心举行的剪彩仪式不同，特朗普不仅参加，而且成为最引人注目的主角。

沃尔曼溜冰场的重建成为年轻的特朗普进军曼哈顿以后又一个成功故事。

此后，特朗普再从特朗普大厦向下望去的时候，心情大不一样。冬日可以看到成百上千溜冰者的千姿百态的旋转身影和欢乐笑容，夏日可以看到各种各样的欢乐聚会。每每看到这些，特朗普自豪之情油然而生。

自 1987 年至 1991 年，沃尔曼溜冰场已由特朗普集团经营，并更名为特朗普溜冰场。自 2001 年，这一溜冰场改由特朗普集团和来自弗吉尼亚州的梅卡尼克斯维尔冰场管理公司共同经营，但“特朗普溜冰场”这一冠名将永久保留。

冥冥之中，这似乎又是对特朗普未能在曼哈顿另一端的贾维茨会展中心得到冠名的补偿。

对于特朗普而言，冠名这事儿很重要。他喜欢出名。

第四章
一片衰败，特朗普看到的是希望

从任何负面的东西中特朗普总能找到光明的因素；这个有高度洁癖的人钻进了一条很脏的街道；你需要的并不是最好的地段，而是一单很好的生意；好地段是创造出来的；他对时机的把握有着极为敏感的直觉；越是有别人看似飞蛾扑火的事他越要干；要赌就赌大的，要干就干轰轰烈烈的；把大话说出去，实际上就是给自己下了一个军令状，就会逼迫着自己千方百计兑现承诺。人的潜力就是这样被挖掘出来的；他恨许多人，也能用许多人；在这片商海中扑腾，商人的奸、滑、狠、黑，一样都不能少；要找到最懂得这件事的人，要找到最好的人，要能够用最好的人；他善于从每件小事中悟出道理，总结升华之后成为规律性原则；他有无数敌人，但他内心深处仍有柔软的一块

特朗普这人有洁癖，洁癖得不愿跟人握手。

时至2016年，已经成为美国共和党总统候选人的他便要每天跟人握手。

望着那无数双向他伸出并拼命摇晃的手，别看他脸上也是拼命挤出笑容，其实他真的不愿意跟你握手。

入主白宫后，当与各国政要握手成为必须之时，“特朗普式”握手又生出诸多插曲与解说。

这种让特朗普有点犯难的事从他小有名气的时候就开始了。

在曼哈顿刚开始打拼时，是特朗普主动跟那些业界大佬握手。到了也跻身“成功人士”行列时，人家跟他握手，他心里极不情愿。他认为那是一种很不愉快的体验。

特朗普看人看脸色，看到那些脸色很差，明显患了严重伤风感冒的人却走到他面前，一脸崇拜地说：“特朗普先生，我希望和您握握手。”那是特朗普感到特别不舒服的时候。

对于特朗普来说，最糟糕的事是，当他吃饭时，还不得不与人握手。有一次，他正好在外用餐。一位男士从卫生间出来，还轻轻地甩着手，手上还是湿的，见到特朗普后，便主动走到桌前，笑着请求说，“特朗普先生，您真是位了不起的人。我能和您握握手吗？”

特朗普真的不想和他握手，但他也知道，如果这个手不握，他会记恨他一辈子，还会到处说特朗普的坏话。

正在品尝美味的特朗普有些犹豫了。同意握吧，特朗普仿佛已经看到那位男士从卫生间里带出来的细菌和脏东西满手在爬，这些脏东西肯定会通过握手握到特朗普的身上。

最终，特朗普还是跟那人握了手。在卫生与名声的两难中，他选择了维护自己的名声。然而，那顿饭他再也吃不下去了。

不吃就不吃吧，反正有助于减肥。从任何负面的东西中特朗普总能找到光明的因素。

推而广之，特朗普对握手这个表达好意的形式在世界范围内流行都有意见。你们都知道那些可怕的细菌是怎么传播，那为什么这个握手还大行其道呢？为什么不学学日本人鞠个躬，或学学东南亚人双手合十呢？

拿下科莫多酒店

1974年下半年的一天，就是这么个有高度洁癖症的人，钻进了曼哈顿42街那条脏乱不堪的街道。

那天特朗普没感到不愉快，恰恰相反，越是肮脏不堪，他内心越是愉悦，最后竟有些莫明其妙地兴奋不已了。

那真是一块尽显衰败的地界。一条街上有约半数建筑标明都已被没收。沿街建筑的一楼都是些破破烂烂的门面店。有不少店也早已关张，店门被木板封了起来，门口乱七八糟地堆着废弃的物件。

特朗普抬起头来仔细打量着一幢高大建筑，那其实是一家酒店。酒店的外墙脏兮兮的，酒店门廊处邋里邋遢，看起来就像政府为救济穷人建造的那种下等旅社。

真是斗转星移，世事沧桑啊！谁能想到，这就是曾经名震纽约的科莫多酒店啊。

更令人难以想象的是，这里曾经是何以打破脑袋都难以进入的黄金地段啊！

这里是纽约中央火车站的地界！

从美国首都华盛顿到纽约，我曾多次乘坐火车。火车在纽约到站处便是中央火车站。2012年美国总统大选时，有一场奥巴马与罗姆尼的总统候选人辩论选在位于长岛地区的大学，我也是从中央火车站乘火车前往长岛。

不能不说，人一到中央火车站，立即有一种在人山人海中难以找到北的感觉。

纽约中央火车站位于曼哈顿中心，始建于1903年，1913年2月2日正式启用。它是世界上最大，美国最繁忙的火车站，同时它还是纽约铁路与地铁的交通中枢。中央火车站每天到站和离站的列车约有500个班次、约有50万人进进出出。

纽约中央火车站是由美国铁路之王科尼利厄斯·范德比尔特家族建造。这里不仅是纽约著名的地标性建筑和公共艺术博物馆，还有诸多小秘密。在火车站的下面，除了密布的铁轨和各种相关的设施外，还有一条秘密通道。旅客从火车上下车后，可通过这条通道直达电梯，然后进入旅馆。第二次世界大战期间，美国总统富兰克林·罗斯福到纽约时，便通过这条秘密通道进入华尔道夫大酒店。

中央火车站还有一个“吻室”。这个吻室的真正名称是比尔特莫尔屋。20世纪上半叶是纽约铁路运输的黄金时期。那时，从西海岸到东海岸的火车非常之少，那些远道而来的乘客，包括一些政要和各行各业的名人们，在下了火车之后，就是在比尔特莫尔屋与迎接他们的至爱亲朋们拥抱接吻。“吻室”之名由此而来。

铁路大王科尼利厄斯·范德比尔特不仅建设了中央火车站，还围绕着中央火车站建设了一个中央车站区，其中不仅有餐饮、办公楼，还有一家名为科莫多的酒店。

科莫多酒店英文为The Commodore Hotel，意为“船长酒店”。这个名字就是为了纪念铁路大王科尼利厄斯·范德比尔特（1794—1877）。

范德比尔特出生于纽约斯塔腾岛。年轻时的范德比尔特以开着船将旅客从斯塔腾岛运至曼哈顿开始职业生涯。在没有成为铁路大王之前，他首先成为商船大王，并且喜欢别人称他为“船长”。1873年，范德比尔特为了弥补南北战争给南方造成的创伤，捐赠一百万美元建立了以他名字命名的范德比尔特大学，也就是中国学生所熟知的范德堡大学。

位于中央火车站以东的科莫多酒店于1919年1月28日开业，由鲍曼-比尔特莫尔旅馆集团建设，设计者为沃伦和威特莫公司。有着2 000个房间的科莫多酒店开业后的几十年间曾是何等风光！酒店大堂曾被誉为“世界上最美的大堂”，马戏团曾被拉来在大堂进行表演。1972年5月10日，这家酒店成为纽约市第一家在房间内播放电影的酒店。

然而，当酒店所有权转手至宾州中央铁路后，科莫多酒店的风水似乎一下子走了背字。

一个曾经的黄金地段也由此变得衰败不堪。

这一切其实与纽约乃至美国大的经济形势密切相关。

就在这个时候，特朗普与科莫多酒店打了个照面，也由此开始又一段故事。

20世纪70年代初，刚刚在曼哈顿住进公寓的特朗普心里并不踏实。没有在曼哈顿留下任何冠以特朗普之名的建筑，特朗普依旧是一穷二白，这不能算在曼哈顿扎下脚跟。

建房先要有地。买到地皮便成为当务之急。

无论是买房者，还是租房者，地段都非常重要。全世界都在流行着购房者的黄金法则：“第一是地段，第二是地段，第三还是地段！”

购房者如此，建房者更是如此。在好地段买到好地，便成为地产开发商梦寐以求的事情。特朗普也是如此。

然而，特朗普的过人之处在于他对何为好地段有着自己的解读。

对于特朗普而言，曼哈顿时报广场、华尔街这些地方的地皮想都甭想，那些被公认为寸土寸金之地的好地段早已被开发得水都泼不进去了。

现实逼迫着特朗普将目光转向那些不被一般人看好的地段，但特朗普一定会从那里看出大好前程。

特朗普说，很多人觉得做好房地产的关键在于买下好地段。其实，说这种话的人根本不懂房地产。你需要的并不是最好的地段，而是一单很好的生意。在所谓不好的地段上，你可以通过营销和心理战术，让地段升值。

好地段并非一成不变。好地段也是人创造出来的。关键在于眼光是否长远。特朗普的这一认识颇有些辩证思维。作为一名曼哈顿房地产业的后来者，特朗普之所以不仅能够立住脚跟，还能业绩辉煌，不能不说与这种反向思维密不可分。

特朗普说，房地产界流行着“地段，地段，还是地段”的名言，我却痛恨这句话，因为我亲眼看到许多笨蛋将黄金地段弄得一塌糊涂。而一些天才们却把糟糕透顶的地段经营得遍地黄金。不信，你可以把特朗普大厦那块地交给别人，我敢保证，在那些人手中，那块全纽约最黄金的地段可能被经营成一片荒地。

当特朗普开车在曼哈顿到处寻觅可以投资的地皮时，他的眼中不仅看到破破烂烂的现实，还会在脑中规划着美好的未来。

曼哈顿西部很多住宅区都被视为危险之地。街区肮脏，贩毒猖狂，混乱不堪。有着曾在辛辛那提市斯威福顿小区进行过改建工程的特朗普认为，即使这样的街区，如果能得到改建，面目也会大为改观。在人们都视为高危之地的西区 84 街，特朗普看到那里也有用赤褐色砂石建造的豪华公寓，而那里距纽约“后花园”的中央公园很近。人们只需要换个角度看问题，就能够发现这些地段的价值，也进而能够创造出新的好地段。

其实，这种积极向上的思维也有不得已之处。较之那些有百年发家史的曼哈顿地产大亨，还轮不上特朗普挑三拣四，他必须干点别人不屑于做、拾遗补阙的生意。

在与管理着宾州铁路公司资产处理权的维克托·帕尔米里进行了两块地皮的成功交易后，特朗普与维克托的关系一直不错。

1974 年下半年的一天，特朗普再次来到维克托的办公室，边聊边开玩笑地说，“老伙计，我买了那两块地皮，还不错。你这儿还有什么好买卖吗？”

维克托也半开玩笑地说，“我手上还有几家酒店，你有兴趣吗？”

这几家酒店之一便是科莫多酒店。

听了那几个酒店的情况，特朗普认真了起来。

较之其他几家酒店，唯独科莫多酒店危机重重，问题多多，拖欠税款严重，亏损惊人。

唯一令特朗普心动的便是地段：科莫多酒店邻近中央车站。

就在那天下午，特朗普步行至现场，查看了科莫多酒店的周边情况。那时，这个有着洁癖的商人哪怕吃个苍蝇也会觉得美味得很！

特朗普是以一名将军在战前视察战场的心态来到科莫多酒店。他眼观六路，肮脏的街区令他皱眉，但身着西装革履的人潮水般涌入涌出中央车站和地铁站的情形在他眼中似乎就是潮水般的金钱流在涌入涌出。

没错，纽约现在的经济状况不好，可这些永不停止的人流便是希望所在。如果让我经营，科莫多酒店一定会东山再起。因为什么？因为在特朗普的眼里，这里就是黄金地段！

即便它早已今不如昔，但我也要创造出新的黄金地段！特朗普说。

没有我做不到的事

事不宜迟。特朗普任何时候都对时机的把握有着极为敏感的直觉。他再次找到维克托，告诉他对科莫多酒店感兴趣。维克托闻后再次对特朗普刮目相看：这小子眼光确实跟别人不一样！放着那几个经营状况良好的酒店他不买，却专门挑了个科莫多酒店。反正这些资产处理完一笔维克托便能分红一笔。维克托乐得从中撮合。

那时特朗普还是和父亲合伙做生意。他也把这想法跟父亲说了。父亲开始以为他在开玩笑。一旦意识到这不是玩笑时，弗雷德的小胡子便气得撅了起来。

弗雷德没有因为此事与特朗普大吵，但心里一直不同意。当一切都成过去时，弗雷德有一次公开坦承，当他听到这一消息后的第一感觉便是，这小子简直疯了！一个才27岁的年轻人，自己连酒店都没住过几次，就敢买这样一个庞然大物！当时连大名鼎鼎的克莱斯勒大厦都濒临破产。他却要买一家这么破的酒店，这不明摆着往坑里跳吗?!

自从特朗普决意向曼哈顿进军以来，父子俩人的想法就很少一致过。弗雷德一辈子也没想在曼哈顿折腾。他的这点产业是靠纯粹意义上的艰苦奋斗、勤俭持家一点一点打拼出来的，没有十分把握的事他不干。而特朗普则大为不同，越是看似飞蛾扑火的事他越要干，没准就扑腾出个大火球来。

要赌就赌大的。要干就干轰轰烈烈的。干什么事，特朗普就图个心跳。这是他与别人大不一样的地方。

特朗普此后的人生经历表明，干什么事他都如此。在他的心目中，没有我特朗普做不到的事。

将时光穿越至21世纪初。由于喜爱打高尔夫球，特朗普一时兴起，开始到处兴建高尔夫球场。对于从未修建过高尔夫球场的特朗普而言，这也是一个新挑战。但他此前已有整修沃尔曼溜冰场的经历，不会就学呗。

2002年，特朗普接手了洛杉矶的一个高尔夫球场。那是一个面向太平洋风景绝美的所在。在修建过程中，他遇到了第十八洞塌方的问题，仅修建这一个十八洞的资金便需6 100万美元。

除此之外，为了实现最为完美的设计，他需要首先拆掉30幢房子，每幢价值都在1亿美元左右。在全部投入约2.7亿美元之后，这个世界顶级的洋景高尔夫球场建成了，也吸引了好莱坞明星麦克尔·道格拉斯等人前来打球。

事后，特朗普说，6 100万美元修造第十八洞，这只是克服万难的开头。对我来说，没有做不到的事情。

有钱就是任性。确实如此。但特朗普并非只是头脑一热，他是算计的。他首先是一位极有经营头脑的商人。

他就像一位在赌桌上参赌的赌徒，只是比别人更加敢于下注，也因此可能比别人收益更多。

在科莫多酒店的事情上，特朗普知道风险很大。这毕竟是他进军曼哈顿后真正投资的第一个重大地产项目。特朗普明白，这也是背水一战。成功了在曼哈顿一鸣惊人，失败了也将输得很惨。

很多人批评特朗普好说大话。在说大话这一问题上，特朗普有着自己一番看法。他认为，把大话说出去，实际上就是给自己下了一个军令状，就会逼迫着自己千方百计兑现承诺。人的潜力就是这样被挖掘出来的。不说大话，不干大事，你怎么知道自己的潜力?!

特朗普不承认自己是一个投机取巧者。他说，事实上，我从不做投机取巧的事。投机取巧者恰似那些通过玩老虎机就想着发一笔大财的人，而我特朗普是经营老虎机的人。

其实，特朗普大声说出来的还有一句话，那就是“说得出，做得到”。如果光是说得出，而做不到，那就是欺骗了。不要欺骗别人，不要甩出一句大话后就无所事事了。光说大话可以引来别人的围观，也可以利用所有媒体享受一下镁光灯下的快感。但如果真的兑现不了承诺，那些镁光灯也会变成烈火将你烧焦。

在向父亲解释了科莫多酒店的事情后，他向父亲说了大话：我一定说到做到。

父亲那撅起的胡子又放了回去。

特朗普自从打了科莫多酒店的主意后，便拳打脚踢十八般武艺悉数上场。他知道事情繁多，风险极大，稍有不慎，全盘皆输。

在曼哈顿这片商海中扑腾，光努力工作那太不够了。商人的奸、滑、狠、黑，一样都不能少。

特朗普先列了一个清单：

1. 向宾州中央铁路公司购买土地。必须让维克托这帮人真正相信，没在曼哈顿开过酒店的特朗普是购买科莫多酒店的最佳人选，但先不能说钱的事。

2. 宾州中央铁路公司欠着纽约市政府1 500万美元税金，纽约市政府急需这笔税金。要说服宾州中央铁路公司拿得到卖地款项支付方欠纽约市政府的税金。

3. 当时纽约市政府面临着无法按时兑付债券的风险，而银行又不愿意为曼哈顿的房地产提供贷款。因此，要说服纽约一家业内知名机构接受土地转让契约，并宣布现存租约无效。

4. 说服纽约市政府接受固定的租金，并且参与利润分成，以取代税金或至少最大限度地减免税费。

5. 因为特朗普根本就没有经营酒店的经历，必须找一家大酒店的经营者加盟。有这样的经营者加盟，向银行贷款会容易一些。

6. 说服一家银行出借8 000万美元的贷款，用于建造酒店。

…………

真是千头万绪，并且盘根错节。

科莫多酒店危机重重，但那根压倒骆驼的稻草还没到来，出手科莫多酒店有一个时机问题。要求政府减免税费又与银行贷款有关，反过来也是一样，即银行是否贷款也要看政府能否减免税金。能否找到如愿的大酒店经营者也关乎着贷款是否能够如愿。

面对这个乱麻般的连环套，特朗普又搬出了反击对手的如意妙招。他把维克托公司、纽约市政府、银行都当成须各个击破的碉堡，且根据各自特点，寻找出它们的软肋。

世间万物，任何一项成功无外乎天时、地利、人和。

他人痈疽恰是特朗普的宝贝。当时纽约曼哈顿衰败的经济形势便成为特朗普击破对手最为有力的“撒手锏”。

维克托嘴上不说，心里最不放心的还是从没有经营过酒店的特朗普能不能做这笔跨界生意。

特朗普早就知道如何忽悠维克托，以至于维克托能够向美国媒体说出特朗普具有 19 世纪开发商的优秀品质、特朗普是“时代英雄”这样的话。当他再次坐在维克托的办公室时，特朗普一脸诚恳，维克托老兄，曼哈顿现在这形势你是知道的，科莫多酒店那点家底你也知道。我可是整个纽约市唯一愿意接手这个烂摊子的人。

维克托点了点头，说得也是。

但是，在维克托的心里，他还没有打定主意。在此之前不久，宾州中央铁路公司刚刚投资 200 万美元对科莫多酒店进行了翻新装修，希望能够扭亏为盈。然而，在特朗普看来，此举只类似于在一辆出过严重车祸的汽车身上打了一层掩饰伤疤的美化蜡。1974 年，整个宾州中央铁路公司仍有巨额亏损，科莫多酒店在亏损项目上名列其首。尽管如此，科莫多酒店尚未公开宣布倒闭。

面对银行，特朗普拟采取的说辞是，值此经济低迷时期，给新项目提供贷款是他们振兴纽约经济的职责所在。这无疑也是冠冕堂皇的理由。

对于政府主管部门，特朗普要求减免税费，其理由是不要看政府在这个项目上少收了税费，但我这个新酒店势必会带动与之相关的配套设施建设，这个昔日的黄金地段势必重放光彩，进而能够使得政府收到更多的税费。

听起来都很在理。做起来又没有一件事容易。

那就从最为基本的事件做起。

你说得天花乱坠，那么你到底能够拿出一个什么样的新酒店？首要的事情是拿出个新酒店的设计用于对各方的游说。

特朗普对这个新酒店的设计要求是必须“精美绝伦”，让那些从中央车站进进出出的人一见便情有独钟，难以忘怀。

如同整修沃尔曼溜冰场一样，对于不懂的事情，最为重要的是要找到最懂得这件事的人，要找到最好的人，要能够用最好的人。

能用人就得有胸怀

最好的人有时也是最有个性的人，要能够用这样的人并不容易。

在辛辛那提斯威福顿公寓改造项目中，特朗普在对销售经理欧文的使用上已经很有心得。既然世无完人，那么就竭力发挥其所长，有分寸地制约其短，令其最大限度服务于自己的利益。

特朗普并非一个平易近人的人，他有时会对与自己不对付的人怀恨在心，反击是他的口头语，但他同时又是一个能够随时调整身段的人。见到有用之人，他会尽其所能，尽显伯乐情怀，也令受用者感恩戴德。

在完成沃尔曼溜冰场项目过程中，特朗普曾与纽约市市长科克属下的住房管理委员会打交道，其中一人名为格里埃德曼。特朗普与这位格里埃德曼十分不对付，有一次还在法庭上对格里埃德曼大打出手。在一般人看来，这是何等奇耻大辱。但特朗普的长处在于，尽管如此，特朗普仍很欣赏格里埃德曼的聪明才智，最终竟将格里埃德曼收入自己的公司内，为自己工作 。特朗普宣称，他不会因为别人跟自己意见不同就对他们抱有成见。特朗普会利用一切机会，找寻最有用的人，并把他们挖掘到自己门下。

为了找寻有用之人，特朗普不惜用重金挖竞争对手的墙角。他在经营特朗普赌场酒店时，曾聘请史蒂芬·海德主管酒店生意。史蒂芬曾为特朗普竞争对手效力。经过长时间幕后交涉，特朗普终于将史蒂芬挖来为自己工作，条件是更高的职位和薪酬。特朗普说，我有一条用人哲学，就是从高手中挖掘高手，史蒂芬便是这样的高手。被挖来之后，史蒂芬工作得十分卖力。

当特朗普为曼哈顿西区买的一块地皮准备进行开发时，其程序之一是必须将其计划书呈送纽约市城市规划委员会。为顺利通过相关计划，特朗普在此进程中聘用亚历山大·库珀担任城市规划设计师，负责这一地块工程的设计工作。为了自己的工程，特朗普没少与城市规划委员会打架，而亚历山大原来就供职于城市规划委员会，并且因炮台公园的成功设计在业界很是知名。有着这样的背景，特朗普千方百计地将亚历山大挖来为自己工作。他说，“从政治角度考虑，我也应该选他。我就是这么实际的人。”

特朗普在用人的问题上也懂得挖掘别人的潜能。他认为，如果你能认识你周围的人都是多才多艺的，你就能发掘出他们的潜能。他们想不想发挥这种潜能，在一定程度上决定于他们自己，但更重要的是，作为老板能否认识这种潜能，并向他们提供施展才华的机会。出来工作的人多数不愿无所作为。如果你希望自己的公司不断发展，那就应该时时观察和发现新人，寻找新生力量。我们不应该低估别人的想法，而且要给别人机会，不要在乎对方的头衔和地位。永远不要让一个人的工作头衔成为其价值的全部体现。

马修·卡拉马里曾是一名保安。在与他的接触中，特朗普发现这位壮汉的才华绝不仅仅是看守大门。为此，特朗普提拔他担任副总经理，除负责整个安全系统外，还兼管房屋建筑规划等更为专业的工作。

特朗普的大胆用人在于他善于从细节观察人。在辛辛那提大胆使用欧文的理由便是，欧文工作一小时的效率简直能够抵过一个未能全心投入的团队。他那种骂架和收租的本领是特朗普所需要的。

现在，对于科莫多酒店的改造，特朗普首先需要的就是一个能够打动人心的设计。他需要一名能够做到这点的设计师。

特朗普找到了年轻的设计师德尔·斯卡特。在一家餐厅初次见面后，德尔二话没说，拿起一张菜单就画了起来，这一细节给特朗普留下了深刻印象。

吃过饭后，特朗普请德尔及另外一些朋友到他的住所坐一坐。到了那里之后，特朗普不动声色地向客人提了个要求，请他们对屋内家具进行评价。

特朗普此举就是要考察德尔的审美眼光。果然，当其他客人多以“很好啊”“不错啊”说些奉承话时，德尔四处观察之后，简单地说了一句“家具太多了”，随后动手将家具的位置重新摆放，有些直接搬到门外走廊。就这样挪动一下，特朗普屋内空间顿显爽目了许多。

特朗普更深入地与德尔交流了新酒店的设计理念。“关键在于一定要给人焕然一新的感觉，”特朗普告诉德尔。科莫多酒店的内部装饰已经过时，令人压抑。外部也很陈旧，不能令人眼前一亮。改变的办法就是改用更能吸引人们眼球的新材料，而不再使用砖瓦。或用青铜，或干脆使用玻璃，总之，一定要能够光彩夺目，令人耳目一新。

德尔心领神会。特朗普进而嘱咐德尔，抓紧赶制设计图并制作幻灯片，一定要从设计图和幻灯片开始就令政府、银行、维克托公司感到震撼。

第一印象很重要，特朗普说，一个制作精良的幻灯片会对整个事情起到很好的促进作用。

当德尔的设计工作进行期间，特朗普接到了德尔打来的电话，称德尔供职的公司已将他解雇。面对这一突变，特朗普也有些犯难。这家公司在建筑设计界名声在外，特朗普与这家公司合作意在利用其名声为自己谋利。他知道德尔与公司老板关系不好。有才能的人多有个性，这可怎么办呢。

犯难之时，特朗普又了解到最新进展：另一家设计公司有意雇用德尔，但他的老东家又不愿放弃为特朗普所做设计工作。特朗普从中看到了机会，他告诉德尔，你暂且在老东家干着，工程继续设计着。这是一个大工程，干好了你将在业界扬名，先别对报酬的事想得太多。德尔深以为然。特朗普反倒因此压低了对德尔的报酬，也节省了设计成本。

特朗普的话也没错。德尔本人确实因新酒店的设计扬名，特朗普继续请他为后来建造的特朗普大厦进行设计。德尔对特朗普便有了知遇之恩的感激之情。

设计有了，下一步便是要找到能够经营酒店的合作伙伴。在特朗普的设计中，这个面积为 150 万平方英尺的新酒店将拥有 1 400 个房间，是继希尔顿大酒店后当时纽约最大的酒店。

特朗普在个人生活上的洁癖传染到生意上，便是什么都要最好的。日后，当特朗普在建造特朗普大厦时，打定主意要将其建成“20 世纪的凡尔赛宫”，并装了 27 根从意大利运来的最好的工匠手工雕刻的大理石柱。特朗普说，“我能买得起最好的装饰品”，当这些大理石柱远涉重洋运到工地现场时，“我曾想过这些是否值得。然而，我知道我的答案只有一个，那就是我只要最好的，并且愿意为此付出一切代价。”

在选择酒店经营伙伴时，特朗普的目光再次盯住在“最好的”大酒店连锁集团。

对特朗普而言，所谓“最好的”就是对他来说最为合适。希尔顿、喜来登这些大酒店集团好不好，不能说不好，但在当时的特朗普看来，它们名声虽大，但有些过气。再说，希尔顿和喜来登当时在纽约已经有几家连锁店，在当时的经济形势下，不可能再拉他们开新店。假日酒店和华美达酒店集团星级又太低，算不得“最好”。

最终，特朗普选择了凯悦酒店集团。

凯悦酒店集团的创始人是杰伊 · 普里茨克。1957 年 9 月 27 日，普里茨克在洛杉矶国际机场旁开了第一家凯悦旅馆，由此发家。随后十年间，普里茨克和弟弟唐纳德及其他家族企业利益集团共同将公司培育成北美地区酒店及管理私有公司，并于1962年上市。1968年，凯悦国际酒店集团成立并在后来发展成为独立上市公司。凯悦酒店集团和凯悦国际酒店集团分别在1979和1982年被普里茨克家族企业利益集团收归私有。

从一家机场旅馆开始，凯悦集团旗下发展出了3个各具特色的经典品牌：凯悦、君悦和柏悦。凯悦是五星级，君悦和柏悦是超五星级。

特朗普盯住凯悦集团之时，凯悦集团也在盯着纽约。到那时为止，凯悦集团在纽约还真没有连锁店，而纽约又是美国最大城市，向曼哈顿进军也是凯悦的志向。

在正确的时间，找到正确的人，说正确的事情，这是特朗普早就懂得的道理。但在打定主意与凯悦集团建立关系之初，特朗普还是没有找到正确的人。

他首先找的是凯悦集团总经理斯基普。通过交谈，特朗普得知凯悦集团还真有要在纽约发展的意愿。得知此事，特朗普心中一喜，随即将自己的想法和盘托出，斯基普那边也顺势接招，双方谈得似乎很投机，并达成一项临时协议。

然而，两天之后，斯基普来电话告诉特朗普，上次达成的协议并不合适。特朗普一时间有些转不过弯来：怎么说变就变呢。

于是重新谈判，重新订约。然而，又过几天之后，同样的事情再次发生。

事后，有人悄悄地告知特朗普，你为何不直接找到凯悦集团的掌门人杰伊·普里茨克呢？

闻此言，特朗普顿悟，还是人没找对啊。

特朗普是一位学习能力特别强的人。他善于从每件小事中悟出道理，总结升华之后成为规律性原则。

从与凯悦集团高层打过几回交道后，特朗普悟出，如果要做大生意，必须与能够真正拍板的人过招。因为在美国这类大公司中，大老板只有一位，其他人不过都在为他打工。这些人关心的只是自身利益。

杰伊·普里茨克常住芝加哥。1975 年春季时，特朗普直接与普里茨克联系此事。普里茨克为此专程来到纽约与特朗普会面交谈。两者一拍即合，同意特朗普建造新酒店，凯悦负责日后经营。当年 5 月 4 日，特朗普与普里茨克共同宣布双方成为合作伙伴。

有了德尔的设计，又有了凯悦集团的合作允诺，特朗普下一个攻坚目标便是申请银行贷款。

然而，恰恰在申请银行贷款问题上，特朗普陷入两难局面：没有纽约市政府的税费减免许可，银行不得放贷；而没有银行贷款，政府也不愿考虑税费减免。任凭特朗普如何说些“酒店一定会带动区域经济发展，一定会创造成千上万个就业机会”之类的好话，银行的脸色依旧铁青。

看来下一个攻坚目标需转向纽约市政府了。特朗普又将这一举动视为一次商业反击。要反击就要寻找对手的漏洞和攻破点。特朗普很是做了一番功课，最后决定拿纽约市政府 1975 年年初颁布的《商务投资鼓励办法》来做文章。根据这项法规，纽约市政府应该在市场不景气之时对开发商予以税务减免，鼓励其进行商业投资。

1976 年下半年，特朗普断然向纽约市政府申请税费减免，并且一张嘴就要 40 年的税费减免。

没有银行贷款就敢申请免税，这不符合游戏规则哦，这玩得也太大了吧。听到特朗普做出此事的业界人士多是先是一惊，随后便将此事当作笑话一样传开了。

此时的特朗普感到自己在下一盘很大的赌局。

是的，特朗普就是一个赌徒。他不赌就是不赌，一赌就要玩大的。

特朗普说，我张嘴提出 40 年，即使政府不同意，他们削减后剩下的也不会少。这就跟玩高风险的赌博游戏一个道理。如果双方都没有好牌，那就只能从气势上压倒对手。

风险肯定有，那就是如此在市政府面前夸下海口，这单生意必做无疑了，否则今后毫无信用可言。特朗普又一次将自己推到悬崖边上。

特朗普向市政府申请的理由很是理直气壮：科莫多酒店情形危在旦夕，我若不出手援救，中央车站附近区域势成贫民区；我已有完美设计，凯悦集团已经与我建立合作关系。诸事具备，只需资金，热望市政府能够以大局为重，根据《商务投资鼓励办法》，做出减免税费的决定。

纽约市政府显然为特朗普的气势所动。他们原则上同意给予特朗普 40 年房产税减免优惠，但又提出一套相当复杂的交纳年费、利润共享等兑现方案。此事还要经过纽约市政府预算委员会的批准。

木秀于林，风必摧之。古今中外，概莫能外。中国如此，美国也是如此。

刚在曼哈顿房地产界混了这么几年的特朗普闹得这么张扬，这么不按规矩办事，凭什么你就能有 40 年税费减免啊？一时间，反对声浪骤起，还冒出来一个与特朗普竞争科莫多酒店经营权的人。

特朗普本能般地进行了反击。面对一个记者责问为什么他能得到 40 年的税费减免，特朗普的脖子标志性地一横，嘴角是一个满满的不屑，随后吐出几个字，“那是因为我没跟政府申请 50 年税费减免！”

赌局的高明之处在于必须将对手逼到不得不服输的地步。在取得政府减免税费一事上，最关键的是让政府看到科莫多酒店的一塌糊涂确实将其置于极为被动的境地。

用特朗普自己的话说就是，在一笔生意中，千万不要表现出你为了生意奋不顾身。这会让对手轻而易举将你灭掉。在生意中，要善于发挥优势，能够牵制对手，就是一大优势。牵制对手，就是你手里要握有对方想要、需要、离不了的东西。

特朗普再一次与维克托进行了联动。5月12日，维克托宣布，宾州中央铁路将于6日内永久关闭科莫多酒店。同时，维克托公布了科莫多酒店的严重亏损的财务状况。他说，在入住率严重下降的情形下，预计1976年酒店的损失将达到460万美元。

随之，纽约媒体集中报道了科莫多酒店最后一批房客搬出、上百名酒店员工将失业、周边地区将产生多米诺骨牌般负面影响等消息。

这正是特朗普想要看到的情形。这是压在纽约市政府这头大骆驼身上最后一根稻草。

特朗普事后回忆说，他力促维克托对外宣布酒店即将停业。等维克托照办之后，他转脸便对外宣称，这样一家酒店在中央车站停业，这是多么大的损失啊。“出这一招，我并不感到羞愧。”特朗普说。

1976年5月20日，纽约市政府预算委员会以8比0的投票结果同意给予特朗普40年税费减免申请。

得到了这个阶段性胜利之后，特朗普转过头来要求得到银行贷款。尽管仍不顺利，但最终还是如愿。

每向前走一步，特朗普都不乏反对者。

当所有筹建中的障碍得以一个一个迈过去后，真到建设之时，那个新设计又成为众矢之的。

特朗普的直觉是必须将科莫多酒店进行脱胎换骨式的重建，砖墙换成光亮派的玻璃幕墙，大厅内的地板铺上奢华的大理石，栏杆和圆柱采用富有光泽的黄铜。反对者称，这样的设计破坏了酒店与中央车站周边古朴典雅的氛围，显得极不和谐。

特朗普的神经是坚强的。他不为所动，坚持自我。1980年9月，一个崭新的君悦大酒店成为纽约新景。

世间事阴晴难有定数。当新的君悦大酒店成为现实后，那些曾经的反对者或不再发声，或改变了腔调。

全新的玻璃外墙使得君悦大酒店在阳光下恰似一个有着四面的巨大镜子，无论是走在42街头，还是穿过公园大道，更不用说那些来来往往于中央车站的人们，他们一抬眼就能从四面玻璃墙上看到映射在上面的中央车站、克莱斯勒大厦等标志性建筑。

纽约君悦大酒店位于美国著名的公园大道，酒店历史源自1919年，是纽约历史最悠久、最豪华的五星级酒店之一。纽约君悦大饭店 毗邻毗邻第五大道、联合国大厦、帝国大厦、洛克菲勒中心、中央公园、公园大道、卡耐基音乐厅、大中央车站、纽约公共图书馆……

纽约君悦大酒店

资料来源：http：//page. renren. com/601246700/note/808224498，2016年7月14日登录。

这个“巨镜”效应就连特朗普及大楼的设计者都始料未及。

君悦大酒店成为特朗普进军曼哈顿后完成的第一个地标性建筑。

有了这座建筑，当年的“市郊人”特朗普更可以挺腰板说自己是曼哈顿人了。

这是他一生中极为看重的杰作。至于为什么会取得成功，特朗普自己认为，“我坚持己见，并且取得了别人认为不可能实现的成果。这使我一举成名，从而开始了自己作为开发商的职业生涯。”

特朗普一生中有过成功，也多次走过麦城。对于这第一次作为开发商的成功，特朗普看得很重。在与君悦大酒店签订的合同中，他并不看重他对此拥有一半的所有权，而是特意加上了一项“排他”条款，即没有特朗普的同意，任何人不得在纽约五个大区内建造其他凯悦集团的连锁店与特朗普进行竞争。

这个条款实在太狠了！

特朗普甚至在其遗嘱中也写上了这个排他合同，为的是防止特朗普的继承人心里一软，贸然同意凯悦集团改变主意，进行新酒店的建设。

凯悦集团一定为这一条款悔青了肠子。包括杰伊·普里茨克在内的不少人都明里暗里向特朗普提到希望在纽约再开新店的意向，但特朗普或硬或软地都顶了回去。

对于曾经同意与他合作，进而帮助特朗普打开局面的杰伊·普里茨克，他有着深深的敬意。这一敬意超出了一般商人之间的利益关系。

普里茨克于1986年在芝加哥过世。当时特朗普正准备参加一个重要的商务会议，这个会议关乎着他下一个重要生意的成功前景。但在权衡之后，特朗普决定取消会议，专程前往芝加哥参加普里茨克的葬礼。

特朗普说，在这个世界上，总有这样一些人值得你去尊敬和爱戴。在他们去世的时候希望最后送他们一程。我之所以与凯悦集团保持长久和稳定的合作关系，除了他们自身的品牌力量之外，还有一个原因，那就是我对普里茨克先生从内心中怀有深深的敬意和缅怀。

作为商人，特朗普之精明，之狡黠，之狠毒，之无情，可谓登峰造极。

然而，特朗普也是人。他有无数敌人，但这没有妨碍他内心深处仍有柔软的一块。

第五章

我就是要亿万人瞩目

在他的一生中，他对非洲裔、拉美裔等少数族裔的态度令不少人认为他有“种族主义者”之嫌；打官司初为人识；我就是要建出不朽的工程；“Trump”意为王牌、手段、领导、胜利、靠谱儿、喇叭和吹号；成败在于最后一刻的努力坚持；我就是要不断努力超越自己，我所设定的标准必须越来越高；他的社交活动中少不得讨好各路媒体。为的就是在这关键时刻能说上话；好名声比坏名声强。不过，坏名声也比没名声强；没点儿承受能力难以与媒体打交道，也难以“受到亿万人瞩目”；媒体也需巧妙营销，他们也是生意人；设置议题主动“喂料”；干了一点好事，一定要宣扬出去；他比任何一个公共关系团队更有活动能力和巨大能量；经常上报就是免费广告；骂架也有增值的广告效应；“巧妙营销”就需要虚张声势；特朗普大厦，这是一座成功的里程碑

对于特朗普来说，1980 年是个好年。

就在这一年，特朗普将自己的公司更名为“特朗普集团”。

也是在这一年，世界上第一座以特朗普冠名的大厦在曼哈顿动土开建。

对于商人特朗普来说，世上事无非就是名利二字。

名对于特朗普太重要了。初入曼哈顿时，就因为没有名，他看了多少人的白眼。为了这个名，他又费了多少心机，承受了多少人难以承受之重。

说起来有些反讽的意味，不少人最初知道特朗普是由于一场官司。

1973 年，特朗普因违反《公平住房法》而被美国司法部告上法庭。他被起诉说，在特朗普所经营的 39 处大楼中有违反《公平住房法》之嫌，其中包括发布虚假的“没有空房”广告，对少数族裔，特别是非洲裔、拉美裔的申请住房者要更高的房租，以阻止这些少数族裔人群住进这些大楼。

在特朗普的一生中，他对非洲裔、拉美裔等少数族裔的态度令不少人认为他有“种族主义者”之嫌。当然，他本人对此断然否认。因为，在当今美国，被人指称“种族主义者”是一个后果很严重的事情。

特朗普转而指控司法部之所以对他发起起诉，是因为特朗普集团是一个大公司，逼迫公司将房子租给那些享受美国社会福利的人们。

要打赢官司得找大牌律师。当初特朗普急着进 Le 俱乐部，目的之一便是能找到替自己打赢这场官司的律师。

像捕捉猎物的猎犬一样，嗅觉极为灵敏的特朗普很快知道这个俱乐部里有一位名为罗伊·科恩的大律师。

科恩是个怪才。记忆力超群的他可以不带任何笔记本上庭辩护，且辩得天衣无缝，滴水不漏。因为他多数官司打得极为漂亮，科恩在业内的名声不胫而走。科恩还是个同性恋者。在 20 世纪 70 年代，这还是一个极为敏感的话题。科恩本来就为人清高得很，再有这层背景，一般人都同他说不上话。

身有官司的特朗普必须设法同科恩说上话。

那天在俱乐部里，特朗普让人介绍同科恩认识。特朗普欲擒故纵，先以挑逗姿态说道：“我不喜欢律师……”

科恩斜了他一眼，没说话，但那眼神明明在说，不喜欢还到这儿来说什么?!

“他们只会耽误生意，不会促成生意。无论问他们什么，他们都说不行。”特朗普只管说下去。

科恩依旧面无表情地听着，似是而非地点了点头。

“他们只盼着调停，而不会争取主动。我是做房地产生意的。我可不能像律师那样，我必须主动出击，而不是一味忍让。否则，别人就觉得我好欺负。”说着说着，特朗普自己先激动起来。

好律师也是由基因决定的，适时出击也成为好律师的直觉。听到这里，科恩的表情开始丰富了，但又不完全明白特朗普葫芦里到底卖的是什么药。

“你是在给我讲大道理吗?”科恩问。

“岂敢。”特朗普说，“这并不是什么大道理，我是在说和我有关的事。政府正在起诉我，说我们歧视黑人，不把房子租给他们。”

特朗普的激动是有缘由的。当天下午，特朗普曾和父亲一道拜访了华尔街一家有名望的律师事务所。那里的律师劝特朗普在这桩官司中选择调停。这也是很多商人面对此类官司的普遍选择。因为在许多人看来，打官司毕竟不是好事。即使打赢了，人们也觉得你吃过官司。

其实，从辛辛那提开始，特朗普对房客就采取了和他父亲不一样的手段：首先是改善条件，但随之提高房租，无形中就令非洲裔等少数族裔难以承租。特朗普也借此进一步改善小区环境，使其渐渐摆脱中下层低档小区的印象。

“我给房客订的租房要求是，按时交租，保持房子干净整洁，与邻居和睦相处，而且他们的收入必须至少是房租的四倍，”特朗普说，“这有错吗，你说我该怎么办?”

特朗普说得振振有词，但这都是站在一个房产主的立场上说话。仅就收入至少是房租四倍这一条来说，有多少处于中下层的非洲裔人掏得出来?!难怪那些人要去告特朗普的状。

“让这些家伙见鬼去吧!”科恩听罢，一屁股坐在特朗普一边，“既然你的房客中已经有黑人，他们就没有证据证明你歧视黑人。你有权利选择自己的房客。不论他们是黑人还是白人。只要他们不受欢迎，没有按时交纳房租，你就可以将他们拒之门外。政府无权干涉你的生意!”

科恩俨然已经开始为特朗普进行申辩了。

两者一拍即合。特朗普决定聘请科恩当他的律师，去打这场官司。

罗伊·科恩的反诉并未取得完全成功。控辩双方最终达成妥协。特朗普于 1975 年以不认罪结束此案，但按政府要求，特朗普在当地报纸上登出一则广告，昭告出租对象为所有人，大家机会均等。

特朗普说，自己满意地看到结案协议没有强迫特朗普接受那些享受福利的人，除非他们像其他租户一样符合各类条件。

数年之后，特朗普集团再次因违反协议被告上法庭，但最终特朗普拒绝这一指控，对他的调查也因没有发现罪证不了了之。

在打这场官司过程中，曼哈顿业界知道了有一个名为特朗普的小开发商。

在第五大道上建“不朽的大厦”

时至 1980 年，特朗普已经小有名气。君悦大酒店的成功令他长舒一口气。

这还远远不够。特朗普说，我并不满足于小打小闹。我并不满足于挣钱解决温饱。我想要万人瞩目！我要花大力气建造出不朽的大厦！我的理想是在曼哈顿盖一座宏伟壮观的大厦。这座大厦上要有“特朗普”的名字！

特朗普的英文为 Trump。此词在英文中有王牌、手段、领导、胜利、靠谱儿、喇叭、吹号等多种含义。

总之，“特朗普”就不仅仅是个人名，它就是一张王牌，多种手段，就当老大，不断胜利，做事靠谱儿，喇叭吹得震天响，想不牛都不行！

特朗普喜欢自己这个名，他要把这个名挂满全世界！

当然，第一步先要挂到曼哈顿的天空之上。曼哈顿必须有一座特朗普大厦。这座大厦必须超凡绝俗！

特朗普的这个梦想早就有了。还在刚到曼哈顿的时候，特朗普走街串巷满世界了解情况的时候，他脑子里就盘算着能有这么一天。

纽约第五大道与 57 街交会处一座建筑引起了特朗普的关注。那里当时是邦维·泰勒公司。这是一个多么好的地段，面积又大。这该是曼哈顿最好的地皮了！特朗普的眼睛从街面向空中望去，憧憬着在这里建一座大厦的情景！

特朗普从骨子里就透着是个商人，他的眼光太好了！

纽约第五大道是何等黄金地段！

纽约人将第五大道简称为五大道。五大道南起曼哈顿的华盛顿广场公园，北抵第 138 街，是曼哈顿重要的南北向干道。由于五大道位于曼哈顿岛中心地带，因此曼哈顿岛上东西走向的街道会以这条街道为界而加以东西之分。

从南至北，五大道一路上景点众多，帝国大厦、纽约公共图书馆、洛克菲勒中心、圣帕特里克教堂、中央公园、大都会艺术博物馆、惠特尼美术馆、所罗门·古根海姆美术馆、库珀·休伊特设计博物馆等，诸多宝库，不一而足。

五大道又是曼哈顿最重要的商业街。在从 60 街到 34 街之间的五大道被称为“梦之街”，那里聚集了许多著名的品牌商店，是高级购物街区。英国一家咨询公司曾对全球 45 个国家所做的年度调查显示，曼哈顿第五大道仍是全球租金最为昂贵的零售业场所。第五大道商铺的年租金可超过每平方英尺 1 000 美元。

就在第五大道上，有一家蒂芙尼珠宝店。这又是势必与特朗普发生利益交集的名店。

蒂芙尼是高档珠宝的代名词。1837 年，蒂芙尼店问世。1853 年，查尔斯·蒂芙尼掌握了公司的控制权，将公司名称简化为“蒂芙尼公司”，公司业务也从此确立了以珠宝业为经营重点。蒂芙尼制定了一套自己的宝石、铂金标准，并被美国政府采纳为官方标准。时至今日，蒂芙尼是全球最为知名的奢侈品公司之一。蒂芙尼蓝色礼盒更成为美国高档时尚独特风格的标志。

近 200 年来，蒂芙尼以爱与美、浪漫与梦想为主题被视为国际珠宝界的皇后。在世界范围内，能够拥有蒂芙尼的珠宝成为不少女性的梦想。在那部名为《蒂芙尼早餐》的好莱坞电影中，其中一个镜头便是由著名影星奥黛丽·赫本饰演的主角每天早上都会来到纽约第五大道蒂芙尼店的橱窗前，一边吃着手中的面包，一边幻想着有一天自己能够在这家高贵的珠宝店里享受轻松的早餐。

特朗普与赫本有着类似的梦想，区别在于特朗普的梦想更加宏伟：他想要在蒂芙尼店的身旁矗立起一座摩天大厦。

除了需与蒂芙尼店就获得其上空使用权进行交涉以外，特朗普要在这里盖大楼的麻烦事还多着呢：与邦维公司打交道买下土地租用权、与银行谈判借贷款、再与邦维·泰勒商店谈判获得蒂芙尼店旁边的土地租用权，以便形成一整块地皮、让政府相关部门通过新大厦的设计……

又是新一轮的千头万绪，并且盘根错节！

这种状况早就在折腾君悦大酒店项目过程中出现过，只不过这次更加邪乎：这里毕竟是寸土寸金的第五大道！

还是百般死磨硬泡，还是诸多时间差的妙用，还是看起来是那样诚恳的动之以情，晓之以理，还是那样瞄准对手的软肋各个击破，还是坚持、坚持、再坚持！

特朗普认定，很多时候成败之别在于最后一刻的努力坚持。

听起来有点像太平洋彼岸一位伟人半个多世纪以前在中国陕西延安窑洞内指挥打游击时说过的话。

特朗普的目标非常明确：我就是要不断努力超越自己，我所设定的标准必须越来越高。在建造这座特朗普大厦的时候，我的理想并不只想要造一幢摩天大楼这么简单。我要造一座前所未有的摩天大楼，采用醒目漂亮，富有创意的玻璃和青铜外墙，这些都将使特朗普大厦独一无二。

为了这份坚持，特朗普坚持三年与邦维公司谈判购买那块金贵的土地，最终趁着邦维公司换新主管之际一举拿下地皮。

为了这份坚持，特朗普最终以500万美元的价格从蒂芙尼店购得上空使用权。

为了这份坚持，特朗普最终获得蒂芙尼店旁边那块土地一百年的租期。

在为特朗普大厦建设获得合法手续而奔波之时，特朗普时时碰壁，沮丧之情时而泛起，但他从未绝望。他常常念叨着曾任纽约市总设计师的罗伯特·摩西的名言，“不破，则无以为立”。

这话，怎么听着又有点像太平洋彼岸那位中国伟人的名言呢。

当一切手续基本完备之后，具体设计成为当务之急。

特朗普又将曾经设计君悦大酒店的德尔找来。俩人来到当时邦维百货大楼，也就是未来特朗普大厦跟前。特朗普指着大楼，问道，你对这座新大厦有什么想法。

德尔有些震惊了。这个地段太好了，他感叹道，但我脑子里真的还没有想好。

“我要在这里建造曼哈顿最好的大厦，”特朗普说，“你现在就开始设计。我想在法律允许范围内，建造一座规模尽可能大的大厦！你的思路要放开。”

几年来，除了牢记罗伯特·摩西那句名言外，特朗普还记得现代艺术博物馆的大师亚瑟·德雷克斯说过的一句话，“摩天大楼就是赚钱机器”。崇尚典雅的亚瑟在说这句话时，其实是在讥讽纽约丛林般矗立的摩天大楼毫无美感可言，那些商人们只管赚钱。但在特朗普看来，他就是相信摩天大楼确为赚钱机器。他要将这部机器建得越大越好。

这么好的地段，再建得越大越好，风景也好得不得了，这个投资回报率得多高呀！

商人就是商人。但因建造这一大厦受到影响的可不都是商人。第五大道历史悠久，沿途建筑多为有厚重历史感的砖石建筑。特朗普一上来就喜欢又高又亮的玻璃大厦，不少人一听就火了。不和谐、挡阳光、妨碍交通等多种批评接踵而来。在一次为此举行的社区听证会上，居民们抱怨这一建设势必影响附近楼群的采光。早就成为特朗普盟友的设计者德尔冷冷地甩出一句：“您如果需要阳光的话，可以搬到堪萨斯州去住啊！”

楼层建筑面积与项目总占面积之比为容积率，容积率越高，便是特朗普眼中的越大。特朗普最初提出这座新大厦的容积率为21.6。德尔却怎么算也得不出这么高的容积率。

德尔是设计师，而特朗普才是商人。商人特朗普告诉德尔，可以通过政府鼓励开发商提高容积率的诸多办法提高容积率：如这座大厦不仅仅是写字楼，而也有住宅区，容积率就会更高；可在大厦一层建一条行人专用的步行道，容积率也会高，将大厦商铺面积建得比法律规定的小，也可提高容积率；在步行道与商业区之间建一小公园也可提高容积率。办法多着呢！

特朗普与纽约市政府市政部门一直是相生相克，有时也是相辅相成的关系。特朗普一门心思提高容积率，但纽约市政府的顾虑则是方方面面。当特朗普拿着容积率为21.6的建楼方案找到市政府时，立马遭到了否决，理由很简单：大厦太大，在第五大道上也显得过于突兀。

几经周折，纽约市政府城市发展委员会批准了特朗普大厦的建设方案，最终获得的容积率为21，比原计划少了0.6，即少建两层楼。即使这样，有着68层高的大厦也将是当时纽约最高的住宅建筑。

将媒体作为自己手中利器

“几经周折”，到底经历了什么周折?

这周折便是特朗普再次面临着反对者，而特朗普再次面临着如何反击的难题，这次他又动用了新闻媒体。

“不破，则无以为立”。开建特朗普大厦意味着拆除原在那里的邦维商店。邦维是家老店，在曼哈顿有口皆碑，怎么说拆就拆了呢?!

一传十，十传百，话赶话，浪打浪，越说越气。一个“反大厦委员会”建立起来了，其中还有一些当地政客。

美国就是这样。在法律允许的框架内，民意可以自由表达，但民意汹汹，多了便是七嘴八舌，谁也听不见谁说什么。为了使得民意表达更有力，能够搬出以代表民意为己任的议员们最好。议员们还真吃这一套，因为他们政治上的命根子还真在这些当地选民的手中。碰到这些政客认为会为自己选票加分的民意诉求，这些政客还是愿意挺身而出的。

面对包括纽约政客在内的反对者，这次特朗普搬出了一位名为艾达·路易斯·赫克斯特布尔的女士，这位女士在《纽约时报》工作，具体岗位为建筑版评论员。

美国的媒体早已向更为专业化、分众化或曰小众化发展。主持文艺副刊版的主编多半是个文学博士，主管科技版的编辑记者评论员也必须学有专长，这样做的目的只有一个：术业有专攻，他们都是各自领域的专家。

什么叫专家？专家就是这点事他或她懂。加之长期关注这一领域，一张嘴让人一听就不是外行，就有那么股子权威味儿，听得人也会不由得点点头。在纽约市政建设方面，艾达·路易斯·赫克斯特布尔就是权威。她写出来的文字对于纽约市城市发展委员会那些人来说是必读物。

"水可载舟，亦可覆舟"。媒体这碗水本来就有两面性。在开发商、政府、民众等"利益攸关方"之间的角力过程中，媒体有着微妙的因势利导、引导舆论的作用。这点作用是媒体的天职或本能所在，在哪个国家都一样。

特朗普把这点关节早就看得清清楚楚。平日里，他的社交活动中少不得讨好各路媒体。为的就是在这关键时刻能说上话。

在纽约市城市发展委员会就是否最终批准建设特朗普大厦投票之前，特朗普将赫克斯特布尔请了过来。

在请人之前，特朗普也是做了功课的。他知道《纽约时报》的分量，也知道作为专家的赫克斯特布尔手中那支笔的分量，他还知道赫克斯特布尔其实一直以纽约市历史建筑卫道士的面目出现，其基本立场是应保护历史建筑，反对一味发展所谓现代化摩天大楼。

为了赫克斯特布尔的到来，特朗普准备了逼真的建筑模型和多种透视图。特朗普使出与女士接触的看家魅力。百般解释，多方说明，看似诚恳间也不乏夸大其词和花言巧语。

赫克斯特布尔于1979年6月初来访后，相当长一段时间没有任何动静。

特朗普有些惴惴之时，当年7月1日《纽约时报》艺术休闲版块的“建筑视角”专栏刊登了赫克斯特布尔关于特朗普大厦的文章。题目便是“出类拔萃的纽约建筑新秀”。

特朗普手捧这篇报道，心中大喜。7月1日是个星期天。较之工作日，美国的报纸每逢周末都是格外厚厚的一大沓。因为人们都爱周末静静地读报。有不少人不订平时的报纸，专订周日出版的《纽约时报》。仅此一点便意味着，特朗普没花钱便换得了一份广而告之的大广告，光这标题的影响力就比特朗普自己在“反大厦委员会”或纽约城市发展委员会成员面前说破嘴皮也达不到。

赫克斯特布尔不愧为业界精英。她试图“全面”“客观”地评说此事。文章前一部分也批评拟建中的特朗普大厦“规模过大”，并批评特朗普为建此大厦“不择手段”。然而，这位女士笔锋一转，批评纽约市政府的口气更为严厉。她称，特朗普的种种努力都是在为获得建筑所需用地，而纽约市政府的分区法恰恰是应鼓励像特朗普这样的开发商，因而没有理由不批准建设申请。最后，这位女士画龙点睛地评道：“这个建筑设计方案凝结了大量精华，势必无与伦比。”

这最后一段评语令特朗普最为受用，从此便拿着这话堵那些反对者的嘴。

在特朗普大厦开建之时，还是这家《纽约时报》又让特朗普领教了媒体之水覆舟之厉害。

1980年3月15日，邦维百货大楼的拆除工程开始进行。邦维商店外墙处的两件浮雕立即将特朗普扯入了一场官司之中。

在酝酿购买工程用地的整个过程中，人们的目光仅关注于邦维店应否拆除，而没有人提到这两件浮雕的事情。就在动工之前，纽约大都会艺术博物馆有人打电话给特朗普，提到这两件浮雕和一些铁铸花格，询问特朗普是否愿意捐赠出来。特朗普的回答是，如果这些东西能够在施工中保存完好，他很乐意捐献。也就是说，特朗普当时说了一个活话。

真正开始拆除工作时，工程人员告诉特朗普，这两件东西很重，如果想保留它们，就需花几个星期的时间安装脚手架进行拆卸。

从特朗普父亲那里，特朗普就知道工程按期进行的重要性。拖延一天的工期就等于一天的金钱如流水般涌向别人的腰包。为这两件艺术品花几周的时间，外加几周如水流般的额外开支，商人的本能让特朗普立即做出了否定的回答。

本身也不大懂雕塑艺术的特朗普强辩称，这两件东西根本不值钱，我不能为了它们再多花那么多钱。拆！他告诉工程人员。

拆得很痛快，但麻烦来得也很快。

第二天，《纽约时报》便在头版刊出工人拆除浮雕的大照片。特朗普的名字再次成为舆论焦点。

《纽约时报》这次还为此发表言论，称这一拆毁事件是“金银财富重于公众感情的生动写照”，这篇文章再次将以前特朗普为此工程所做得有些阴暗的交易老底挖了出来，称“高楼大厦的背后没有高尚的人格，大宗生意必然牺牲艺术作品。”

美国的媒体热衷于刨根问底。拆毁浮雕的事一出来，除了要挖出这项工程的老底外，干活的工人也成了调查对象。有调查表明，那些被雇来干活的200多名现场工人是没有合法身份的波兰人。这些住在工地的波兰工人被称为“波兰旅”。承包商为了谋利，在工程期间，每个工人12小时一班，一班只付4、5美元。

非法雇工是大事。这些工人的身份因此被立案起诉，特朗普被这桩官司折腾了很长时间。直到1990年，特朗普在为这桩案子作证时说，他当时很少视察工地，真的不了解这些非法工人的事情。1991年，法官判决包括特朗普在内的开发商、承包商密谋剥夺这些工人合法收入。1999年，在经过长达

16 年后的审理后，这场官司才结束。相关记录被封存。

特朗普也懂辩证思维

想要名扬天下的特朗普没想到在这两件浮雕品上栽了跟头。这个名出得着实不大光彩。

善于反思的特朗普这时真是后悔了。他悔不该为了几周的工期坏了名声。后悔当时操之过急，忽略了这种事情可能造成的巨大公众影响。但他仍然不服气的是，那两件东西真的未必价值连城，很多批评纯属子虚乌有，更有不少人完全是落井下石。

特朗普的可爱之处在于，甚至遇到这样极为负面的事情，他也善于从中发现积极的亮点。

特朗普认为，这些铺天盖地的负面报道恰似免费广告，反倒让人知道了正在建设中的特朗普大厦，这分明是一笔没有投入一分钱的大促销活动！你看那些报道都是以这样的导语开头："为了建造世界上最豪华的大厦……"

这些人都在为我做广告！特朗普仿佛看到这种广告式批评带来的是人们对特朗普大厦前所未有的关注和未来销售量的猛增。这根本就不是一件坏事么！

特朗普最终悟得这样一个道理：好名声比坏名声强。不过，坏名声也比没名声强。换言之，争议也能促进销售。争议越大销售额越增长。

这就是特朗普式思维。这种思维颇有"坏事变好事，好事也可变成坏事"的辩证成分。这也是特朗普的过人之处。

这种看问题的辩证思维并非特朗普首创，但真正做起来很难，需要很强的承受力、耐压力。谁都愿意听好话，难的是听到坏话时还能坐得住，还能反省自己，还能通过不断的努力让那些坏话最终转化为好话。

没点这样的承受能力难以与美国媒体打交道，也难以成为特朗普所梦想的“受到亿万人瞩目”。

从一个名不见经传的纽约“市郊人”到美国共和党2016年总统候选人，特朗普在善用媒体方面显得炉火纯青。这也是他与其他商人和政客极为不同之处。

其实，美国任何一位想要出头的商人和政客都离不开与媒体打交道，但很多人都没有走出经受不住负面新闻打击的怪圈。更有许多人视负面新闻为雷池，避之唯恐不及。许多美国大公司和知名政客团队中都有所谓危机处理机制。在他们看来，负面新闻便是危机，哪怕出来一点都诚惶诚恐，立即“灭火”，最终灭得自己也很难再火起来。

特朗普则像一位弄潮儿或冲浪者。越是身处潮头，他的精神头越大，刺激也越大，于是看客也越多。甭管好名坏名，出了名便是名。有名便有生意。

特朗普看得很清楚，美国媒体又何尝不是在做生意?!都是生意人，有些铁律便放之四海而皆准了。

媒体要抓新闻，特朗普便学会“喂料”。

在为争取在34街建设会展中心一事奔波期间，特朗普召开了他人生中的第一次新闻发布会。当时在炮台公园、44街和34街三个选项上，纽约市政府与各个利益攸关方正在进行激烈的幕后博弈。特朗普决定利用媒体扩大自己的影响。

他请来了重量级人物，也说出了“在炮台公园建会展中心无异于在墓地建夜总会”这样煽情的话，打出了“34街见奇迹”的横幅。

特朗普的主动喂料果然很起作用。纽约市政府最终选择了34街方案，这让特朗普尝到了利用媒体的好处。

在改造科莫多大酒店过程中，特朗普最终选择与凯悦酒店集团合作。特朗普再次开新闻发布会，这也有点“拉大旗，做虎皮”的味道，因为借凯悦集团之名能够更容易争取贷款与项目获批。这一着也果然好用。

在重建沃尔曼溜冰场的项目争夺战中，特朗普运用媒体之术渐趋佳境。媒体的反应成就了特朗普获得项目权，也使特朗普认识到，媒体喜欢极端的新闻素材，不管是巨大的成功还是严重的失败，关键在于新闻事件一定要极端。沃尔曼溜冰场事关纽约百姓民生，受百万人瞩目，自然很吸引眼球。

特朗普站在正在建设中的冰场毛坯地板上那场新闻发布会更是投媒体所好。媒体就需要这么股子毛坯劲。既有现场感，又是一个重大新闻的现在进行时。这又是特朗普利用媒体的一次成功尝试。

其实，特朗普原来打算在溜冰场进行浇筑混凝土的时候再举行这场新闻发布会。但工程条件不允许，预定的发布会时间又不能改，于是便有了这场毛坯地板新闻发布会。

虽然不能让记者们拍到真正的浇筑，样子还是要做一做的。特朗普让人推来一些湿的混凝土，把小车摆在自己身边，特朗普和纽约市政官员站在一起，俩人各用铁铲挖了一些混凝土，摆好姿势，露出可爱的微笑，让那些记者左拍右拍。

特朗普是一个傲气十足的人。此时他的内心飘过一丝不屑。但他不能说出来。他事后说出实话：“尽管这种我摆你拍的事情我做过不少，但每每碰到，心中仍感滑稽可笑。想想看，几个西装笔挺的人，拿着铁铲摆着样子挖混凝土，这是一幅何等可笑的场景。然而，我会投这些记者所好。说白了，就是一个愿买，一个愿卖。”

看透了这层愿买愿卖、愿打愿挨的相互利用关系，特朗普便又上了一个档次：他利用商人的直觉，要主动制造新闻，还要能够设置议题，让媒体在不经意间扩大特朗普的知名度，妙处在于不让媒体这么干还不行。

关于希尔女士的事就是特朗普的一着妙棋。

特朗普内心深处确实有一块柔软的地方。作为一个活生生的商人，他具有商人的典型特征，但他也是一个有着良知的社会人。

特朗普是一位眼观六路，耳听八方的生意人。在美国国内新闻方面，他很喜欢美国全国广播公司当时的金牌主持汤姆·布罗考的报道。

布罗考曾是美国人心目中最值得信赖的新闻主播之一。他曾在20多年间一直担任全国广播公司晚间新闻节目的主持人，是全国广播公司保证收视率的一张王牌。

一天晚上，布罗考报道了关于希尔女士的事情。希尔女士来自佐治亚州。她的丈夫因债务相逼，世代相传的农场保不住了。希尔先生自杀身亡，希望以此换取身后得到的保险金以赎回农场，但实际上未能如愿。看似柔弱的希尔女士经此灾难后决意千方百计筹款赎回农场，但终究势单力薄，走投无路。全国广播公司报道了希尔女士的难处。

此时的特朗普已经坐在完工后的特朗普大厦内。希尔女士的遭遇打动了他。他痛感这是一件根本不应该发生的事情，“有的人辛辛苦苦操劳一生，却眼睁睁地看着自己祖传农场都保不住。”

特朗普决心帮助希尔女士。他通过全国广播公司找到佐治亚州一名叫弗兰克的人，希望他能从中帮忙。弗兰克找到了负责希尔女士抵押农场的银行信息，告诉了特朗普。特朗普将电话打给那家银行副行长，告诉对方自己是来自纽约的一名商人，愿意资助希尔女士收回抵押出去的农场。

那位银行副行长说，虽然他本人也很同情希尔女士，但现在一切都来不及了，银行已经决定拍卖农场，“这件事已经板上钉钉。”

“不行，”特朗普一听就火了起来，“你给我听好了，如果你们敢于取消农场的赎回权，我就以个人的名义起诉你和你们银行犯有谋杀罪。正是因为你们的逼迫，才使得希尔先生走上绝路。”

特朗普这番话很重，银行方面确实受到了触动。一番内部沟通之后，银行官员很快回复特朗普说，事情将做重新安排，并希望最终的解决办法有利于希尔女士摆脱困境。

自己干的这点好事，特朗普是一定要宣扬出去的。

特朗普将事情告诉纽约第四频道电台主持人伊姆斯，并发起为希尔女士筹款的活动。伊姆斯是著名电台谈话节目主持人，他的影响使得特朗普做好事立即成为一些美国媒体的热门话题。

伊姆斯的电台收听率也一下子高了许多，筹款很快达到近十万美元规模。特朗普告诉希尔女士，在当年的圣诞节期间，他会将这笔善款作为圣诞节礼物送给希尔女士及家人，同时还将于平安夜在特朗普大厦的中庭举办一个庆祝仪式。如果那笔善款还不足以赎回农场，特朗普答应哪怕自掏腰包，也要帮助希尔女士最终赎回农场。

伊姆斯在自己的节目中不失时机地跟踪报道这些进展。特朗普更成为一个满世界都知道的好心人。

在特朗普眼中，伊姆斯的报道“功不可没”。为此，他特意邀请伊姆斯作为贵宾观看美国网球公开赛。这是特朗普对于伊姆斯的回报。

归根结底，特朗普与伊姆斯都是商人，都在经营自己的生意。这显然是一桩双赢的买卖。

特朗普做的这件好事直到三十年以后还产生着影响。2016 年，特朗普作为共和党总统候选人在南卡罗来纳州拉票。南卡罗来纳州是一个极度保守的福音派选民占绝大多数的南方农业州。

当特朗普进行拉票活动时，从台下面走上来一个五十岁左右的女士，双眼满含热泪，手拿着当时特朗普和她已故母亲的照片，说：“特朗普先生，我就是你拯救的希尔夫妇的孩子，我们在南卡罗来纳州可以为你做任何的事情，因为你对美国人民的承诺，在三十年以前就兑现给我们的家庭。你拯救了我们”。

当时的会场出现了短暂的安静，很多人都热泪盈眶。在此后举行的共和党总统初选中，特朗普领先第二名 20 个百分点，赢得了南卡罗来纳的全部 50 张选举人票。

特朗普一直将与媒体打交道作为其生意中营销活动的范畴。与多数大公司不同，在特朗普的公司内，他本人便是营销大师，因此他不依赖于公共关系团队——事实上，没有任何一个公共关系团队他能瞧得上眼。他也确实比任何一个公共关系团队更有活动能力和巨大能量。

特朗普对善用媒体的解释简单明了。他说，你可能拥有世界上最好的产品，但是如果别人不知道，你还是不能利用它创造价值。世界上有很多人拥有比当红歌星还要动听的一副好嗓子，但如果无人知晓，就只能在自家车库中一展歌喉。

作为一名生意人，你应该激发别人对你产品的兴趣，让他们对你进行追捧。特朗普说，为达到这个目的，有些人的办法是聘用公关公司，让他们为你进行推销，但对我而言，这点事我就可以做。正如有的公司聘用专业市场分析师进行市场调查，而我则亲力亲为，因为我相信自己进行的市场调查。

特朗普直言，媒体总是喜欢“大事件”，越轰动越能吸引别人的眼球，这是媒体的职业天职，或称天性。所以，如果你别出心裁，与众不同，或者令人感到不可理喻，难以忍受，或者做事出格，不按常理出牌，或干脆饱受争议，新闻丑闻绯闻不断，媒体也会十分关注你。

特朗普自认为很有“野心”。他说，我做事的特点便是与众不同，并且我不怕争议。我又年轻有为，因此，媒体经常捕捉我的消息。

至于相关特朗普报道的正面与负面问题，特朗普坦承，有时媒体对他进行正面报道，有时则相反。重要的是，要能够经常上报，这样大有好处。道理很简单：这是免费的广告。如果在《纽约时报》用一个整版为新项目做广告，你可能需要支付 4 万美元，还根本不能保证读者看不看你一眼，因为不少读者本能地反感广告。但是如果《纽约时报》用哪怕一点点版面，哪怕是用不太正面，甚至负面的角度对我特朗普的生意进行报道，不仅不用我花一分钱，但我肯定会得到远大于 4 万美元的广告效果。

1985 年，特朗普买下了曼哈顿西区一块地皮，声称要进行电视城的建设。与很多人只干不说或多干少说的特性不同，特朗普唯恐世人不知，对外声称他将在这里建设世界第一高楼。

世界第一高楼！

一时间，《纽约时报》《新闻周刊》等主流媒体一哄而上，对此进行了大量报道。报道内容当然有褒有贬，但此时躲在暗处的特朗普只是一阵窃喜：世界第一高楼的噱头得到了高度关注，这是多少钱也买不来的广告和潜在市场价值！

面对负面报道，特朗普并非三缄其口，任其发挥。特朗普身上还有着反击的本能。他认为，适当反击，打口水战也是必要的手段，也会起着吸引眼球的广告效果。

在争取将 34 街作为会展中心方案努力之时，特朗普曾与支持 44 街方案的纽约市副市长约翰·祖克蒂有过一段引人注目的骂架大战。特朗普在这场口水大战中毫不怯懦，越骂越带劲。骂得约翰·祖克蒂十分恼火，特朗普却自得其乐，他说，“我们的口水战引来很多媒体的关注。这对我一点坏处也没有，因为我可以借机宣传 34 街地段的诸多优势。”

其实，特朗普早就将政客与媒体间的关系看得极为通透。在数年的打拼中，他知道媒体报道能够敦促政府采取行动，在某些情形下，媒体对政府形成极为有效的制约作用。换言之，政府对媒体报道持畏惧之情，对负面报道唯恐避之不及。

政客对媒体的惧怕与选票有关。负面新闻必然导致票箱受损。在这一点上，作为商人的特朗普显然高出一筹，他没有政治包袱，他的眼中只是生意。

刚刚出道的特朗普对于媒体而言是卖方市场，他对媒体宣传有着强烈的需求。待到谱大了点时，特朗普对媒体就开始有所选择了。特朗普的行政助理诺玛专门处理来自世界各地的采访要求，她每日整理好一个采访申请名单后请特朗普进行选择。特朗普在选择接受《财富》杂志记者采访时重点谈到了有关房地产和新税法的问题。因为他认为通过这家媒体传递出自己的意见最为划算。

在别人看来，特朗普与美国媒体间有着苍蝇逐臭般亲密关系，但特朗普私下里说，其实他也不愿意被不同的记者反复问到同一个问题，而且他也同很多人一样，不愿被媒体过多曝光自己的私生活。但较之免费广告的巨大传播效应，特朗普仍然选择最大限度利用媒体进行传播。

面对媒体，特朗普学会了顾左右而言他、虚张声势、强力反击、巧设悬念等诸多技巧。他说自己“一般不会欺骗记者”，或者有所保留，常常采取直言不讳的态度。一个好记者就是要提出尖锐问题，并且要一针见血，以便挖出实质性新闻。特朗普的回应策略便是报喜不报忧，只谈积极方面，不触及负面话题，以避免掉进坑中。

就拿那“世界第一高楼”的炒作而言，有一次，媒体记者向特朗普发问，这个世界第一高楼可能会对曼哈顿西区产生什么不良影响？

特朗普见状立即扭转话题，打了个哈哈说，世界第一高楼属于所有纽约人，它会让纽约因此更加闻名。

又有记者问，为什么只为富人盖高楼大厦？特朗普的回答是，我盖的高楼大厦绝不只是为了富人。大楼的建设本身就为一些工人提供了就业机会，每一项工程我都会为政府贡献一笔税金，且不说这些建筑完成后对于纽约的发展做出了多大的贡献。

特朗普称自己在接受媒体采访时从不欺骗的说法相当可疑。他可能不是赤裸裸的有意欺骗，但蓄意夸张、夸大新闻事实的事情屡见不鲜。

这个世界第一高楼的牛皮本身就是虚言。但在特朗普看来，这只不过是一种“巧妙的营销”。他说，巧妙营销就需要虚张声势，就必须千方百计激起媒体的好奇心。很多人自己不敢想大事，更不敢说大话，但是当他们看到有些人这样做时，便会跟风一样随之兴奋、传播。

特朗普言之凿凿地说，在他看来，适度的夸大可以接受，因为媒体就喜欢那些“最大型”“最重要”“最气派”“世界第一”之类的东西。

特朗普将这种夸大其词称之为“真实的夸大”，它是夸张的温和手法，是市场营销中极为有效的策略。

特朗普的媒体策略中还有一种手段名为“欲擒故纵”，或曰装傻充愣。

在令人眼花缭乱的营销手段派上用场后，完工后的特朗普大厦迎来了购房狂潮，此时各种传闻、谣言也风生水起。

一日，特朗普接到一位记者来电，询问英国王子查尔斯是否也在特朗普大厦买下了公寓。

当时的查尔斯王子与戴安娜王妃还是这个星球上一个美丽的童话，是整个世界最为关注的一对新人。面对记者的询问，特朗普回复了一句外交辞令：“此时我们不便透露任何交易信息。”

得到这一回答的记者仍不死心，转过头来费了许多周折找到英国白金汉宫进行求证。当时查尔斯与戴安娜正在“大不列颠”号皇家游轮上度蜜月，白金汉宫对美国记者的询问来了一个更为标准的外交式答复，“无可奉告”。

得到这种答复的记者却如获至宝。“无可奉告”就意味着没有得到否认，这事儿就可能有影。于是，一则“英国皇室夫妇拟在特朗普大厦购买公寓”的新闻见诸报端，并很快成为四处传扬的八卦话题。特朗普这招“欲擒故纵”实在灵光，他暗地里乐了半天。

此前，围绕特朗普大厦所发生的各种争执竟神奇地转化为促销成果，特朗普刚来曼哈顿时在 Le 俱乐部结识的那些中东、南美、欧洲大佬也变身为特朗普的房客，特朗普大厦卖得十分红火，以至于特朗普一共提了 12 次价，价提得越高，抢房的人流越大。闹得连日本人也赶来抢房了。在 20 世纪 80 年代，日本人在美国疯狂购买房产曾是一大景观。但特朗普直言，他佩服日本在经济发展方面所取得的成就，但他不喜欢和日本人谈生意。日本人不苟言笑，让特朗普觉得与日本人谈生意“没有乐趣”。日本人与美国人不同，如果是一个 12 人的日本代表团，特朗普必须与每个人谈妥之后才能谈成一笔生意，这与在美国只需一位大老板拍板就成很是不同。

成功的商人必须具有反向思维。这一点我也早有领教。早在 20 世纪 90 年代初在南非工作期间，我就听到一个故事：当一场大雨将一座库房淹了时，人们本能地从水中打捞那些远渡重洋运来的货箱，但一位涉事商人却大喊，捞什么?！快把其他货箱都扔在水里！奥妙在哪里？奥妙在于那位商人的眼光早已看到未来可以得到的巨额保险金。

商人特朗普更是有过之而无不及。

很懂得反向思维的特朗普很明白其中奥妙：房子越是看起来不可企及，人们越想得到它。这种反常的营销手段有着反常的奇异效果。媒体的推波助澜在整个营销过程中发挥了短、中、长期效果。

仅就特朗普大厦建设本身而言，特朗普从媒体报道方面得到的无形增值效果难以计数。

终于建成一座里程碑

特朗普对于特朗普大厦的建筑要求是，它必须是一种蒂芙尼般的璀璨传奇建筑，因此极尽奢华，极尽独特。

特朗普大厦是一座用大理石、不锈钢和玻璃堆砌而成的摩天大厦。大厦 1 至 6 层的四周是各种名牌商店和餐厅，7 层至 26 层是办公室，27 层至

68 层①是公寓。从高层房间的窗户可以分别看到北面的中央公园，南面的自由女神像，东面的东河，西面的哈得孙河。

特朗普最为自豪的独特之处是大厦内有着双天花板的 6 层中庭。他认为这是大厦最耀眼的部分。在看了上百种大理石样品后，特朗普看中了一种角砾岩普尼契的大理石。它将玫红、桃红、粉红三种颜色精致地混合在一起，十分迷人。这种稀有品种价格昂贵，因为它是一种不规则的大理石。特朗普为此曾专程到采石场考察，发现很多石块上都有一些白点，它们削弱了原有的美感。为确保每块大理石都能符合要求，特朗普及助手带着黑色胶带到采石场，把最好的石块全标出来，其他的统统不要。选好石材后，特朗普要求水平最好的工匠进行切割和铺砌。

Trump Tower is a 58-story[3] mixed-use skyscraper located on Fifth Avenue in Midtown Manhattan, New York City. Designed by Der Scutt of Swanke Hayden Connell and developed by Donald Trump, and the Equitable Life Assurance Company (renamed the AXA Equitable Life Insurance Company in 2004), Trump Tower serves as the headquarters for The Trump Organization and houses the primary penthouse condominium residence of Donald Trump.[4] The ground floor stores in the tower were opened for business on November 30, 1983. The grand opening of the atrium and stores was held on February 14, 1983, with the apartments and offices following shortly thereafter. HRH Construction was the contractor on the building and the construction executive was Barbara Res.[5]

Contents [hide]

Trump Tower viewed from Fifth Avenue

特朗普大厦

资料来源：https：//en. wikipedia. org/wiki/Trump_Tower_(New_York_City)，2016 年 7 月 14 日登录。

为达到理想效果，特朗普决定将前六层的地板和墙面全面铺砌这种大理石，营造出奢华、令人兴奋的效果。

为达到奢华的效果，特朗普决定大厦扶手也要“别具一格”。当时便宜

---

① 特朗普大厦实际只有 58 层，可他的顶层豪华公寓对外标注却是“68”。据说，这是因为特朗普也接受了风水师的建议，数字“6”为六爻之数，他的一生，逢六必顺。

且实惠的建材是铝合金，但这不符合特朗普的口味。他决定选用手感光滑的黄铜材料。这种材料看上去要上档次得多，但价钱也贵了不少。但在特朗普看来，这种扶手与这种大理石很相配。此外，大厦的电梯两侧用了很多反光玻璃，为的是让原来狭小的空间看起来更为开阔。为了让中庭看上去更为宽大，中庭处只用了两根承重柱。这样，就令人们无论站在何处，视线都基本不受阻碍，有一眼望到头的空旷感。

沿特朗普大厦中庭燕墙是一面顺流而下的室内瀑布。在最初设计时，有人建议在中庭墙上悬挂油画，但特朗普认为过于“老套”，而将东墙处建了一面瀑布墙，这就使得墙面有了一种浮雕墙的艺术感，即使挂多少油画也不如这种效果。特朗普对整个中庭的设计效果很自恋，认为它胜就胜在与众不同，高于生活，漫步其间恰如置身仙境。

特朗普将中庭设为豪华商业区，多家豪华专卖店闻讯蜂拥挤进特朗普大厦。

对于这个中庭，《纽约时报》的报道再次令特朗普感受到善用媒体真是好处多多。

1983 年 4 月，中庭商业区对外营业不久，《纽约时报》发表了一篇题为“特朗普中庭：美丽的惊喜”的评论文章。此文明言，此前一些批评特朗普中庭的观点被证明是错误的，其实，这一中庭不仅是建筑的范例，更是一道新的亮丽的城市风景线，“这是纽约这几年建设中最为完美的一处公共商业活动空间。它舒适、豪华，甚至令人顿生激情。”

看了这则报道的特朗普也是激情顿生。他又看到了这则报道的商业价值：这使得已在特朗普大厦购买公寓或店面的人更加确信自己做出了正确选择；这还会令更多人慕名前来特朗普大厦，使其知名度更高，因而产生更大的提价空间。

此后的事实还表明，这种报道具有多米诺骨牌效应。除特朗普大厦本身受益外，凡有特朗普冠名的大楼均成为热销对象。那些在通常认为不那么好的地段建设的大楼也因此使整个地段的身价高了起来。这又应了特朗普“要创造好的地段”的生意经。

特朗普大厦建好后，特朗普将自己的家安在了大厦里面，且极尽奢华。在参观了一位阿拉伯亿万富翁的公寓后，特朗普发现自己家中的客厅还不够大，于是又大费周章，花了两年时间，将自己的客厅打造成世界上其他公寓“无可企及”的豪宅。

特朗普家中满眼皆为青铜、黄金与大理石，一句“金碧辉煌”岂可尽述?!

特朗普集团总部随之也搬入了特朗普大厦。

至此，特朗普已名正言顺成为特朗普集团的大老板。“伊丽莎白母子公司”从此成为历史。

随之发生的另一个微妙变化是，特朗普的父亲弗雷德渐渐淡出。在包括建设特朗普大厦在内的决策中，特朗普与父亲的分歧显而易见。弗雷德见不得过度奢华，对特朗普的某些投资举动也认为过于冒险。眼见得儿子如此张扬又听不进他的话，弗雷德觉得还是待在自己布鲁克林那间老办公室内更为自在。

大厦建好后，特朗普又据纽约市政府 1971 年颁布的 321-1 减税条款要求享受减免税务权利。一番官司之后，特朗普的减税申请终于得到同意。

特朗普真是春风得意。矗立在曼哈顿中城第五大道 725 号的特朗普大厦成为特朗普一生的骄傲。它既是特朗普进军曼哈顿后一座成功的里程碑，也由此奠定了特朗普品牌的坚实基础。

对此，特朗普毫不讳言。他说，特朗普大厦是个传奇。它不仅“为我带来了名誉声望和地位，还创造了巨大的经济效益。”

从购地、施工、再到促销，特朗普大厦投入资金约 1.9 亿美元。短短几年之后，仅出售公寓一项，特朗普便净赚 5 000 万美元，这还不算每年出租办公区和商业区的收入。

“整个大厦真是一部赚钱机器!”特朗普又想起了亚瑟·德雷克斯勒的话。

在特朗普的人生中，特朗普大厦是一个高潮。然而，这只是他人生中另一个新的起点而已。

拉里·金曾在美国有线电视新闻网主持了几十年的访谈节目。他访谈过难以计数的各界名流，其中一位便是特朗普。

拉里·金当然懂得媒体的生意经。正因为特朗普充满争议，因而也独具价值。在美国媒体知名人士中，拉里·金挺身而出支持特朗普，这也是很难得的现象。拉里·金说，特朗普是个传奇人物。他一生起伏跌宕。现在没有低潮，未来只有高潮!

拉里·金也是一个大嘴巴。纵观特朗普的人生，怎么能说没有低潮呢。

但拉里·金说得还是有一定道理，在特朗普看来，诸如特朗普大厦这样的成就不过是一个小高潮，未来才是大高潮。

当时光进入21世纪的2015年6月16日时，刚过69周岁生日两天的特朗普就是在特朗普大厦的中庭正式宣布，他将竞选2016年美国总统……

第六章
充满激情的斗士

他是18本著作的作者；激情比聪明和天赋重要得多；每天都急不可待地做成交易，急不可待地打垮竞争对手，这种愉悦感甚至超过了性；从来不相信双赢；激情是一种灵丹妙药，能让你产生无比强大的动力；特朗普版的“生意的艺术”是还没做就要大说特说，先把大家注意力吸引过来，做足了前期的市场营销工作，先将第一印象牢牢地打在人们脑中；我要的就是“特立独行”；“水可载舟，亦可覆舟”的媒体也让友谊的小船说翻就翻；玩得就是一个心跳；这个世界上的事又有什么不是赌博?！纽约证券交易所就是世界最大的赌场；铁下心来才能让承包商驯服；必要时，他一点也不在乎将合作伙伴捅上一刀；巨额债务像大山一样压了过来；大西洋城，一生的败笔；激情仍在，他的赌场绝不仅在大西洋城

特朗普不抽烟，不喝酒，但特朗普好赌。

特朗普不喝酒是因为他的爷爷、哥哥丧命均与酗酒有关。好赌则是从他

爷爷开始就有的嗜好。

特朗普好的还不是坐在老虎机前一直打呀打呀那种小赌，也不是坐在贵宾房内玩什么21点、轮盘赌的那种不大不小的赌。他要的是自己作为老虎机、21点、轮盘赌及所有赌博花样的经营者。

对了，他是一个上了档次的大赌徒，且充满激情，这就决定他越赌越大，越赌越上瘾，最终赌上了白宫。

为了自己的生意，特朗普是一个工作狂。小有成就之后，写书也成为特朗普工作的一部分。

从1987年到2015年，特朗普与人合作或独立撰著了18本书：

《生意的艺术》（与人合作，1987年）；

《高处不胜寒》（1990年）；

《幸存的艺术》（1991年）；

《东山再起的艺术》（与人合作，1997年）；

《我们应有的美国》（与人合作，2000年）；

《如何致富》（2004年）；

《冲顶之路：我所得到的最好的商业忠告》（2004年）；

《像亿万富翁那样思考：你需要知道的成功、房地产及生活全揭秘》（2004年）；

《我所得到的最好的打高尔夫球忠告》（2005年）；

《我们为什么要你成为富人：两个人，同一个信息》（与人合作，2006年）；

《激情创造理想》（与人合作，2007年）；

《我所得到的最好的房地产忠告：百位专家分享战略》（2007年）；

《成功之路》（2007年）；

《永不放弃：我怎样将最大挑战转为成功》（2008年）；

《像冠军那样思考：商业与生活之非正式教育》（2009 年）；

《点石成金》（与人合作，2011 年）；

《此时应强硬：让美国再成第一》（2011 年）；

《伤残的美国：如何让美国再次伟大》（2015 年）。

仅从这份书单，就可以从一个侧面感知特朗普是一个怎样勤奋的人。

做大买卖乐在其中

特朗普的书中多为生财有道、成功有路之类的内容。他说，虽然已经有不少百万富翁写过他们的生财之道，这方面的书已经不计其数，但由亿万富翁来写这样的书就不多见了。而要找一个对房地产、博彩、体育、休闲、娱乐都感兴趣的亿万富翁作者，就可能难上加难。更不用说这位作者还在曼哈顿拥有摩天大楼，在电视台拥有黄金时段。特朗普说，在整个美国，只有他是唯一符合这些条件的人。

特朗普一如既往地自信。

细读特朗普这些撰著，多有言过其实、前后矛盾、车轱辘话来回说之处。但这并不妨碍据此对特朗普其人的基本了解和理解。

特朗普在好几本书中都用一部分篇幅记录他从星期一到星期五每日排得满满的日程。

根据特朗普的陈述，他每天大体是早 6 点起床，随后有一小时读报时间，9 点之前来到办公室，开始一天的工作。打电话是他的重要工作内容，他一天可能打到上百个电话。电话还没打完，可能就有十余个工作会议在等着他。大部分会议速战速决，只有少数会议在 15 分钟以上，但绝不会有一个会一开就是半天的情景。特朗普的午饭也多是在匆匆忙忙中解决。即使晚上 6 点半回家之后，他也经常为工作打电话至半夜。

特朗普说他从未休过假。即使在打高尔夫球或在旅行途中，他也在忙于工作。

特朗普推崇简单、明了的工作方式。他不拎公文包，办公室的门永远敞开，尽量减少开会次数。与各部门主管之间的沟通几句话解决问题，相互间早已心领神会。当科学技术发展到有了推特这一社交利器之时，推特便成为特朗普最为得心应手的表达渠道。

有了钱之后的特朗普一直表示自己绝不是为钱才做生意的。他在自己的第一本著作《做生意的艺术》中开宗明义：我并不是为了钱才做生意的。我已经赚了不少钱——比我实际需要的多得多。做生意是因为我热爱这项事业，把它当作我钟爱的一门艺术。正如有人喜欢吟诗，有人喜欢作画，而我喜欢做生意，特别是大笔买卖，尤其让我乐在其中。

这本著作的最后一句话是："不要误会，我还计划着继续做生意，做大的生意，一直做下去。"

在特朗普所有著作中，1987 年出版的《做生意的艺术》也被特朗普本人特别看重。原因或许很简单，这是他与人合作的第一本著作，这本书中所记述的人生道路和情怀志向更为真切，泡沫或夸大其词的成分肯定有，但相对少些。

从这本书的第一句话和最后一句话，我仿佛看到了对于特朗普人生最为精辟的解读。

大买卖令特朗普"乐在其中"，他还计划着"继续做生意，做大的生意，一直做下去。"当时光进入 2016 年时，特朗普打定主意将一笔大生意做进白宫。

这一切离不开激情。特朗普是一位特别有激情的人。他一直认为，激情比聪明和天赋重要得多。

特朗普的激情有着父亲的遗传。他的父亲弗雷德就是靠着激情在纽约皇后区做出了一份房地产业。在特朗普的记忆中，父亲每天都在那么认真、努力地工作着，一周七天每日如此。

特朗普说自己也是每天只睡三到四个小时，每天都是急不可待地去上班，急不可待地做成交易，急不可待地打垮竞争对手。他认为世界上没有比这更令人兴奋的事情了，这种愉悦感甚至超过了性。

特朗普从来不相信双赢这个说法。

“完全是扯淡！”他说，“赢就是赢。一项好的交易应该是你赢，而不是对方赢。你要打垮对手，获得对自己有利的结果。在谈判中我喜欢完全的胜利，这就是我为什么能够做成这么多好买卖的原因。”

特朗普认为很多人的人生之所以失败，败就败在没有激情。他们什么都知道，什么都明白，但他们没有动力去行动。伟大的想法永远只停留在他们的脑海中，或是仅停留在看着别人干，自己只是在一旁指指点点。

特朗普深切感到，在这个世界上，参与竞争，获得胜利，都必须有巨大的激情。只有这样，才能将出色的设计转变为玻璃、水泥和钢铁。要珍惜自己脑内的奇思妙想，趁热打铁将伟大的想法付诸实践。“激情是一种灵丹妙药，能让你产生无比强大的动力。”他说。

然而，特朗普的激情中也融入了他自己所称的“真实的夸大”成分。他也曾因激情产生的行动招致碰壁。难得的是，碰壁后的特朗普仍会碰出激情的火花。

特朗普一直钟情于“大买卖”，1985 年重新买回曼哈顿西区 59 街与 72 街之间地皮后，他又让自己的激情燃烧起来。

这是一块 78 英亩的河边地带。特朗普认为这是曼哈顿当时尚未开发的最好地皮。1979 年，他曾购下这块地，后因资金紧张，加之当地社区反对开发、银行不愿贷款等原因不得不暂时放弃。

时机一直是特朗普做买卖时的重要考虑因素。为何彼时卖出，此时又要购入呢？特朗普认为，原因有三，一是此时银行已经取消了入不敷出的卖家抵押赎回权；二是在土地进入市场流通之前便已敲定买下，相当合算；三是这时的曼哈顿开发商中没人愿意支付每年数百万美元的建设成本。

经过数年经营，特朗普的资金流又畅通起来，足以维持新项目的开发使用。他又将早已看上的这块地拿了回来。

不怕贼偷，就怕特朗普惦记。他一惦记的事，早晚要下手争一争。

特朗普那时惦记的是一块地，过了数年之后他就开始惦记白宫了。一次两次不成之后，他还会看准时机再度出手。

本性使然。

特朗普是从一位名为马克利的开发商手中重新购得此地。曾在承担阿根廷铁路建设中发迹的马克利在开发纽约房地产方面显得捉襟见肘。他还在想当然地将桥梁建设那一套搬到住宅开发项目。在桥梁建设中，预算成本可以得到较为准确的预期，因而可以事先签订建设合同，但在房地产开发领域，就完全是另外一回事了。由于受到市场变数牵制更多，房地产开发难以预期收益，因而做出各种承诺就需量力而行。马克利则不然，他贸然做出的多项承诺事后都变成一条条勒在脖子上的铰链，最终使他再也喘不上气地败下阵来。

在特朗普看来，马克利除了在这块地皮上没有创造出任何令人兴奋的项目外，他做生意实在没有任何艺术可言。在这么好的地段上搞建设，居然没有引起媒体的任何关注。静静地，他来了；悄悄地，他又走了。马克利似乎很没有激情。

接手这块地皮的特朗普可大不一样。因为他有激情。

不是好地段也要创造出好地段，特朗普对此早就颇有心得。更何况，特朗普真的认为这块地本身就是一个好地段。

这块地的视野是最为重要的卖点。有了这种视野，楼建得越高，越宏伟，商业前景就越好。

困难当然很多。在曼哈顿搞开发，什么时候都是千头万绪，且盘根错节。

这块地的麻烦还在于有一个重新区划的问题。在美国，重新区划绝不是一个简简单单的市政问题，这还牵涉到政治选区等问题，进而牵涉到多州和城市、当地社区以及相关政客的管理、民生和政治命运问题。

对于特朗普来说，拿到地后最严峻的挑战还是要拿出一个令人耳目一新，足以“魅力四射”的项目。

特朗普又开始全力开动商人的直觉，去寻找，去研究，去权衡。

最重要的是要有一种让人眼前一亮的感觉。

世界第一高楼的梦想

一天早上，喜欢一大早就看报纸的特朗普突然眼前一亮。设在洛克菲勒中心的全国广播公司总部正在寻找新址。在现有的选项中，全国广播公司正在考虑搬到河对岸的新泽西州去。虽然一河之隔，但新泽西州的土地成本、税率、生活成本都将大大降低。

这是一种非常现实的考虑。对于很多人来说，寸土寸金的曼哈顿岛地价实在太昂贵了。我有几位在联合国当记者的同事，他们在联合国总部大厦旁租用的公寓月租金动辄五六千美元，而搬到一河之隔的新泽西州后，不仅月租登时减下一多半，住房条件还大为改善。当然，最为不便之处便是如若仍在曼哈顿上班，每日来往交通状况令人十分头痛。

与哥伦比亚广播公司、美国广播公司一样，全国广播公司并列全美三大商业广播电视公司。创办于1926年的全国广播公司是美国历史最久，实力最强的商业广播电视公司。1985年，全国广播公司被通用电气公司以62亿美元收购，全国广播公司在纽约、洛杉矶、芝加哥、华盛顿、克利夫兰、丹佛和迈阿密7座城市设有直属电视台，并在全国有208座附属电视台。

在美国，能够让一个大公司总部、一所大学或一家大企业落户，意味着一个城市的诞生、生存与发展。同理，一个大公司的离开就将对所在城市产生连锁负面影响。如若全国广播公司离开曼哈顿，当时的纽约将丧失4 000个工作岗位和至少5亿美元的年收入。

生离死别都是一番心灵的深深触动，全国广播公司的离开绝不是几个钱的事。假若帝国大厦或自由女神像搬离纽约，人们心目中的纽约势必有了难以言传的缺憾。

机会！机会！特朗普看到了机会。

在刚刚购回的地皮上，特朗普可以为全国广播公司提供良好的发展空间：足够大的地皮可以建造巨大的演播室，风格甚至可以效仿好莱坞的外景地。全国广播公司在洛克菲勒中心的建筑面积仅有约120万平方英尺，而特朗普可以为其提供200万平方英尺的面积。当然，土地成本大大低于洛克菲勒中心也是一个优厚条件。

这无疑是特朗普的一厢情愿。纽约市政府已经在千方百计挽留全国广播公司。全国广播公司对于特朗普的忽悠似乎也没怎么动心。

没关系，特朗普说。即使全国广播公司不搬到这块地皮上，我也要建设电视演播室。一个概念渐渐清晰起来：建设一座电视城。

与马克利不一样，有了想法的特朗普下一步要做的就是立即大喊大叫吸引公众眼球。与马克利之类只做不说或多做少说的开发商不同，特朗普版的“生意的艺术”是还没做就要大说特说，先把大家注意力吸引过来，做足了前期的市场营销工作，先将第一印象牢牢地打在人们脑海中，至于能否实现预想，那是下一步考虑的事。

光建电视城还不够，我还要建世界第一高楼。特朗普一想到这里，立即心潮澎湃起来。

如同进军曼哈顿一样，建造世界第一高楼是特朗普早就埋在心底的愿望。小时候，当父亲带领特朗普参观当时还是世界第一高楼的帝国大厦时，特朗普惊叹之余就有了世界第一高楼情结。此后，有着“建筑博物馆”之称的芝加哥添了一座希尔斯大厦，并一度成为世界第一高楼。

世界第一高楼应该在纽约，特朗普说，“我愿意接受这个挑战！”

世界第一岂是说到就能做到?！特朗普的一个难言之隐便是他手上确实差钱。盖出世界第一大楼是何等烧钱之事！若从经济效益而言，盖三座50层高的公寓建筑远胜于一座150层大厦的收益。

但在世界第一的诱惑面前，特朗普难离难舍。这毕竟将是世界第一，仅这个名头就会吸引多少人来此一游，就会引来多少泉涌般的金钱收入。

在诸多设计师中，特朗普找来了与自己一样有着摩天大楼情结的设计师。在多种建设方案中，特朗普一直在考虑以什么样的创意融入周围社区环境。

事实上，他脑中的设计根本无法融入当地环境。这是一个从外观、布局到建筑风格与一般人脑中的和谐理念完全不同的两回事。

突兀，怪异！有人说。我要的就是这种“特立独行”，特朗普说。

特朗普的一生就是“特立独行”。

1985年11月8日，在工地连一块砖瓦都未动的特朗普召开了新闻发布会，宣布了自己的“电视城”建设计划。在这块地上，特朗普准备建设1 670英尺（约合509米）的世界第一高楼，比当时世界第一高楼，芝加哥的希尔斯大厦还高出近61米。

在这个新闻发布会上，特朗普还详细介绍了居住、商业、办公室、演播室、海滨散步长廊、停车场、封闭式购物区等一整套开发计划。

这又是一场特朗普与媒体间的生意往来。果然不出特朗普所料，媒体对于居住密度、交通和住宅建筑等问题全然忽略，其关注点集中在了世界第一高楼这一最具新闻点的话题。

在当天晚上的新闻广播中，当地媒体甚至将美国总统里根与苏联领导人举行高峰会晤的事情放在后边，而将特朗普要建世界第一大厦的事情作为重要新闻抢先播出。

随之引来的爆炸式反应也是特朗普所能料想到的——他就希望这种爆炸效应，这又是一场大规模的免费广告宣传。

媒体说出来的话什么都有。批评者认为纽约不再需要这样的高楼，更不用说特朗普也不可能建成这样的高楼。有的媒体在言论中说，唯有时间能够证明什么是远大的理想，什么是突发幻想。特朗普究竟能否将150层摩天大厦高耸于天际线上，现在说来为时过早。

在所有评论中，专栏作家乔治·维尔的一番点评令特朗普连连点头。

“特朗普并不理性，”维尔写道，“然而人从来不是单凭理性活在世上。特朗普相信无拘无束也可以是一种美德。他认为，恰恰因为别人认为没有必要，才更加坚定他必须建成世界第一高楼的决心。他相信建筑师洋溢的热情是可以影响大家的。粗犷、热情和活力正是美国的品质。”

这个维尔要是纽约市城市规划委员会成员就好了。特朗普颇为遗憾地感叹说。

最不让特朗普喜欢的评论是《时代》杂志评论员保罗·戈德伯格题为“特朗普最近的计划就是一个空中楼阁”。在这篇评论中，戈德伯格批评特朗普的设计完全不能与周边环境相融合。

我要的就是这个劲！特朗普说。如果我真建得像你们说的那样“融合”，那就是我的败笔。

这是一个轮回。几年前在酝酿建设君悦大酒店时，反对者也称特朗普那些玻璃墙设计与中央车站周边环境不相融合，连特朗普的父亲都这么认为。但特朗普坚持己见。我就是要独树一帜，建起一座到处闪亮的全新酒店，以区别于那个老气横秋的社区。

这一次，特朗普最终未能如愿。他没有能够在这块地皮上吸引全国广播公司总部的到来，也没有建起世界第一高楼。随着时间的流逝，芝加哥的希尔斯大厦也丧失了世界第一高楼的桂冠。恰如一尊只颁给优胜者的奖杯一样，在此后的岁月中，继迪拜摘取了世界第一高楼后，中国也将步入此列。

特朗普将自己未能如愿多半归咎于纽约市政府的拖延与搁置。在特朗普看来，对于科克市长来说，“贪婪的开发商特朗普就是他的死对头”。

“水可载舟，亦可覆舟”的媒体这次与特朗普友谊的小船也说翻就翻。在反对特朗普建设世界第一高楼的行列中，《纽约时报》扮演了急先锋的角色，并为此专门发表社论。这篇社论的作者赫伯·斯特茨不仅是科克市长的盟友，还曾担任纽约市城市规划委员会主席，并全权主管“电视城”项目。

栽在这样的人手中，特朗普无计可施。

特朗普愤愤地说，让这样的人写“电视城”的社论，无异于让时任美国国防部长温伯格写关于里根总统军事政策的文章。

特朗普受到了打击，但激情不灭。

赌了一把没出局，我还要再赌！“我很幸运我可以等得起，我的大生意还要继续做下去！”特朗普说，而你这位科克市长则早晚得滚出那座市长官邸。

在这一点上，特朗普说到做到。他的生意滚雪球般一直做下去。

特朗普群楼、特朗普国际饭店大厦、特朗普花园、特朗普花园大街、特朗普广场、特朗普宫、花园大街 610 号、华尔街 40 号特朗普大厦等相继在纽约建成。

媒体就喜欢一个“最”字。没有能够盖成世界第一大楼，但特朗普终于在2001年在纽约建成了一座世界最高的住宅楼，名曰特朗普世界大厦。这座大厦的地段相当惹眼：它的对面就是联合国总部大楼。在联合国总部大楼旁边建造这座90层高的气派大厦也曾引来激烈争议。但特朗普力排众议，最终赢来一个“最”字。

进军大西洋城

对于房地产来说，曼哈顿太拥挤了。

对于生意人来说，房地产也太拥挤了。

赚钱的生意是最棒的艺术，而所有的事都与赚钱有关。“看看还有什么是可能做得到的事，让它成真。”特朗普一直这样说。

特朗普的发散性思维早就让他盯住了一个他从未涉略过的领域——赌场。

一提美国的赌场，人们一下子想到的就是位于美国西部内华达州沙漠中的拉斯维加斯。

1931年，时值美国经济大萧条时期，为了度过经济难关，内华达州议会通过了赌博合法的议案。这座在沙漠建起的拉斯维加斯从此作为一座赌城迅速崛起。如今，来自世界各地的人们都愿意到那里试试身手。最为诱人的宣传词是，哪怕你身上只剩几个美元，到了拉斯维加斯以后，没准也能赌个咸鱼翻身，转眼成个富翁。

美国是个合众国，各州法律不同，开赌场这事需要得到法律批准。在很长时间内，美国东部一直没有一个成规模的赌城。

大西洋城是个人口只有约6万人口的小地方。顾名思义，这个小城位于大西洋岸边，距纽约以南 160 千米，也就是约两个小时的车程。南下距费城、华盛顿等地都是一天一个来回的距离。

临海之地必有美景。1896 年这里就有了一条著名的滨海木板路。自 1898 年铁路建成之后，大西洋城便迅速发展起来。自 1921 年以来，一年一度的美国小姐比赛多在这里举行。

在这个地方建个赌城可谓地利十足，但没有天时，又缺乏人和，这事很长时间没有办成，首先必须从法律上有个说法。

新泽西州在美国素有“花园州”之称。名字好听，但地界很小，发展经济回旋余地有限。于是，在这个“花园州”的大西洋城再建个赌场，就成为很具吸引力的倡议。

然而，赌博这个事很有争议。在新泽西州也不例外。1975 年，新泽西州曾就是否同意将赌博合法化进行过全民公投，结果表决没通过。

开办赌场的经济前景实在诱人。1976 年，新泽西州再次就是否同意赌博合法化举行公投，这一次终于获得通过。赌博合法也因此写入新泽西州宪法。

大西洋城建设赌城的大规模开发轰轰烈烈。大西洋城也因此和西部的拉斯维加斯并列成为美国两大赌城。

The **Trump Taj Mahal** is a casino and hotel on the Boardwalk in Atlantic City, New Jersey, United States. The casino is owned by Trump Entertainment Resorts, a subsidiary of Icahn Enterprises,[2] and managed by Tropicana Entertainment.[3]

The casino was inaugurated by its then-owner Donald Trump in 1990, and was built at a total cost of nearly one billion dollars. Restaurants at the Taj include Dynasty, Il Mulino New York, Moon at Dynasty, Robert's Steakhouse, and Hard Rock Cafe. It is also the home of Scores, the country's first in-casino strip club.

The Taj Mahal came to the brink of closure in 2014 as its parent company went through bankruptcy, but ultimately remained open under the new ownership of Icahn Enterprises.

Trump Taj Mahal Casino Resort

View of Main Tower and Chairman Tower from the Boardwalk

Location	Atlantic City, New Jersey

泰姬陵赌场

资料来源：https：//en. wikipedia. org/wiki/Trump_ Taj_ Mahal，2016 年 7 月 16 日登录。

大西洋赌城规模最大的赌场当数泰姬陵赌场。

我曾数次踏访大西洋城。记得一次于雪夜抵近大西洋城时，“泰姬陵赌场”的大红霓虹灯广告招牌赫然在目。

泰姬陵本是印度知名度最高的古迹之一，属世界文化遗产，被评选为“世界新七大奇迹”。泰姬陵全称为“泰姬·玛哈尔陵”，是一座白色大理石建成的巨大陵墓清真寺。为纪念他心爱的妃子，莫卧儿皇帝沙贾汗于1631年至1648年在阿格拉一地建成此陵。泰姬陵由殿堂、钟楼、尖塔、水池等构成，全部用纯白色大理石建筑，用玻璃、玛瑙镶嵌，具有极高的艺术价值，是印度穆斯林艺术最完美的瑰宝，也是世界遗产中的经典杰作之一，有着“印度明珠”的美誉。

位于大西洋城的泰姬陵赌场正面是一座充满印度建筑风格呈皇冠形的瑰丽建筑，与之紧密相连的是一座51层高的摩天大厦。这家赌场仅工作人员就多达6 500余人。

特朗普就是与这个泰姬陵赌场发生了千丝万缕的联系。

这也许就是特朗普的宿命。因为特朗普基因中就是一个赌徒，并且越赌越大，玩的就是一个心跳。

特朗普对于有人反对赌博很是反感。在他看来，这个世界上的事又有什么不是赌博?！纽约证券交易所就是世界最大的赌场。位于华尔街的这个赌场与位于拉斯维加斯或大西洋城赌场的区别只在于那些玩家穿上了蓝色条纹工作装，手里拎着一只皮包，天天对着电脑看走势，一有变化马上操盘买进或卖出。纽约证券交易所资金流动的比世界上所有赌场加起来的总和还要巨大得多。那些看走势的市场操盘手跟赌场里玩21点、掷骰子、轮盘赌的人本质上根本就没有区别！

大西洋城赌博合法化的消息传开之前，大西洋城的地价立即蹿升。此时的特朗普没有加入圈地大战。赌博合法化之后，特朗普仍在观察。

他在等待时机。他叮嘱自己此时需耐住性子，处处留意，就一定能够等到合适的时机。他此次出的是后发制人的招数：成功的赌场经营能够赢得巨大的收益。即使买地花钱多些，但最终也能从赌场中赢回来。

特朗普是个急性子，但他急中有慢。他喜欢动如闪电，但如果需要的话，他也可以静如处子。

他一直告诫自己别忘了最终的目标是什么。为了这个目标，他等待的时间最短为 5 分钟，最长的则是 15 年。

做生意离不开谈判。在谈判一事上，特朗普不乏狡黠。他玩惯了“欲擒故纵”的手段。为了成交，他常常表现出对正在谈的交易不感兴趣。这反而会促使对方为打破僵局而做出新的调整。要放慢成交的速度，特朗普玩的一个策略是分散对方的注意力。他常常暗示对方一些应该考虑的问题，这会把对方引向另外一个方向，消耗对方的时间和注意力，而特朗普其实一直关注在一个焦点之上。

为观察和等待时机，特朗普在大西洋城布下眼线，随时向他报告行情。

1980 年冬天，眼线终于来电，告知他现在可以考虑购买海滨走道一处地产。

特朗普对那块地皮很熟悉。那确实是一个好地段，但热度正高之时，他没有随波逐流。现在第一波热潮已退，反倒是下手的好时机。

人来我走，敌进我退。在第一波的热潮中，一些人建设费用超支，一些人得不到银行贷款，另有一些人根本得不到赌场经营许可证。纷纷退却之际，特朗普侧身而入。

大西洋城与曼哈顿不同，特朗普此次算是跨州作战了。一大堆的麻烦事：地块所有权过于分散，整合起来谈何容易?！协议重叠，选项纠结，又是一团乱麻！

将生意当作艺术的特朗普很享受一团乱麻的过程。这会让特朗普感到更加有趣，他也因此浑水摸鱼，在复杂的情景中寻得一个好价钱。在价格合理的情形下，特朗普的原则是优中选优。

在整理地块、申请银行贷款、获得赌场经营许可证等诸多事务中，特朗普仍是找准突破口，各个击破，步步为营。

特朗普版“工程经济学”

在完成零散地块的整合后，特朗普面临着一个申请赌场许可证和开工同时进行还是先申请许可证再开工的抉择。特朗普选择了后者，也因此体现出特朗普急而不躁的高人之处。

在特朗普之前，已经有过还没拿到许可证便开工，进而输得很惨的先例。《花花公子》杂志老板休·赫夫纳就栽在了这事上头。赫夫纳行事傲慢，全然不把新泽西州主管官员放在眼中。在面见那些官员时也是标志性地身着睡衣式丝绸衬衣，身边左拥右抱三两性感女郎。他自认为凭着自己的身价，有谁敢不给他许可证。殊不知大西洋城赌场经营许可证不仅办理耗时长，困难、变数也极多，其中有不少主观因素。赫夫纳那个派头恰恰得了负分。结果，许可证没拿下来，工程已经动土，损失大了去了。

特朗普深知，在申请许可证与施工时间差不多的情况下，越快建好赌场，就能越早开业经营，也就能早日收入泉涌般的银两。但前提是最终能够拿到许可证，一旦拿不到许可证，那投入的几亿风险资金就真是有风险了。且不说一旦开工，与新泽西州主管官员谈判的筹码便少了一个。更不用说一旦开工，新泽西州监管部门巡查时，随口一个“这个房间太小了”“老虎机不能放在这里”等训斥就足以令开发商改变施工计划，而开发商将为此付出严重的超支开销。

最终，在经过新泽西州的听证会后，特朗普顺利得到了许可证。这也就是说，房地产开发商特朗普向赌场跨界成功！

在众多竞争者中，特朗普得以成功，一个重要原因是那时的特朗普在管理中就采用了扁平式管理模式，而不是像官僚机构那样什么事情都需层层审批后再呈给特朗普圈阅同意。所有问题可以一竿子打到特朗普那里，特朗普也在第一时间回复下属。

要知道，特朗普办公室的门是从来不关闭的。

看到有利可图，假日酒店集团趁势联系特朗普，欲与特朗普联手合作。特朗普同意了这一合作意向，除5 000万美元预算外，另外1.7亿美元贷款也由假日酒店集团担保。

万事俱备后，开工建设就摆上日程。在施工过程中，如何控制施工预算和如何与承包商打交道是重要环节。

特朗普是一个极为崇尚奢华之人，但在做工程时却是很“抠”的人。《特朗普一家》的作者格温达·布莱尔说：“特朗普从来不会错过一次退税的机会，同时他也不断地学习。”

从父亲那里学到了不少东西，加之自己善于总结，特朗普逐渐有了自己一套“工程经济学”。其要旨之一便是能省则省。设计师向特朗普介绍了一款有着四个铰链的门，同时告诉特朗普，其实这个门有两个铰链就够了。特朗普听后当即拍板省下多余铰链，2 000扇门因此节省两万美元。制冷系统原准备建在酒店顶楼。但特朗普最终决定将其装在低于房顶的地方，这样就不会影响房顶浇灌混凝土，工期也因此提前6个月。

这套“工程经济学”的重要内容是如何与承包商打交道。特朗普的做法是必须制订出无懈可击的计划，一定不能让承包商有空子可钻。如果计划不完备，精于算计的承包商为了得到项目，开始以相对低价接手工程，随后趁机找理由申请追加费用，这就会使工程大幅超支。

特朗普将承包商视为一群参加赛马比赛的马，它们有时看起来已经用完了最后一点力气，但看似无力之时又会突然发力冲向终点，令人大跌眼镜。总而言之，承包商都是极难驾驭的。他们总是尽可能偷懒，尽可能找各种理由要钱。如果你总是留心防备并且态度坚决，这些“怪物”可能会驯服一些。

特朗普在选用承包商时，一定会要求承包商将过去干过的十个工程名单拿出来，工程还必须是最近做的，四五年前的都不行，并且名单一定要十个，两三个都不行。特朗普认为，让三两个雇主满意并不难，难的是让过去的十个雇主都满意，只有真正好的承包商能够做到这一点。

特朗普知道一些承包商花了两个月才完成一间浴室的装修，因为他们老说家中有事，让他们什么也干不了。结果如果真给他们压力让他们真干起来，其实这点活两天就能完成。

即便是所谓好的承包商，也要严格要求。如果你不严厉，他们就会觉得你不懂行，好欺负。你必须明明白白地告诉他们预算没有变动余地，工期也没有拖延余地。

给承包商下了任务之后，特朗普还亲身到工地现场督办诸事。看到特朗普这样，那些承包商也难以偷懒，工期因此按时完成。

特朗普版“工程经济学”还有另外一着，那就是不要对工人心软。他对那些施工工人说得很冷酷，我给你们的待遇不低，你们要么好好干，要么卷铺盖走人。你们走了，等着活干的人多的是。当地数以千计的建筑工人不是失业就是待业。你们看着办吧。

在花了2.18亿美元之后，特朗普建成了大西洋城第一家既按时完成又没有赤字的赌场酒店，并以“特朗普”冠名。

开业之际，时任新泽西州州长托马斯·基恩也到场捧场。一些人在致辞中称这个能在预算内按时完成的工程“简直就是我们这个时代的奇迹”。

赌场这部赚钱的机器全速运转起来之后，特朗普暗度陈仓，于1986

年 2 月将假日酒店股票全部收入，成为独自拥有这家赌场酒店的主人。

特朗普全部股票收入的细节有着不可告人之处，但特朗普执意这样做，就是因为只有独自拥有者才能享受折旧，而折旧则可以减税。

仅仅这一点，就能看出特朗普是何等精明的商人。

折旧按建筑物总价值以一定比例算出，建筑物拥有者每年可将这部分费用不计算在纳税范围。能不交税就不交税，能找回退税就找回退税的特朗普当然不会放过这个省钱的小机关。

多数商人，特别是那些上市公司的老板，他们所关注的是企业除去折旧后的利润，因而不愿意在折旧上打算盘，这让他们的所谓成就感也有些折旧的感觉。特朗普可不在乎这些。他的公司没有上市，他也不必去取悦华尔街。因为在他看来，重要的不是他最后向股东上报了多少收入，而是他真正拿到手多少纯利。

最终成为一生败笔

就如同在真正的赌场上赢了一大注后的狂躁般兴奋一样，特朗普在建成第一座赌场酒店后感到收不住手了。赌注越下越大。人也变得越来越显癫狂。

1988 年，特朗普以 14%的利率，6.75 亿美元垃圾债券资金收购了泰姬陵赌场。

在收购后一次极为豪华的晚宴活动中，特朗普先招呼大家坐下，然后将手放在身边一位客人的肩头说，“这位是阿根廷的首富，是那个国家最为富有的人！他一年来美国四次，下赌注 600 万美元。你们知道他去哪家赌场吗?”稍事停顿后，特朗普像检阅军队的将军一样将手一下从左方挥向右方说，“就在这里，泰姬陵赌场!”

下面自然是一片叫好声，但那位客人轻轻地对特朗普说，“唐纳德，不是阿根廷，我来自委内瑞拉。”

特朗普闻后面不改色，大声说道，“不管是阿根廷还是委内瑞拉，反正都一样。你是委内瑞拉首富，你在我们这里下注。”

周围嘉宾闻后笑声再起。

事后，特朗普才得知，这位身份神秘的客人正是有着“南美特朗普”之称的古斯塔沃·西斯内罗斯。就是他曾经与特朗普争夺环球小姐比赛主办权。

特朗普自以为得意之时，天际间的阴影正在黑压压一片涌了过来。在短暂的狂欢之后，赌博业并未给大西洋城带来经济上的良性回转。全美乃至全球经济萧条的连锁效应如大西洋怒涛般卷了过来。特朗普借的那些巨额债务也像大山一样压了过来，最终压得喘不上气来了。

直觉呢？你的直觉在哪里？这一切似乎超出了特朗普直觉所能感悟的范围。惯于省小钱的特朗普对于大金融那点猫腻之事还真有些搞不懂。

至 1989 年时，特朗普就已经无力偿还银行贷款。尽管他又获得了额外贷款，并推迟了支付利息，但不断增加的债务使得特朗普泰姬陵赌场不得不于 1991 年走向申请破产。

就在特朗普最为困难的时候，他的老父亲弗雷德又悄悄地走了出来，暗中帮了儿子一把。

1990 年 12 月 17 日，特朗普名下公司所发行的债券仅在那一天就需要支付 1 840 万美元银行利息，但特朗普公司手上离这一数目还差数百万美元。如果不能按时付息，债券持有者便可以迫使公司破产。

就在这时，年过八旬的弗雷德来到大西洋城，在特朗普城堡赌场一次购下 340 万美元赌筹，但他没有下赌，而是悄悄地离开了赌场。

弗雷德这一招恰如一剂强心针。他的现金注入使得特朗普得以及时还息，逃过一劫。即便特朗普真的因此破产，拥有赌筹的弗雷德也属于第一债权人，拿回这些钱的可能性还是很大。

儿子，老爸只能帮你这些了。弗雷德暗暗地嘀咕着。

特朗普对父亲“雪中送炭”之举感恩戴德。弗雷德则鼓励儿子说，“不要畏惧任何事情。努力干吧，健康最重要，先注意身体，再努力工作，你会挺过去的。”

在商海的博弈中，特朗普得益于父亲的教诲，却也在眼光上与父亲有着分歧。但在关键时刻，父子俩还是同舟共济。

1999 年，弗雷德·特朗普辞世，享年 94 岁。

面临着数以千百万计美元的损失，银行和持股人决定重组特朗普泰姬陵赌场债务。至 1991 年 10 月 5 日，特朗普不再拥有 50%的股权，以换取降低利率，推迟还债时间，特朗普泰姬陵赌场得以重新开业。

以特朗普冠名的赌场业后更名为特朗普酒店和赌场度假村，特朗普于 1995 年中至 2009 年初任主席，自 2000 年中至 2005 年中任首席执行官。1996 年，特朗普再次购买泰姬陵赌场，将其并入特朗普酒店和赌场度假村。

2004 年，负债 18 亿美元的特朗普酒店和赌场度假村申请破产。2009 年，负债额仍高达 5 亿美元的特朗普再次申请破产。经过又一轮的重组后，特朗普最终在特朗普泰姬陵赌场和其他特朗普赌场产业仅剩 10%的所有权，特朗普另一处资产特朗普广场酒店和赌场于 2014 年 9 月关闭。在一阵紧似一阵的工潮之中，2014 年 11 月，泰姬陵赌场经营者威胁如果工会不放弃他们就医疗保险和养老所提出的要求，赌场将于当年年底关闭。一个月之后，泰姬陵赌场与工会达成协议，赌场继续开，工会不再提进一步的福利要求。

2014 年，特朗普名下的娱乐度假公司根据破产法进入破产程序。特朗普广场随即被无限期关闭。亿万富翁卡尔·伊卡恩于 2016 年买下了特朗普名下的娱乐度假公司，并收购了特朗普泰姬陵赌场。尽管特朗普不再拥有这家公司股权，但伊卡恩仍在赌场保留着特朗普的冠名。在特朗普名下的大西洋城赌场资产从而退出破产程序。

折腾了30余年，特朗普在大西洋城的一赌成为其商业生涯中最大的败笔。

特朗普是一个本性上报喜不报忧的人。他不愿过多谈论大西洋城这段经历。在他18本著作中，除了在1987年出版的《生意的艺术》中辟出两章作为成功范例谈论他在大西洋城的经历外，其他著作中对此一段少有提及。在他所教授的那些生财之道中，也很少有以大西洋城经历作为范例加以引用。

如果特朗普仅为商人也罢，但这位赌徒越玩越大，最终决定跨界到美国政坛闯荡一番。

美国政坛的残酷在于，你若是个远离政治的商人，只要不违法，没人搭理你。如果你要竞选总统这样的第一公职，全美国的人都会端起显微镜，将你的前世今生看个通透。

大西洋城这段以“破产”为关键词的经历便成为特朗普躲不过去的短板。

2016年，当美国进入一个新的政治周期之际，美国哥伦比亚广播公司记者逮住个机会向已经宣布竞选白宫宝座的特朗普发问，你老说你不是破产的大西洋城赌场酒店的直接管理者，但你却是年薪200万美元董事会主席，你对此做何解释？这一提问撩拨起特朗普反击的天性。他脖子一横，眼睛中露出一副标志性的不屑，随后喷出一句：“对不起，因为我是天才，好不好？”

在2016年的共和党总统候选人中，对特朗普最为有力的揭伤疤式的反击仍是这段往事。曾被特朗普骂得很难听的共和党总统候选人、惠普公司前首席执行官菲奥里纳女士一次不失时机地在采访中抨击特朗普，“特朗普运营赌场就像大家认为的无良政客运营这个国家一样，用别人的钱加上借了如山的债务把我们引向灾难。”民主党总统候选人希拉里·克林顿在大选决战阶段更是不断揭特朗普的这块伤疤。

赌场暂时失意，但特朗普激情不减。

因为，在特朗普看来，他脑中的赌场绝不只是在大西洋城。

第七章
高处不胜寒

做生意逃不开打官司；诉讼千奇百怪，争的全是利；栽就在栽在一个“债”字上面；商海是令人身不由己的。在海中畅游的特朗普恰恰做出了许多与自己“知道”的道理相反的事情；第一次婚变，婚前协议太重要；必须直面可能发生的任何事情；特朗普再一次以积极的心态顽强地挣扎出了困境；挫折要么毁了你，要么成就你更为强大，在挫折和逆境中崛起；像西西弗那样推石上山；我做过一些糟糕的交易，但我从中学到了东西，它们也从未将我击垮

“木秀于林，风必摧之；堆出于岸，流必湍之；行高于人，众必非之。”

20 世纪 70 年代初的一天，中国领导人毛泽东写下了这一名句，然后作为礼物送给来自菲律宾的老朋友马科斯夫人。

这位曾经写下“数风流人物，还看今朝”的伟人彼时写下那一名句，想来一定是有感而发。

世间事理多相通。“木秀于林，风必摧之”的道理在中国是这样，在菲

律宾是这样，在美国也是这样。

人越伟大，越感孤独。高处不胜寒。

人一出名，白眼红眼接踵而来，乱七八糟的事情也多了起来。

“人怕出名猪怕壮”，说的就是这个理儿。

“持而盈之，不如其已；揣而锐之，不可常保”“金玉满堂，莫之能守；富贵而骄，自遗其咎”“功成而弗居，夫唯弗居，是以不去”。中国先贤所谆谆教导的这些哲理也是说的这些理儿。

太平洋彼岸偏偏有人不服这些理儿，就是要极度张扬强出头。这个人就是特朗普。

这也是特朗普的过人之处。

纠纷不断　官司缠身

自出道以来，特朗普官司不断。有统计说，仅从 1983 年以来，特朗普在美国联邦法院就打过 150 多起官司；在佛罗里达州布劳沃德县法院也打过 150 多起官司。特朗普在一些官司里是原告，在更多的官司中是被告。

至于为什么卷入这么多起官司，特朗普的律师阿兰·加腾在 2015 年的回答是，“这是在美国做生意很自然的一部分内容。”

这个话有一定道理，但解释不了特朗普为何官司如此之多。

特朗普的为人处事特性决定了他一定会卷入各种官司，也一定会摔倒了再爬起来。

这就是特朗普之所以成为特朗普。

1981 年，特朗普买下两幢房产：中央公园南区 100 号和巴比松广场酒店。这两处房产与中央公园相邻，被认为是地理位置极优的房产。

特朗普以自己都不愿透露的低价购进这两座大楼。他只透露说，如果那笔钱放在今天，连曼哈顿劣势地段三分之一大的地块也买不下来。但特朗普对这笔交易最为满意之处倒不是交易本身赚了多少钱，而是这块地段势必不断上涨的价值。

在这么好的地段买到房产，特朗普进一步的打算便是将旧楼拆掉，建两座容积率大得多的新楼。果真这样，特朗普在此的收益就难以估量了。

特朗普想得很美，无奈碰上一群他眼中的“刁民”、一项令他大为恼火的政策和一起令他烦恼不已的官司。

美国于 1929 年至 1933 年爆发了严重的经济危机。1933 年罗斯福总统上任后，实行了以救济、复兴和改革为核心的“新政”。在这项新政中，完善社会保障也成为重要内容。

1937 年 5 月 24 日，罗斯福在向国会提交的一份报告中说，“我国人口的三分之一，其中绝大多数从事农业或工业，吃不好，穿不好，住不好”“我们必须铭记我们的目标是要改善而不是降低那些现在营养不良、穿得不好、住得很糟的那些人的生活水平。”

在这样的背景下，美国一些地方实行了房租管制条例，意在让退伍军人等收入较低的人群也得以安居。这项政策曾于 1948 年被废除，但到 1962 年，纽约重新推行房租管制条例，约 500 万人因此可享受低价住房。

时至 20 世纪 80 年代，在商人特朗普看来，这一政策的现实效果很不符合他脑中的市场经济价值观。

中央南区 100 号的房子不仅视野开阔，景观怡人，房间本身又高又大，但这些租户所交纳的房租极为低廉。在特朗普看来，就市场价格而言，这样高质量的房子房租至少应上涨十倍，这些房客怎么也住不上这样的房子。

特朗普要建新楼，就需现有住户迁出，也就是美国式的拆迁。在这样好的房子中住了这么多年的租户可就不干了。冲突在所难免。

作为房产主，特朗普已经不是第一次与租户对着干了。在地主与房客这一对天然的矛盾之间，特朗普一直都扮演着十分强硬的形象。

特朗普先是拆去了大楼一部免费电话。那部电话本来是为了应急使用，结果不少租户拿电话打长途，甚至将电话打到远在欧洲的瑞士等国家。

接着特朗普没收了门卫的制服，说是因此可以省下一笔干洗费。特朗普还规定今后门卫不得出门迎接租户并帮他们拎行李。最后，特朗普将走廊内的电灯都换成低瓦数的。

说是为了节约成本，谁都能看出来这就是存心轰租户赶快搬走，以便为特朗普在此盖新楼腾出地方。

一日，走在大街上的特朗普看到一群流浪汉。他顿生一个念头，将这些流浪汉“请进”中央公园南区 100 号。特朗普说，他是看着这些流浪汉可怜。既然大楼内有那么多空房，为什么不能让这些无家可归者住进来呢?!

特朗普此招算是在骆驼背上压上了最后一根稻草。不仅新闻媒体对他猛烈抨击，纽约市政府对此作法表示不予认可，最终租户们联合起来于 1984 年初将特朗普以“侵扰”罪告上法庭。1985 年 1 月，纽约州法院宣布接受这些租户对特朗普的起诉。

一走司法程序，特朗普就有些后悔了。善于总结经验教训的特朗普冷静了一下，觉得自己在这件事上确实冲动了。做事一定不能冲动，即使你的想法是出于善意，也要先把最坏的结果考虑清楚。他总结说。

在此之前，特朗普在与个别租户的官司中就已经失利。为了轰这些租户早日迁出，特朗普雇了一家名为城堡管理有限公司的人专门完成大楼租户搬迁之事。对那些长期拖欠房租的人，特朗普也想通过诉讼手段将这些人轰走。在对一位租客进行起诉时，特朗普称这位房客没交房租。房客说我交了，并拿出了已付房租收据作为凭证。而特朗普这边的城堡管理公司居然没有将人家的房租记录入账。城堡公司见状便乱了分寸，竟然要求租户交出房租收据，以便悄悄撤诉。租户当然不干，这点猫腻一下子让租户的律师抓个正着。特朗普方面因此败诉。

这一次有这么多租户将特朗普告上法庭后，特朗普很有些惴惴不安，便请律师极力为自己辩护。1985 年 8 月，法院最终裁决没有铁证说明特朗普对租户的正常生活进行“侵扰”。

对于特朗普而言，这是最好的结果。他也因此不再提及拆迁之事。

人一出名便挡不住别人说三道四。特朗普的张扬性格更是容易招来非议。

一直说自己“不是为了钱才做生意”的特朗普此后也是一直官司缠身，所有的官司也一直离不开这个“钱”字。

1988 年，因购买股票行为中有违反《反托拉斯法》行为，特朗普被处以 75 万美元的民事惩罚。

20 世纪 90 年代，一位商业分析师因预测泰姬陵赌场酒店将要倒闭而遭解雇。这位分析师指控特朗普在自己遭解雇一事中发挥了某种违法作用。这一诉讼最终在庭外以秘密方式得到处理。不用说，这也是最后使了钱才摆平的。

当一架直升机遭到空难，机上三名在特朗普赌场酒店工作的职员丧生。特朗普因此起诉直升机厂家，但此案最终被驳回。

一名赌博者在特朗普广场酒店豪赌时，要求身边的非洲裔和女性侍者离开。这种赤裸裸的“政治不正确”的要求立即使得那些非洲裔和女性侍者将酒店所有者特朗普送上法庭。尽管特朗普辩解说他根本不认识这个赌博者，但特朗普广场酒店最终被罚 20 万美元。

为帮助特朗普渡过难关，特朗普的父亲弗雷德曾购买 340 万美元的赌筹。此举虽解了特朗普的燃眉之急，却违反了相关法规。特朗普城堡酒店为此付出 3 万美元罚款。

也是在 20 世纪 90 年代，特朗普与合作伙伴杰伊·普里茨克翻脸，起诉他违法收取费用。因为此事再继续闹大双方脸上都无光，最终私了。

特朗普在大西洋城大修赌场酒店时，一个名为维拉·库金的家庭旅馆主人因建设赌场酒店所遭到的损失起诉特朗普，后来放弃起诉特朗普，转而起诉相关承包商。在另一起因地产受到侵害而对特朗普及其他开发商的控告中，维拉·库金胜诉。

20 世纪 90 年代，特朗普与大西洋城赌场竞争对手史蒂芬·韦恩因建设新赌场的计划发生冲突，两人发生了长时间的法律纠纷。这一纠纷后来得到解决。

进入 21 世纪以来，特朗普仍然官司不断。

特朗普曾因游说政府官员以拒绝竞争对手提出的新建赌场计划而遭到起诉，最终被罚款 25 万美元。

特朗普的一家公司因财务报表混乱遭到美国证券交易委员会起诉，特朗普的律师称，造成犯罪事实的人早已被解雇，而特朗普本人并不了解此事。

自 20 世纪 90 年代开始，特朗普就因控制纽约帝国大厦一事与利昂娜·赫尔姆斯利发生讼争。特朗普最终于 2002 年将他在帝国大厦的股份卖给了赫尔姆斯利的竞争对手。

1999 年，特朗普建立了特朗普模特管理公司，在纽约市运作。特朗普模特管理公司会集了全世界近 250 名模特在时装业工作。这一公司对于新入行模特格外有吸引力。2014 年，曾在这家公司担任模特的阿莱西亚·帕尔莫对公司主席科瑞尼·尼古拉斯及其他高管提起诉讼，控告其敲诈勒索、不履行合同、邮件欺骗和违反移民工资法。此事没有直接与特朗普有关，但毕竟是公司内部的一件麻烦事。

21 世纪初，特朗普对原来的商业合作伙伴理查德·菲尔兹提起诉讼，原因据说是菲尔兹到处说他自己仍为特朗普提供咨询。菲尔兹据此反诉特朗普。一场争斗之后，此案被驳回。

佛罗里达州棕榈滩城状告特朗普在其棕榈滩小湖俱乐部建设一个高达 24 米的美国国旗旗杆。特朗普不服进行反诉。最终特朗普被判处向当地老兵慈善机构捐出 10 万美元，棕榈滩城也同意特朗普加入当地社交俱乐部，并允许特朗普在其产业草坪上建一个低一些的、约 21 米高的旗杆。

当特朗普在加利福尼亚州小城兰乔帕洛斯维达斯处的一块地皮上扩建豪华住宅建设时，因为那是一块极易引起塌方的地段，小城政府不予同意。特朗普为此起诉小城政府。最终小城政府答应可以再扩建 20 余套豪宅。

特朗普对曾经使用过的莫里森·科恩律师事务所提起诉讼，原因是这一律师事务所使用特朗普的名字在其网站上建立新闻链接，并收取高额费用。法院判决链接为合法，但律师事务所须将相关收费分出一半交给特朗普。

“特朗普”这一名字的冠名早已成为商品，很多有着“特朗普”冠名的房地产其实并不是特朗普实施建筑，也因此引发多起相关诉讼。2006 年，特朗普与墨西哥达贾特朗普海洋度假村开发商就冠名等事发生诉讼，特朗普最终以未透露数目的资金私了此案。

2010 年，特朗普集团与位于佛罗里达州劳德代尔堡的酒店和住房项目签约，但房地产泡沫的到来使得特朗普毁约。当这一项目违约后，开发商对特朗普进行了起诉。特朗普本用自己与这一项目无关进行开脱，但在法庭上出示的证据上，恰恰表明正是特朗普本人参加了这一项目的广告宣传活动。

特朗普本人曾为在芝加哥建设的特朗普国际酒店大厦担保发放 6.4 亿美元贷款。但当德意志银行拒绝兑现这一贷款时，特朗普起诉这家银行破坏这一项目并毁坏他的名声。这家银行最终同意将贷款期限再延长五年。

特朗普在跨界经营活动中，曾涉入美国小姐比赛。原宾夕法尼亚州小姐希娜·蒙宁称 2012 年美国小姐比赛有幕后操纵行为。对此，特朗普对这位小姐予以起诉。联邦法官最终裁决蒙宁须付给特朗普 500 万美元。

谁也不能“侵扰”特朗普的正常生活。佛罗里达州棕榈滩县试图要求美国航空管理局将一条航线改为直航。结果这条航线需飞经特朗普在棕榈县住宅的上空，特朗普为此提出诉讼。

特朗普房地产的大生意做到了美国首都华盛顿。他要将宾夕法尼亚大街上的老的邮政大楼改造为特朗普大酒店。杰弗里·扎卡瑞恩和乔·安德里斯的两位厨师对此交易很不感冒，称这个项目一钱不值。特朗普为此对这两位厨师提起诉讼。

特朗普在纽约奥西宁小镇有一个高尔夫球场。小镇在一份材料中对这一高尔夫球场进行了财产估值。特朗普认为这一财产估值不当，进而对小镇提出诉讼。与此同时，奥西宁小镇起诉特朗普在改造下水设备时毁坏了当地图书馆、公共游泳池和公园设施。

2015 年 6 月，当特朗普在位于纽约第五大道的特朗普大厦内宣布参加竞选美国总统时，有五个人要进来参加这一活动，大厦保安人员不让其进入，并动手打了其中一人。这五人就此对特朗普提起诉讼。

在特朗普公司餐厅工作的工人德博拉·加西亚声称特朗普非法扣留了给员工的小费，但特朗普集团高管却要求她转而起诉一个作为第三方的承包商雇主。

随着特朗普将生意做到世界各地，各类官司也随之而来。

经过了在欧洲各地五年的巡访之后，特朗普于 2006 年在苏格兰阿伯丁购买了一处地产，准备在那里建造一个世界一流的高尔夫球场。

特朗普之所以最终将地址选择在苏格兰，还有一个众所周知的原因：他的母亲来自苏格兰。

特朗普的建设计划极为宏大，除高尔夫球场本身外，还将建设一个高尔夫学院，一栋含 950 个房间的公寓楼、500 栋联排别墅、一家有着 450 个房间的酒店、36 座独立式别墅以及可供 450 名员工住宿的宿舍。

在一份厚达 5 英尺（约合 1.5 米）的评估报告中，特朗普宣称这一建设全面考虑了工程对当地环境的影响，还说工程将为当地带来 6 320 个短期工作机会和 1 440 个长期就业岗位。

然而，当地不少百姓对这一建设计划相当反感，认为这一建设破坏了当地一块具有特别科学研究价值的地产。

苏格兰地方政府决定在阿伯丁湾处建设一个风力发电场。特朗普认为这一发电场位于高尔夫球场视野之内，因而影响了高尔夫球场的品质。于是，特朗普于 2015 年 6 月就此提起诉讼。2015 年 12 月，特朗普诉苏格兰一案被英国最高法院五名法官驳回，不予受理。

巨额债务将他抛入谷底

在经历了进军曼哈顿和大西洋城的辉煌之后，特朗普于 20 世纪 90 年代初惨遭逆境。

商海是一个大海。大海的诱人之处在于风光无限。你可以在海中尽情享受俯仰搏击的快乐，游得越远、潜得越深，你便可以享受常人难以想象的愉悦，见到在岸边眺望者永远无法体验到的绚丽。

大海也是有脾气的。不知适时进退的人便有被怒涛吞没的风险。

特朗普知道商海的深浅。但回过头来看，在进军大西洋城前，他其实还没有真正领教商海的凶险。

在《做生意的艺术》一书中，特朗普告诫世人：投资须谨慎；在任何情况下都不要个人担保公司的银行贷款。因为如果有限公司负债破产，债务是有限的，清算的只限于公司财产而不会影响个人资产。但是如果个人担保公司的贷款，那么个人资产也在贷款方的债务清算之内。

特朗普还说，不管外界条件多么诱人，一定要相信自己内心的声音；人应该坚持做自己有把握的事情；有时候，不投资就是最好的投资；你可以拥有宏伟的目标，但是你得把实现它的金额控制在合理范围内。

商海是令人身不由己的。在海中畅游的特朗普恰恰做出了许多与自己“知道”的道理相反的事情。例如，曾经告诉别人“在任何情况下都不要个人担保公司的银行贷款”的特朗普还是以个人名义担保了许多银行贷款。

特朗普栽就在栽在一个“债”字上面。

大企业的资金流应该是一条血流畅通的大动脉，进而支撑起整个企业健康运行的肌体。任何一处发生梗阻都有可能危及整个肌体的健康。鉴于大企业资金流的借贷与偿还环环相扣，时时流通，任何一处的不畅都会产生多米诺骨牌式的负面连锁反应。

在接连完成君悦大酒店、特朗普大厦、沃尔曼溜冰场等几桩漂亮买卖后，特朗普除挥师南下进军大西洋城外，还迅速扩展业务范围，摊子铺得越来越大，涉及领域越来越多。为支撑这个越来越为庞大的摊子，特朗普向几十家银行伸手贷款。那条资金流的脆弱性也更加变得经不起任何重大打击。

平时看着好好的人，却病来如山倒。

特朗普在大西洋城赌场酒店的破产已经撕开了一个令特朗普集团资金流发生梗阻的口子。20 世纪 90 年代初，美国房地产业不景气导致物业资产迅速缩水，进而导致租金收入明显减少。入不敷出矛盾陡然激化，特朗普集团每年仅利息负担就多达 2 亿多美元。

特朗普再也扛不住了。

在很短的时间内，特朗普个人资产从 17 亿美元变为负债 9 个亿。整个公司负债额达数十亿美元。

眼见得那根资金大动脉处处发生梗阻，一笔又一笔银行债务催得人心惊肉跳，平时对银行说起话来颐指气使的特朗普这次不得不放下身段，主动开了一个债权银行代表会议。在这个会上，特朗普直白告之，自己已深处无能为力的财务困境之中，迫切需要 6 500 万美元资金救助。

特朗普集团不是一个上市公司，其财务状况并非那么通透。特朗普此言令与会者大吃一惊。

这些银行家们也清楚，特朗普之所以敢于亮家底，也有着自己的盘算。如果银行此时不伸出援手，任凭特朗普宣布破产，各银行失去的将不仅仅是每年的利息，可能连本钱也拿不回来。

帮也得帮，不帮也得帮，帮助特朗普就是帮助银行自己。

最终，特朗普与各家银行谈成条件：银行为他筹资 6 500 万美元；五年内各家银行均不得单独向特朗普索还贷款；所有贷款利益和本金的偿还都延期至五年之后。

得到喘息机会的特朗普还不忘调侃一下银行家们，“当初我就说，那些根本就不是好的投资项目，你们实在不应该把钱贷给我，让我承担了这么沉重的高额利息。”

祸不单行，这是在理儿的事。

当特朗普被巨额债务弄得焦头烂额之际，特朗普与妻子伊万娜的婚姻亮起“红灯”。

伊万娜的祖籍国是原来的捷克斯洛伐克（1993 年捷克与斯洛伐克分离为两个国家）。伊万娜在家中是独女，父亲是一名电力工程师，也是一位优秀的运动员。还在伊万娜很小的时候，父亲就教她滑冰，小女孩 6 岁时便在溜冰场上获奖。1972 年，出落成美女的伊万娜作为捷克斯洛伐克国家代表队的替补队员参加了在日本札幌举行的冬奥会。1973 年，伊万娜从布拉格查理斯大学毕业后来到加拿大讲法语的城市蒙特利尔，在那里，这位东欧美女很快成为最为出众的模特之一。

如果说以前都是逢场作戏，特朗普见到伊万娜时的感觉真如触电一般。他俩见的第一面是在加拿大蒙特利尔夏季奥运会时。交往了十个月后，特朗普于 1977 年 4 月与伊万娜成婚，两人育有三个子女。

伊万娜不是一个花瓶。她是一位能干的女性。除了照顾她与特朗普的三个孩子外，伊万娜渐渐介入特朗普的房地产管理工作。

在纽约中央车站旁边的君悦大酒店建成后，特朗普对酒店的初期管理很不放心，就常派遣伊万娜前往监督管理。伊万娜也像个老板娘一样事无巨细，什么都管，结果引起君悦大酒店经理不满，将状告到其所属的凯悦酒店集团高管。有一次，负责凯悦连锁酒店的主管打电话给特朗普，婉转地说，“唐纳德，你不能再这样下去了。君悦酒店的经理快受不了了。您的妻子经常过来，一会儿这样，一会儿那样，大厅角落的灰尘她要管，门口保安制服是否干净她也要说。酒店经理又不是一个擅长与美女打交道的人，但酒店毕竟是他管的事，他手下有 1 500 名员工。我们应该按酒店规章办事。您妻子再这样干政我们就没法干了……”

事后，伊万娜依然故我，凯悦集团因此换了一位东欧籍的酒店经理，以便与伊万娜“和平相处”。

特朗普在大西洋城建立赌场酒店后，也派伊万娜前往负责特朗普城堡赌场酒店的管理工作，那里有约 4 000 名员工。

伊万娜尽力做好那里的管理工作，但倾向于榨出更多油水的特朗普仍感未能如愿，夫妻二人言语间就有了摩擦。特朗普说，我们拥有大西洋城最好的赌场设施，理应成为最赚钱的一家。伊万娜反驳说，其实我们的赌场并不占优势，应再建更多的住宿套房，以便留住过夜的赌客。

在纽约房地产界，人们都知道特朗普有着一位如花似玉、能干得不得了的娇妻。他们两人携手共创家产的美满婚姻曾令多少人羡慕不已。

两人关系因故破裂。伊万娜是一位烈性女子。大吵一顿之后，特朗普同意离婚。为此，特朗普还得付给伊万娜 1 000 万美元现金和一套在康涅狄格州的豪宅，总共约 2 500 万美元。

那些曾被特朗普叫去开会的银行家们听到这个消息后又不干了。因为特朗普在负债累累的情形下能够掏出的 1 000 万美元现金正是银行给特朗普的临时贷款。

在很多人看来，特朗普付给伊万娜那 1 000 万美元现金实为雪上加霜，但特朗普却庆幸自己当年很精明地与伊万娜签了一张婚前协议。在那份协议中，双方同意万一分手，特朗普将付给伊万娜 1 000 万美元。

如果没有这份婚前协议呢？那后果简直不堪设想。经历过这次离婚的特朗普将订立婚前协议作为金科玉律写进多本著作之中。

特朗普说，婚前协议并不意味着对配偶的爱不能持久，也不意味着你怀疑对方的诚意，或怀疑两人之间的关系是否稳固。婚前协议的意义在于，你认识到生活，特别是涉及爱情和生意的那部分生活可能非常复杂。人们有权保护自己的资产。如果你一边做生意，一边又面临棘手的离婚问题，而你又没有婚前协议的话，你的疏忽可能危及整个企业和雇员的生计。为了把伊万娜的律师们带到法庭上去，我们不得不动用了一辆大轿车，特朗普说，那确实是一场灾难。但幸运的是，我有完备的婚前协议，它帮了我的大忙。

特朗普还讲了一个作为教训的例子。他的一位朋友有过四次婚姻失败。又遇见一位新人时，特朗普曾建议朋友先签一份婚前协议。但朋友说，“唐纳德，我太爱她了，我根本不需要婚前协议。”

结果呢，当这一段婚姻再次结束时，女方在法庭上狮子大张口地打财产官司。那位朋友的生活从此就如在地狱中一样，财产大幅缩水，生意顿时大受影响，整个人也变得像“受了惊吓的小狗一样”。

逆境中最可识人

商场失意的特朗普似乎在情场上很得意。与伊万娜离婚后，他一点儿也不耽误地同玛拉·梅普尔斯结为夫妻。有一天，特朗普与梅普尔斯在纽约第五大道散步，途中遇一乞丐。走过去之后，特朗普有些伤感地对梅尔普斯说，“那个乞丐都比我富有！”梅尔普斯大惑不解，特朗普说：“他虽身无分文，但我却负债9亿美元！”

遇到这种境地，神经不足以坚强的人跳楼跳河的不少。特朗普不一样。他没有那般脆弱。

但较之当初意气风发、不可一世的劲头，特朗普还是低调了许多。特朗普忽然有了一来电话就有点哆嗦，特别怕见人的感觉。

但他需要求人，需要低声下气，需要喘过这口气的时间。

有一天，特朗普正在办公室里工作，助手进来低声提醒说，今晚有一个银行家的会议需要参加。

银行家！此时他最不愿见到的就是银行家！

这是一个半正式的晚宴，此前特朗普经常参加。晚宴地点在纽约著名的华尔道夫饭店，届时将有约2 000名银行人士到场。

当秘书提醒他有这么个会议时，特朗普本能的反应便是“我不想去！”他说，“如果满屋子的家伙都想把你生吞活剥。这样的晚宴有谁愿意参加呢？况且，我所有的债主都会到场。”

那天晚上，纽约是一个又湿又冷的阴雨之夜。特朗普不想坐自己的豪华专车前往。因为对于一个欠着几十亿债务的人来说，坐着一辆豪车出现在债主面前，实在说不过去。再说，在办公室坐了一天的他也挺累了。百般犹豫之中，特朗普先是回到了自己的家。

回家之后，特朗普仍然如坐针毡。他转念一想，为何不去呢?！于是，他穿上燕尾礼服，尽量神情镇定地前往与会。孰料一路上打不着出租车，雨夜之中，特朗普走了十条街，才赶到会场。

进入会场后，特朗普尽量神态自若地与人交流。坐在左手的那位银行家尚算友好，但右边这位一直绷着脸不理特朗普。经过差不多半个小时的“套磁”以后，那位银行家终于自报家门，原来他就是正在“追杀”特朗普的债主。

在这两千多人的宴会上，特朗普偏偏坐在了他的身边！

特朗普的镇定使他仍然坐在那里，并努力找些话题与这位债主交流。这位债主显然对于女人的话题有嗜好，于是也很好色的特朗普就与他聊女人。大约一小时后，两人间的气氛明显和缓。宴会结束时，债主竟说，“你知道，唐纳德，你不是个坏家伙。怎么样，到我办公室来谈笔交易吧。”

在生意发达时，特朗普自视为“王者”，他是不肯轻易到别人的办公室去的。然而现在不同，他不得不屈尊同意。到了债主的办公室后，这位债主果然放了特朗普一马，使特朗普还债的压力有所缓解。

特朗普再一次以积极的心态顽强地挣扎出了困境。

经此一事，特朗普对于加里·普莱尔的名言“工作越勤奋，我就变得越幸运”有了更为深切的认同。如果那天晚上特朗普由着性子待在家中，放松放松，看看电视，而不是硬着头皮直面那场可怕的宴会，他就不会谈成一个难以置信的交易，也难以将极为被动的局势扭转过来。

从此，特朗普对积极的心态独有心得。

他说，我喜欢坐飞机，因为它能使我很快地到达目的地。同样，如果你的心态有正确的高度，你也能很快到达你的目的地。如果你拥有积极的心态，那你就会热情高涨，对未来充满信心。有了这样的心态，企业在商战中的竞争就成功了一半。

特朗普自认为是不折不扣的乐观主义者。他说，很长时间以来，我总是尽快地把消极念头从脑海中赶出去，以此来提高自己的工作效率。我全力以赴追求卓越，以至于消极的想法一出现，我就全力消灭它。

特朗普认为，消极的心态源于恐惧，而恐惧则使人丧失勇气。恰如一些非常优秀的高尔夫球选手，他们能够将球沿着球道正中打出很远，但当球离洞只有极近的距离时，却因为恐惧无法将球送入洞内。

消极情绪通常来自自信心不足。特朗普说，因此，培养自信心便十分重要。摆脱消极情绪的一个有效办法是，想想自己是多么幸运。与此同时，再想想自己还在渴望和追求什么。对于可能发生的任何事情，你必须面对。是的，我强调“必须”，特朗普说，如果你总是夹住你自己的翅膀，你怎么可能实现飞翔的梦想呢?!

对于一个懂生活的人来说，什么样的人生都是足可回味的经历。就在特朗普最为困难之时，那些对他说过一句好话，做过一点好事的人成为他一生难忘的插曲。

当特朗普债务缠身之时，各银行虽允许他暂缓支付部分贷款利息，但特朗普名下的房地产需暂由银行团监管，直到他有能力还债。有报道称，按照美国破产委员会的规定，特朗普在最困难之时的午餐都不得超过 10 美元。

诸多传言可能会有水分，但特朗普那时真的很惨。

为了偿还债务，特朗普进行了公司裁员、大幅降低成本等多项举措。生活方式不得不变得简朴许多，还卖掉了特朗普航空公司和 282 英尺长（约 86 米）的豪华游艇“特朗普公主”号。

通过卖出特朗普泰姬陵赌场酒店和特朗普广场等资产，特朗普 9 亿美元个人债务和 35 亿美元公司债务压力得到很大舒缓。

至 20 世纪 90 年代末期，特朗普的经济状况好转起来。特朗普的父亲于 1999 年去世，他将财产平分给了子女，特朗普得到了 2. 5 亿至 3 亿美元的遗产。这又使特朗普有了更多的回旋余地。恰如一条被巨浪抛到岸边的涸辙之鲋，突遇一场倾盆大雨，外加不断涌来的波涛将它逐渐冲回水中，它慢慢缓过气来了。

经历过在低谷中艰难跋涉的特朗普更加能够体味高处不胜寒。这也因此成为他人生中重要一课。在《高处不胜寒》《幸存的艺术》《东山再起的艺术》等著作中，特朗普记述了这刻骨铭心的一课。

特朗普因此学到了很多。

特朗普因此知道挫折要么毁了你，要么成就你更为强大。他也因此更加敬佩那些能够从逆境中走出并崛起强大的人。他说，通过20世纪90年代初的逆境，他更加了解自己，也因此在重新崛起后做得更好，变得更加坚强。

特朗普说，通过观察一个人应对逆境的方式，可以发现这个人身上许多东西。他看到许多貌似坚强的人都未能抵御逆境的压力。这其实是一个如何看待挫折或挑战的问题：如果一个人承认失败，那就真的会被击倒，他真的失败了。但如果你承认情况很糟，但决心重整旗鼓，决心干到底，那胜算机会就在前方。是的，糟糕的事情一旦发生，确实会令人连电话都不敢接，连人都不愿见，但一个人永远不应该让这种消极情绪摧毁信心。

特朗普说，我曾经经历最糟糕的处境，但当一切都过去之时，结果恰如柳暗花明。我当时并不知道事情最终会好起来，但在内心深处，我坚信没有迈不过去的坎。

在特朗普的成功学中，“专注”成为关键词。他认为自己的挫折在于未能坚持专注，在势头强劲之时分散了注意力，懈怠下来，结果厄运不请自来。他的东山再起在于能够继续专注于工作，专注于策划新的交易方案和房地产项目。

重要的事情还在于心态。特朗普说，重点是你如何看待事物，如何看待处境。如果你感觉所有希望都没有了，那结果就真的是什么都没有了。如果你无论遇到什么糟心的事，只是将其视为前进道路中的暂时障碍，重要的是你要埋头于自己的工作，专注起来，那么一切都会好起来的。

特朗普想到了西西弗式的努力。

我们都会经历难关，这就是生活。特朗普深深地感到时间老人的神奇。时间能够治愈一切。他说，简单的事情谁都会做。只有难事才能见人之高下。我的生意难度很大。我有时感到自己就像希腊神话中的西西弗一样被罚着推着巨石上山，但那巨石会在半山坡时重新滚回山下，于是又开始新一轮的推石上山。顽强的西西弗又会重新不屈不挠地推石上山。

有了 20 世纪 90 年代初的这份经历，特朗普又多了一份更加厚重的人生财富，他也因此毫不吝惜地与人分享。

当时光进入 21 世纪初时，在一个名为北美商业论坛的活动上，有人站起向特朗普发问：

“我的一个朋友说，聪明的人从他人的错误中吸取教训，更聪明的人从他人身上学到东西。我在这里是想从你身上学到东西。”

特朗普答道：“两者你都要学。你会犯错误，每个人都会犯错误。即使我把最成功的人士带到这里，他们也会说自己犯过严重错误。面对错误，关键是不要让它把你击倒。我有一个朋友，他有 25 年时间都非常成功。他买了一个又一个小公司，一共买了 412 家，然后他将全部家当投入一笔买卖，比他的公司还要大，而这笔买卖很不容易做，他上了华尔街的当，公司垮了。”

特朗普说，“因此，你想从自己的错误中吸取教训，同时你也想从他人的错误中吸取教训。不管你有多棒，总会犯错误。我认识纽约每个聪明非凡的商场杀手，我认识纽约每个交易商，他们或是朋友或为敌人，但我都认识他们。他们每个人做过的糟糕交易我都说得上来。你得从他们身上学到东西。”

又有人更为直白地问道：

“你在自己生意上最后悔的事情是什么？”

特朗普笑了笑说：

“有时我会为做了一个交易而感到一点点遗憾，但我不后悔。你必须从错误中学到东西，因为我们都会犯错误。我可以举出世界上最棒的交易商的例子，他们都做过糟糕的交易。他们的交易大多数很成功，但也有很烂的。做了糟糕的交易，关键是不能让它击垮你。不应该让这个交易毁掉你，这是关键所在。我做过一些糟糕的交易，但我从中学到了东西，它们也从未将我击垮。不利于你的事情很可能发生，最后也往往确实发生了。这时你就会领略到负面思考所蕴藏的智慧能量。”

吃一堑，长一智；失败是成功之母。

道理就这么简单。

关键在于行胜于言。道理谁都知道，临到头来，又有多少人能够真正践行?!

“通过观察一个人应对逆境的方式，可以发现这个人身上许多东西。”特朗普说。

通过观察特朗普应对逆境的方式，人们也可以发现特朗普身上许多东西。

第八章
品牌之拼，一家子都拼

在首都华盛顿精华中的精华地段，立起了“特朗普”的围栏；对品牌之执着可谓登峰造极；特朗普成为金钱、权力和奢侈的代名词；连离婚也有助于打响特朗普品牌；无形资产值多少，到底有多富，其实说不清楚；“女人是伟大的激励导师”；进入好的婚姻就像谈一笔重要的交易；婚礼上的贵客：希拉里·克林顿；让孩子认识每一块钱的价值；这家里的富二代挺懂事

美国首都华盛顿。宾夕法尼亚大街。

不知多少次，我从这条大街上走过。

这是一条目睹过多少历史风云的大街！每一次走过这里，都令人浮想联翩。

1791 年，美国独立战争期间的主要领导人之一、《独立宣言》的主要起草人、美国第一任国务卿、第二任副总统和第三任总统托马斯·杰斐逊在一封信中第一次提及“宾夕法尼亚大街”这个名字。首任总统乔治·华盛顿和

托马斯·杰斐逊都认为这条大街将是新首都重要景观。这条大街之所以名为“宾夕法尼亚”，是为了纪念美国首都从宾夕法尼亚州的费城迁至新首都哥伦比亚特区。

托马斯·杰斐逊连任总统后，曾计划在就职仪式后沿宾夕法尼亚大街搞一个游行庆祝活动，但因实在过于忙乱，因此临时取消了这个计划。

但从此以后，历任美国总统的就职仪式结束后，都有一个沿着宾夕法尼亚大街的游行庆祝活动。唯一的例外是在 1985 年，连任成功的罗纳德·里根本想仍在就职仪式后举行庆祝游行活动，无奈那天天气太冷，且有危险的大风，因而取消了游行。

2008 年和 2012 年，奥巴马在就职仪式活动结束后，他的车队沿着宾夕法尼亚大街回到白宫。途中，奥巴马还与夫人米歇尔走下专车，两人牵手在宾夕法尼亚大街上走了好长一段路，与沿途的观众挥手致意。

1865 年，美国内战结束后，欢快的波托马克军沿宾夕法尼亚大街进行了游行庆祝。仅数周之后，林肯就遇刺身亡。送葬的队伍再一次走上了宾夕法尼亚大街。

从威廉·亨利·哈里森到杰拉德·福特，八位在任总统中的七位去世后，送葬的队伍也是从宾夕法尼亚大街经过，只有富兰克林·罗斯福是一例外。

宾夕法尼亚大街也是美国公众传统的示威游行必经之处。19 世纪 90 年代，雅各布·考克赛就是在这里带领着 500 余名支持者游行到国会大厦，要求为失业者提供联邦政府救助。号称民主的美国曾在很长时间内不给妇女平等的投票权。1913 年，当伍德罗·威尔逊宣誓就职之前，由艾利斯·保罗发起的为妇女争得投票权的示威游行也是在这里举行。1981 年，威廉·托马斯在这里发动了美国历史上时间最长的白宫反核和平守夜示威活动。托马斯于 2009 年去世后，人称“康妮”的康塞普赛昂·皮奇奥托继续在这里安营扎寨，坚持抗议活动。白宫的地址是宾夕法尼亚大街 1600 号。康妮自称住在

“宾夕法尼亚大街1601号”。作为一直以来“居住”在5位美国总统近旁的“邻居”，康妮此举使她获得了“美国历史上政治抗议最长时间者”“反核奶奶”“示威钉子户”等称谓。2016年1月25日，80岁高龄的康妮在位于华盛顿的女性无家可归者收容所辞世。

自2003年以来，我曾多次在白宫旁与康妮交谈。身材瘦小的她在饱经风吹雨打后面色变得紫红、粗糙，口中牙齿几近脱落，头上戴着假发。她的身边有一个分门别类、覆盖各个语种的资料箱。“你来自中国吗?”在得到了肯定答复后，她举起了用中文写有“世界和平”的标语牌。她说，她为自己的行动牺牲了许多，经受了许多磨难，但这一切都是值得的。

2011年，“占领华尔街”运动蔓延到华盛顿后，示威者发动了“占领华盛顿”活动，“占领”地点之一便是宾夕法尼亚大街上的自由广场，示威者要求将大企业的金钱影响赶出美国政治，要求政府停止战争、削减军费、在民生方面投入更多资源。

特朗普进军华盛顿

宾夕法尼亚大街从东到西全长几十千米，但最为精华的一段便是从白宫到美国国会大厦之间的2千米。1965年9月30日，这一段及其两旁的地区被列为宾夕法尼亚大街国家历史区。除了白宫和国会大厦外，这一段周边还有美国海军纪念碑、新闻博物馆等建筑。距自由广场不远处的威拉德酒店也是充满历史轶闻。林肯就职前就住在这家酒店，酒店至今保留着林肯为住宿所支付费用的收据。马丁·路德·金那篇著名的《我有一个梦想》演说稿的一部分也是在威拉德酒店内完成。

宾夕法尼亚大街还有一处著名建筑，那就是位于宾夕法尼亚大街西北1100号的老邮局大厦。

位于白宫与国会大厦之间的老邮局大厦建于1899年。登上大厦顶层可西望国会大厦，东眺白宫，并鸟瞰整个华盛顿。这个地段可说是华盛顿精华地段中的精华。

就在这个老邮局大厦的周围，我突然发现有一日围起了一排护栏。护栏上蓝底白字极为醒目地写着“特朗普”！

特朗普进军华盛顿！这是一个什么样的信号？

特朗普又做了一桩大买卖：他要将老邮局大厦改造成为华盛顿特朗普国际大饭店。豪华酒店有263套客房、多个世界一流水准的餐馆、豪华会议设施、图书馆、博物馆、室内和室外花园。

被改造成为特朗普国际大饭店的华盛顿老邮局大厦

资料来源：http：//www. hcareers. com/seeker/employer-profiles/trump-international-hotel-washington-dc，2016年7月14日登录。

这个工程自2014年下半年开始，2016年10月26日正式开业。这个工程仍然有着特朗普式“工程经济学”的特点：在他的严格监督下，这一工程的完成时间比预计工期提前两年。

这种效率在美国确实少见。同样是在华盛顿，为了修一条从市内到杜勒斯国际机场的银线地铁，建建停停，停停建建，从我自 2009 年 5 月到华盛顿任职，到 2015 年 11 月离开，这条地铁仍未全部完成。

仅从这一点上看，特朗普也确实有过人之处。

令人印象深刻的还有那个蓝底白字的“特朗普”品牌。简洁、醒目、有着强烈的冲击力！

品牌，让全世界都知道特朗普

观其既往，特朗普对品牌之执着可谓登峰造极。

特朗普品牌始自“特朗普大厦”的冠名。

当特朗普大厦快要完工之时，特朗普还没有想好给它起个什么名字。他对朋友说，他有意将新大厦定名为“蒂芙尼大厦”，因为它旁边就是著名的蒂芙尼店。在当时，蒂芙尼的名气确实比特朗普大得多。

当自己还不那么有名时，特朗普想用别人的品牌显示自己的牛气。正如人世间有一些人甚至不惜与名人骂架以提高自身知名度一样，很有些“拉大旗，做虎皮”的味道。

朋友反问道，你为什么不用你自己的名字而用别人的名字呢？

特朗普此时如醍醐灌顶。当即决定将新楼命名为“特朗普大厦”。

“这本是一件小事，”特朗普说，“一件小得不能再小的事情，但随着我的名字广为人知，这就成了一件很大的事情。”

这便是“特朗普”品牌的发端。

这一发便不可收拾。如今，从特朗普泰姬陵赌场供顾客装钱币的塑胶小桶到远在天涯海角的房地产项目，特朗普的品牌满世界都是。

信手拈来，特朗普的品牌便令人眼花缭乱：

特朗普财政（抵押贷款公司）；

特朗普销售与出租（住宅销售）；

特朗普国际不动产（住宅及商用不动产经纪人公司）；

特朗普企业家倡议（原名为特朗普大学）；

特朗普自助餐（位于纽约特朗普大厦内）；

特朗普承办酒席公司；

特朗普酒吧（位于纽约特朗普大厦内）；

特朗普旧式冰激凌（位于纽约特朗普大厦内）；

网上特朗普（网上旅行搜索引擎）；

特朗普专选（系列咖啡产品）；

特朗普饮料（专为以色列和巴勒斯坦市场提供的能量饮料）；

唐纳德·特朗普签名系列收藏（系列男士服装、男士饰品及手表）；

唐纳德·特朗普香水（2004）；

唐纳德·特朗普之成功（特朗普集团和五星香水集团于2012年3月推出的第二款香水）；

特朗普瓶装冰水；

特朗普杂志；

特朗普伏特加；

特朗普高尔夫；

特朗普巧克力；

特朗普家居家具；

特朗普电视；

特朗普学院；

特朗普游戏（1989年为名牌游戏，2005年再次发行与《学徒》真人秀节目绑定版）；

唐纳德·特朗普不动产巨头（一种商业模拟游戏）；

特朗普图书；

特朗普管理模式；

特朗普网络（专营维生素等各类保健品、化妆品、尿分析产品推销）；

特朗普牛排屋；

特朗普牛排；

…………

除了自己经营的房地产外，不少房地产也以特朗普冠名，而特朗普集团则坐收冠名费。

这类冠名近年来出了些麻烦。在佛罗里达州的两处以特朗普名字命名的房地产项目已要求取消回赎抵押品权利。在土耳其的伊斯坦布尔，有一座名为特朗普伊斯坦布尔大厦的建筑，但实际拥有者为土耳其人，还是走的花钱用特朗普名字的路子。2015 年 12 月，当特朗普在竞选中声称将阻止穆斯林进入美国后，土耳其开始寻求法律途径与特朗普的名字脱钩。

特朗普还将他女婿杰拉德·库什纳在泽西城 50 层高的大厦以自己的名字注册命名。

自 20 世纪 80 年代以来，特朗普的经营范围逐渐扩展至多个领域。他在累积财富的过程里，只要有可能，他便将自己的姓名冠在每一个投资项目上。

此外，特朗普每次为纽约成人教育学校“附加教育”课程授课一小时，收费 150 万美元。他为 ACN 公司授课三次获利 135 万美元，平均每讲一次得到 45 万美元报酬。

成名后的特朗普终于实现了在影视业涉足的愿望。特朗普两次获得艾美奖提名。他在《孤独在家 2：失落在纽约》《纳尼》《新鲜王子》《我们的生活》《性与城市》《华尔街：金钱永不眠》《小流氓》等有关他的电视连续剧和电影中自演“特朗普”这一角色。特朗普是许多喜剧、漫画、网上讽刺文章的描写对象，他还有自己的广播脱口秀节目，名称便是“特朗普了”。特朗普还是银幕演员协会会员，每年收到11万美元的养老金。

特朗普是世界摔跤娱乐业的粉丝，他与世界摔跤娱乐公司老板文斯·麦克马洪是朋友。他在特朗普广场举办过两届摔跤大赛，积极参加了多次与摔跤有关的大型活动。

1991年，特朗普曾在大西洋城特朗普泰姬陵赌场举办了世界摔跤冠军赛。

特朗普曾与麦克马洪玩过一场“谁输谁剃秃子”的“亿万富翁”比赛。比赛规则为，特朗普站在曾两次获得世界重量级摔跤赛冠军的鲍比·拉什雷一边，麦克马洪站在鲍比·拉什雷的对手、出身于美籍萨摩亚摔跤世家的乌马加一边，著名裁判斯通·奥斯汀则为特邀裁判。比赛结果为拉什雷赢得这场比赛，特朗普和拉什雷一起将麦克马洪当场剃成了秃子。

2013年，因为特朗普对摔跤娱乐业的贡献，特朗普进入位于纽约宾夕法尼亚大街4号的麦迪逊广场花园的世界摔跤名人堂。

品牌是打出来、拼出来、骂出来的

如今，特朗普这个品牌不可谓不知名。至于何以成为知名品牌，特朗普认为这是一个积少成多的过程。

特朗普说，特朗普集团之所以成为一个知名品牌，是因为从特朗普大厦开始的一个不断提升企业知名度的过程。特朗普总是通过自己的名字和地标性建筑给企业做广告。无论活动的规模有多大，也无论是何种形式，均全力以赴，不遗余力。当特朗普大厦开业时，大楼的每一处都透露出奢侈的味道，这座大厦于是成为奢侈的象征。最终，特朗普成为金钱、权力和奢侈的代名词。

特朗普认为，自己的言行也会影响企业的品牌。因此在进行宣传时一定要仔细、谨慎。对于特朗普这个品牌而言，决定成败的小事就是满足人们对更好生活的渴望，即拥有名誉、权力和明星般的地位。特朗普集团通过建筑和印有特朗普名字的产品给人们提供明星般的生活体验。不要看每件小事，积累起来便是大事。

对于特朗普而言，做大事当然很好，但大事是由无数细节构成。实际上，世界上没有所谓小事，每一件事情都有它的作用和影响，尤其是在打造企业品牌的时候。

品牌当然具有价值。那么，特朗普这个品牌到底值多少钱呢？这件事还真有点说不清楚。

特朗普非常痛恨别人低估自己的资产。他认为自己的冠名具有极高的品牌价值。特朗普自我估值的无形资产约为 30 亿美元。他两次起诉《纽约时报》记者蒂莫西·奥布赖恩，就因为奥布赖恩在其书中称特朗普其实只有 1.5 亿到 2.5 亿美元资产。不过，特朗普的两次起诉均被法院驳回。

为了这件事，特朗普也跟《福布斯》杂志有过争执。

《福布斯》是美国颇有声望的财经杂志。2011 年，《福布斯》杂志的财政专家估计特朗普品牌价值约 2 亿美元。特朗普对此说法立即表示持有异议，称他的品牌值 30 亿美元。《福布斯》杂志认为，许多开发商在他们的项目上冠以特朗普的品牌，但特朗普并不拥有这些产业。据《福布斯》杂志报道，特朗普集团中最具价值的资产约 5.62 亿美元，实际上是由特朗普的子女在经营。《福布斯》说，特朗普集团有 33 处正在开发的项目，其中包括七处公寓式酒店。

2015 年 6 月，《福布斯》进一步认定特朗普品牌价值只有 1.25 亿美元，因为当特朗普宣布参选美国总统之后，梅西百货和塞塔床垫公司已经开始将特朗普品牌的产品下架，梅西百货公司说，这样做的原因是特朗普发表了关于墨西哥移民的言论，这使得梅西百货公司非常失望和忧虑。

特朗普一直以亿万富翁自居，但也一直有舆论认为特朗普并非如他自己所说的那样富有。

2016 年，美国有经济学家评论说，从 1985 年至 2016 年的情形来看，考虑到同期纽约交易市场和房地产市场的表现，特朗普的商业表现很平庸。但任何对于特朗普的分析都很困难，因为关于特朗普的商业信息很缺乏。他并没有管理一个公开排名的公司。他早期的成功与他父亲分不开。自 1985 年开始，特朗普才独自出现在排名榜上，而不是与其父同时出现。

根据美联社计算，如果 1988 年特朗普声称自己拥有 2 亿美元是真的，他那时如果停止经营把钱投向标普 500 指数基金，那么现在他的资产将增长到 130 亿美元，即使扣除交税和其他费用，也至少有 113 亿美元。也就是说即使特朗普自称的资产价值是真的，其公司财富增长速度也比大盘差。

人一出名从来就有双刃剑的效应。针对有关特朗普品牌及财富沸沸扬扬的议论，2015 年 7 月，特朗普竞选主管发布数字，说明特朗普的收入为 3.62 亿美元，这不包括股息、利息、资本收益、租金和版税等。据《财富》杂志，特朗普竞选团队所宣称的 3.62 亿美元实则不是“收入”，而是工资、未偿付债务利息支付及其他与生意有关开支前的净收益，特朗普真正的“收入”“非常有可能”是他所宣称的三分之一。据公开纪录显示，2013 年及此前的近两年，特朗普收到了纽约税务部门 302 美元的退款，这种退款是针对交了联邦税务报表、年收入在 50 万美元以下的夫妇。特朗普的竞选主管称，这一税务退款是一错误。特朗普没有公开他的联邦税务报表，他之所以没有这样做是因为美国税务部门正在审计过程中。

于是，特朗普的税收问题又成为人们议论的话题。与其他总统候选人不一样，特朗普从来没有公开报税情况，因而人们无从了解他的真正收入情况。

2016 年 1 月，特朗普在接受采访时说，“我交纳很少的税，越少越好。税很少。”同时，他说他自己正在准备相关文件，将很快宣布一份长长的报税表。

特朗普不断自称拥有超过 100 亿美元的资产。然而《福布斯》富豪榜认为特朗普身家约为 45 亿美元，全球排名 324 位。

调查特朗普资产的机构也纷纷提出了不同的数据。财富研究公司 Wealth-X 称是 44 亿美元，彭博亿万富翁指数说是 29 亿美元。特朗普对这些数据嗤之以鼻，说他的资产“比这值钱多了”。

特朗普在接受美国有线电视网采访时说，他的“资产数额不断涨落，不仅仅随着市场涨落，而且随着心情涨落，包括我自己的心情。”

特朗普说，他对政府对自己严查的怀疑出于宗教原因，因为他是一个“虔诚的基督徒”。由于他正处于与美国税务当局就过去数年中纳税情况进行谈判和交涉过程中，他不会公布近年来报税情况，也不会公布审计结果，因为这些情况会与税务当局的相关工作造成麻烦。

三段婚姻多样情

强推着特朗普品牌不断知名的动力不仅仅来自特朗普本人，还来自特朗普家族。

特朗普集团总部就位于特朗普大厦内。在特朗普集团的高层管理架构中，除了位于塔尖位置的特朗普本人外，特朗普的三个孩子都担任着执行副总裁。他们是特朗普的大儿子小唐纳德 · 特朗普，大女儿伊万卡和二儿子埃里克 · 特朗普。

特朗普有八个孙辈，五个是儿子小唐纳德夫妻所生，三个是女儿伊万卡所生。

特朗普这三个孩子的妈妈就是特朗普的第一位妻子伊万娜。

特朗普有三段婚姻，前两个已经离婚。关于离婚事，特朗普也有自己的见解。他说，虽然离婚本身不算什么好事，但这也能提高我的知名度。

伊万娜来自原捷克斯洛伐克，于 1988 年成为美国公民。

特朗普与伊万娜于 1977 年 4 月 7 日在曼哈顿马布尔科利奇特教堂举办婚礼。举办婚礼之时伊万娜已经怀孕。他们的大儿子小唐纳德出生于 1977 年 12 月 31 日，女儿伊万卡出生于 1981 年 10 月 30 日，二儿子埃里克出生于 1984 年 1 月 6 日。

在与特朗普共同生活的这段时间里，颇为强势的伊万娜将越来越多的精力放在为特朗普品牌增光添彩的所谓事业上，结果不经意间令自己的婚姻小船说翻就翻。

Trump Family Photo Album

From young mogul to father of five, Donald Trump helped build an empire. See the Trump family through the years.

2 OF 10

In 1977, Donald married Ivana, a former Olympic skier

特朗普、伊万娜和他们的三个孩子

资料来源：http：//www.oprah.com/oprahshow/Trump-Family-Photos/1，2016 年 7 月 14 日登录。

伊万娜于1991年与特朗普离婚。2015年，伊万娜在提及往事时，还称特朗普仍是她的“好朋友”。

1993年12月，特朗普与梅尔普斯在纽约广场酒店举行极为豪华的婚礼，在上千名嘉宾中，有不少像喜剧演员、电视明星罗丝·奥登尼尔，著名橄榄球队球员、因惹上一身官司而更为人知的辛普森这样的名流。

玛拉·梅尔普斯1963年10月27日出生于佐治亚州，母亲曾是一名模特，父亲是一名房地产开发商。梅尔普斯是一名演员和电视明星。特朗普与梅尔普斯也是未婚先孕。他们的女儿蒂芙尼于1993年10月13日出生。

在与特朗普共同生活了六年之后，玛拉决定与特朗普离婚。

在回顾何以与特朗普难以维持这段婚姻时，玛拉说，她将主要精力放在女儿身上，而没有将特朗普放在第一位。

1997年5月，特朗普与玛拉宣布分居，1999年6月，两人正式离婚。

玛拉之后，一位名为梅拉尼亚的女子走进特朗普的生活。

2015年6月，当特朗普宣布自己将竞选美国总统时，站在他身边的女人便是梅拉尼亚。

在谈及梅拉尼亚时，特朗普曾有过这样的言论：

“不管你信不信，我骨子里是个很浪漫的人。如果我的生活中没有一点爱情，我就会失去追求卓越的动力。这是我喜欢女人的一个原因。她们是伟大的激励导师。这一点，我相信任何说真话的男人都不会反对。对爱情的追求激发人力争最好，不断吸纳和进取。它应该是一个出发的基点，你由此做了许多生命中的重要决定。

所以当谈到平衡工作和爱情时，我并不是一个信奉者。两者之间应该没有平衡。爱情只应该促使你更卖力地工作。对我来说，工作就跟呼吸一样重要，它是我自动就会做的事情。我有着与生俱来的职业道德，它永远不会减弱、消失。同理，我对女人的爱，尤其是对梅拉尼亚的爱，也是天生的，是我的工作。

对工作和爱情的渴求，融合起来造就出成功人士。在我眼里，两者都值得全力以赴，它们是相辅相成的，永远不会给对方造成障碍。我把自己的所有全部给予两者。这种付出，从长远看是值得的。”

1998 年，特朗普开始与出生于斯洛文尼亚的梅拉尼亚·瑙斯约会。他们于 2004 年 4 月订婚，2005 年 1 月 22 日在佛罗里达州棕榈滩岛成婚，随后在棕榈滩小湖俱乐部举行了盛大招待会。

梅拉尼亚于 2006 年成为美国公民。2006 年 3 月，他们的儿子巴伦·威廉·特朗普诞生。特朗普此前在做生意或其他一些事情时，常用约翰·巴伦或巴伦作为假名。

梅拉尼亚 1970 年 4 月 26 日出生在原南斯拉夫（现斯洛文尼亚）东南部的塞夫尼察。她于 2001 年成为美国永久居民，于 2006 年成为美国公民。

她的父亲名为维克托·瑙斯，是一家国营汽车制造企业的车行经理，曾是斯洛文尼亚共产党党员，老家是距塞夫尼察不远的拉登齐镇。她的母亲阿姆丽加来自拉卡村，是塞夫尼察一家童装厂的服装设计师。梅拉尼亚在老家有一个名为伊内丝的姐姐和一个从未谋面的异母同父的哥哥。

梅拉尼亚在塞夫尼察一幢简朴的公寓房中长大。当她十几岁时，全家搬到了塞夫尼察一幢两层小楼房中。她在 16 岁时开始当模特，17 岁时为一位名叫斯塔恩·杰科的时尚摄影师做模特。18 岁时，她签约为意大利米兰的模特公司做模特。1992 年，她在卢布尔雅那举办“年度面孔”时装秀中名列前茅。这一比赛的规则，获得前三名的模特可以签约国际模特公司。

梅拉尼亚在斯洛文尼亚首都卢布尔雅那设计高中学习设计，后在卢布尔雅那大学学习建筑，但在读了一年之后就辍学。随后便在米兰、巴黎等地做模特，后于 1996 年来到纽约。她与意大利商人帕洛·赞波利签约，后者为她提供签证。她曾与赫尔玛特·牛顿、帕特里克·迪马锡里尔和马里奥·特斯蒂诺等摄影师合作模特工作。

她的模特照片多次出现在保加利亚、意大利、美国、英国等国家时尚杂志的封面。2000 年，她曾为《体育泳装》杂志做过比基尼模特。作为一名模特，她还为伊拉尼玛瑞管理集团工作，特朗普模特管理公司成立后，她自然成为台柱。

年轻时的历练使得梅拉尼亚可以讲斯洛文尼亚语、英语、法语、德语和塞尔维亚–克罗地亚语。

2000 年，梅拉尼亚就曾与特朗普一同出现在改革党总统候选人的竞选活动中。

梅拉尼亚参加过多项慈善活动。包括乳腺癌研究基金会举行的慈善活动。2005 年 4 月，她成为玛塔·格雷汉姆舞蹈公司的主席，也是警察体育联盟组织的活跃成员。这一组织于 2006 年授予她年度女性的称号。她连续五年成为纽约男孩俱乐部的名誉主席。美国红十字会将她聘为友好大使。2008 年，她在纳斯达克敲钟，以纪念第五个全国热爱儿童日和全国儿童防暴月的开始。

梅拉尼亚于 1996 年来到纽约。1998 年 9 月，她在纽约市时装周活动中与特朗普相识。那时特朗普与梅尔普斯已经分居，但尚未正式离婚。那天，特朗普与一名叫作塞利娜·米德尔法特的女伴前往参加这一活动。与特朗普初次见面后，梅拉尼亚曾拒绝给特朗普她的电话号码。

梅拉尼亚与特朗普保持联系一段时间后曾主动断绝来往，但几个月后又重新与特朗普保持联系。尽管她在此之后搬入了特朗普大厦，并开始通过索斯比店购买家具，但她在与特朗普结婚前一直保留着一套自己的公寓。

1999 年，特朗普在接受美国著名广播节目主持人霍华德·斯特恩采访时，谈及了他与梅拉尼亚的关系，两人之间的关系因此受到广泛关注。在特朗普主持真人秀节目《学徒》之后，特朗普更是经常拿他们之间的这一关系说事。2005 年，特朗普在其中一期节目中说，他与梅拉尼亚之间“可以说从来没有发生过争论，忘掉‘打架’这个词吧，我们就是那么合得来，我们特别融洽。”

特朗普在论及这一段新的婚姻时说，“进入好的婚姻就像谈一笔重要的交易：你必须想到所有的因素，深思熟虑力求周全。如果你正把自己和财产的大部分投入到一项投资中，不用说，你肯定会事先考虑好长一段时间。这就是我看待婚姻的观点。它很严肃，也很重要。走进婚姻，就与敲定任何一项重要交易一样，容不得半点疏忽。事实上，把我结婚次数与我做过的交易次数比起来，我得说，我对婚姻还是相当小心的。你也应该这样。”

特朗普说，我现在有点上年纪了，当然也更聪明了。跟梅拉尼亚结婚是个重要决定，但一点都不出人意料。到目前为止，我们已经相处了好几年，相处得很融洽，互相慰藉的地方是肯定有的，而且我们在一起还有许多乐趣。喜欢某个人的陪伴，是通往正确婚姻的关键一步。即使这显而易见，我还是看到一些人草率结婚，又轻易离婚，只因为不喜欢对方的陪伴。

特朗普坚信“男人背后的女人”或“女人背后的男人”这种概念。他说，我已经跟梅拉尼亚相处了五年，这是我生命中最好的五年，不仅仅是个人生活上的，还是生意上的——我成为纽约最大、最好的开发商；我的节目《学徒》脱颖而出高居榜首，还获“艾美奖”提名；我的书成为当年最畅销的财经书；我的《每天 90 秒》广播超过 300 家电台成为广播史上推出的最大的新节目。所以，我觉得在这疯狂的瞩目时期，我最好是与“站在我身后，也站在我前面的女人”梅拉亚尼结婚，而且尽快。

自称自己很浪漫的特朗普在与梅拉尼亚结婚前不忘记签订一份婚前协议。他说，“这听起来很可怕，毫无浪漫可言，对你爱的人很难启齿，但考虑到大笔金钱和财产，这又必不可少。你永远无法真正理解爱，但你知道，当爱已成往事，针对财产上演的是无比激烈的争斗。这经常发生，除非你签订了婚前协议。”

特朗普对梅拉尼亚说，“你非常漂亮，我非常爱你，我们会拥有最美满的婚姻。但听我说，只是为了防止万一婚姻出现问题，在这里签下你的名字吧。老实说，这并非好事，也不是最浪漫的做法。婚前协议是一个可怕的工具，但你的的确确需要这么做。”

特朗普与梅拉尼亚于2004年订婚后，于2005年1月22日举行了一场极其奢华、盛大的婚礼。

参加婚礼的贵宾中有在美国三大电视广播公司都做过主持人的凯蒂·库里克，全国广播公司《今日》栏目著名主持人麦特，纽约前市长朱利亚尼，德国名模、在媒体、企业跨界经营的海蒂·库鲁姆，在美国媒体、时装跨界经营的斯塔·琼斯，著名歌手迪迪，著名女记者芭芭拉·沃尔特斯，篮球明星奥尼尔，报业大王康拉德·布赖克，美国媒体元老级名人拉吉斯·菲尔宾，英国房地产、媒体跨界明星西蒙·库韦尔，美国影视明星凯利·里帕。

在所有贵宾中，最为引人注目的便是当时的纽约州联邦参议员希拉里·克林顿和前总统克林顿。

克林顿夫妇在特朗普婚礼上

资料来源：http：//www. msn. com/en-us/video/news/clinton-on-attending-trumps－2005－wedding/vi-BBsra2B，2016年7月14日登录。

在婚礼上，梅拉尼亚身着迪奥公司生产、价值20万美元的婚纱装。50磅重的蛋糕上有着3 000朵玫瑰花。

新婚后的特朗普夫妇曾接受美国有线电视新闻网人物访谈栏目著名主持人拉里·金的采访。

拉里·金是美国最负盛名的人物访谈主持人之一。从1985年《拉里·金现场》节目开播到他于2010年底离职，拉里·金采访过自从尼克松政府开始的绝大多数美国总统及第一夫人。

能够接受拉里·金的专访，这本身便是对于特朗普品牌的极大促销。

从这个采访片段中，可以从一个侧面了解特朗普夫妇对新一段婚姻的看法：

拉里·金：你们是怎么认识的？

梅拉尼亚：1998年9月，我们在纽约时装周上认识的。

拉里·金：你对她是一见钟情吗？

特朗普：我简直疯了。当时我是准备与另外一位超级模特见面的。有人说，那名模特也不过如此嘛。我就说，坐在她左边的人是谁？然后那人告诉我，她叫梅拉尼亚。

拉里·金：你对他也是一见钟情吗？

梅拉尼亚：这是很奇妙的化学和精神作用。我们开始聊天，相处得很好，共度了一个美好的夜晚。

拉里·金：你们约会很长时间了，是谁先提出要结婚的？

特朗普：我们在一起有五年时间了。从来没有吵过架，我们相处融洽。于是我说，你知道吗？是时候结婚了。

拉里·金：结婚后感到有什么不一样吗？

梅拉尼亚：没有什么不一样。但有时候会突然叫对方老公、老婆什么的，是开开玩笑。

拉里·金：他是个控制欲很强的人吗？

梅拉尼亚：我不这样认为。他是个完美主义者。

拉里·金：他发号施令吗？

梅拉尼亚：我可不这样认为。也许他在工作中发号施令，因为他需要这样做。他像将军一样，他需要协调各种人，但这不会在家中发生。我们的关系十分平等，这十分重要。嫁给一个像唐纳德这样的男人，你需要清楚自己的身份，你必须十分坚强和聪明。他也会知道他有时候会依赖我。

拉里·金：可以拥有一切是怎样的一种感觉？我的意思是，当你走在第五大道上，看着橱窗里的商品，你知道如果你愿意的话就可以买下来。那是一种什么样的感觉？

梅拉尼亚：我不是一个挥金如土的人，当我真的喜欢某样东西的时候才会买。

特朗普：她从来不会利用自己的这种优势。坦白说，有很多女人会这样，但她不是。她不会在第五大道或麦迪逊大道上看到一件漂亮的东西，然后对我说，我要它，请给我买下来。她不是那种女人。

梅拉尼亚：你知道，我凭自己的工作也赚了不少钱。所以，我知道钱是怎么来的，钱意味着什么。

拉里·金：你想做妈妈吗！

梅拉尼亚：想啊，我们想组建一个家庭，想拥有一个小孩。

拉里·金：你有多少个孩子了？

特朗普：四个，每个都非常漂亮乖巧。

拉里·金：你渴望再当父亲吗？

特朗普：那是一件很美妙的事情。我认为，没有什么事情能和拥有美满的婚姻和孩子相比。如果你有钱，拥有孩子是件很棒的事情。我不会换尿布，我不会做饭，我甚至没有时间看望孩子，但我知道梅拉尼亚会是一个好妈妈。我也将会是一个好爸爸。

2006 年，梅拉尼亚生下小巴伦后，特朗普就在特朗普大厦内为小巴伦一人占了一层楼。但他经常睡在特朗普夫妇的房间内的一个童床上。小巴伦经常与特朗普一起打高尔夫球。

除了斯洛文尼亚语外，巴伦还能讲一些法语。巴伦喜欢穿西装，打领带，梅拉尼亚开玩笑地说，巴伦就是一个“小号唐纳德”。

梅拉尼亚经常与特朗普一起出现在各种社交场合。美国电视名记芭芭拉·沃尔特斯说，她对梅拉尼亚的聪敏留有深刻印象。“她或许太漂亮了，本来我们没有料到她会如此聪明。”

2015 年，当梅拉尼亚被问及她如何看待特朗普竞选美国总统时，梅拉尼亚说：“我鼓励他，因为我知道他要做什么，他能够为美国做什么。他热爱美国人民，他想要帮助他们。”当《纽约时报》问她，如果特朗普成为总统，她将起什么作用？梅拉尼亚说：“我将会非常传统，就像贝蒂·福特或杰基·肯尼迪那样。我会支持他。”

2009 年 2 月，在回顾自己这三段婚姻时，特朗普在接受美国广播公司《晚间时间线》节目采访时说，由于他热爱工作，他的两位前妻都无法适应他这种只工作不顾家的作风。

富二代的严教育

特朗普与姐姐玛丽安娜一直保持着良好的关系。作为家中的大姐，玛丽安娜从来没有和特朗普吵过架。她回忆说，从孩提时代起，她就知道别跟那个“孩子王”特朗普竞争，因为她不可能赢他。当特朗普名气越来越大，直到最后宣布竞选美国总统的时候，有人问玛丽安娜，她如何看待因为特朗普宣布竞选所引发的巨大争议，玛丽安娜说，做自己，不要改变，特朗普表现得很好，她十分支持弟弟。

较之与姐姐一家的关系，特朗普与哥哥小弗雷德一家的关系却麻烦得多。

特朗普的父亲在世时，通过自己名下的一个公司为全家提供免费医疗。特朗普的父亲弗雷德于1999年过世。特朗普的哥哥小弗雷德先于父亲去世。在父亲去世后，小弗雷德的儿子弗雷德三世生了一个儿子，但有严重的疾病。特朗普便通过父亲原来的公司向弗雷德三世提供医疗费用。特朗普此举反而引起家中一场官司。弗雷德三世起诉特朗普利用老弗雷德痴呆之时，对老弗雷德的遗嘱发挥了“非法的影响”，以至于老弗雷德实际上未能将遗产平分给三个子女，换言之，就是在这份遗产中，特朗普拿了大头，而小弗雷德和特朗普的姐姐玛丽拿了小头。特朗普称，发生这样的事情是因为老弗雷德不喜欢小弗雷德的妻子。这场官司一闹，特朗普干脆不给弗雷德三世付医疗费了。但法庭最后裁决，特朗普仍须继续交付这笔医疗费。

特朗普最引以为自豪的是这三段婚姻中所带给他的五个子女。除年纪尚小的蒂芙尼和巴伦外，特朗普第一位妻子所生的三个孩子都已进入特朗普集团担任执行副总裁。小唐纳德负责管理物业组合；伊万卡管理家族宾馆；埃里克管理高尔夫产业。

美国多豪门，豪门多丑闻。特朗普的孩子们能做到现在这个样子，确有值得自豪之处。

富有与家庭破碎相加绝不等于幸福。这对特朗普的孩子而言也是如此。

特朗普与伊万娜婚姻的破裂给三个孩子不可避免地带来了心理伤害。当时已经12岁的小唐纳德对家庭破裂所带来的心理压力感受格外真切。每天上学时，他听到的都是因父母离婚、父亲的绯闻、生意破产带来的取笑、讥讽和羞辱。觉得特别委屈的小唐纳德将这一切都归咎于父亲。他有一年时间没有与特朗普说话。

伊万娜获得了小唐纳德、伊万卡和埃里克的抚养权。她尽其可能让孩子们远离因她离婚所带来的阴影。她首先将孩子们带到佛罗里达州的棕榈滩躲一躲媒体的追击。后又分别将孩子们送到了治学严谨、纪律严格的贵族式私人寄宿学校。

学校放假的时候，伊万娜便将小唐纳德送回捷克老家，小唐纳德因此与外祖父关系很密切。在捷克首都布拉格以西的一个小镇上，他与外祖父一起钓鱼、划船、打猎，度过了美好时光，外祖父也因此在某种程度上替代了特朗普作为父亲的作用。小唐纳德对这一段生活的说法是："我的父亲是一个非常努力工作的人，事业是他生命中最重要的事情。对于那时一个渴望父爱的孩子来说，是外祖父让我得到了一定的心灵满足。"

经历了家庭破碎的痛苦后，小唐纳德、伊万卡和埃里克对父亲的男女之事曾产生强烈的反感。伊万卡说，他们兄妹三人从来没有与特朗普的第二任妻子玛拉说过话，最多与同父异母的妹妹蒂芙尼偶有接触。但他们很接受梅拉尼亚，觉得与她交往起来心理障碍更少些。

伊万卡曾极为反感父亲的绯闻，但长大之后，她在这些事情上的态度变得更为宽容。对于父亲经常与年轻女子的约会，她甚至表示不介意，还打趣说："只要他约会的女孩比我弟弟大就可以了。不过他现在有些紧张了，因为我弟弟已经22岁了，这意味着爸爸可以挑选的范围越来越小。"

伊万卡在谈及父母的婚变时说："当你无法改变一样东西的时候，你必须学会接受它。爸爸养育了我们，为我们带来财富，同时也试图让我们围绕在他的周围。"

对于富家子女来说，成长的道路上没有沾染恶习就是一件很难做到的事情。特朗普的孩子们没有明显恶习，这不能不说与特朗普的严教有关。

因为有着爷爷和哥哥的教训，特朗普不酗酒，也不抽烟。当伊万卡被问及为什么不参加吸毒品的迷幻聚会时，她回答说，"我认为没有得到父母允许的事情，就最好不要参加。原因就这么简单。"小唐纳德说，"这对于我们家的孩子来说，不属于自己可以选择的事情。”

在学业上，特朗普的孩子们同样紧紧跟随着父亲的足迹。小唐纳德和伊万卡都像父亲一样毕业于宾夕法尼亚大学沃顿商学院。埃里克则毕业于位于首都华盛顿的名校乔治城大学。

在教育孩子的问题上，特朗普自有一套心得。

特朗普认为一定要让孩子们知道每一块钱的价值。他说：“从我身上，我的孩子知道了金钱的价值。他们亲眼看到我辛勤工作。我不跟他们讲这些，因为没有必要。他们有眼睛，自己能看得见。

他们看到了我生活的方式。我走出办公室时总要关灯。无论买一座楼，还是在一个商场买日用品，买到物美价廉的东西时我总会非常高兴。

我不会忘记对我的父母给我树立的榜样。我看到了他们的决心和节制。他们无须对我唠唠叨叨地训诫，因为我总是努力效法他们。

我父母知道钱来之不易，也知道应该珍惜自己挣来的财富。从这一点上说，他们非常节俭。他们生活得很好，但是很简朴，花钱也从不向人炫耀。我们很少在外面吃饭，过豪华假期的次数也屈指可数。

他们重视上学和教育。我们有和谐稳定的家庭，我记得我一直为此感到非常幸运。家里的每个成员都认为，自己不仅要为整个家庭做贡献，也要为社会做贡献。这就是特朗普家族的价值观。这一观念在我心中根深蒂固，而且我一直在为实现这个目标而奋斗不已。

像我一样，我的子女也过着富足的生活。但是，在很多方面，他们一点也没有被宠坏，这确实令人惊奇。他们有自己的收支计划，从不超支，使用信用卡也很有节制。他们拥有信用卡，更多的是为了应付紧急情况，而不是出于其他原因。在他们的成长过程中，我的两个儿子都靠在暑期整理草坪、修剪树木、搬运石头和做园艺做零工挣零花钱。伊万卡上了美国芭蕾学校，这就更加需要严格的自我约束和训练。

在钱的问题上，现在的大学生比他们的父辈更加精明。他们看上去对自己的钱很认真，这是一个好的迹象。因为你越早明白钱的价值，你就越有可能拥有大笔的钱。

如果孩子们看到你挥霍无度，他们就会认为自己也可以随便花钱。孩子们在观察，这是他们学习的途径。你优先考虑的事情也会成为他们今后优先考虑的事情。每个家庭都可能出现一两个难以预测的孩子，但是总的来说，孩子们是从观察中学习的，这一点已经过证实。

如果你赌博，并总渴望去拉斯维加斯，孩子们就很可能认为赌博是一件好事情，并且学着你的样子去赌博，如果你带着孩子们去卡内基音乐厅时激动不已，他们就会有同样的感觉。孩子们天生就喜欢取悦于人，所以，仔细想一想你表现出来的价值观。孩子们迟早会形成自己特有的品位，然而，最早呈现在他们面前的东西极为重要。

在我的孩子成长的过程中，我花了很多时间和他们在一起，因为我们住在一起。我们之间的关系非常亲近。我同女儿蒂芙尼在一起的时间就相对少一些，因为她在加利福尼亚州，和她母亲住在一起。但我尽可能让她们和我们一起旅行，一起参加各种活动。

她们知道，我欢迎她们加入到家族的产业中来。小唐纳德 2001 年 9 月开始在特朗普集团全职工作。在最近一次芭芭拉·沃尔特斯对我们的采访中，小唐纳德说，‘特朗普家族的人是建造者。’我希望伊万卡、埃里克、蒂芙尼也会考虑加入我们的行列，不过这完全要由他们自己做主。

我的标准很高，我孩子的标准也不低。他们不是游手好闲之徒。相反，他们热爱工作。而且从各个角度来看，他们都干得相当出色。有时，我的确觉得自己很幸运。

不教会孩子们如何使用钱，就像对他们吃不吃饭都置若罔闻一样。如果他们在没有任何财务知识的情况下步入社会，他们的日子肯定会艰难一些。所以一定要让他们了解你对钱的看法，你如何打理开支、如何存钱、怎样投资。

让他们明白，有钱不一定意味着贪婪。这是生存的一个重要因素。买第一套房子就是很好的一课：他们一下子就了解了抵押的知识。尽可能用知识来装备他们的理财头脑，给他们订一份《金钱》或其他个人理财的杂志，鼓励他们把零花钱存起来。

如果他们不从你那里学会理财，那又从哪里学呢？”

任何一位成功人士的经历中，都有着教育所发挥的重要作用。小到一个家庭，大到一个国家，对教育重要性的强调怎么也不过分。

特朗普对此有一个深切体会，那就是作为父母，应为子女的教育进行储蓄。

他说：“为子女进行教育储蓄的最佳时期，如果不是更早的话，就是在他出生的那一天。好的教育绝不廉价，你必须保证你的孩子跟世界上其他人一样享有平等的机会。现在就进行教育储蓄吧。

如果你正为自己的教育付费，那就设法寻求得到助学金和奖学金。教育高收费滋长了形形色色的助学金和奖学金，除了拿到之外，你在学校期间，可能还需要找点别的赚钱门路。不要抱怨半工半读很辛苦。从长远看，它对你只有好处：不仅缓解了经济压力，还塑造了性格。毕业时，你会有‘良好教育’和‘工作经验’的双重武装。

此外，尽早考虑从事何种职业能让你获利丰厚并给予相应规划，这是非常聪明的做法。需要体力的职业，如当运动员等风险很高，跟当医生和律师相比职业的生命也太短。你还应鼓励子女或本人真实面对自己喜欢的东西。人们常常忽略了自己的才华，选择了不适合的职业，这只能导致失败。所以，应该鼓励人们追寻自己的梦想，但也要让他们知道：把大量时间和金钱花在不可能实现的白日梦上，只能是浪费。”

如今，特朗普这一家子都在为特朗普这个品牌打拼。特朗普说，“我不需要告诉我的孩子们应该如何努力工作，他们都有眼睛看到我是怎么干的。”

迄今为止，同特朗普一样在商海中拼搏的孩子们努力工作，少有负面新闻，以至于特朗普自己都感叹道：“他们非常厉害和聪明。我毫不怀疑他们将把特朗普的品牌传播到全世界。”

第九章
“你被解雇了”

“你被解雇了”+特朗普=哈哈一乐；人越疯狂，收视率就会越高；张扬是特朗普的符号，真人秀的跨界主持为他搭建了利用现代媒体环境的平台，磨砺了“语不惊人死不休”的张扬手段，也成为日后在更为宽广的美国总统竞选活动舞台上四处出击的“撒手锏”；这是特朗普一生中极为高调、光环也随之极为五彩缤纷的一段时期；到了生命中的这个阶段，我拥有一个难得的条件，就是可以去做任何自己想做的事情；外面的世界无限大，我必须跟上它的步伐；与前总统克林顿夫妇曾经关系密切；当你发现，最好的敲门者是白人，最好的高尔夫球手是黑人，德国也不愿意卷入战争时，你就会明白，这世道变了；要勇于抓住一个新事物，它能带给你意想不到的机会；我还计划着继续做生意，做大的生意，一直做下去

“你被解雇了！”（You are fired！）听起来就有一股子不容置疑的霸气！

美国人有美式幽默。当今的美国人待到酒足饭饱大摆龙门阵之时，只要一提及“你被解雇了”，接下来便是一阵会心的哄笑。

没有一个人多说一句话，但每个人心目中都立即联想到那位唐纳德·特朗普先生。

“你被解雇了”+特朗普=哈哈一乐。

职场上最不愿意听到的一句话就这样被特朗普式娱乐化了。

所有这一切都可以追溯到1989年的那一天。

一位名叫马克·伯内特的年轻人刚从英国移民美国不久。这时他正在洛杉矶附近的维尼斯海滩卖T恤衫。

“你想成为大生意人吗？”一位陌生人对他说。那人是一名律师，他将手中一本《做生意的艺术》递给伯内特。

百无聊赖之中，伯内特狼吞虎咽般将《做生意的艺术》读完，也因此知道了特朗普其人。

数年过去，伯内特已成为美国真人秀电视节目制片人，参与了收视率较高的真人秀节目《幸存者》的制作。

2003年的一天，哥伦比亚广播公司娱乐公司主管莱斯·穆恩韦斯找到特朗普，告诉他《幸存者》的大结局地点选在纽约中央公园的沃尔曼溜冰场，准备在那里进行决赛现场直播。根据一项长期租赁合同，特朗普拥有这一溜冰场。穆恩韦斯请特朗普于当晚出席这一直播节目。

特朗普如约来到沃尔曼溜冰场时，对眼前的布景吃了一惊。原来的溜冰场一下子变成了充满异域情调的丛林。

正当特朗普四下里观看之时，一人走上前来，自我介绍说，他就是马克·伯内特。当特朗普得知眼前这位年轻人就是《幸存者》的主创之后肃然起敬。伯内特则不失时机讲述了当年在维尼斯海滩的轶事。

伯内特告诉特朗普，他想与特朗普合作一个节目。特朗普说，在短短几秒钟内，他就意识到自己对伯内特产生了积极的直观感受，和他一起工作特朗普会感到非常舒适，“说不清为什么，我就是知道这个人完全可靠，无论在人格上还是专业上。”

特朗普还需要与伯内特进行一番深入探讨。“每个人都想和我一起做节目，”特朗普说，“别的人想和我做一个真人秀，就是让一台摄像机跟着我拍，这行不通。在工作的时候，我可不能让摄像机一直拍着我，所以回绝了许多邀请。”

此后专程来到特朗普办公室的伯内特告诉他，这一次不一样。伯内特向特朗普介绍了一个名为《学徒》的真人秀节目设想。

伯内特说，这个真人秀是一个关于在纽约这个人类社会丛林中拼搏奋斗的系列节目。这是世界上最为艰险、也最为贴近生活的“丛林”竞争。在人与人的竞争中，人们为了向前移动一步，都需要付出高人一筹的努力和相当残酷的人与人斗。

节目具体构想是，有 16 名候选人在长达 13 周的职业面试中相互竞赛，电视台则做现场直播。优胜者将成为特朗普的学徒，也会在特朗普集团谋得一份一年的工作合同，薪水是六位数。如果表现更为出色，雇佣期将会更长。

这一节目吸引人们眼球之处在于，人们能够极为直观地看到，真实的生意圈是如何运转的，要想在这个领域生存和发展，需要具备怎样的条件。

特朗普闻后大喜。他说，“这很棒，因为实际上你不会追着拍我，而是要拍那些年轻人。我会出现在会议室里，大叫大喊，像个疯子，而且我越疯狂，收视率就会越高。”

“好的，我喜欢这个主意。”特朗普对伯内特说。

特朗普与伯内特握了握手。事情就这么定了。他们成了合伙人。

再一次跨界经营

这并不是特朗普第一次跨界经营。但特朗普的这一次跨界有着不同以往的深远含义。

张扬是特朗普的符号，真人秀的跨界主持为他搭建了利用现代媒体环境的平台，磨砺了“语不惊人死不休”的张扬手段，也成为日后在更为宽广的美国总统竞选活动舞台上四处出击的“撒手锏”。

特朗普很早就意识到了“不要把所有的鸡蛋放在一个篮子里”的道理。

特朗普做生意的一条原则就是多样化选择和多样化投资。他不会只寄希望于一笔交易或一种方法。初涉商海时，他就意识到应该做几手准备，因为很多生意初看起来很诱人，却多以失败告终。即使是已经接手的生意，他也常常准备好几套运行方案，因为最完美的计划也有出问题的可能，不得不防。

特朗普在费尽心力为特朗普大厦奔波之时，他就已经想好，如果建造特朗普大厦的申请最终失败，他也可以盖一座写字楼。如果没有办成大西洋城赌场酒店许可证，他也可以高价将赌场地皮卖给他们，他自己不会有太大损失。

在特朗普做生意的经历中，第一次大的跨界经营是在 1983 年买下新泽西将士队，进而涉入美国橄榄球运动投资。

对于一生中只想买到最好东西的特朗普而言，买下新泽西州这支球队又有点反向思维的味道。如果放在房地产界的话，就有点像放弃了第五大道的房产，而购买了纽约郊区贫穷的布朗克斯南部地区一块地皮。

这不是一支一流的球队。但特朗普买下这支球队至少是实现了自己能够拥有一支球队这一梦想。

有了这支球队后，特朗普继续发扬“不是好地段也要创造出好地段”的不信邪精神，开始了一番竞争与拼搏。

特朗普至少需与三方面势力进行竞争：新泽西将士队属美国橄榄球联盟，需与实力更为强大的国家橄榄球大联盟在争取更为有利的比赛和电视台转播时间等方面进行竞争；需与美国橄榄球联盟内部其他球队老板之间在如何形成共识方面进行竞争；就新泽西将士队本身而言，存在着如何引进一流球员、提高球队士气和档次的竞争。

折腾了半天的特朗普终于叹道：一环软弱，全链不强。年轻气盛的特朗普要在美国橄榄球联盟内出人头地，却遭到实力更强球队老板的不认可。与国家橄榄球大联盟之间的竞争最终闹到法庭上去，其结果是得到一个虽赢实输的判决结果：表面上，美国橄榄球联盟赢了官司，但被判触犯反垄断法的国家橄榄球大联盟只是象征性地被罚赔偿一美元损失费。新泽西将士队本身也没有摆脱三流球队的地位。

特朗普后来又在媒体娱乐等多业跨界经营。威廉·莫里斯事业是一家媒体文化业公司，旨在促进电影、电视、音乐、戏剧、数字化及出版业发展。为了分散投资，自 1996 年至 2015 年，特朗普卖掉了他在这家公司的股份，转手全部或部分拥有环球小姐、美国小姐和美国妙龄小姐选美比赛公司，并与全国广播公司合作取得了环球小姐、美国小姐和美国妙龄小姐三大赛事的主办权和播映权。环球小姐比赛是世界著名选美大赛之一，创办于 1952 年。

美国人有一句俗话说，美国女孩是住在你隔壁的那位，美国小姐是你希望住她隔壁的那位。特朗普说，“我喜欢美女，我又是个生意人，于是就有了进军选美业这个想法。这听起来是个好主意，事实也证明确实如此。我很早就发现，我是天生的审美专家，总是被美好的事物所吸引，不管是人，还是建筑。我的工作成就表明，一个人的兴趣和特长，就是他正确的发展目标。”

作为一名商人，特朗普很清楚选美比赛的商业价值。他说，很少有人清楚选美大赛在全球范围内吸引的大量观众和它们的国际影响。对承办人来说，它们带来的经济价值不可估量。所以，争取承办权是一场竞争激烈、非常严肃的商业活动。

特朗普充分利用选美活动为其品牌扩大影响。在美国小姐戴上桂冠、接受完鲜花与掌声之后，特朗普安排她飞往纽约有着特朗普冠名的大厦内作为其新家。在那里，她作为与特朗普合作的慈善机构形象大使出席各种活动。

在经历了20世纪90年代初的低潮之后，到了21世纪初，特朗普的多样化跨界经营进入高潮。

这是特朗普一生中极为高调、光环也随之极为五彩缤纷的一段时期。

特朗普说，“到了生命中的这个阶段，我拥有一个难得的条件，就是可以去做任何自己想做的事情。我决定接下高尔夫球场的工程，是因为我喜欢打高尔夫球，而且我想创造出一个壮丽无比的球场来打球。我并不是被迫去做这件事，而是我想做，对我来说，这就是一个重大的原因。结果表明，在修建高尔夫球场的过程中，我非常快乐，同时也获得了丰厚的利润。”

特朗普的一周

其实，特朗普一直都很高调。他在自己的第一本传记《做生意的艺术》中，第一章便是“做生意：生活中的一周”。在这一章中，他描述了自己从星期一上午9时至星期五下班期间满满当当的工作日程安排。在此后几本自传中，他又将此种写法作为成功之处延续下来。

在这种精确到分钟的描述中，我相信有着不少典型化处理的夸张成分，却仍不失为有助于从一个角度认识特朗普其人的精彩画面。

在特朗普高速运转的人生中，少不得身边的得力助手，其中一位便是他的助手诺玛·弗雷德尔女士。

特朗普这样形容诺玛："一个得力的助手能使你的整个生活变得轻松。至少对我而言，管理企业容易多了。诺玛跟我一起工作了几十年，如果你想知道我是一个多么了不起的人，就去问她好了。"

特朗普说，"与我共事，应对公务，每星期要处理几百个电话，这并不是件容易的事。但诺玛意志坚强，头脑灵敏，而且态度亲切，优雅迷人。她工作起来从不厌倦。如果你为我工作，她能教会你许多。"

2003 年，特朗普接手了《学徒》节目。这一年也成为他多彩一生中的生动缩影。

在 2004 年出版的《如何致富》一书中，特朗普描述了自己在 2003 年秋季一个具有代表性的一周：

星期一上午 9 点 30 分：诺玛进来告诉我，奥斯卡·德拉伦塔在等我接电话。于是，科斯塔斯和我约定，两个星期后再会面一次。我们的新一届环球小姐阿梅莉亚·韦加来自圣多明各。那里刚好是奥斯卡·德拉伦塔的出生地。他想见见她。我也没责怪他。她确实是个大美人，身高有 1 米 83。我们不光为她而骄傲，也为我们的环球小姐大赛举办得非常成功而自豪。几年前，我们收购了这项比赛节目，现在看来，此举极为成功。在电视收视率上，我们击败了所有类似的节目。而且，我们在国际上也受到广泛的关注。厄瓜多尔为了主办 2004 年的大赛，已经支出了几百万美元，我们期待着这一刻的到来。

上午 10 时 30 分：来自尼尔·卡武托工作组的电视小组已经做好准备，等待对我的采访了。我大致了解了一下相关情况，采访就开始了。有了几十年被采访的经历后，这对我来说是小菜一碟。尤其是与尼尔这样的人合作，就更加愉快了。在有线电视的商业节目中，他制作的节目收视率一直是最高的。

11 时 30 分：在采访过程中，我接了 17 个电话。现在我得逐一回复他们了。其间，还不断有新的电话打了进来。在生意场上磨炼了这些年之后，懂得区分轻重缓急已成为我的第二天性。这是每个日常工作日里你必须掌握的技巧之一。如果你希望取得成功，或者希望保持成功，这一点就是至关重要的。每个人都听说过“纽约分钟”这个如此珍惜时间的说法，但连这个说法已经过时，现在变成“纽约秒钟”了。此话绝非夸张。当你每天要对付几百个电话时，你就只能以秒为单位，来安排你的日程。如果一个人不得不陷入与人交谈中，他的工作状态就可能被打断一个小时之久。当我说工作状态极为关键时，指的就是这个道理。如果你已经掌握这一技巧，你就能理解它的重要性。当事情弄得一团糟时，你也能体会它的意义所在。

我接到马克·伯内特打来的电话。有个叫《幸存者》的真人秀节目，他就是节目的创意者和制片人。《学徒》节目就是他的主意。我们正忙于这个节目的细节工作。

中午 12 点 50 分：回到我的办公室后，我接到了休·格兰特打来的电话。在他和桑德拉·布洛克的电影《双周情人》中，有我一个简单的角色，演我自己。休是一个狂热的高尔夫球迷。无论何时，只要他在纽约，我在韦斯特切斯特的高尔夫球场就都由他来全权支配。他是一个很好的人，极具表演天赋。其实，他要是住在别的国家，我会很高兴。在这里，他泡在球场里的时间有点太长了。

星期二上午 8 点 30 分：我每天早晨进办公室之前，总要拿 5 至 7 种报纸来读。剪报是我喜爱做的一件事情。不管是不是关于我的文章，只要觉得不错，我就把它们剪下来并做分类。我每天还会收到 10 本至 12 本杂志。我会把它们带回寓所，在一天结束的时候浏览。如果你想成就一番宏图大业，那么，获得最新信息，关注国际局势就非常重要。是的，我不过是个纽约人。但是，外面的世界无限大，我必须跟上它的步伐。全球已经呈现出一体化的市场格局。如果看到了这一点，你就会发现有很多功课要做。这并非夸张，你会发现它十分必要。所以我要花费这 15 分钟时间，一边握着剪刀，一边在心中评说世界发展形势。管它叫任务也好，叫剪切粘贴时间也好，随便你怎么称呼。我总是聚精会神的做这件事，把它作为一天的开始。这事很有益处。

上午9时15分：我接到了阿尔方斯·施米特打来的电话。他是我十分尊敬的人。不仅因为他是打高尔夫球的高手和生意人，还因为他是一位不同寻常的人。认识他的人都这样说。我们将于周五在位于布赖尔克利夫马诺的特朗普国际高尔夫俱乐部会面。能跟阿尔方斯这样的人打一场高尔夫球，是我的荣幸。

克林顿总统也是这里的会员。他就住在附近，很喜欢这个球场。我们随时恭候他的光临。他正在努力成为一位优秀的高尔夫球手。考虑到他这些年的时间安排，能达到目前的水平已经很不错了。如果他能保持这种进步的速度，他将很快成为高手。

中午12时：我们在会议室吃午餐，吃的是从卡内基·德里订的三明治。吃过他们的火腿奶酪三明治或者牛肉松三明治吗？好吃极了。来纽约时，一定要尝一尝！

中午12时15分：我并非排斥社交。但对我来说，花15分钟吃午餐，时间未免太长了。于是我回到办公室，去查看刚才开会期间给我打来的电话，一共37个。这些都是经过两道筛选才传到我这里来的电话，首先是接待员会筛选一道，然后是我的助手再过滤一遍。我每天要接到从全世界各地打来的几百个电话。有的是说正经事，而有的只是想打一声招呼。由于电话的数量铺天盖地，我的保安部门也会帮我处理一些电话。但这37个电话可是完全有正当理由的，我必须亲自处理。所以我逐个给他们回电话。

中午12时45分：我回了鲁迪·朱利亚尼的电话。他曾是一位伟大的纽约市市长。他见证了纽约市发生“9·11”事件后所经历了一段困难时期。我很佩服他的能力。此外，我们也是朋友，一直保持联系。我会永远祝福他，还有他同样出色的妻子，朱迪。

下午1时：《国家地理》频道的电视摄制组来做采访。他们的工作很出色，我决定请他们到我的住所来做这次采访。通常我并不会这样做。之所以对他们如此，是因为他所做采访的态度很友好，而且我们配合得也很不错。在大多数情况下，我跟媒体人士相处得很好。我很尊敬他们，以及他们的工作。他们通常也很尊重我，并能理解我的时间有限。双方要相互理解才行。我们之间很少发生冲突。

下午 3 点：我步行到位于花园大街和 59 大道特朗普花园大街——我的新的超级豪华建筑。它所处的位置是纽约最好的地段。这是一座获奖的建筑。我几乎每天都要造访它，看看有什么新的进展。我到办公室找到了负责人，检查建筑情况。这个工程拖了太久，大厅的建设没有达到我要求的标准。他们受到了严厉的训斥。这是他们自作自受。以我的名字命名的东西，必须是最棒的。他们连这个都不明白吗？还有比这更简单的道理吗？

当我走在大街上被别人认出来的时候，他们的反应很有意思。有时是恍然大悟，有时是毫无反应，但大多数时候是挥挥手，并亲切而友善地叫一声，“嗨，唐纳德！”这常让我很吃惊，因为他们全都是陌生人。有一次，一场严重的交通堵塞把我困在车里。当时，《学徒》摄制组跟我在一起，这时我决定做一个试验。交通堵塞太严重了，十分钟只能移动一寸。我们的情绪已经坏到了极点。每个人都像出租车司机一样，把喇叭按得震天响。我钻出车外，就站在一团糟中。会有什么反应呢？刚开始，一片沉静。接着那些怒气冲冲的人就开始挥手喊着，“唐纳德！那是唐纳德！嗨，唐纳德！”我忍不住大笑。起码我们从讨厌的喇叭声中获得了几分钟的解脱。

下午 4 时 30 分：诺玛进来跟我说，她跟《学徒》节目摄制组吵了一架。他们穿得像街头要饭的。如果明天他们还是那副打扮，她就要把他们赶回旅馆，“换上得体的衣服”。我知道她是认真的。于是我向她解释，那些人是从加利福尼亚州来的。他们在电视台工作，跟办公室的白领不一样。

星期三上午 11 时：接到奥斯卡·德拉伦塔时装展的邀请，于是打电话给梅拉尼亚，我们商量后，决定出席。对于时装和时装表演，我从不厌烦。

对我来说，美丽的女人和美丽的衣服，这是一处无与伦比的结合。奥斯卡的时装展尤其如此。

接着，我给环球小姐组织负责人葆拉·舒加特打电话，以检查工作。

下午6点钟：打电话给梅拉尼亚，看看我们与埃里克在哪里吃晚餐。他们最终定在“21”俱乐部。

这时，诺玛走了进来。我们一起详细回顾了特朗普的事务、邀请、信件和媒体采访申请，其中包括许多国际电视媒体和出版商。去年，中国收视率最高的一档节目对我进行了专访，吸引了无数的观众。一直到现在，我还对这种情况表示惊讶。也许是因为我一贯拥有的敏锐和责任心，所以才备受人们的关注吧。我从没发现自己有什么特别的魅力。

6点30分：我离开办公室，带着一大堆杂志，回到自己的寓所。

电话静了下来，于是打开桌旁的一个柜子，里面存放着感兴趣的一些文章和信件。有时候，我会把自己喜欢的文章存放多年。有时，我也会将自己喜欢的格言和信件也存放起来。我喜欢的一个格言是，“希望不是一种策略”。

当时伊拉克正逐步向战争迈进，我还保留着民间流行的一则笑话：“当你发现，最好的敲门者是白人，最好的高尔夫球手是黑人，德国也不愿意卷入战争时，你就会明白，这世道变了。”

还有一则评论：在特朗普国际高尔夫球场的开业仪式上，里克·雷姆斯奈德评论说，“特朗普国家高尔夫球场的三杆第十三洞那个地方，绿地后是动人心魄的人造瀑布，有100英尺高，这是世界上景色最为优美、最引人入胜的球洞之一。”在我看来，这简直是天籁之音。

我爱好体育。在我的办公室里，陈列着一双沙克尔·奥尼尔的特大号网球鞋。还有一只纽约扬基队签名的棒球，这是我最喜爱的球队。

史蒂夫·维特科夫是一位成功的房地产开发商。他除在伦敦拥有巨额资产外，还拥有伍尔沃思大厦和新闻大厦。有一次，维特科夫在接受伦敦一家报纸采访时说，特朗普是“世界上唯一能把自己的名字做成品牌的房地产商人。依我看，不会再有这种情况发生了。唐纳德是市场的主宰。但是你却无法在销售中控制市场，成为市场的主人，除非你有极为出色的产品，但这种事情是不可能发生的。有人说，‘可乐是可乐销售市场的主宰’，或者‘耐克是耐克销售市场的主宰’。他们已经拥有了最好的饮料、最好的运动鞋。而唐纳德开发了最好的建筑。这是无可争辩的事情。他是位了不起的开发商，但没人愿意相信这一点。”

星期四中午 12 点：史蒂夫·温来拜访我。我们聊了一会儿，然后，我带他到楼下正在搭建的《学徒》节目布景地转了转。

星期五上午 10 点 30 分：我把乔治·罗斯和卡罗琳·凯普彻尔叫来。我决定让他们在真人秀节目扮演他们自己的重要角色。他们都毫不犹豫地同意了。这没有任何表演成分，因为对他们来说，这只是一个新工作日的开始。也许工作时间会长一些，但它仅仅是新的一天。

全国广播公司资深出版经理吉姆·多德给我打来电话，是关于《学徒》节目的。《学徒》节目的制片人杰伊·宾斯托克也打来电话。他们两人对自己正在做的事情都了如指掌，这让我轻松了很多。

中午 12 点 15 分：马克·伯内特和他的两位制片人杰伊·宾斯托克和凯文·哈里斯过来开个会，讨论《学徒》节目中分配给 16 个候选人的任务。这是一个很有意思的过程。我希望每项任务都不仅仅是为了单纯的娱乐。这些人不但人很好，而且都很有才华。我真的觉得，他们的潜力得到了很好的发挥。通过这个节目，我对电视节目的理解得到了升华。

从特朗普对自己一周的描述中，可以读出很多信息，其中一个极有意思的信息便是，他与美国前任总统克林顿保持着相当亲近的关系。

不用再提示了吧：这位克林顿的妻子便是希拉里·克林顿。

一笔名利双收的大生意

伯内特刚开始与特朗普商量《学徒》节目之时，特朗普曾询问这个节目需要他在时间上有什么承诺。

伯内特的回答令特朗普终生难忘。他说，“唐纳德，相信我，我们一星期最多只需要三小时。”

特朗普事后称，相信了伯内特这话的他简直是个“大傻瓜”！

Photos: Donald Trump's empire

An advertisement for the television show "The Apprentice" hangs at Trump Towers in New York in 2004. The show launched in January of that year. In January 2008, the show returned as "Celebrity Apprentice."

2004 年在特朗普大厦上打出的《学徒》节目广告

资料来源：http：//edition. cnn. com/2015/09/27/opinions/axelrod-trump-the-apprentice/index. html，2016 年 7 月 14 日登录。

特朗普之所以非常情愿做这个“大傻瓜”，说明特朗普一点也不傻。

他发现，较之多年前他购买新泽西将士队那笔投资，这笔投资果然是名利双收！

在刚开始制作《学徒》节目时，每期都需要大约30个小时。随着时间流逝，已经看到光明前景的特朗普表示，伯内特需要他在这个节目上花多少时间，他就愿意花多少时间。

伯内特不愧为研读过《做生意的艺术》这本著作的有心人。他从心理层面对特朗普的捕获太到位了！他为特朗普设计了一个每一次出场和退出的特写镜头，那就是特朗普或从豪华轿车，或从直升机上下来直接进入公司董事会会议室。这成为特朗普对整个节目最喜欢的一部分。特朗普感到，节目在全国性电视广播网上的播出不啻他在整个美国当总裁的感觉——美国总统也没有这个待遇！

《学徒》节目的现场就在纽约特朗普大厦内部。节目开场曲就是“金钱、金钱、金钱，如果你拥有这一切……”

第一集开始的时候，特朗普走下他所喜爱的奔驰豪华轿车，对参赛者公布：“这是 一个为我工作的机会，薪水会很高很高，更重要的是，有了这个机会，参赛者可以学到很多，或许有一天，你们也会成为亿万富翁。”

《学徒》真人秀与伯内特此前主创过的《幸存者》有异曲同工之处，都是在展示“优胜劣汰，适者生存”的主题，不同之处在于《幸存者》体现的人类在极端自然环境下的生存能力，而《学徒》则是在展现职场上的优胜劣汰。在特定的主题下，参赛者人人都争先恐后往更高的职位上竞争，于是演绎出了各种才艺展示与明争暗斗。候选人多为高颜值、高学历、高智商，性格各异，品相不同，点缀上男男女女之间那点事，再加之最大限度的真实性，就连特朗普的两位高管也被拉来要求“平时怎么工作，直播时就怎么表现”“眼前看到的就是幕后发生的”，于是就有了最为强烈的逼真感觉和充满悬念的戏剧性。

这是一场极为成功的商业运作。在拍摄《学徒》之前的候选人招考过程中，有21万人报名，最终从全美各地的选手中挑选出了8男8女共16人参赛。在这16人中，不乏业务经理、房地产商、医学博士、投资经理、投票经纪人、网站创始人、政治顾问、全球营销经理等有着工作经验的各界精英。

根据规则，每一轮竞赛由 8 男 8 女分为两队，由特朗普提出一个商业项目要求，参赛者轮流担任每轮项目的负责人。然后根据最后的项目评估结果，按团队营业额的高低决定胜负。

特朗普为了这个节目也真是拼了！当他看到搭建在特朗普大厦内的巨大摄影棚及混音室、技术室、各式灯光、同时工作的 28 台摄像机和几十千米长的光缆以及在现场夜以继日忙碌着的设计师、装修人员、技师、助手、制片人、导演时，特朗普忽然有些紧张起来：如果这个节目是个败笔会怎样？

早已知道不能让消极情绪停留脑内的特朗普很快稳定情绪，下定决心：一定要竭尽全力，使这个节目一炮走红！

为了成功，特朗普对每期节目的内容也是绞尽脑汁。他设计了出租房子、卖柠檬汁、卖广告、经营餐厅、筹集慈善基金、为赌场招揽顾客等多个主题。

面对不同的商业挑战，参赛者可谓八仙过海，各显神通，也必然暴露出诸多弱点和种种意想不到的悬念。30 岁的海蒂 · 布雷斯勒来自宾夕法尼亚州费城，她原是一位业务经理。她的特点是沉着坚定，做生意时充分利用自己业务经理的背景，能够处处坚持胜利的目标。但在参赛途中，突然得知母亲患了癌症并要接受手术。面对这一情况，海蒂是继续参赛并勇夺胜利还是自动弃赛？诸如此类悬念不断扣人心弦。

特朗普的几近完全真实的情景设计使得观众在每一节目中都能有所收益。他们看到执着的人比容易妥协的人更能获得成功，也因此可能争取到更多的机遇；创造力在每一轮较量中都起到了决定性的作用；优秀的执行者不一定就是优秀的领导者；作为领导者首先需要得到团队成员的信任；在任何工作中热情和活力都不可缺少；学识和经验有时决定着商场的成败；只要你聪明且勤奋，你就有成功的机会；任何成功者都要有很强的承受外部诸多压力的心理素质；必须在团体精神与展示个人杰出才能方面保持微妙的分寸；漂亮的学历并不一定代表着必然具有优势；当然，在成功与失败之间，又往往横亘着运气的杠杆。

在《学徒》节目中，有一个对输掉比赛一队的质询与评判环节。获胜者可以得到乘坐特朗普的私人飞机畅游、参观特朗普私人住宅、乘坐特朗普私人豪华游艇、居住赌场酒店包房等诸多奖赏。而作为主裁判的特朗普则对失利一队中被认为贡献最少的人做出“你被解雇了”的裁决。

2004 年，特朗普已将这句“你被解雇了”申请了专利。

这句“你被解雇了”其实是一句偶尔得来的金句。

在最初的节目设计中，虽然有淘汰最差一人的环节，但特朗普没有想到用这种方式做出裁决。当他在会议室中面对参赛者第一次做出裁决之时，当时有一位名叫大卫的参赛者。在特朗普看来，大卫人很好，但工作“确实很烂”。轮到特朗普裁决时，一句神不知鬼不觉的“大卫，你被解雇了”从口中溜出。大卫听后极为震惊，其他人也吓呆了。

特朗普这一超水平发挥惊倒了许多人。全国广播公司控制室的会议室就在旁边，特朗普当时听到那里的工作人员闻声后一片尖叫。

特朗普平时的这句口头禅于不经意间成了《学徒》节目的标识语。他自己也成为这一口头禅的受虐者。此后多年，也不知有多少《学徒》的粉丝冲着他喊“你被解雇了”。他与梅拉尼亚在餐馆吃饭时，也会有认出特朗普的人冲着他叫“你被解雇了!”

就连美国总统奥巴马也不例外，在一次白宫记者团年度晚宴上，尽情发挥自嘲与嘲讽才能的奥巴马冲着坐在台下的特朗普调侃道：“你被解雇了!”全场闻后大笑。

《学徒》节目取得了成功。当第一季播完后，特朗普又开始忙于第二季的拍摄工作。

在节目开播的第一年，每集获利 5 万美元，第一季获利约 70 万美元。在初获成功后，据说特朗普每集获报酬约 300 万美元，使他成为报酬最高的美国电视主持人之一。

特朗普完成了一次成功的跨界。

2007 年 1 月 16 日，由于特朗普在真人秀《学徒》中的成功表演，他成为好莱坞星光大道上第 2 327 颗星。在那条星光大道上，凡是能称得上星的人都会留下两个手印。同一天，在那里留下手印的还有对特朗普进行过专访的美国有线电视新闻网人物访谈节目金牌主持人拉里·金和《学徒》制片人马克·伯内特。

那一天，特朗普说，“这真是我一生中一个特殊的时刻。制作《学徒》绝对是一次令人惊奇的经历!”

对于从纽约军校毕业后就曾想报考南加州大学电影专业的特朗普来说，这是他本人“美国梦”的实现。

他在《学徒》节目中也在展示着一个他脑中的“美国梦”。美国费城大学电视与流行文化专业的罗伯特·汤姆森教授认为，《学徒》节目之所以获得成功，就在于“这对所有做着美国梦的人们来说是绝好的成功机会。”美国商业作家乔·昆南认为，在美国，特朗普是个传奇人物。他是美国金融界的平民英雄，与数百万美国人建立了一种唇齿相依、春风化雨般的融洽关系。他在《学徒》成功播出后所展现出的姿态张扬、一剑封喉的吸引力，二十多年前就让美国人为之着迷，一直保持至今。

在这个视觉文化冲击的时代，《学徒》令人惊异于它的新潮和难以抗拒的吸引力。“富人和名人式的生活，你会自然而然地顺着这条路走下去。”

回过头来看，特朗普又是怎样看待自己人生中的这一经历呢?

面对成千上万名新的报名者，特朗普说，他所寻找的学徒必须具备以下品质:

首先应具有杰出的人品。一个让别人感到舒服的人。无论你在商界里从事哪一行，销售、采购、谈判、分析还是管理，这都是最重要的品质。每天、每时、每刻，你都得与遇到的人打交道。

二是必须有头脑。他或她不但有书本上学到的知识，还得有普通人的睿智。把这二者结合起来，并使用得当，你就是一个成功者。

三是必须具有创造力。这种能力能够让你超越表面现象，超出常规、富有想象力地去思考，把其他人看不到的事情联系起来。这也许是最难培养的能力，你要么天生就有这种能力，要么天生就没有。但是，你可以在不同的方面表现出你的创造力。

最后便是忠诚与信任。这是必不可少的品质。不同于头脑和创造力，任何人都能有这两样品质。因此，如果你没有，不能埋怨别人，只能怨自己。

特朗普说，“在创办《学徒》节目之前，除了参加过拉里·金、比尔·奥雷利以及其他人主持的节目，我对电视完全一无所知。然而，由于某种原因，只要我出镜，所有这些节目都能得到很高的收视率，而且高得出奇。

对我来说，电视是一个全新的领域，但我还是愿意尝试一下。我对这个工作呕心沥血、全力以赴，千方百计地寻找各种有趣的办法让它更刺激，更能吊起观众的胃口。同时，我发现自己也很享受这个过程。结果怎样？本来我并没有抱任何期望，但最终我却成了一个热门的电视明星！本来毫不起眼的《学徒》获得了巨大成功，它的决赛足足吸引了4 150万观众。

《学徒》成了一个大热门，原因在哪里？原因就在于我抓住了一个全新的机会。这个节目其实并不是什么大的冒险，我并没有把全部身家都投进去。一些非常聪明的家伙对我说，如果节目失败了，我的形象都要一塌糊涂，我回答说，我的形象已经一塌糊涂了，再坏能坏到哪儿去?!

无论怎么形容，都不足以说明一个道理：要勇于抓住一个新事物，它能带给你意想不到的机会。

积极的思维，并不是单纯的一厢情愿，而是在充分认识到消极面的同时，把乐观主义的思想贯彻到所做的每一件事中去。英国前首相温斯顿·丘吉尔就具有这种宝贵的乐观主义精神，即使在英国自身的生存面临重大挑战的时候也是如此。

罗纳德·里根也是一样。在令人窒息的冷战期间，世界时刻面临着一触即发的危机，但他仍然保持着倔强的乐观主义精神。里根很清楚这些危险，乐观让他取得了冷战的胜利，并且留下了伟大的遗产。无论挑战多大、多可怕，都要学会保持乐观，这会彻底改变你的命运。

与生俱来的乐观主义让我接下《学徒》。当初接到这个节目的邀请时，我并没有不假思索地说‘不’，我曾经拒绝了其他有关商业的真人秀节目的邀请，但出于乐观主义，我考虑了这个节目。一听到它的创意，我就对这个节目感到乐观，认为它会成功，这是有史以来第一个能够让我感到兴奋的电视创意。

我知道《学徒》是一个冒险。每个人都跟我说，‘大多数电视节目都会失败’或者‘真人秀节目已经气息奄奄’，或者说，‘你会失去自己的信誉’。我自己仔细把它想了个透，问了自己很多‘如果……会怎样’的问题，把所有风险都掂量一遍。比如，如果节目成功了，会怎么样？如果它给特朗普集团带来了更多的承认又会怎么样？如果节目中提供的工作，给一位实至名归的人提供一个成功的宝贵阶梯，又会产生什么样的效果？

这一连串念头还没有闪完，我就列出了一系列积极因素，远远超过了消极因素。因此，我决定接下它。最终，我获得了巨大的成功，当初列出来的每个积极因素都实现了。如果我当初只把眼睛盯在消极的方面，我永远都不会做这个节目，也就不可能享受到它的回报。”

特朗普又是如何看待那些被他“解雇”的表演者呢？有一次，一位观众这样问特朗普：“我一直在看《学徒》这个节目，我很喜欢。我注意你总是请些非常漂亮的美女上你的节目，在你看来哪个女人最漂亮？”

特朗普的回答是："《学徒》里面有个女人我认为绝对漂亮，但我不会说出她是谁。当我看到她时，我就认为她会成为明星。结果呢，她没有，她失败了。她的内心没有不顾一切向着成功的巅峰奋斗的想法，她的确没有内在的激情来取得辉煌的成就。"

在《学徒》节目中，曾有一位名叫米歇尔·索洛的候选人。有一次，十分沮丧的米歇尔对特朗普说，她宁可中途退出比赛，也不愿意在会议室中面对着他。当特朗普听到这话时，简直不敢相信自己的耳朵。因为在特朗普看来，作为已经习惯在商海中与最难缠的各类人等打交道的他，从来没有想到过放弃这两个字。

特朗普认为，米歇尔在节目中的处境确实很艰难。她的团队成员不喜欢她，都在为难她，最终她将团队带到了难以挽回的失败境地。然而，米歇尔在此关头，首先想到的不是如何尽最大努力扭转局面，而是选择放弃。要知道，这个机会可以为她带来多少收益。排着队争当《学徒》节目候选人的就有 5 万多人！米歇尔能在这么多人中脱颖而出，但现在却要将机会拱手让给别人！

米歇尔为自己的胆怯找了很多理由，主要是说《学徒》节目的经历并不符合她的期望或所签的合同。她从来没有想过自己竟然不得不在大雨中露宿街头。

特朗普对米歇尔说，"这就是生活。每一天人们都会面对生活的恶化。生活不会永远朝着你所期望的方向发展。"

米歇尔的退出使特朗普怀疑如今的美国年轻人是不是都如此缺乏勇往直前的勇气。特朗普曾读过一项新的研究成果，结论是如今的美国大学生实际上比任何时候都要自恋，也更加以自我为中心。

特朗普从米歇尔的退出鼓励那些仍坚持下来的人。他说，在你的一生中，这样幸运的机会并不多。如果你想要在事业或者生活中成功，永远不能放弃，永不退缩，否则你将永远无法成功。

特朗普说，每天都是一个冒险，没有任何保障。你永远都不知道第二天会遇到什么，有时的情况还会非常可怕。你必须坚强才能生存下去。你永远都不能毫无奋斗便败下阵来。轻易放弃的人是无法把握机遇的。

“不要误会，我还计划着继续做生意，做大的生意，一直做下去。”

这是特朗普在其首部自传《做生意的艺术》中最后一句话。

这是点睛之笔。

既然是做生意，商海并不总是对你阳光灿烂。

继一场迷幻般的嘉年华之后，当特朗普再次宣布跨界之时，或许因为这一次的生意做得有点大，生意伙伴们的脸忽然变得有些难看。

这一次，特朗普的跨界是要跨到白宫去。

当特朗普宣布将竞选白宫宝座后，美国全国广播公司和环球影视一同中止了与特朗普的环球小姐组织的商业关系，因为特朗普在6月16日竞选总统演讲中一些明显“政治不正确”的言论。

特朗普随之发起了一场要求赔款5亿美元的官司，起诉环球影视不履行合同和诽谤。有线广播网Reelz随之获得了独家播放美国小姐选美比赛转播权。特朗普于2015年7月对《人物》杂志记者说，对于环球影视的诉讼是“竞选活动的一部分”。

2015年9月11日，特朗普宣布他购买了全国广播公司在环球小姐组织中的股份，使得他成为这一组织的唯一拥有人，因而解决了他与全国广播公司间的官司。此后，他立即转手将他在选美组织中的股份全部卖出。

特朗普的《学徒》节目也开始出现麻烦。

有人开始质疑特朗普究竟从主持《学徒》节目中拿了多少钱。在2015年7月的新闻发布会上，特朗普竞选主管称，全国广播公司环球公司为第14季的《学徒》节目支付特朗普213 606 575美元报酬，但全国广播公司对此未予证实。

2015 年 2 月 16 日，全国广播公司宣布他们将续约第 15 季《学徒》节目。11 天后，特朗普宣布他尚未准备好签约，因为可能将参加总统竞选。尽管如此，在当年 3 月 18 日，全国广播公司宣布照计划续拍第 15 季。6 月 29 日，随着特朗普宣布参选总统演讲后的负面反应，全国广播公司在一项声明中说，因为唐纳德·特朗普关于移民问题的言论，全国广播公司环球公司中止与特朗普先生的商业合作关系。至此，特朗普与《学徒》节目分手。

似乎从遥远的天际传来一个似曾相识的声音：

“你被解雇了!”

第十章

跨界跨到白宫去

“我太直率了，不可能是个好政客 ，而且，我一直对握手这种行为十分反感。一旦我卷入竞选，我肯定不受公众欢迎”；朝三暮四，政党属性变化无常；从一位精明的商人角度观察，这一切都顺理成章。这就是他的“做生意的艺术”；2008 年，他称希拉里 · 克林顿将成为“伟大的总统或副总统”；她是一名“不要求上帝宽恕其罪恶”的长老会教徒；人类间的“丛林法则”较之自然界的“丛林法则”更为可怕；你只要成功了，小人就会尾随而来，必须断然反击；自负不是坏事，做人就是要张扬；要养成在各种场合大胆、大声说出自己观点的习惯

唐纳德 · 特朗普前脚刚说过“我不可能去从政”，转眼便以最为猛烈的势头向白宫宝座冲去。

特朗普就是一位有想法的商人。1986 年，他受到美国总统里根的接见。最高权力的气场，庄严宏大的氛围，令刚满 40 岁的特朗普心潮起伏，一生

难忘，冥冥中有一种“彼可取而代之”的恍惚。

“不要误会，我还计划着继续做生意，做大的生意，一直做下去。”在1987年出版的《做生意的艺术》一书中，特朗普最终做了这样的表白。

“大的生意”，何谓之大？

这是他久已有之的“美国梦”

也是在1987年，特朗普花了10万美元在《波士顿环球报》《纽约时报》和《华盛顿邮报》上刊载整版广告文章，批评美国的防务政策，字里行间就已表示有意竞选美国总统。

1988年，特朗普明确表达了想要参选美国总统的愿望。也是在那一年，特朗普曾被考虑作为共和党候选人老布什的副手参加竞选，但这一位置后来由丹·奎尔占据。至于是特朗普自己退出还是老布什阵营做出这一调整，说法仍有争议。

1999年，特朗普向负责总统大选候选人登记的美国考察委员会发去申请，要求作为改革党人参加2000年的总统大选。1999年7月一项民调显示，如果特朗普参选，他的竞争对手是共和党的老布什和民主党的戈尔，而特朗普的支持率为7%。

改革党是1995年由来自得克萨斯州的商人罗斯·佩罗建立起来的一个政党。

在美国当代政治史中，佩罗其人也曾在美国政坛上搅起波澜。他于1992年作为独立候选人参加总统大选，后于1996年作为改革党候选人参加总统大选。佩罗认为美国选民对现实不满，政坛则充满腐败，在重要问题上处理无能。佩罗声称创建改革党是让美国选民在共和党和民主党之外多一种选择。但成功的商人佩罗在美国政坛上的这番努力恍如竹篮打水。

2000年，特朗普作为改革党候选人参选总统竞选。大选尚未全面展开，特朗普便由于改革党内部争斗而退出竞选。尽管如此，他还是赢得了加利福尼亚和密歇根两州的初选。

对于2000年这次试水，特朗普有过一番反思。他说：

“2000年，我曾考虑过作为第三方党派的代表参加美国总统的竞选。我提出了鲜明的竞选纲领—减少向中产阶级课征的税收；采取更为强硬的贸易政策；发起禁止洗钱的运动；建立更为合理的医疗卫生保障体系。我组建了一个调查委员会，并且会见了改革党的领袖。但是最后，我还是认识到，我更热爱经商，我不可能去从政。

我原来说过，‘要明确，不要模棱两可’。做生意，这或许适用。但当一名政客，你往往要字斟句酌地说话。我太直率了，不可能是个好政客。而且，我一直对握手这种行为十分反感。一旦我卷入竞选，我肯定不受公众欢迎。我注意到，即使在我考虑是否参加竞选的几个月里，人们对我的态度都发生了变化—更含蓄，却没有原先那么友好。过去，我是唐纳德，大家会向唐纳德挥手微笑。突然间，情况变得完全不同。一位多年的老朋友与我相遇，平生第一次称呼我‘特朗普先生’。而在此之前，他都是叫我唐纳德的。这真令人伤脑筋。

也有许多成功的商人将他们管理技巧用于政治领域。但我注意到，只有极少数获得成功，像迈克尔·布隆伯格、乔恩·科尔齐内等人，而其他人则往往缺乏从政的天分。

有一点必须说明，不要把你在办公室政治中的才干与真正的政治混为一谈。有的人会这么想。那些好奇心强、具有远大抱负的人们，总会在某个时候，试图尝试新的职业，去一个全新的领域接受挑战。你可以冒险，但在你冒险之前，你应该深入了解这个领域，以确信你的决定是正确的。”

千万不要相信特朗普这番反思中“我不可能去从政”的断语。此一时，彼一时，特朗普那颗比天还大的心不会就此罢休的。

特朗普曾明确表达想要参选2004年和2012年美国总统的愿望，但在海边光着脚试了试水温，又缩了回去。

有分析认为，作为2012年总统大选潜在竞争者，特朗普的优势在于他是一名商人，而不是一名政客，他说话、想问题都与政客不同。他在可能的共和党候选人中的民调支持在17%或以下。2011年5月16日，特朗普宣布他不再寻求竞选美国总统，但他又说如果参选，他会获胜。

《华尔街日报》和全国广播公司2011年3月公布的一项民调显示，特朗普在潜在的竞争者中处于领先地位，并领先原马萨诸塞州州长罗姆尼一个百分点。《新闻周刊》于2011年2月所做的调查显示，当很多人对于2012年11月大选尚未决定立场之时，特朗普与奥巴马的支持率相差不多。美国公共政策民调机构2011年4月的一项调查显示，如果特朗普参选，他在有可能参选的共和党候选人中领先9个百分点。一些美国媒体认为，特朗普不断放出要参加竞选的风来，不过是为他所主持的《学徒》真人秀节目进行市场营销。

几次向大海中张望之后，特朗普越来越将跨界跨到白宫去当作一个“大的生意”来做。

2013年，特朗普花费了100万美元进行了竞选美国总统的可行性研究。

也是在2013年，特朗普作为一位主要发言者出席了保守政治行动大会。他的发言被安排在一个早上，真正前往听他讲话的人不多。特朗普在那次发言中说，奥巴马总统得到了“前所未有的媒体保护”，他表示反对非法移民，同时，他也警告不要伤害美国的老年医疗保险制度、医疗补助制度和社会安全制度。

不要小瞧特朗普这次没有多少人听的发言。特朗普能够站在这个讲坛上，就已经有了足够的象征意义。

美国保守政治行动大会成立于1973年，创建者为“美国保守联盟”和“自由年轻美国人组织”，现已发展成为全美范围内有数以千计保守派人士参加的年度大会。近年来，参加这一活动的人中约一半为 20 岁左右年轻人，成为美国保守派政治势力的新鲜血液。

这一年度活动轮流在美国奥兰多、芝加哥、丹佛、圣路易斯、圣迭戈等城市举行。有意竞选美国总统的共和党人都愿意借助这一平台发声。曾在这一平台上发表过讲话的包括美国前总统里根，老布什，美国前副总统切尼，美国前国会众院议长、曾多次竞选美国总统的金里奇，美国前副总统候选人佩琳等人。里根在当选前、在任期间和卸任后先后 12 次在这个平台上发表讲话。1985 年，他在这个大会发表讲话时说，这个平台是他政治生涯中成功的起点。

特朗普能够站在这个有着深厚共和党背景的舞台上发表政见，表明这位没有一天从政经验的商人又向政坛跨近了一步。

2006 年和 2014 年，特朗普也表达了想要参选纽约州州长。2013 年 10 月，纽约共和党人在一份内部发行的备忘录中建议特朗普于 2014 年竞选纽约州州长，以对抗安德鲁・科莫。特朗普经过一番思量后回应称，鉴于纽约州存在着的问题和税率太高，他对竞选州长没有兴趣。

一会儿表达参选的愿望，一会儿又说没兴趣，随后又开始新一轮的试水。朝三暮四，出尔反尔。特朗普到底想怎样？

多年以来，特朗普的政党属性变化无常。在 1987 年以前，没有记录显示特朗普是否注册投票，或他登记注册为哪一党派。

1987 年至 1999 年，特朗普登记注册为共和党。

特朗普于 1999 年至 2001 年间转变为改革党。在作为改革党候选人参加了总统竞选活动后，特朗普在《纽约时报》言论版上发表的一篇文章中说，因为有前三 K 党领导人、白人至上主义者、否认屠杀犹太人的戴维・杜克，极端保守派人士帕特・布坎南和主张政治改革、建立第三党派的勒诺・富拉尼等人的加入，所以他离开改革党，称不愿与这些人为伍。

自 2001 年至 2009 年，特朗普成为民主党。

自 2009 年至 2011 年特朗普又变为共和党。

自 2011 年 12 月至 2012 年 4 月，他成为独立人士，后又转回成为共和党人。

只要从一位精明的商人角度观察特朗普，这一切都顺理成章。这就是他的“做生意的艺术”。

特朗普熟谙美国政坛中权钱交易那一套潜规则。

据纽约州的统计报告，20 世纪 80 年代时，特朗普通过他下属的 18 个不同商业公司向不同政客提供政治献金，通过这样的方式逃避有关公司和个人政治献金数额上限的限制。特朗普对调查者说，他这样做是听从律师的忠告。他还说，他给政治献金的目的不是为了从中获益，而只是为了满足朋友的要求。

美国政治反应中心 2011 年一份报告显示，在过去 20 年间的美国大选中，特朗普既为共和党候选人捐款，也为民主党候选人捐款。在他所捐过数目最高的 10 名候选人中，有 6 名是民主党人，有 4 名是共和党人。2011 年后，他的捐款更多地送给共和党人而不是民主党人。

特朗普一直坚称对于所属政党的忠诚。鉴于他所属政党的混乱，这种忠诚也常常显得有些滑稽。

共和党人里根竞选美国总统时，特朗普是最早表示支持的人之一。

2012 年 2 月，他又表示支持共和党总统候选人罗姆尼。

2015 年，当他被问及近年来哪位总统最好时，特朗普认为民主党的克林顿好于共和党的老布什和小布什。

特朗普与克林顿家族来往密切。克林顿基金会从特朗普那里收到了 10 万至 25 万美元之间的捐款。2005 年，当特朗普举行第三次婚礼时，克林顿夫妇专程赶到佛罗里达州棕榈滩出席了那场极为奢华的婚礼。

在2007年出版的《激情创造梦想》一书中，特朗普说，克林顿是“一位来自阿肯色州的杰出人物”，克林顿在美国总统大选中“出马竞选并最终获胜。他胸怀大志。他的夫人希拉里是一位出色的女性，也胸怀大志，这是克林顿赢得大选的原因。当时其他人不愿意挑战民意支持度很高的乔治·布什，克林顿却毫不畏惧。布什支持率的急剧下降为克林顿的胜选创造了条件，他利用这一条件一举胜出。克林顿是一位真的英雄，他勇敢而杰出。”

2008年，当奥巴马与希拉里在大选中激战时，特朗普在一篇文章中写道，希拉里·克林顿将成为“伟大的总统或副总统”。

在向政客奉送政治献金方面，特朗普也有过看走眼的时候。据特朗普自己在《做生意的艺术》一书中称，美国前任总统卡特曾到特朗普的办公室找他，告诉特朗普他想筹建吉米·卡特图书馆。

特朗普问卡特需要多少钱。卡特说，“唐纳德，如果你能捐给我500万美元，我将十分高兴。”有些目瞪口呆的特朗普没有做出积极回应，将卡特晒在了一边。

特朗普事后很有些后悔，因为他根本就没有想过卡特有一天也会成为美国总统。卡特只做了四年总统。特朗普认为，虽然卡特也许不能胜任总统的工作，但他沉着、勇敢、机敏和追求卓越的品质帮他坐到了总统的位子上。

如同特朗普在多部著作中常常出现的情况一样，在2007年出版的《激情创造理想》一书中，特朗普对此事的记述又出现了不同说法。他说，“在卡特总统的任期结束后，他要求与我会面，我当然同意了。我不知道他想要什么，因为我从未支持过他，而且对他在伊朗人质危机中的笨手笨脚直言不讳。我说过，当里根赢得选举之后，伊朗人肯定会立刻把人质交还美国；如果卡特赢了，人质没准还会待在那里。

虽然如此，我们的交谈很愉快，最后他谈到了重点，问我是否愿意考虑捐献5 000万美元给卡特图书馆？我从未支持过这个人，从未投过他的票，现在他却在我的办公室向我要5 000万美元捐款！”

这件事到底发生在卡特当总统前，还是卸任后？卡特到底要求特朗普拿出500万美元，还是5 000万美元？

看来只有卡特自己能说清这件事，但他是不愿声张出来的。

自从不愿意握手的特朗普与里根握手之后，他对里根一直很有好感。但他也认为，里根与卡特相反。里根圆滑又会逢场作戏，很讨美国人民的欢心。直到里根不当总统多年后，人们才开始思考他的笑容背后是否隐藏了什么。

政策主张难免非议

在特朗普的十余本著作中，他对经商之道有着翻来覆去、喋喋不休的论述，但作为一名有意冲击白宫宝座的候选人，他在国家和世界大事上的政策主张一直失之于零散、肤浅和多变。有评论称，特朗普在税收、堕胎、政府介入医疗改革等多个问题上的观点有过改变或出尔反尔。他的政治立场和政策主张是折中主义、即兴和经常相互矛盾的。他在不同场合所使用的混乱、模糊甚至相互矛盾的语言令人们对其政治立场捉摸不定。一些媒体称特朗普所持的立场是民粹主义立场。

在社会议题上，特朗普表明自己是反对堕胎合法化的人，主张除非强奸、乱伦或因健康原因不得堕胎。特朗普曾建议，“假设”堕胎是违法的话，那些堕胎的妇女应该受到某种惩罚。但当他的政治对手和反对堕胎合法化团体对此表示反对时，他又收回了这一言论。他主张削减联邦政府对实行堕胎手术的“计划父母”机构的财政资助。

特朗普支持宪法第二修正案，反对实行控枪，要求纽约州允许隐藏式携带枪支。在美国不断发生枪击血案的背景下，特朗普支持实行联邦背景调查制度，以防止有犯罪记录和精神问题的人拥有枪支。

特朗普反对休闲用大麻使用合法化，但支持医用大麻合法化。他支持这些权力应由各州自行决定。

2015 年 6 月，当美国最高法院决定同性恋婚姻在全美合法化后，特朗普说，我更倾向于这些决定由各州自行决定，既然最高法院做出了裁决，“那在这一点上人们不得不面对现实。”特朗普表称他支持“传统婚姻”。

特朗普反对奥巴马总统任内所完成的医疗改革，支持将奥巴马医疗改革代之以某种不同的自由市场计划，这种健康保险可以跨州进行买卖，以便使得个人削减医疗保险费用，使得各州对于医疗补助制度有更多控制。特朗普过去支持单一医疗支付制度，但在 2016 年大选中，又与这一主张拉开距离。

美国发生老兵得不到及时医疗救助，大量救助申请被积压的丑闻后，特朗普支持减少对老兵医疗救助的积压案件和等待名单，这是老兵医疗丑闻中的关注点。在一项声明中，特朗普说，他相信救助老兵的设施应予升级换代，应雇用更多老兵以帮助其他老兵，增加对女性老兵的帮助，在农村地区的医院内建立附属诊所。

特朗普表示支持自主择校和地方控制小学和中学，反对“共同核心标准”。这一标准规定了学生从幼儿园到 12 年级应该掌握的知识与技能，目标是他们高中毕业时为上大学和就业做好了充分的准备。特朗普称这一标准是一个灾难，必须予以终止。

奥巴马任内曾对美国汽车业进行大力救助。对此，特朗普表示反对。2009 年 2 月，特朗普在参加戴维 · 莱特曼晚间访谈节目时谈及 2008 年至 2010 年美国汽车业危机。他说，通用汽车公司与其伸手要钱，还不如宣布破产，然后寻求一项交易。

特朗普称自己是“自由贸易者”，但又说贸易必须公平。他在竞选中呼吁减少 15%的公司税，堵住税务漏洞。

提高最低工资水平是奥巴马任内着意完成的一项工作。特朗普说不要提高最低工资，因为如果增加最低工资，将会损害美国经济的竞争力。然而，随着他逐渐成为共和党内名列前茅的候选人，他在这个问题上的调门开始有所变化，他说自己对最低工资问题持开放态度，“我还没有决定具体数字，但我认为人们应该得到更多。”

特朗普支持对于杀死警察的人实行死刑。1989 年，他曾购买整版版面刊登文章支持在纽约实行死刑。

奥巴马任内极力就气候变化问题推行减排等措施。特朗普否认气候变化，称气候变化的论断与科学界观点不相符合。他称全球变暖是“彻头彻尾的骗局”。特朗普称美国环境保护署“惹人讨厌”，并称将减少对环境保护署的预算。

特朗普对美国政治生活中的一些事情常持“阴谋论”观点。2016 年 2 月 13 日，美国最高法院法官斯卡利亚辞世。特朗普暗指斯卡利亚不是死于自然原因，而是死于谋杀。

在外交政策上，特朗普被认为是鼓吹“孤立主义”“不干涉主义”和民族主义者。

特朗普支持增加美国军费，但要减少对北约组织的开支。特朗普既说过支持派出军队打击“伊斯兰国”，也说过反对派军出国打击“伊斯兰国”。

美国在反恐行动方面曾因大量使用非人道的审讯手段和在世界各地设立“黑狱”而广遭批评。特朗普则表示他支持扩大使用更具进攻性的审问技术。

特朗普在伊拉克战争问题上的表态也多有出尔反尔之处。在 2002 年的一次接受采访时，特朗普说他支持进攻伊拉克，尽管他说“必须正确地去做”。2008 年，特朗普说，小布什应该因伊拉克战争被弹劾。至 2013 年年底，特朗普屡屡称伊拉克战争是一片狼藉，称人们从一开始对侵入伊拉克提出质疑。2016 年 2 月，他说，伊拉克战争一开始，他就是一个反对者。

在巴以冲突问题上，特朗普说，美国在巴以谈判中作为中立国非常重要，但同时又说，他是以色列的“大粉丝”。他支持以色列在约旦河西岸建立定居点。2013 年，当奥巴马与以色列总理内塔尼亚胡闹得很不愉快时，特朗普对以色列总理内塔尼亚胡表示支持。

特朗普对巴基斯坦持反对态度，将其与朝鲜相提并论，称巴基斯坦“可能是世界上最危险的国家”，称巴基斯坦的核武器是一个“非常严重的问题”。他呼吁改善与印度的关系以抗衡巴基斯坦

对于试图登上美国最高权位的人来说，其宗教背景也是整个美国社会对其进行审视的重要角度。2012 年大选期间，有着摩门教背景的共和党候选人罗姆尼就曾因此被人说三道四。

特朗普是一名长老会教徒。

特朗普也是一名“不要求上帝宽恕他的罪恶”的教徒。

特朗普说他从小就在纽约皇后区牙买加社区参加长老会第一教堂活动。特朗普参加周日礼拜，并在教堂举行了成人仪式。

1983 年，牧师诺曼·文森特·皮尔告诉《纽约时报》，他本人是特朗普的家庭牧师，称特朗普在一些生意谈判中谦恭有礼，有着诚实的人性。

特朗普称他 1987 年出版的首部传记《做生意的艺术》是“我最喜欢的第二本书”，那么哪本书是他最喜欢的第一本书呢，他说是《圣经》。但当有人要求他说出最喜欢《圣经》中哪章哪节时，特朗普拒绝回答，只是说，“我不愿意说出你们这些人根本不知道的人。”

2011 年 4 月，特朗普在接受美国基督教广播网旗舰电视节目 700 俱乐部采访时说，他是一名新教徒和长老会教徒。“多年来，我与教会保持着良好关系。我认为宗教是一个好东西，我认为我的宗教是一个非常好的宗教。”

2015 年，特朗普在南卡罗来纳州进行竞选活动时说，1977 年，他和第一位妻子伊万娜就在马布尔科利其特教堂举行婚礼。马布尔科利斯特教堂方面说，尽管特朗普与这个教堂有长期关系，但特朗普是一位长老教徒，并不

是这个教堂的活跃成员。

特朗普说，尽管他参加圣餐仪式，但他没有要求上帝宽恕他的罪恶。他说，“如果我做了一些错事，我会努力将其改正，我不会将上帝带到这些事情中来。”

特朗普与美国一些知名宗教领袖保持着关系。在2016年大选期间，他还收到一些宗教领袖的祝福。

特朗普与美国犹太人社团有联系。特朗普的女儿伊万卡嫁给了贾里德·库什纳，他是一位犹太人，伊万卡也因此改信犹太教。有一次，他被问及他如何看待自己有一个犹太教外孙。特朗普说，我不仅有一个信犹太教的外孙，我还有一个信犹太教的女儿。我为此深感荣幸。这并非在我的料想当中，但让我非常高兴的事情就这样发生了。

待人处事棱角锐利

当美国总统是要与人打交道的，既要管理别人，也要受到别人制约。待人处事便成为观察一位总统候选人的重要角度。

特朗普名下的特朗普集团有22 450名员工。

至2016年5月24日，美国全国人口计为323 625 762人。

谁都明白，管理一个特朗普集团与管理一个世界唯一超级大国不完全是一回事。难怪饱尝华盛顿政坛五味杂陈的奥巴马奚落特朗普说，“我们正处于一个关键时期，而这确实是一项严肃的工作。这与娱乐无关。这可不是真人秀。”

但管理一个公司与管理一个国家又不能不说有着诸多相通之处。

在特朗普集团内，特朗普感到自己是一名将军。他说，“我越来越深刻地感觉到，经营企业就好比当一名将军。将军要求部下担负起大量的责任，不仅是对自己负责，而且是对整个部队负责。雇员们的生存，很大程度上取决于你和你的决策。一个糟糕的策略最终会影响很多人的生活。因此，作为领导人就必须有更为广阔的视角。不管你统领着一个人还是两万人，你做的每个决策都至关重要。”

在商海中俯仰多年的特朗普见惯世态炎凉。他自己也是制造世态炎凉的一分子。

人海茫茫之中，特朗普内心深处更为本能的认识是，这是一个人与人斗的人类“丛林”。在这个“丛林”中，弱肉强食的“丛林法则”仍然适用，且人类间的“丛林法则”较之自然界的“丛林法则”更为可怕。

特朗普是这样看待这个世界的：

> 这是一个可怕的世界。狮子捕杀是为了食物，但人类之间的捕杀只是为了找乐。人们试图在精神上毁掉你，特别当你处于巅峰的时候。我们都有这样的朋友：他们想要我们的钱，我们的事业、房子、汽车、老婆，甚至我们的狗！朋友都已经这样了，敌人只会更加可怕！在生活中，你必须学会保护自己。
>
> 在火灾和水灾等意外发生时，贪婪驱使人们劫掠、杀人和偷窃。但同样汹涌的贪欲每天也在平常人的身上发挥着作用，只不过潜伏在表面之下而已，在你最意想不到的时候，它就会伸出恶毒的脑袋，狠狠咬你一口。这个世界很残酷，人们毁灭你，只是为了找乐，或者向朋友炫耀。可以把人们往最好处想，但要做最坏的准备。

在这个人类“丛林”中，特朗普显得格外好斗，待人便显得相当尖刻。特朗普说，小的时候，父母和老师都会教导人们不要打架，要努力与别人和睦相处。他们的用意是好的，是为了保护孩子不受这个世界残酷现实的伤害。但是，在成人世界中，事情是不一样的。那里有很多恶棍想要打压你，他们极端心狠手辣。

对此，特朗普的回答是，如果有个恶棍纠缠你，不要退缩当老好人，不要软弱、忍气吞声，要以牙还牙！如果你被欺侮了，一定要对那些人穷追不舍。因为其他人都在看着你的反应。我喜欢以牙还牙。结果怎样？人们不敢来冒犯我，因为他们知道如果惹了我，就会陷入一场真正的大战。因此，永远都要以牙还牙。

特朗普还说，“你只要成功了，小人就会尾随而来，如果你没有勇气反击、报复，别人就会以为你可以被任意摆布，就算欺负你、利用你、对你不敬，你也不会还击。”

罗茜·奥当娜是美国广播公司电视对话节目《观点》的主持人。2006年12月21日，她在自己的节目中批评特朗普在“美国小姐”选美活动中没有资格对参赛者塔拉·康纳尔进行“道德指南”。罗茜在言辞中还对特朗普的一些言行进行了冷嘲热讽，并讥笑特朗普曾是一名破产商人。

这下可惹恼了特朗普。最终，特朗普与这位女士之间的骂架变得很难看。

像诸多权贵人物一样，特朗普对下属强调“忠诚”。他说，“对于那些忠诚于我的人，我都对他们关怀备至，并且极为优待，至于那些在困境中仍然忠于我的人，我更会不遗余力地报答他们。但对于不忠诚的人，我只会不遗余力地让他们好好尝尝背叛的苦果。”

早在20世纪80年代时，特朗普曾帮助过一位女士。她曾在政府部门工作，拿着一点死工资。遇到特朗普的时候，特朗普看着她还不错，是可以培养之才，就收留在特朗普集团内，给了一个不错的发展机会。数年过去，她确实干得不错，除了买了一幢豪宅，生活大为改观外，自己也因此成为房地产界一个人物。

20世纪90年代初，特朗普跌入低谷之时，急需求助于银行家。这位女士有一位过从甚密的银行家朋友，特朗普要求她给这位银行家打电话，因为他认为银行家对她一定言听计从。但这位女士拒绝说，“唐纳德，我不能打这个电话。”

就这么一句话，在特朗普听来就是背叛！当初我将你从毫无出息的政府部门救出，培养你，鼓励你，今天我需要你帮个忙，你竟然敢说“不”！

特朗普将这位女士“请”出了特朗普集团。

“对于这种不忠诚的人，我绝对不能容忍！”特朗普说。

特朗普是一位商人。在与人交往中，他时时处处以商人的算计来处理人与人之间的关系。有投资必应有回报，若有来而无往，特朗普必然对你怀恨在心。

多年前，特朗普曾是纽约州州长科莫的支持者。科莫竞选时，特朗普是最大的政治献金者之一。科莫在职期间，特朗普自称从来没有向他提出过任何要求，但科莫却经常征收高额的房地产税。税收之高，逼迫着不少开发商离开了纽约。这在业界被称为“科莫税”。

科莫后来在竞选连任时被对手击败。科莫自己下台后，儿子安德鲁还在颇有权势的住宅和城市规划部担任部长。

有一次，特朗普给科莫打电话，请他告诉安德鲁，特朗普有一个项目尚在住宅和城市规划部审批过程中，特请安德鲁关照。

科莫回答说，这件事让他很难办。因为他很少为了生意上的事情给“部长”打电话。

“他不是部长，他是你儿子！”特朗普对科莫说。

科莫说，“我把他看成部长，并且我也这样称呼他，因为他干的是非常严肃的工作。”

特朗普的火气立即燃烧起来。在他看来，他要求科莫打电话毫无过错，只是一个简单而公开的请求。朋友之间，这种请求在公共和私人场合随处可见。

“你到底帮我不帮？”特朗普问得很是生硬。

在官场上混迹多年的科莫懂得收敛。他尽量心平气和地婉拒了特朗普。

在特朗普看来，科莫是一个彻头彻尾的吝啬鬼，一个极为糟糕的州长。这是又一个背叛了特朗普的朋友。此后，无论特朗普在什么场合碰上科莫，他都不和科莫打招呼，甚至连看都不看他一眼。

特朗普曾同意为一家名为“莲花”的夜总会投了一笔小钱。他之所以这样做，是因为有朋友要求提供帮助。但投下这笔小钱的时候，特朗普并没有想到会有回报，因为大多数经营这种小店的年轻人都会将钱打了水漂。

“莲花”开业时人气极旺，这让特朗普颇感意外。

大约一年后，特朗普突然意识到这家经营状况还不错的夜总会从来没有给过特朗普一分钱：既没有归还原来的投资，也没有给他分红。于是特朗普打电话给两位当初恳请他投资的两位年轻人。

“小伙子，我看你们干得不错，你们应该给投资者回报啊！”特朗普说。

“我们干得很辛苦，但钱可没有来得那么快。”年轻人回答说。

“你蒙谁呢？我才不信呢。”特朗普的火又上来了。他感到那两位年轻人已经过着国王般的生活。

2002 年 10 月，特朗普从两位年轻人那里收到第一笔参股受益金。这仅相当于当年投资的一小部分。拿到这个钱的特朗普生气了，他写了一封火气很大的信，要求公开调查夜总会的经营记录。

在特朗普看来，他到那时为止应该得到的回报至少是当年投资的 6 倍。

此后，特朗普又多了两个敌人。他无论在什么地方见到这两个年轻人，都对他们不予理睬。特朗普心想，如果当时他们公平地对待我，我可能会再拿出几百万美元帮助他们进一步发展。现在他们正为这些新的生意找不到新的投资者发愁呢。

不仅如此，动不动就打官司的特朗普又在考虑是否应该起诉这两位年轻人。

特朗普有时也认为自己待人处事有些“偏执”。他也曾反思道，“最近，我对报仇和偏执狂的态度有些缓和。尽管我依然认为二者都很有必要。但我现在意识到，实施报复会浪费很多时间。把这些时间花在新的创业和生意，或是建设更好的个人生活方面，那无疑会更有意义。如果你能轻易消除生活中的负面因素，你最好就这样去做。如果你认为小偷小摸是一种堕落行为，自己最好离它远点，那将节省你很多时间。”

与很多人的看法不同，特朗普认为自负并不是一件坏事，做人就是要姿态张扬。他认为，“胸怀大志的同时要采取张扬的姿态，一生中做任何事情要以高姿态面对。我总把自己看成最英俊的男人，我喜欢被美女环绕。”

到了 2000 年以后，“胸怀大志”成了特朗普常常论述的话题。

在《激情创造梦想》一书中，特朗普对“胸怀大志”已经有了更为咄咄逼人的表述。

特朗普说，“不论你做什么，都要胸怀大志。现代生活中所有伟大成就，从高耸入云的摩天大厦、科技和医药领域惊人的新发现到工业和军事领域的重要成果，无一不是雄心壮志带来的成果。

每一个在成功的企业、教会和政治组织都胸怀大志，胸怀大志才能创造亲密持久的关系。先为自己树立一个宏伟的目标，然后把自己锤炼成能实现这一目标的人。

大多数人没有雄心大志，因为他们无法想象自己能做大事，他们没有知识、经验或成功纪录。没有这些照样能有雄心壮志，即使还没看到成功的迹象，你也可以开始胸怀大志。每一个胸怀大志的人都必须从无名小卒做起，胸怀大志能让你马上从绝大多数人当中脱颖而出。你有多大的雄心壮志决定了你会取得多大的成功，其他都是次要的。”

正所谓心有多大，天就有多大。

特朗普认为，谈吐也要表现出胸怀大志，恐惧常常使人在想说话时却张不开嘴。要养成在各种场合大胆、大声说出自己观点的习惯。事先确定自己想要表达什么，然后清晰、大声地说出来，要让人相信你所说的东西掷地有声。记住，那些听着你说话的人并不如你所想象的那么聪明。

为“自负”翻了案的特朗普大声地说，要想在任何领域获得巨大成功，你都必须建立势头，势头意味着干劲和时机。刚开始做一件事情时，你没有任何前进的势头，诸事不顺，没有人理你，事情似乎毫无进展，但不要着急。只要坚持不懈，朝着目标不断努力，不久你就会打开局面，人接触的越来越多，人脉关系越来越广，建立一个又一个信用，万事会变得越发顺手起来。但在这种时候，更为重要的是不要失去势头。如果失去势头，时机将离你而去，人和事都将对你不利，做任何事情又开始别别扭扭起来。要记住，永远不要失去势头。

自2000年以来，特朗普“指点江山”的派头越来越大，也越来越喜欢就国家大事品头论足了。

有一次，在一个有着6万多名听众的论坛上，特朗普在发表讲话时说，美国前国务卿康多莉扎·赖斯是一位非常可爱的女人，“但是我宁可要别人去和某些国家谈判。我想要的是一个真正强悍的伟大谈判家，是那种能够实现我们国家利益的人。”在讲话中，特朗普用了某个“粗俗”的字眼来形容赖斯。第二天，报纸上标题赫然写道，“特朗普把赖斯称为××”。

特朗普就此解释说，“在赖斯身上，有一种典型的情节在反复上演：她到某个国家去会见一个人，而这个可能是位独裁者，也可能是一个残忍的刽子手、一个凶恶的杀人犯。赖斯走下飞机，带着灿烂的微笑挥手致意，然后发表一段简短的演讲。她会走过独裁者的办公室，和他一起坐下来拍照，椅子被摆成了45度角，以便摄影师们能够很好地拍到她和独裁者的合影，接着她就离开，挥手再见，回到飞机。如此而已，然后她再也没有下文了，而且从来都没有下文。

我可以说出10至20个世界上最伟大的交易家的名字，这些伟大的谈判家能够为自己的国家达成极好的交易。

然而，现实中，我们的谈判者都是一些天真的老好人。他们根本不明白，在严酷的现实情况中究竟应该怎么做，他们从来没有经历过严酷的‘赢者通吃’‘你死我活’式的谈判，也没有面对过残酷恶毒的敌手。如果政府用那些最好的谈判家去谈判，很多问题可以迎刃而解。

然而，现在甚至没有人去进行这个谈判！赖斯到那里只是照相去的。如果你要进行一项谈判，或者找人为你谈判，无论谈判的内容是什么：一个10亿美元的房地产开发项目、一辆二手车、还是一个国际军备条约，都需要确保谈判的人选是最棒的。”

特朗普差点没说出来的话就是，我特朗普就是这样可以取而代之的“最伟大的交易家”和“伟大的谈判家”！

第十一章

逆势而上，改变“伤残的美国”

特朗普从一开始就不喜欢奥巴马；奥巴马狠狠开涮特朗普；奥巴马：“当总统不是真人秀”；无奈，是奥巴马这八年来越发强烈的感触；第一份总统行政令变为一张成为笑料的白纸；最为棘手的谈判对手恰恰是美国的铁哥们儿；“潘多拉魔盒”一经打开，想拍屁股走人，没那么容易；整个社会不满如地火奔突；政治极化走向极端，政府被迫部分关门16天；为什么99%的人与1%的人之间如此不平等；“茶党”在催化政治极化的裂变中如鱼得水；美国民众心冷了、厌烦了、“爱咋咋地”，犬儒主义大泛滥；面对美国政坛，奥巴马一声哀叹；特朗普直言奥巴马是美国的“灾难”；此时应强硬；让美国再次伟大

美国政治周期多有钟摆现象。有前因才有后果。不了解执政八年的奥巴马，就难以理解逆势接任的特朗普。

在2008年美国总统大选中，当年轻的联邦参议员奥巴马与前第一夫人

希拉里·克林顿激烈争夺民主党总统候选人提名时，登记为民主党人的特朗普盛赞希拉里将成为“伟大的总统或副总统”。

奥巴马入主白宫后，特朗普又于2009年变身为共和党人。

特朗普从一开始就不喜欢奥巴马。

恰如一些极端的共和党人，特朗普一直公开声称奥巴马不是一个在美国本土出生的美国公民，因而质疑他参选美国总统的资格。

2011年4月，奥巴马的白宫岁月都已进入第三个年头了，特朗普仍然在拿奥巴马的出生地问题说事。

特朗普说，“他（指奥巴马）在肯尼亚的奶奶说奥巴马出生在肯尼亚，出生时她就在那里，她可以作证，好吗？”特朗普还就奥巴马得以就读哥伦比亚大学和哈佛大学这两所“常春藤大学”质疑他是否真的是因为成绩优秀。他要求白宫出示奥巴马的出生证明及学习成绩记录。

奥巴马彼时正在寻求连选连任。为了彻底平息关于奥巴马出生地的质疑，两天之后，白宫官方网站出示了奥巴马在夏威夷的出生证明。

特朗普随后说，他希望此事已得到检验，并对自己在最终逼迫白宫拿出证明一事上所发挥的作用表示自豪。

此后，曾有人不无调侃地问特朗普，奥巴马到底是出生在哪里？特朗普说，“我真的不知道。我的意思是，我不知道他为什么不早点拿出证明。但你知道，我真的不想卷入此事。”

善于反击的特朗普这次遭到了奥巴马的强烈反击。时机便是2011年4月27日晚在华盛顿希尔顿饭店举行的白宫记者协会年度晚宴。

白宫记者协会成立于1914年2月。史载1921年哈定总统上任后，宣布重开定期白宫记者发布会，并调整时间以便记者能在上午报纸付印前出稿。白宫记者协会为此举行晚宴庆祝。这便是第一届晚宴的来由。之后晚宴基本上在每年四月最后一周周末或者五月第一个周末的某个晚上举行。

曾参加过1921年第一届晚宴的人形容说，那是一个“充满诸多欢乐与乐观的场合”。这为接下来每年的晚餐定了基调。柯立芝在1924年成为第一位参加该晚宴的总统，并为晚宴带来一些其他政治人物。从此美国总统每一届晚宴基本都到场。

斗转星移，历任美国总统越发重视这一晚宴活动。他们利用这一关注度极高的场合发声，拉近和改善与美国主流媒体的关系。这一晚宴活动的参加者也远远超出了白宫记者的范围，政坛显要人物、影视明星并各界名流都成为座上宾。

在2011年那场晚宴上，特朗普就作为嘉宾坐在那里。

奥巴马在这个晚宴上再次祭出“自嘲”神技，通过自己的出生地一事狠狠地拿特朗普开涮了一回。

奥巴马入场登台的背景音乐是“真美国人”，现场大屏幕上闪动着他的夏威夷出生证明，一段《狮子王》辛巴出生的动画讽刺特朗普质疑奥巴马出生在非洲的说法。

奥巴马意犹未尽，他对着全场名流说：“但不管怎么说，特朗普先生肯定能给白宫带来一些变化。”说着，他将手指向屏幕，上面出现的白宫已经成为“特朗普白宫度假胜地和赌场”，门口有比基尼美女和镶金的柱子，暗示特朗普不但将把他奢侈的生活方式带入白宫，还可能在其中提供色情服务。

也是在这一年度晚宴上，特邀嘉宾赛斯·梅耶在台上取笑说：“特朗普声称要以共和党身份参加大选，我还以为他会以小丑身份参加大选呢。”

此时，现场摄像多次将镜头扫向特朗普的侧脸。特朗普神色紧绷、一脸苦笑。第二天，“特朗普被当众羞辱”成为媒体报道的一个角度。

2016年4月30日，奥巴马在其任内最后一场白宫记者协会晚宴上再次拿特朗普开涮。

这一次，正因竞选活动受到全世界瞩目的特朗普没有出席。

“今晚他没有来，让我很受伤。”奥巴马一脸坏笑地说，“这里满屋子的记者、明星和摄像机，特朗普居然说不！难道这个晚宴太俗气了吗?”

“共和党大佬们说特朗普缺乏总统外交政策经验，但其实他一直在跟世界各国领袖们打交道，比如瑞典小姐啦，阿根廷小姐啦，阿塞拜疆小姐啦……”奥巴马的调侃引来全场阵阵哄笑。

一些好事者认为，就是在五年前的那个夜晚，特朗普非但和奥巴马结下了“梁子”，那些苦涩的玩笑还间接促使特朗普卧薪尝胆，“报复性”竞选总统，最终成为2016年美国所有政客们的“梦魇”。

“那个被当众嘲弄的夜晚不但没让特朗普退却，反而激起他力图在政治世界获得声望的斗志。特朗普竞选的真实原因有时被他的狂言和吹牛遮掩了，那就是：渴望被认真对待。”2016年3月《纽约时报》刊载的一篇文章中说。

特朗普反复向媒体强调，五年前那个“难忘”的夜晚并没有给他留下伤疤。“我竞选的原因有很多，那不是其中之一。”特朗普告诉《华盛顿邮报》记者。

2016年5月6日，时值特朗普力压党内群雄，成为共和党总统候选人态势基本敲定后，奥巴马在白宫记者会上在被问及此事时说：“我们正处于一个关键时期，而这确实是一项严肃的工作。这与娱乐无关。这可不是真人秀。”他说，特朗普有很长一段时间的言行是需要被检视的，民众需要认真看待特朗普在过去的所作所为。

奥巴马应运而生

在美国历史上，所有在位总统都渴望以大作为名留青史，却常常留下

“壮志未酬”的遗憾。特朗普会不会也是如此？他的前任或许多多少少是一面镜子。

在白宫椭圆形办公室待了八年的奥巴马很累，很难，五味杂陈，一言难尽。

他是美国历史上首位非洲裔总统，仅就这一点而言，奥巴马已经创造了历史。

然而，作为一位在白宫坐了八年的美国总统，历史老人更为关心的是，这位奥巴马总统将给美国留下什么样的历史遗产。

这当然也是奥巴马夙兴夜寐、孜孜以求的事情。无奈，诸多事情难以如愿。

无奈，这是奥巴马这八年来越发强烈的感触。

2008 年美国总统大选时，当真正的“黑马”横空出世时，整个世界曾怎样震惊和兴奋。高举“变革”大旗的奥巴马何等意气风发、慷慨激昂，一副金戈铁马，气吞万里如虎的气势，一种“天下者，我们的天下；我们不说，谁说?！我们不做，谁做?”的王者风范。

“变革”的呼唤黄钟大吕般击中了美国选民的神经，也赢得了排山倒海般的积极回应。

“9·11”事件后，美国以反恐为名先后打响阿富汗、伊拉克两场战争，新保守主义理念支配下的单边主义行动迅速走向极端，反对者便被扣上“不爱国”的帽子。“伊拉克拥有大规模杀伤性武器”的谎言被戳穿后，美式全球反恐的正义性迅即变味。随着美国在战争泥淖中越陷越深，其捉襟见肘的窘态愈显。2008 年发生的金融危机沉重打击美国经济，各种社会矛盾凸显，要求“变革”的声浪日高。

此时应运而生了奥巴马。也只有在美国，奥巴马才得以应运而生。

推崇“想大事，做大事”的奥巴马确实决意在美国推动变革。

2009年1月21日，这是奥巴马作为美国总统后的第一个完整的工作日。

奥巴马当天第一个电话打给了巴勒斯坦民族权力机构主席马哈茂德·阿巴斯。随后，奥巴马还与以色列总理埃胡德·奥尔默特、埃及总统穆罕默德·胡斯尼·穆巴拉克和约旦国王阿卜杜拉二世通话。中东和平问题成为奥巴马一上任便极为关注的国际热点问题。

随后，奥巴马的助手当天向国防部等部门散发了一份奥巴马签署的行政令草案，要求在一年时间内关闭关塔那摩监狱，同时暂停关塔那摩军事法庭所有战争罪案件审理，称这将进一步维护美国国家安全、外交利益与司法权益。关闭关塔那摩监狱是奥巴马竞选总统时的一项重要承诺。

奥巴马于当天傍晚在白宫召开电视电话会议，与国家安全团队、海外美军指挥官讨论伊拉克战争和阿富汗战争前景，着手规划美军撤离伊拉克进程。

在这风风火火的一天即将结束之时，奥巴马又安排了任命希拉里·克林顿为国务卿及整个外交团队的组合事宜。

难以关闭的关塔那摩监狱

世上很多事情，回过头去看最有味道。

八年时间过去了，奥巴马在任总统第一天就签署行政令要关闭的那座关塔那摩监狱一直未能关闭。

一个曾经那样慷慨激昂做出的承诺就这样食言了。

真的不是奥巴马欺骗了谁，而是真正坐在椭圆形办公室后，他所面临的便是连他自己也无能为力的一团乱麻般的残酷现实。

奥巴马之所以在竞选时就发誓关闭关塔那摩监狱，是因为其臭名昭著，美国在全球的形象因此受到极大伤害。

关塔那摩不在美国本土，它是位于古巴东南部一座港口城市。1898 年美西战争时期，美国从西班牙手中夺走全部古巴，并在关塔那摩湾建立了“关塔那摩美国海军基地”。1959 年古巴革命胜利之后，古巴政府一直反对该军事基地的存在，并拒绝接受美方租金，要求美国军队撤出关塔那摩。美国一直没有放弃关塔那摩。

关塔那摩基地三面临海，一面有重兵把守，加之有仙人掌和灌木形成的天然屏障，确为监狱的极佳选址。

美国 2002 年 1 月在关塔那摩设立监狱，主要关押“9・11”事件后在阿富汗战争中俘获的“基地”组织和塔利班嫌犯。

美军在伊拉克阿卜格莱布监狱的虐囚丑闻曾震惊世界。关塔那摩监狱的设立及虐囚情况也时有所闻。

2004 年无罪释放的三名英国人宣称，关塔那摩监狱中美军对囚犯实施持续不断的拷问、性虐待、强行注射药品和宗教迫害等暴行。2004 年 11 月 30 日，《纽约时报》发表了美国政府泄漏出的一份内部备忘录，其中有一份国际红十字会的报告。这一报告中指出，关塔那摩监狱内的一些行为“等同于严刑拷问”：用高分贝的噪音或音乐刺激囚犯，将囚犯置于长时间的非正常温度环境中，还有殴打等。

2005 年 5 月 31 日，国际特赦组织在一份报告中指出，关塔那摩美军监狱中有持续不断的虐囚行为，此监狱就像苏联的“古拉格集中营”。

2005 年 5 月 9 日一期的《新闻周刊》披露了美军在关塔那摩基地中为了迫使犯罪嫌疑人招供，将《古兰经》冲入抽水马桶的事件。由于曾有犯罪嫌疑人提出类似指控，此文一经刊发便在广大穆斯林中引发了强大的反美情绪，阿富汗、巴基斯坦等地接连爆发大规模示威活动，抗议美军亵渎《古兰经》，活动中已有多人死亡。6 月 3 日，美军公布了五起士兵粗暴对待《古兰经》的事件：包括一名士兵故意脚踢《古兰经》；审问官脚踩《古兰经》；

一位看守通过排气管撒尿，溅到一名囚犯和其《古兰经》上；看守投掷水气球，弄湿多本《古兰经》；以及在一本《古兰经》内页用英语书写一个淫秽词等。

此外，关塔那摩监狱囚犯多次举行大规模绝食抗议活动。

关塔那摩监狱内的这些情况逐渐受到国际社会广泛关注。联合国及世界多国政府曾多次呼吁美国政府关闭关塔那摩监狱。

针对国际社会的质疑，小布什政府的国防部长拉姆斯菲尔德先是不得不出面解释说这些人是“非法战斗人员”，不享有《日内瓦公约》所规定的任何权利，后来为了避免在阿富汗的美国军人也不受《日内瓦公约》保护，小布什调整政策，承认塔利班战士受《日内瓦公约》保护，但不承认“基地”组织战斗人员，美国最高法院判定军事法庭违法后，才同意塔利班战士也受《日内瓦公约》保护。

2006 年 3 月，在美国联邦法院的要求下，美国国防部被迫公布近 5 000 页文件，包括部分囚犯名单。当年 4 月，国防部又公布了附加的 2 600 多页的文件。根据这些文件，曾关押在关塔那摩的囚犯共 558 人，几乎所有人都被冠以“敌方战斗人员”的称号，但只有很少人受到正式指控。这些囚犯来自 41 个国家，其中沙特和阿富汗最多，分别为 132 人和 125 人。也门紧随两者其后，共计 107 人。美国政府怀疑这些人与恐怖组织“基地”及塔利班有关，或者曾对美国安全造成威胁，所以被囚禁在此。这些囚犯几乎都是在美国全球反恐战第一轮行动中被逮捕的，其中很多已被关押在关塔那摩近 4 年。

美国是一个法治国家，关押这么多人，且长时间没有按照司法程序进行审理，这首先就输了理。

除了上任第一天就签署要在一年内关闭关塔那摩监狱的行政令外，奥巴马还在 2009 年 2 月发表全国电视讲话，重申这一承诺。然而，承诺最终未能兑现，症结究竟在哪里？

从程序上讲，根据美国的司法程序，任何一件要案的取证、审理都颇费时日，一般来说根本无法在一年内完结，更何况关塔那摩监狱涉及数百人。

这数百名囚犯需进行甄别，哪些需受审，哪些需释放，释放又放到哪里，有哪些国家愿意接收这些人，这些人被放出来后是否将重新拿起枪杆成为“恐怖分子”，诸如此类，莫衷一是。

还有更麻烦的事情，对那些所谓需进行审判的要犯，由谁来审，这首先成为问题。从常理来讲，关塔那摩监狱所在地不属于美国领土，不受美国地方法院管辖。而若将这些囚犯移至美国本土受审，这又引来强烈的反对。

最为麻烦的事情源于美国的两党政争。奥巴马最终要采取的关闭行动必须经过国会批准，而美国国会内早有共和党人将这一问题政治化为到底如何看待美国在全球的反恐行动，关闭这一监狱究竟会对美国的安全产生何种影响。这些事情一扯起来便是争得没完没了，岂是一年内就能解决的事情?!

这件事拖得时间越长，越成为美国的道义污点。2013 年五角大楼估算，美国军方每年耗资 1.5 亿美元用于运转关塔那摩监狱和军事法庭系统。关塔那摩监狱当时关押 166 人，人均每年耗资大约 90 万美元，可称“全球最昂贵监狱”。

未能如期关闭关塔那摩监狱成为奥巴马一大心病。2013 年 4 月 30 日，已经进入第二任期的奥巴马在白宫新闻发布会上说，关塔那摩监狱的存在有损美国形象、开支太多并有损美国反恐努力。他说，他将就关闭关塔那摩监狱与国会重新接触，以阐明关塔那摩监狱的存在不符合美国人民的利益。

在 2016 年最后一次发表《国情咨文》时，奥巴马仍在说，美国的“领导力需要美国做出表率。这就是为什么我一直致力于关闭关塔那摩监狱：这一监狱耗资巨大，没有必要，只会为我们的敌人继续招兵买马提供说辞。”

以色列不买奥巴马的账

奥巴马上班第一天就打了那么多电话的中东和平问题也被证明是一团剪不断、理还乱的乱麻。奥巴马的诸般努力在各种软、硬钉子面前碰得一点脾气也没有——有脾气也没用!

奥巴马选择首先在中东问题上着力，因为他想要下一盘很大的棋。

在美国全球外交格局中，中东问题有着四两拨千斤的分量。中东之结不解，美国全球外交格局便不稳，伊朗拥核的心病便难除，伊拉克和阿富汗两场战争的前景亦不妙。从美国的战略利益出发，奥巴马政府仍将试图以巴以冲突为突破口，全力推动中东和平进程向前走。

奥巴马以“变革”口号赢得执政，其中东政策、战略之变势所必然。首先是姿态之变。奥巴马的前任在中东地区肆行单边主义，其政治遗产之一便是将整个伊斯兰世界摆在对立面。奥巴马以此为切入点，借助新任之势头，以出访土耳其、埃及等国为契机，旨在“开启美国与伊斯兰世界之间的对话”，呼吁“伊斯兰世界与美国实现和解，共同推动双边关系进入新局面”。

较之其前任将巴以问题束之高阁，奥巴马政府一上任便以中东问题的症结——巴以冲突为主攻方向，以“两国方案”为基础，积极重启中东和平进程。经过一年多的穿梭外交，巴以得以开始间接谈判。此后，美国推动以色列采取“具体步骤”，以实现重启巴以直接谈判。在推动重启中东和平进程中，美国更加注意多方协调，旨在全方位赢得美国主导下的共识与合力。

在大中东地区，伊朗核问题又是奥巴马希求解决的老大难问题。奥巴马一上台，就频摇橄榄枝，大谈与伊朗进行“接触”。继而借 2009 年伊朗总统选举之际，利用新媒体呼风唤雨，企求“政权更迭”；在未能如愿之后，奥巴马随之收起笑脸，诉诸“打在痛处”的强硬制裁。

无论在巴以冲突，还是在伊朗核问题上，奥巴马最终发现最为棘手的谈判对手不是别人，恰恰是作为美国盟友的以色列领导人内塔尼亚胡。

在全球国际关系中，美国和以色列一直是“铁哥们儿”。铁到什么程度？当年以色列刚一宣布建国，时任美国总统杜鲁门于11分钟之后便宣布承认以色列。自那以后，不论有多少国家如何谴责以色列占领巴勒斯坦家园，美国一直站在以色列一边。

然而，八年来，这一对“铁哥们儿”的官方关系味道变得很是酸苦，以至于到了伤筋动骨的地步。“铁哥们儿”之间闹气，其间有着国际关系与国内政治盘根错节的搅动，当政者人格与性格的微妙对冲，于是上演了一出一波三折、真真假假的闹剧，很是耐人寻味。

为了清除重启巴以和谈的障碍，在约旦河西岸和东耶路撒冷犹太人定居点建设问题上，美方也曾向以色列政府施压，并一度引起美以关系不快。2010年7月6日，美国总统奥巴马在白宫再次会见以色列总理内塔尼亚胡。3月23日，奥巴马曾在同一地点会见内塔尼亚胡，但两次境况截然不同。3月份的会见双方气氛紧张，据称内塔尼亚胡在白宫一度受到冷落，国际媒体也被全然拒之门外。这次会见美以则做足了姿态，极力显示两国“坚不可破”的亲密关系。时隔仅三个半月，美以关系便经历了一次耐人寻味的“变脸”。

美国最终还是要回到两国关系“坚不可破”的原点，既是因为美以在大中东地区战略利益上需要相互迎合，也是由于美国国内政治生态所迫。在美犹太人传统上支持民主党人，但在美以关系生变后，强大的犹太院外集团要在美国国内政治舞台对奥巴马施以颜色，这又对奥巴马形成有力牵制。

让奥巴马生气的就是内塔尼亚胡直接利用美国两党政争以利其私。2015年，美国国会共和党人绕过白宫，直接邀请以色列总理内塔尼亚胡到国会发表讲演。邀请外国领导人到美国国会发表讲演，这是国之大事，连这事都明目张胆地不带白宫玩儿，可见美国府院积怨之深。

自2014年美国中期选举共和党人一举拿下国会参、众两院控制权后，共和党人早就憋着劲让还有两年执政期的奥巴马过不痛快。此前，国会共和党人便卡住国土安全部资金，以阻止执行奥巴马关于移民改革的行政令，还不顾奥巴马的否决威胁，执意通过基石输油管道法案，并煞有介事地举行签署仪式，以此羞辱奥巴马。现在，趁着美国与伊朗就核问题的谈判处于关键的角力之际，美国国会与内塔尼亚胡联手上演这出戏，明摆着就是成心和奥巴马过不去。府院之争到了明目张胆扇耳光的份儿上，在美国现代史上也是仅见。

奥巴马政府最终就核问题与伊朗政府达成协议。这被看成是奥巴马执政以来一大外交成就。然而，以色列对此一直予以坚决反对。与此同时，巴以冲突问题一直没有得到实质性解决。

凡是奥巴马支持的，特朗普多有异议，反之亦然。特朗普入主白宫后，迅速改善同以色列的关系，那个伊核协议则被置于废除之列。

"伊斯兰国"：美国种蒺藜得刺

结束伊拉克、阿富汗两场战争也是奥巴马竞选时的重要承诺。在兑现这一承诺进程中，伊拉克北部库尔德人与中央政府的矛盾激化、美国与伊拉克、阿富汗政府间的微妙关系、美国撤军后伊拉克、阿富汗国内安全等问题使得原定撤军时间表一再推迟，奥巴马与美国军方矛盾错综复杂。最为严重的是，美国制造的两场战争最终产生"伊斯兰国"这一毒瘤，结果不仅自食恶果，还越发严重得威胁到整个世界安全。

在奥巴马任内，盖茨、帕内塔、哈格尔三位国防部长先后辞职或"被辞职"。盖茨和帕内塔在离职后出版的新著中均不同程度地对奥巴马有所抱怨。

美国前国防部长罗伯特·盖茨曾任美中情局局长，于2006年12月出任布什政府国防部长。奥巴马当政后，盖茨继续留任，成为美国历史上唯一白宫易主后获得留任的国防部长，且是一位与总统派别不同的共和党人。

盖茨在2014年出版的新著《责任：战争中的部长回忆录》曾在很长时间内名列《纽约时报》畅销书排行榜首位。伊拉克、阿富汗两场战争是盖茨任职期间面对的重大挑战，因此成为其回忆录中的重要内容。耐人寻味的是，一向风格沉稳、出言谨慎的盖茨在书中大批奥巴马政府在这两场战争中的“错误”与“短视”，并对美国发动的战争进行了反思。

长期以来，美国对阿富汗主要部族、村庄、省份、家族、权力经纪人之间的历史、相互关系“可悲地无知”。尽管“国际部队”曾加倍派驻阿富汗，但美国不但未赢得这场战争，还造成了更糟的局面。盖茨认为，奥巴马在阿富汗战争中最根本的问题是，其政治、哲学理念与公开场合鼓吹的战争言论，与阿富汗战场真实情况之间存在巨大的冲突。此外，战略目标不切实际、阿富汗安全部队建立不及时、美军将领轮换频繁等也是阿富汗战争中存在的问题。

曾任中央情报局局长的盖茨对美国所发动的战争并不陌生，国防部部长的经历使他对战争有了更深刻的理解。通过对战争的反思，他得出的首要教训是，战争是不可预测的。正如丘吉尔所言，一旦打响第一枪或投下第一枚炸弹，政治领导人必将失控。伊拉克和阿富汗战争再一次表明，速成的政权更迭必将让位于长期的血腥冲突。

开战容易停火难。每当受挫于外时，武力解决问题常常成为美国领导人的对策首选。对于美国亚太再平衡战略，盖茨批评其自设定之始就全盘置于军事框架之中，并没有将经济和政治放在该战略首位。美国必须承认自己并非无所不能，军事干预不是解决每一次海外危机的唯一选择。

“迷恋于在内华达州按下按钮，几秒钟后就能在伊拉克的摩苏尔炸翻一辆卡车，将战争幻化为无血、无痛也无味的电子游戏。”盖茨在书中写下这样的思考。现实是严酷的，战争是一场充满不确定性的悲剧。任何使战争变得容易的企图，最终都将导致羞辱和灾难。卸下国防部长一职后，盖茨转而出任威廉玛丽学院校长。宁静的校园让他远离了喧嚣的华盛顿政坛，使他一吐胸中块垒时显现出难得的清醒。然而，历史的反讽便在于覆水难收。美国结束两场战争后仍陷于剪不断、理还乱的尴尬境地，未来也极具不确定性——毕竟，种蒺藜者只能得刺。

作为总统，无论奥巴马秉持着多么强烈的自由派理念，他毕竟是美国"国家利益"的代表，其间便有了诸多身不由己的况味。在好几年的时间里，奥巴马在派出新的地面作战部队介入新的战争一事上极为谨慎，又在想着怎么对付此起彼伏的"恐怖分子"，最终寻得了一个既不声张、又得实效、还不死人或少死人的捷径，那就是大量运用"海豹突击队"等特种部队的突袭行动和依赖无人机等无人系统军事武器。此招灵验了好几回，本·拉登就是这么被毙的。这种新战略的运用重在一个"秘"字。经奥巴马点头同意的这些秘密军事行动，神不知，鬼不觉，说得少，做得多，成功了说一说，失败了能遮掩就遮掩。遮掩在于难言：那些使用无人机的军事行动不知在也门、索马里、巴基斯坦、阿富汗、伊拉克等国误杀了多少平民！一些失败了的突击营救行动之所以不得不说，是因为一些人质在行动过程中遇害，实在是捂不住了。

奥巴马结束两场战争的承诺有着强大的民意基础。记得奥巴马在结束伊拉克战争后欢迎回国老兵的集会上往台上一站，一连说出好几个"欢迎回家"，台下则是一片欢腾。

然而，名义上从伊拉克、阿富汗撤军的美国又悄悄打着"顾问"等旗号将美军派了回去。美国还宣布2014年后计划在阿富汗驻留约10 800名美军，这一数字较此前奥巴马总统宣布的计划新增了1 000人。这一变化的背后，透露着奥巴马巨大的战略隐忧，那就是正在大中东地区坐大的"伊斯兰国"极端组织。

在美国，许多人将"伊斯兰国"极端组织的得势归咎于奥巴马执意如期从伊拉克撤军。美军撤出伊拉克后，“伊斯兰国”极端组织乘虚崛起，伊拉克军队则兵败如山倒。为此，奥巴马承受着巨大的政治压力。思考阿富汗的前途时，奥巴马很担心一旦美军如期从阿富汗撤出，塔利班也会乘势而起，生演出第二个阿富汗版的“伊斯兰国”极端组织。本想将结束伊拉克、阿富汗战争作为任内执政业绩的奥巴马此时才真切感受到，收拾这个烂摊子难乎其难，大中东和南亚地区的“潘多拉魔盒”一经打开，想拍屁股走人，没那么容易?!

问题是，哪怕是数以万计的美军再次重返伊拉克、阿富汗又能怎样?!从长远来看，美国在阿富汗增加 1 000 名美军就能确保在两年间根除打败塔利班吗？美军越来越深地以夜间突袭等方式陷入阿富汗战事，也将越来越多地引起阿富汗百姓的反美情绪，进而使得阿富汗安全局势越发不稳，最终形成一个事与愿违的恶性循环。

五角大楼解释说，此时增派一千名美军是在弥补北约其他国家派驻阿富汗军队的“临时”空缺。事实是，其他北约国家内厌战情结深重，根本不愿随美国更深介入阿富汗战事，巴不得早些撤军了事。如果其他北约国家不愿或不再向阿富汗派兵，美国将如何自处？已经长达 13 年的阿富汗战争早已表明，如果阿富汗自身没有一个不腐败、运转正常的强有力政府和军队，无论有多少外国军队和外援，局势都将没有大的改变。在上述多种因素的制约下，美国在阿富汗问题上很可能再次陷入一个充满不确定性、最终也难以自拔的泥淖。

本想以诺贝尔和平奖得主身份结束美国历史上两场时间最长战争的奥巴马却身不由己地深陷阿富汗、“伊斯兰国”、伊拉克内战、叙利亚内战、利比亚内战、也门及阿拉伯半岛打击“基地”组织等多场战争或争端当中。撤军变增兵，奥巴马进一步坐实“战时总统”名号。奥巴马在这一系列严酷现实面前一再陷入提出行动计划，随之便在现实的干预之下做出改变的周期性恶性循环之中。这些战争和争端注定将交到下任美国总统手上。

巨额债务成为经济重负

美国大选期间，经济现状及改革方略一向是激辩的重要议题。竞选者多以“烂摊子”批评前任在经济领域的所为。特朗普亦不例外。

如何收拾2008年之后美国经济的烂摊子，是摆在奥巴马面前又一个严峻挑战。2009年2月17日，上台还不到一个月的奥巴马就签署总额为7870亿美元的刺激法案，以激活因金融危机而日渐衰退的美国经济。

在如何重振美国经济问题上，奥巴马也曾做出多次妥协，食言之举不一而足。他曾承诺改变前任小布什总统为富人减税的措施。但他最终与国会共和党人达成妥协，继续延长为富人减税的期限。在奥巴马执政的第一个四年，他未能履行将赤字减半的承诺，反而增加了数以万亿美元的赤字。对此，奥巴马一直归咎于前任留下的经济烂摊子。奥巴马允诺结束对石油业的补贴，但这一承诺后来变得烟消云散。

应该说，奥巴马的经济刺激计划还是有些成效的，美国汽车行业的整体重振是最为显著的例证。

在重振美国经济的战略中，奥巴马着力于制造业的复兴，并将战略目标锁定在占领21世纪先进制造业制高点。应该说，这是很有战略眼光之举。

奥巴马屡屡表示，美国需要强大的制造业，需要生产更多标有“美国制造”的商品，“这是一个不进则退的时刻”，“要努力重振美国制造业，为美国工人和就业而战”。

针对美国产业转型加快，制造业所占比重呈下降趋势，劳动密集型产业进一步被淘汰或被转移至劳动成本更低的国家的形势，美国启动“先进制造伙伴”计划，资额达5亿多美元，投资涉及打造关键国家安全工业的国内制造能力、缩短研制先进材料所需时间、确立美国在下一代机器人技术领域的领导地位、提高生产过程中的能源效率、研发可大幅度缩短产品设计、制造与试验所需时间的新技术等重要领域。这一计划通过先进的信息、生物和纳米等技术，着力推动小型高性能电池、先进复合材料、金属加工、生物制造和替代工程等先进产品的创新。

在失业率居高不下的情形下，美国重振制造业也意在创造新的就业机会，但这类就业岗位绝对不是简单劳动密集型，而是科技含量高、专业素质强和收入水平高的“好工作”。

美国在确保全球先进制造业领先地位的新一波努力中，进一步确立了官民并举、产学研联手群策群力的发展格局，以多路径促制造业发展。

美国政府重振制造业的举措已初显成效。奥巴马执政初期，便决定对汽车业进行救助，已使汽车业增加了 14 万个就业岗位。由于美元走弱及原本被视作低成本的国家出现工资上涨，美国的制造业竞争力近来有所提升，这一情况是自 2007 年以来首次出现。

奥巴马在 2016 年任期内最后一次《国情咨文》中说，美国经济基本的事实是这样的：现在，在全球范围内，美国经济是最为强大且坚固的。纵观历史，我们现在处于私营部门连续创造就业机会最长的一段时期中。我们创造了逾 1 400 万个新的就业岗位；这是自 20 世纪 90 年代以来就业增长最为强劲的两年；失业率下降了一半。汽车行业也创造了最辉煌的一年。在过去的六年里，制造业创造了将近 90 万个新的就业岗位。而且，我们在取得这些成绩的同时，还将赤字减少了近四分之三。

奥巴马在提及这些经济成绩时，显然刻意回避了仍然存在的严重问题，特别是回避了美国巨额债务问题。

在 2012 年的美国总统大选中，以就业为切入点的经济问题仍为共和党对奥巴马政府的主攻方向。笔者于 2012 年赴佛罗里达州坦帕市现场采访了于当年 8 月 27 日至 30 日举行的美国共和党第四十次全国代表大会。那次共和党全国代表大会开幕之时，一进会议现场，就能看到会议现场启动了两个数字不断闪烁增加的“债务电子钟”，其一显示自本次共和党全国代表大会开始以来美国负债数字，另一个则显示美国共计近16万亿美元的巨额债务，以显示奥巴马政府“令人失望”的经济政策。

共和党对奥巴马的抨击显然经过周密设计，其中最具杀伤力的当属好莱坞明星伊斯特伍德的现场表演。伊斯特伍德在发言前，现场工作人员在讲台前摆上一张酒吧椅。已逾八旬的伊斯特伍德登场后对着那张空椅子，假想奥巴马就坐在那里，开始数落他当选总统时高谈阔论什么“改变”，把大家都弄哭了，但现在美国还是有2 300万人没有工作。伊斯特伍德的“即兴表演”引来全场一阵阵的哄笑，奥巴马“无所作为”的潜台词被表现得淋漓尽致。

笔者在现场采访中了解到，共和党人批评说，奥巴马政府的经济政策使得增长停滞、就业增长乏力、投资受到阻碍。过度征税和管制阻碍了经济发展。在改变经济现状问题上，奥巴马政府将联邦政府置于驾驶员的座位上，而不是依赖企业活力从基础重建美国经济。由于巨大的债务和经济挑战，美国正在面临着前所未有的不确定性，美国正在经历自20世纪大萧条以来持续时间最长、最为严重的经济下行局面。美国失业率已经连续42个月在8%以上。缺乏以实力为基础的美国在国际事务方面已失去领导地位。

贫富差距加大　中产阶级缩水

在奥巴马第一个任期内，他曾以巨大的政治资源为代价在医疗保健改革问题上取得了突破性进展。但由于由此加剧的两党分歧，这一看似可以成为“历史性功绩”的成果被大打折扣。

对于奉行自由主义理念的民主党人，奥巴马八年来致力于打造更为平等、公正的社会。然而，对于美国老百姓而言，普遍的感受却是自己的生活并没有多少明显改善。美国中产阶级的殷实程度大为缩水。就整个美国社会而言，贫富差距反而拉得更大，社会向上流动性更为滞缓。因而，整个社会如地火奔突般潜藏着强烈的不满情绪。

进入第二任期的奥巴马曾屡屡直言美国政府需要制止几十年来经济不平等日益加剧的趋势。这一趋势损害了“美国梦”，对美国立国之本形成挑战，更是美国所面临的“重大挑战”。对于一直表示要“想大事”“干大事”的奥巴马而言，美国日益严重的贫富悬殊、社会不公问题无疑是作为民主党人的他脑中的“大事”。

“人人生而平等”是一个美好的理想，而“平等”的内涵却是不断争论的话题。在严峻的美国社会现实面前，机会平等和结果平等的主张者均越发感到不满。穷孩子从背书包的第一天便进不去好学校，所谓起跑线上的平等早成泡影。2016 年共和党总统候选人、古巴裔参议员马可·鲁比奥也承认，他的父辈可以移民美国后从酒吧侍者经奋斗迈入中产阶级，但现在这样的事情几乎不可能再现。巨额债务负担下的福利项目一再遭到砍削，缩小贫富差距、旨在结果平等的机制不断卡壳。

奥巴马看到和提出了问题，也努力通过推动医疗改革、提高最低工资标准等改变现状，却迄今未能破题。此题难解，首先在于这是一道历史性难题。在社会公平问题上，美国两党一直存在着自由竞争和追求平等的悖论之争，美国近代社会改良运动也一直在两者间的博弈中钟摆式前行。今日奥巴马的努力也是自 20 世纪罗斯福“新政”和约翰逊“伟大社会”计划以来追求社会平等改良运动的继续。

罗斯福的“新政”有着美国 20 世纪 20 年代末至 30 年代的经济大危机背景，大破大立期间，罗斯福便有了推动“经济正义”的突出政绩。罗斯福能够做到这一点，一个重要原因便是大萧条所造成的社会惨状在很大程度上弱化了国会对政府强有力施政的传统制约。入主白宫后的奥巴马也曾面对金融风暴后的经济烂摊，并利用第一任期前两年民主党全面掌控国会的政治优势首先全力推动医疗改革。在这个社会达尔文主义有着支配性影响的国度内，这一有悖于自由竞争理念的改革及实施很快在共和党人的强力反弹中受挫。加之对华尔街监管难以奏效、经济长期不振、财政捉襟见肘等多种因素，贫富两极分化与政治极化恶性循环，华盛顿多方掣肘的巨大政治机器使得奥巴马政府对于解决经济不平等问题有心无力，最终常常落得一声无奈的长叹。

每逢美国大选或中期选举等政治周期，美国社会不公总成为热辩的话题。但在“钱主政治”的体制中，美国社会中的这一痼疾常常幻化为各类政客旨在赢得选票的作秀，却不要指望问题本身能够得到根本性解决。

极端极化的政治生态

美国的政治极化愈演愈烈是奥巴马当政后所面临的一个趋势性现象。这一现象成为2016年美国大选前政治生态的温床。

2010年11月，美国举行中期选举。

根据美国宪法，美国总统选举每四年举行一次，国会选举每两年举行一次。其中一次国会选举与四年一度的总统选举同时举行，而另一次则在两届总统选举之间举行。在两次总统选举之间举行的国会选举，就是“中期选举”。

换言之，美国的政客们是忙完大选后又忙中期选举，刚忙完中期选举又开始忙下次大选。多数政客为了保住自己的位置，将很多精力用于从利益集团处筹款，以为竞选所用。这也是美国“金钱政治”的缘由之一。

有分析认为，在大选中赢得胜利的美国政党通常都会在中期选举中失利，其中就有着惩罚在大选中获胜政党未能兑现执政承诺之意。

但奥巴马没有想到2010年11月那次中期选举民主党会败得那样惨。

那次中期选举后，美国共和党时隔四年之后以较大优势重新夺回国会众议院多数席位。在国会参议院的竞选中，民主党人以微弱多数保住了多数席位。在州长改选中，共和党也赢得了全国 50 个州长的过半职位。在执政近两年后，奥巴马政府在这一“中期测评”中惨遭“滑铁卢”。

在这次中期选举中，美国“茶党”的崛起成为瞩目之事。有着“茶党”运动成员支持的肯塔基州共和党参议员候选人兰德·保罗击败民主党竞争对手康韦，成为联邦参议员。奥巴马担任总统后在伊利诺伊州留下的联邦参议员席位则由共和党人争得。经过此次选举，“茶党”成员已被证明其足以代表共和党在美国政坛中赢得一席之地。除兰德·保罗外，在 2016 年美国总统大选中，曾作为共和党候选人出台的鲁比奥、克鲁兹都有着“茶党”支持背景。

奥巴马在这次中期选举后先后六次表示，他本人对此次民主党在中期选举的失利负责。但他同时说，此次选举结果并不证明政府政策有误，而是选民对政策结果不满。此次选举后成为国会众院议长的共和党众院领袖博纳表示，共和党将致力于打造一个规模更小、开支更少而更可靠的政府，并改变国会运作方式。

事实却是，虽然奥巴马总统与共和党人都表示努力合作，但双方政策分歧越发严重，合作基础越发薄弱，极化现象趋于极端。

“占领华盛顿”与“茶党”崛起

2011 年年底，美国发生“占领华尔街”运动，此后，这一运动蔓延至首都华盛顿。社会不公等社会矛盾是抗议者的抨击目标。

在华盛顿，我到被占领的华盛顿自由广场进行采访报道。28 岁的林登来自马里兰州，曾在美国海军服役 3 年，其间两度被派往伊拉克。“我们在这里是为了和平，反对经济不公平，争取我们应得的经济权益。我们对大公司和政府的贪婪、经济现状和整个社会的不公感到愤怒，”林登说，“为了反对恐怖主义，美国老百姓付出了许多自由的代价。美国的反恐战争是在同鬼魂作战，却劫持了人民的自由。这场战争绝对是弊大于利。”蒂尼丝曾是一名教师，已被解雇。她说：“我们必须坚持下去，美国需要变革。”

在信息办公室忙碌的塔特姆来自亚拉巴马州，原为医务工作者。她说，“我们的目的就是反对贪婪的大公司。为了让我所在州的联邦众议员竞选，当地大公司愿意为其出资500万美元。这些议员本来应该代表人民，但他们早就被大公司收买。”塔特姆话锋一转，“现在美国可以花费100万美元投掷一枚炸弹，而这些钱可以为很多美国人提供医疗救助或住房，但美国军队却用来在国外杀人。我们希望结束这些荒谬的战争。军队只应该用来防御。”

在塔特姆与我交谈期间，身披毛毯、怀抱一只“占领狗”的查尔斯正在广场周围分发第三期《被占领的华盛顿邮报》。该报头版头条标题为“我们都是占领者”，其中提出的四项诉求是：停止既得利益集团跨行业拥有资产，例如，军工企业不能拥有电视台，制药公司不能控制公共卫生资金；水、电、公共卫生等自然资源和基础设施不能私有化；人人必须拥有住房、受教育和医疗权利；富人子女不能继承财产。

有一顶蓝色帐篷里面摆了不少书籍，帐篷外平铺着一条黑底红字的巨幅标语：“资本主义就是危机”。“是的，资本主义就是危机!”来自北卡罗来纳州的大学教师斯沃德一边将一份刚刚面世的《被占领的华盛顿时报》递给我，一边回答说，“金钱，金钱，问题全出在金钱。为什么99%的人与1%的人之间如此不平等？为什么1%的人能够拿金钱影响政治？你看现在的美国总统大选，还不全是金钱政治吗？无论是罗姆尼，还是奥巴马，都从大公司拿钱搞政治。这个国家的经济一团糟，这就是危机。”

在2012年的总统大选中，奥巴马最终战胜共和党候选人罗姆尼，赢得连选连任。然而，在2014年中期选举中，民主党输得更惨，这次连国会参议院的主导权也输给了共和党。

从此以后，美国政坛便出现了总统是民主党人，而国会两院均为共和党主导的格局。在这一格局中，奥巴马的任何重大举措均遭到国会抵制。最终，美国政坛于2013年出现了政府被迫部分关门16天的闹剧。

奥巴马和民主党的医保法案遭到共和党的激烈抵制和反对，而共和党占多数的国会为了阻挠医保法案的通过，把新的财年的预算案和医保案捆绑到了一起。最后因旧财年结束，新财年的预算案未获批准而无法拨款。因此奥巴马下令关闭部分非要害的联邦政府部门。

美国政府部分关门第七天之时，我曾到华盛顿市中心进行采访。我看到，距美国国会大厦不远处的国家艺术博物馆，一向因藏有诸多西方美术大师珍品而人流如潮，此时却门可罗雀。在博物馆高阶下立着一块白纸黑字的牌子，上书："联邦政府关闭期间，国家艺术博物馆闭馆。"有不满者在牌子的下方又贴上一张纸，上书："美国此时已经关闭。如果你需要帮助，请到加拿大或墨西哥。我们对所带来的不便表示歉意。"转眼间，一位驾车巡逻的警察来到这里，将这张纸撕了下来。

在国家艺术博物馆入口台阶下，来自加利福尼亚州圣迭戈的鲍博夫妇告诉我，他们为此次华盛顿之行计划了20年，满怀期望而来，却遇上了到处关门。"这些人真是愚蠢的政客"，极感失望的鲍博生气地说，"这完全是一场极端的党派之争。两党背后都有着各自的利益集团。这完全是一场政治赌博。我们是坐着联邦政府经营的火车来，还不知道能不能坐回去……"

在距华盛顿纪念碑不远处的林荫道上，来自爱尔兰首都都柏林的麦卡锡夫妇有些沮丧地坐在一张椅子上四处张望。"我们在华盛顿只停留两天，却赶上了四处关门"，他们告诉我，"我们对美国两党之争不做评判，但无论如何这不是一个好结果。我们会对华盛顿留下很不好的印象，这对美国的旅游业而言不是好事。"

美国国会大厦东部广场成了不少人发泄愤怒的场所。联邦政府部分关门的第一天下午，美国地方监狱理事会就在那里举行集会，抗议联邦政府削减经费，抗议者举着“停止拿公共安全和我们的生命做政治游戏”“停止资助联邦监狱系统等于导致灾难”等标语牌。

在这场美国府院之间新一轮的博弈中，有着“茶党”背景的共和党人士成为将事态推向极端的重要力量。

“茶党”一词可追溯到美国独立战争时期。1773 年冬，为反抗英国殖民者的苛捐杂税，一群打扮成印第安人模样的“波士顿茶党”将英国东印度公司的 342 箱茶叶全部倒入波士顿港，拉开了美国独立战争的序幕。“茶党”一词从此便与抗议政府高税收联系在一起。此外，Tea（茶叶）一词也是“Tax Enough Already（税已经征够了）”的英文缩写，与共和党右翼对奥巴马政府的批评颇为契合。

奥巴马政府无法改变美国寅吃卯粮的消费方式、滚雪球般的负债型经济增长模式和日益沉重的福利开支。巨额美国国债和巨额赤字也因此成为茶党攻讦奥巴马政府的切入点。因为政府有着如此软肋，茶党势力在 2010 年中期选举中异军突起，民主党失守联邦众议院，从此改变了美国政坛格局。茶党在掀起一时喧嚣后，并没有只在美国政治史上留下一个匆匆而过的背影，而是以不断强硬的立场在美国政坛中屡掀波澜。2011 年 4 月以来，美国曾四次面临减少联邦政府开支、债务上限、“财政悬崖”和政府部分关门等危机，每每都有茶党推波助澜，使得美国政坛呈持续极化现象。

事实上，公开声称自己为茶党的国会议员人数并不多，茶党之所以有着巨大的政治能量，与其更为广阔的社会背景密不可分。追求社会平等的奥巴马政府并未阻止贫富差距扩大，导致社会分化和尖锐社会矛盾，茶党运动与“占领华尔街”运动加剧了社会分裂，反过来使得茶党在催化政治极化的裂变中如鱼得水。

在美国政治极化的现实中，有一个被很多人视为禁忌，但又难以掩饰的因素，那就是美国的种族问题。美国联邦政府部分关门之际，来自加利福尼亚州圣迭戈的鲍博在抨击华盛顿“愚蠢政客”之时，悄声告诉我，共和党人之所以凡是奥巴马提出的政策必然反对，其中有着只可意会不可言传的种族因素。另有一位曾作为美国前国务卿黑格将军助手的共和党资深人士在华盛顿国会山前同我深谈时承认，直至现在，很多共和党人心底并不认可白宫内这位主政的非洲裔美国总统。

茶党人士多给人以共和党右翼“愤青”的印象，但在目前美国国会很不得人心。不少人指责国会在许多问题上陷入僵局。施莱德认为，由于美国两党在治国理念上存在着实质性分歧，华盛顿缺乏妥协是一件好事，对未来是有益的。不能简单地视国会陷入僵局为坏事。同样，也不能视国会在一些重要问题上达成妥协为好事。他说，在过去几十年间，国会在财政和政府问题上的妥协，使得美国国债已超过 17 万亿美元，财政赤字持续增加，美国的社会安全和医疗救助计划有可能崩溃，不断扩大的联邦政府被普遍认为既不能也不愿履行其职权和责任，复杂的税务系统几乎人人视之不公，数以千页计的新金融管制规则甚至难倒了专家。所有这些妥协导致个人自由和隐私被侵犯。

茶党代表人物进入美国国会后，在很大程度上改变了国会行为方式，其主要指标之一是国会通过的议案大幅减少。许多人认为，通过议案的数量可被视为国会是否成功的标志。也有人的看法恰恰相反。他们认为国会通过议案越少，意味着新设开支项目、政府部门、承包商、补贴等越少，进而减少纳税人负担，同时也意味着与华盛顿庞大游说集团有关的“指定款项”、税务漏洞越少，反过来可能会减少游说集团的支出和捐赠竞选费用。

奥巴马公开表明，在政府部分关门的政治角力中没有赢家。也有舆论认为，共和党在此次较量中败北，克鲁兹等茶党人物更是受到诟病，就连共和党内也有多人公开指责茶党。但人们也注意到，在政府运转、主权信用、金融稳定这些重大问题上，茶党的兴风作浪已使得两党妥协余地越来越小，美国政坛已坠入某种“危机驱动”模式。在此进程中，茶党仍将是美国政坛中一股不可小觑的裂变力量。

在创造就业机会、税制、医改、移民政策、能源开发、政府作用等诸多重大问题上，两党对立“极化”的美国政坛本身成为解决问题的羁绊。

美国人很烦，奥巴马很难

2014年中期选举后，华盛顿正处于阴晴不定的初冬时节，满眼萧瑟，几许凄凉。这或许与白宫内的氛围颇有契合之处。

那一年的11月30日，《华盛顿邮报》在一篇题为“跛鸭”的文章中说，现在，奥巴马总统正式成为跛鸭：他不再需要参与任何选举，共和党在美国国会参议院、众议院占多数，甚至在最高法院中，支持共和党人的法官也占多数。一项最新民意调查表明，对于奥巴马的支持率已逼近历史最低水平。

此时的美国，热情显得很陌生。在刚刚过去的美国中期选举中，本应成为政治热闹季的美国也透着些许冷漠，只有约三分之一选民出来投票。

美国一家大报在题为《如果他们举行选举，但没有人竞选怎么办?》的报道中透露说，在南卡罗来纳州哥伦比亚市的一次中期选举的竞选活动中，共和党籍众议员米克·马尔文尼滔滔不绝地进行着演讲，但面前只有五位听众。在另外一场竞选活动中，他面前的听众只有两人。

两次总统大选之间举行的中期选举是美国政坛一次大洗牌。2014年的中期选举既对奥巴马总统执政最后两年能够留下怎样的政绩具有牵制性影响，又将为2016年总统大选埋下伏笔。设身处地，人们处处可以感到美国社会中心冷了、厌烦了、“爱咋地咋地”的政治气氛。

美国社会中充溢着不满：对经济现状不满，对奥巴马医保改革不满，对奥巴马政府处理埃博拉、“伊斯兰国”等棘手问题不满；10个人中有6个说不信任政府，68%的受访者称美国的发展方向不正确；53%的人说联邦政府应对麻烦的能力较前些年更为糟糕；对奥巴马工作不认可的比例屡创新。共和党人此次中期选举中夺得多数党地位后，又有许多人问，即便如此，这个国家又能有多大改观？美国人真的很烦！

不少美国人将种种弊端归咎于总统奥巴马，其实奥巴马总统真的很难！

不在其位，难咂其味。八年下来，头发已经花白的奥巴马发现“变革”之路何其艰难。他不仅未能改变曾经发誓改变的“华盛顿政治文化”，反而在华盛顿这架巨大的政治机器面前磨得锐气大减。嘴上仍在显示强硬，底气早已软了许多。当年说要超越党派政治，打拼一番事业，最终闹得党派争斗极化。内政外交，乏善可陈，诸多重大改革大打折扣。

在美国，正确和错误是一个因人而异的概念，结果常常是什么都不干反倒少惹争议。这不，移民改革曾是奥巴马发誓要完成的事业，但在中期选举前，为防止共和党人拿移民改革作为话题炒作，奥巴马决定推迟移民法案至中期选举之后，以使移民法案不受选举政治影响。中期选举后，奥巴马以行政命令的方式推动移民改革，引来共和党人占多数的国会强力反弹，发誓将在拨款等方面予以反击。曾多次誓言要在白宫“想大事，干大事”的奥巴马深沉了许多。中期选举一过，共和党人真的在国会参众两院实现全面“变天”，他们更是铁了心地跟奥巴马过不去，进入跛鸭期的奥巴马更是难成大事。

到那时为止，离搬出白宫还有两年的奥巴马已经深感世态炎凉。中期选举候选人常常会邀请本党名人助其站台造势，现任总统本应是最强人选，但在那次中期选举进程中，一些民主党候选人却因奥巴马支持率低迷，害怕受到牵连，竟刻意与奥巴马保持距离。一些民主党候选人在选举辩论中甚至拒绝承认其在2008年和2012年的总统大选中曾经投票支持奥巴马。

不仅如此，前国防部长盖茨、帕内特，前国务卿希拉里·克林顿离开奥巴马政府后，均在其自传中或公开，或隐晦地批评奥巴马，很有些欲与奥巴马划清界限的味道。除国防部部长哈格尔再次挂印而去外，此前奥巴马的密友、美国历史上首位非洲裔司法部长霍尔德宣布辞职，奥巴马更是别有一番凄凉在心头。

所有这一切，美国选民都看在眼里，却也只剩无奈。府院相斗到极化境地，换了谁也干不成大事。美国民主制度的架构基于民主、共和两党在政坛上的角逐。四年一个周期，干得太烂在大选中就有可能被选民的选票踢出门外。美国两党政客相互攻讦时相当尖刻，但都对“建国之父”们奉若神明。美国建国之父们当初的政制设计初衷良好，但这本经念着念着就变了形。

2012 年的总统大选就被批评是一场令人眼花缭乱、全然由金钱驱动和运转的“政治秀”。超过 20 亿美元的竞选费用使其成为美国历史上“钱主”色彩最浓的一次选举。在选举过程中，美国各派政治力量展开激烈的权术博弈，充分利用现代传媒手段进行渲染和炒作。多名政客成为匆匆过客，相互攻讦成为笑谈，动辄以万亿美元为量级的大话难免云山雾罩，而侃侃而谈的治国方略总难令人信服。有美国媒体评论说，当两位总统候选人都在指责对方为“说谎者”并为最终夺得 270 张选举人票而费尽心机时，一个最基本的问题被搁置一旁，那就是整个国家的命运和未来。

2014 年中期选举期间犬儒主义的再次泛滥并非没有原因，许多人早已看透，美国的政治本来就是游戏，而且多为富人的金钱游戏。美国最高法院关于政治献金的两项裁决早已使得各种利益集团的黑金冲出铁笼，明目张胆地与政客联姻，美式选举成为巨额政治献金的嘉年华，任何议题的炒作背后都有着精明的政治算计。

口若悬河的政客们关心的只是自身的当选，当选后能否兑现承诺那是另外一回事。翻出奥巴马的老账本就能看出，他于 2008 年和 2012 年做出的不少承诺也是打了水漂。美国选民当年的政治热情就这样被消费掉了。

对现实不满能够催生出一时高昂的政治热情。但当政治热情屡屡被政客当作敲门砖消费掉的时候，便迎来冷漠的蔓延。

耐人寻味的是，美国 200 多年来建造起来的这部政治机器已经具有强大的惯性，要改很难。美国政治机器恰似钟摆，中期选举便可能是一个回摆的节点。1994 年的中期选举中，选民们认为政府正走在错误的方向上，民主党因此 40 年来首次失去对众议院的控制；面对一塌糊涂的伊拉克战争，民主党又在 2006 年的中期选举中得势；在茶党崛起、政治极化的气氛中，共和党在 2010 年的中期选举中夺得众院多数党地位。2014 年的中期选举焦点又回摆到共和党在一片不满声中夺得国会参院多数党地位。

问题在于，共和党夺得了参院多数党席位后又能怎样？美国会因此更加和谐呢，还是府院争斗更加激烈？美国政坛极化现象如果更为极端，什么事都干不成，美国老百姓又有什么理由更加高兴？

布鲁金斯学会学者托马斯·曼对此也是耸耸肩膀，说道："现在已经很刻薄，很尖酸，很对立，很难看，很无成效了。再坏还能坏到哪里呢？"

好也罢，坏也罢，在这块土地上发生的一切也只是人类社会发展过程中的一种社会实验。200 多年来美国的民主进程有可圈可点之处，却远非十全十美，有时也很烦，很难。

白宫，我来了

当在白宫的时日进入倒计时之际，奥巴马百感交集：他还有那么多承诺尚未兑现，他还想留下那么多政治遗产。

然而，他的双手和双脚却是那样紧紧地被束缚在那里，最终只能更多地依靠行政命令这一形式行使作为总统的权力。

奥巴马执政期间政坛的极端极化在美国历史上所罕见，更是奥巴马本人甚感遗憾之处，这就是他为什么在最后一次《国情咨文》中这样大段的讲话以抒胸怀。

奥巴马说，要实现美国所期盼的未来，"我们必须解决政治问题。更好的政治形态并不意味着意见始终统一。美国是一个大国，有不同的地区，不同的看法，不同的利益。这也是我们的优势之一。开国先驱们将权力分配给各个州，各政府部门，希望我们像他们一样进行辩论，探讨政府的规模和形态，探讨贸易和外交关系，探讨自由的含义和安全的必要性。

但民主确实需要公民之间的信任纽带。如果我们认为与自己观点相左的人都心怀恶意，或者认为我们的政敌都不爱国，那民主就无法实现。如果不愿意妥协，连最基本的事实都存在争议，而我们只听那些赞同的声音，那么民主就会停滞不前。如果只有最极端的声音受到重视，那我们的公共生活就会衰落。最重要的是，当人民大众觉得自己的呼声无关紧要，而整个社会体制被有钱、有权或者个别人的利益所操控时，民主就将崩溃。

目前，很多美国人都有这种感受。这是我总统任期内的几件憾事之一，各党派之间的积怨和猜疑并未减弱，而是变得更深。毫无疑问，如果具备林肯或罗斯福那样的才能，可能党派之间的嫌隙会调和得好一些，我保证，在我任职期间，我会不断努力，争取做到更好。

但是，美国同胞们，这不仅仅是我的责任，也不仅仅是某位总统的责任。在座的当中，有不少人期盼在更多方面相互合作，期盼在华盛顿有更高层次的辩论，但却因为受到选举利益的羁绊而无法做到。我知道这种情况，听你们说过。如果我们想优化政治形态，仅换掉一个国会议员或参议员，甚至换掉一位总统是不够的，我们必须改变整个体制，来展现更好的自己。

我们要取消划分国会选区的做法，因为划分选区后，政客们会自己去选择选民，而不是让选民选择他们。我们必须降低金钱对政治的影响，这样就可以防止少数家族和幕后利益集团用资金影响选举。如果关于竞选资金的现行办法未能获得法院通过，我们就要共同努力，寻求真正的解决方案。我们要让投票更容易，而不是更难，我们应顺应现在的生活方式，使投票方式现代化。今年，我打算走遍全国，来推进这些改革。

但仅凭我一人之力，是无法做到这些的。政治进程的变革，不是改变谁当选，而是改变当选的方式。只有美国民众要求进行变革时，变革才会发生。这是由你们决定的。这就是‘民有、民治、民享政府’的真正含义。”

将近八年过去，今日之美国到底是比以前更强了，还是在衰落的过程中继续下滑？

奥巴马对此坚持认为，“所有你听到的关于美国的敌人越来越强大、而美国却越发虚弱的言论，都是逞口舌之能。美利坚合众国是世界上最强大的国家。无须其他任何废话。而且我们还会一直强大下去。我们的军费投入比排在我们后面的八个国家的总和还多。我们的部队是世界历史上最精锐的战斗力量。没有任何国家敢攻击美国或者美国的盟国，因为他们知道那是自取灭亡。有调查显示，目前美国的国际地位高于我当选总统之初。当重大国际问题出现时，世界人民不会指望中国或俄罗斯来领头解决，他们会找我们。”

但在特朗普看来，奥巴马领导下的美国真是问题多多！

2011 年，也就是奥巴马在那年的白宫记者协会年度晚宴上奚落了一番特朗普之后，特朗普于当年出版了一本新著，题为《此时应强硬：让美国再成第一》。

在这本新著中，特朗普直言奥巴马是美国的“灾难”。他说，经过短短的四年，奥巴马毁坏了美国经济，使得美国孩子们身背的债务比过去 225 年加起来还要多。奥巴马还走到世界各地为美国所作所为四处道歉。这个世界上最伟大的国家是提供机遇和自由之地，是使得奥巴马成为总统的福地，难道美国需要为此四处道歉吗？

特朗普写道，现在的美国看上去是一个败落的国家：工作机会紧缺，财富紧缺，毫无尊严。奥巴马又做了些什么呢？在那些中东石油大佬面前，奥巴马拒绝为美国挺起腰板，而这些中东石油大佬则以为他们可以通过抬高油价绑架美国。这种情形再也不能继续下去了！

美国必须重新变得伟大，美国必须为此强硬起来。为此，特朗普为美国开出的解决方案是：

令石油输出国组织不再有支配地位；逼迫中国从事真正公平的贸易，以便为美国创造新的就业机会；既要能够减少债务，又能够不危及美国经长时期才建立起来、数以千万人计的美国人赖以生存的社会安全制度、老年人医疗保障制度和医疗补助制度；消除奥巴马经济和奥巴马医改造成的灾难……

似曾相识的直率与尖刻，胸怀大志的特朗普再次毫无顾忌地发出了自己的声音。

2015 年，特朗普再次以新著《伤残的美国：如何让美国再次伟大》发声。

在此书中，特朗普陈述了他在非法移民问题上的立场，称大多数非法移民来到美国是为了他们及他们子女的前途。他在书中表示，尽管他在过去与民主党有过交集，但他一直持有共和党的保守派价值观。特朗普告诉读者，尽管他此前曾支持奥巴马所主张的医疗改革，但现在他的立场变了，因为奥巴马那套主张可能在苏格兰可行，但时过境迁，这套东西在美国已不可实行。

特朗普在书中表明他反对伊拉克战争，认为这是一种破坏稳定的力量，他认为战争介入是最后的选择，因为“我曾看过炸碎的身躯，非常清楚受害者脑中的恐惧，以及这一创伤所带来的巨大后果。”

关于他父亲弗雷德曾给过他的百万美元创业贷款一事，特朗普说，那也可能是银行给他的贷款。他还重申说，他之所以有两次离婚，皆因为他将精力过于集中在工作上面。

特朗普承认他常常说一些过于夸张的话，那是因为“如果你不害怕直率坦言，媒体就将特别关注你，并将你请到他们的节目中去。”他说，他的这种战略完全出于商人本能，他反问说，“你什么时候看到过有人在一家比萨店的门口挂着一块招牌说，这里是世界上第四好吃的比萨饼？”

细心人一眼就能看出，特朗普的这一新著具有极为强烈的针对性。他就是要回答人们对他在各项政策主张中的疑虑，并对诸多疑问进行了澄清，以便为进军白宫铺路。

2013 年，特朗普花了 100 万美元对进军白宫进行了可行性研究。这或许就是研究后精心祭出的攻心魔法。

至此，“胸怀大志”的特朗普已经昭告天下：

白宫，我来了！

第十二章
“局外人”过关斩将

人生如戏，在华盛顿演绎得淋漓尽致；即使好莱坞最为才华横溢的编剧们也未能想象到一位商人有如此巨大跨界颠覆美国政坛的潜能；整个地球绝大多数人对于他正式跨入美国政坛的第一反应是十分不屑、极度轻蔑与种种冷嘲热讽；这是美国历史上最大规模的单一政党总统候选人阵容；他是2016年美国总统大选中坚持到最后的唯一“局外人”；对于美国的民意调查，既不要不把它当回事，也不要太把它当成事；早已对美国媒体运用得游刃有余的他对于头条新闻的打造有着本能的掌控；他所有特质的融合成为其他职业政客无法抵挡的“撒手锏”；蔑视“政治正确”成为他一路过关斩将的利器；恰恰因为他是一位局外人，所以他能够走得这样远；“搅局者”狂欢的背后，代表着久已有之的不满、愤怒及其尽情发泄

美国政坛是一个大戏场。

人生如戏，在华盛顿演绎得淋漓尽致。这戏之所以好看，在于日复一

日，年复一年；台上台下，人前幕后；阳谋阴谋，虚与周旋；海阔天空，装腔作势；河东河西，此消彼长；翻手为云，覆手为雨；朦朦胧胧，悬念频生。

2016年，美国政坛的这场大戏煞是精彩！

如一头大象闯入瓷器店内一通乱撞；

如一只性情极度暴躁的鲇鱼将好静的沙丁鱼群搅得天翻地覆；

如那个大声说出皇帝其实并没有穿上新衣的无忌男孩；

如吃腻了“满汉全席”，换上一顿农家乐粗粮后的新奇、爽口与痛快。

所有这些比喻都与特朗普跨入政坛所带来的感觉相似，但所有比喻又都无法概括特朗普为2016年美国政坛带来的惊愕、争议与震撼！

整个地球绝大多数人对于特朗普正式跨入美国政坛的第一反应是十分不屑、极度轻蔑与种种冷嘲热讽。

正式参选2016年美国总统角逐

美国中部时间2015年3月22日23时09分，得克萨斯州共和党参议员特德·克鲁兹通过社交网络宣布参选总统。这位共和党内极端保守派的茶党参议员，由此成为美国两党中宣布参加2016年美国总统大选的第一人。

时年44岁的克鲁兹通过推特宣布：“我参加总统竞选，希望得到你们的支持！”并附上时长30秒的参选宣传片，称“需要新一代勇敢的保守派帮助美国再次强大起来，我准备好与你们站在一起并领导这一战斗”。

随后，佛罗里达州前州长杰布·布什、非洲裔退休脑神经外科医生本·卡森、新泽西州州长克里斯·克里斯蒂、来自加州的惠普公司原首席执行官卡莱·菲奥里纳女士、原弗吉尼亚州州长吉姆·吉尔摩、来自南卡罗来纳州的联邦参议员林赛·格雷厄姆、原阿肯色州州长麦克·赫卡比、印度裔原路易斯安那州州长博比·金达尔、俄亥俄州州长约翰·卡西奇、原纽约州州长乔治·帕塔基、来自肯塔基州的联邦参议员兰德·保罗、原得克萨斯州州长里克·佩里、来自佛罗里达州的古巴裔联邦参议员马科·鲁比奥、来自宾夕法尼亚州的原联邦参议员里克·桑托鲁姆、威斯康星州州长斯考特·沃克相继宣布参选。

2015 年 6 月 16 日，唐纳德·特朗普正式宣布参选 2016 年美国总统大选，成为第 12 名宣布参选的共和党候选人。

共有 17 人正式参加共和党总统候选人提名竞选。这是美国历史上最大规模的单一政党总统候选人阵容。

从这份共和党候选人名单中，人们一望便知，参选者多为现任州长、原州长、现任联邦参议员和原联邦参议员，属于“局外人”的只有卡莱·菲奥里纳女士、本·卡森和特朗普。菲奥里纳女士于 2016 年 2 月 10 日中止竞选活动，卡森医生也于 2016 年 3 月 4 日中止竞选活动。

换言之，特朗普成为在 2016 年美国总统大选中坚持到最后的唯一“局外人”。

这位“搅局者”以最为花哨的方式宣布自己最新的跨界决定。

特朗普选择在 2015 年 6 月 16 日做出这一宣布。在此两天之前，特朗普刚刚过完 69 周岁生日。在此前一天，被认为最有可能成为共和党总统候选人提名的杰布·布什宣布参选。

特朗普选择在纽约极为奢华的特朗普大厦内做出这一宣布。在特朗普的一生中，满眼金碧辉煌的特朗普大厦意味着奋斗与成功。

伴随着喧闹的摇滚背景乐，在妻女、好友和员工的助威下，特朗普发表了 45 分钟的宣言性讲话。在这一尽显桀骜不驯、率性自我的讲话中，特朗普提到与“我”相关的词共 257 次，其中“我（I）”195 次，“我的（my

或 mine）” 28 次，“我（me）” 22 次，“我已经，我将” 12 次。相比之下，“美国” 或 “美国人” 仅提 7 次，而且大多都是在提到他的雄厚资产时顺带提到的。

Real-estate mogul and television personality Donald Trump announced his 2016 presidential campaign Tuesday morning.

"Ladies and gentlemen, I am officially running for president of the United States, and we are going to make our country great again!" Trump said.

Donald Trump. Reuters/Donald Trump is running for president

特朗普宣布参加 2016 年美国总统大选

资料来源：http：//www. businessinsider. com/donald-trumps-big-2016-announcement-2015-6，2016 年 7 月 14 日登录。

演讲一开始，特朗普就说到特朗普大厦现场支持自己的群众多达几千人，其实到场只有几百人。他讥讽别的共和党候选人没有什么号召力，他们不能在像特朗普大厦这样宽敞的地方举行室内集会，没有空调，热得他们及其支持者汗流浃背，“像狗一样直喘气”。这句话引起现场观众一片哄笑。

“我正式竞选美国总统，我会使我们的国家再次伟大。”特朗普说。

“我真的很富有。我对我的财富深感骄傲。我做得极好。”特朗普越讲越兴奋，“我对我的成功很自豪。我有世界上最好的高尔夫球场……哦，其中有一个就在白宫旁边”；“我给慈善机构很多钱，还有其他。我想，我真是一个好人。”

任何一位候选人的参选宣言都会对现任总统发起抨击，特朗普也不例外。他说，“我们的国家目前问题严重，我们已经不是胜者……谁看到我们上一次战胜过谁？我们在什么事情上打败过日本？他们向我们出口了千万辆汽车，可我们呢？”

之后他又扯到自己也和中国人做生意：“我以 1 500 万美元的价格卖给一个中国人一套公寓，我怎么会讨厌他们呢？”接着他又说：“我爱中国人。但是，他们的领导人都太聪明，远超我国领导人。这让我们无所适从……就像是新英格兰爱国者（美国职业橄榄球队）对阵高中的校队感觉一样。这就是（两国领导人的）差距。”

特朗普说，美国已经成为其他所有人问题的倾销地，“是的，这是真的，在这里的是最好的人。但墨西哥不把他们最好的人送到美国。他们将有着许多问题的人送到美国，他们给我们带来了很多问题。他们带来了毒品。他们带来了犯罪，他们是强奸者。当然，他们中也有一些好人。”

特朗普声称要在南部边境上修筑高墙，遏制来自墨西哥的非法移民，“而且要让墨西哥出钱”。

这一被一些美国媒体批评为“不知道跑题了多少次”的讲话发表后，引来的是一片嘘声、嘲讽与抗议。

特朗普宣布参选后的一天，我在华盛顿布鲁金斯学会关于中美关系的研讨会上见到史汀生中心的容安澜先生。我问他，如何看待特朗普竞选美国总统，他冲口而出：“特朗普是个笑话……”

“今天将是特朗普作为总统候选人获得关注最多的一天，也是最后一天，没有人会把他当真的。”美国公共广播电台资深政治记者玛雅·莱阿森断言特朗普的竞选之旅将会昙花一现。

毫不忌讳成为舆论焦点的特朗普，此次正式宣布竞选总统后，也让一些人猜测这次特朗普参加总统竞选的动机。特朗普竞选团队主管莱万多夫斯基也承认，“特朗普最大的不利是人们不认为他真的会参加竞选”。

鉴于特朗普在讲话中对来自墨西哥非法移民的说法所引来的巨大争议，美国最大的西班牙语电视台 Univision 决定不再参与转播由特朗普旗下公司组办的“环球小姐大赛”。美国最大的连锁零售企业之一梅西百货决定将特朗普品牌商品下架。塞塔床垫公司宣布解除与特朗普集团的生意关系。

此时，美国有线电视新闻网所做的一次全国民调显示，特朗普的支持率为3%，在共和党参选人中位列第10位。在另一项对共和党可能的13名候选人的民调排名中，特朗普位列第12位。又有一项调查表明，特朗普的负面评分很高，50%以上的受访美国人说他们永远不会投票给特朗普。

对于美国的民意调查，既不要不把它当回事，也不要太把它当成事。严肃的民意调查有着一定的科学取样基础和量化数据分析，也因此有一定的参考价值。但林林总总的民调背后难免有各种各样的利益背景，也难免有操纵民意黑手存在的现象。《纸牌屋》中就有一个通过网络操纵民意的情节，在2016年美国大选过程中，也曝出谷歌公司出现操纵民意以利希拉里·克林顿选情的阴谋。在白宫苦斗八年的奥巴马屡屡有感而发，称他对于各种民调多采取不予理睬的态度，如完全依据民调来执政他将无所措手。

屡屡语出惊人

对于特朗普来说，所谓民意多由媒体塑造，而早已对美国媒体运用得游刃有余的特朗普对于头条新闻的打造有着本能的掌控。

对于美国政客而言，与媒体打交道是一门必修课。但他们将此门道列入公共关系，特别是作为危机处理的手段。

特朗普则与职业政客完全不同。他本人骨子里就是媒体人。

还记得他是如何根本不用公关公司而在曼哈顿打开一片天地的吗？

还记得他关于“坏名声比没名声强”等反向思维观点吗？

还记得他关于媒体也需巧妙营销，他们也是生意人、设置议题主动“喂料”、经常上报就是免费广告、骂架也有增值的广告效应等观点、做法和手段吗？

还记得他关于“你只要成功了，小人就会尾随而来，必须断然反击”的性格吗？

还记得他关于“自负不是坏事，做人就是要张扬”的阐述吧？

还记得他如何利用真人秀磨砺出“语不惊人死不休”的张扬手段吗？

所有这些特质融合在一起，就使得特朗普在美国总统竞选活动舞台上八面出击，竟如入无人之境。这就是其他职业政客无法抵挡的“撒手锏”。

在美式民主中，包括新媒体在内的媒体发挥着社会认知和舆论导向的重要作用。选民靠什么去认知、了解和选择一个在十万八千里外的总统候选人？靠的主要是媒体！在这种“金钱政治”机制下，那些钱有不少须花在媒体身上，一般而言，谁投得钱越多，广告做得越多，接受媒体访谈越多，媒体对其报道越多，选民对其了解、认同程度就可能会越高。

在这种体制下，如果有谁没花什么钱，还引来媒体的高度关注，也就等于做了免费竞选广告。在2016年美国总统大选进程中，能够做到这一点的，只有特朗普一人。

奇葩的妙绝之处在于主动设置议题式的“喂料”。“大嘴巴”的功能此时有了超常的发挥。

自从宣布竞选总统后，特朗普屡屡语出惊人，美国媒体忙不迭地连篇累牍予以报道。

2015年7月11日，美国资深联邦参议员麦凯恩在亚利桑那州菲尼克斯一个集会场合对《纽约客》杂志记者说，特朗普正在“集聚疯狂”。

此言立即激起特朗普反击本能。当年7月18日，特朗普在艾奥瓦州的一个民众集会上说，麦凯恩被称为英雄是因为他曾被俘，但他喜欢“那些没有被俘的人们”。

有着五短身材的麦凯恩一直被视为美国“英雄”。1967 年，身为美国海军飞行员的他在越南被击落后作为战俘被关押了五年多时间。2008 年，麦凯恩作为共和党总统候选人出战奥巴马，最终败下阵来。尽管如此，麦凯恩作为参议员，在美国国会有着不小的影响。

特朗普影射麦凯恩“不是英雄”的言论立即在美国引来轩然大波，不少美国老兵要求特朗普进行“道歉”。78 岁的麦凯恩称自己对特朗普这番言论感到“惊奇”。他说，自己此前从未与特朗普有过争执，但特朗普这个人“对谁都进行攻击，他攻击杰布・布什，他攻击林赛・格雷厄姆，他攻击里克・佩里。他攻击媒体。他不仅仅是与这些候选人意见不一致，还对他们进行诽谤中伤。这其实就是他的特征。”麦凯恩还说，特朗普的策略就是以其“出格”的言论控制新闻界，借此淹没其他候选人的声音。

在美国国会参议院中，与麦凯恩经常摽在一起的是来自南卡罗来纳州的林赛・格雷厄姆。“他是头蠢驴。”2015 年 7 月 20 日，格雷厄姆在接受采访时痛斥特朗普。16 个小时后，特朗普来到格雷厄姆的家乡南卡罗来纳州，在一场有上千人参加、全美诸多媒体在现场报道的竞选集会上，特朗普当众公布了格雷厄姆的手机号码，并忽悠他的支持者都给格雷厄姆打“骚扰”电话，格雷厄姆闻后怒将手机摔在地上。

在美国的 1 100 万拉美裔非法移民一直是两党争议的焦点。奥巴马所推动的移民改革一直受到共和党的阻挠而无法兑现承诺。

特朗普关于非法移民的言论屡屡受到关注。除了声称要在美国和墨西哥边境修一道“长城”般的高墙，以阻止非法移民偷渡美国外，特朗普还称将以冻结汇款逼迫墨西哥支付修墙费，除非墨西哥会“一次性向美国支付 50 亿—100 亿美元的费用”。

特朗普关于在美墨边境建墙的主张连远在梵蒂冈的天主教教皇方济各也看不下去了。他说，“一个人如果只想到建造高墙，无论这些墙建在哪里，而不是想建造桥梁，那么这个人就不是基督徒。”特朗普愤然反击说，这位教皇被人误导，“太差劲了”。

他在谈及穆斯林时说：“我们的国家不能成为那些只相信圣战、没有理性、对生命毫无尊重的人制造的可怕袭击的受害者。”

2015 年 12 月 7 日，特朗普在出席南卡罗来纳州的竞选集会上，称必须“全面禁止”穆斯林入境，“我们没有其他选择”。特朗普说，在对穆斯林开放国门之前，美国议员必须先搞清楚“正发生什么情况”。此外，特朗普还表示，美国境内清真寺也应接受详查。

特朗普说，叙利亚难民中存在极端恐怖团体人员，如果自己当选，将遣返这些难民。

美国在反恐战争中一度在全球建立“黑狱”和使用残忍刑讯手段的做法一直为世界所不齿。但在 2016 年 2 月 18 日共和党总统候选人辩论上，在谈及“伊斯兰国”和恐怖分子问题时，特朗普称，“我不但要恢复水刑，我还要推行比水刑残忍百倍的刑罚”。在接受媒体采访时，特朗普说出“对于恐怖分子，你必须杀死他们的家人”的狠话。

特朗普还将反对非法移民的打击面扩大到持有 H1B 签证的外国人。H1B 是美国的工作签证，绝大多数在美国工作的合法移民持有 H1B 签证。这类签证也是中国留学生毕业后合法留在美国申请绿卡的主要路径。2016 年 3 月，特朗普在共和党候选人辩论会上称“我非常了解 H1B 签证，这对美国工人很不利。我们必须终止它。”

特朗普在移民问题上的言论引起主张白人至上主义的三 K 党的兴趣。三 K 党前党首戴维・杜克号召三 K 党支持者投票支持特朗普。在记者就此向特朗普发问时，他称自己听不懂记者的提问，也不知道杜克何许人也。美国媒体随后扒出特朗普十多年前还是民主党人时曾在电视访谈时抨击杜克的言行。事实上，特朗普当年退出改革党的原因之一便是杜克当时也在该党内。

鉴于特朗普集团一度经营的“特朗普大学”存在非法经营之嫌，拉美裔联邦法官贡萨洛·库列尔负责审理此案。特朗普抨击这位法官因其血统而在审案过程中存有偏见。此语一出，又遭强烈反弹。美国国会众议院议长瑞安立即与特朗普划清界限，他表示："宣称一个人因其种族而无法胜任工作，有些像是教科书定义的种族主义言论。"

说起美军中存在的严重性侵问题，特朗普在推特上惊叹："那些天才们把男男女女放在一起，他们还能期待啥？"说到同性恋，他用打高尔夫球打比方："很多人打高尔夫球都换成了长推杆，非常难看。我是个很传统的人，我很讨厌长推杆，就像我有些很棒的朋友都恰巧成了同性恋，而我仍然认为传统的才是正常的。"

在美国大选的政治周期中，有关妇女的问题极为敏感，因为女性选民手中的选票对任何一位候选人来说都不容忽视。特朗普曾称堕胎妇女都应受"某种形式的处罚"，此语引来强烈批评。特朗普见状改口称此事应由各州自行处理。

2015 年 8 月 6 日，福克斯电视台主办了首场共和党候选人辩论会。这场有 2 400 万美国人观看的辩论创下非体育类有线电视节目收视最高纪录。在辩论现场，特朗普多次遭现场听众"嘘"声一片，以至于特朗普说道"他们不太喜欢我"。当福克斯电视台女主持人梅根·凯利追问特朗普为何经常以粗俗语言称呼女性时，特朗普变色反击："说实话，你要是不喜欢我我也没办法。我对你不错，可你怎么对我的？我大概就不该对你这么好！"凯利继续就特朗普于 2006 年 12 月对美国广播公司电视对话节目《观点》主持人罗茜·奥当娜爆出粗口一事严词追问后，特朗普同样粗暴地予以回绝。这一表现遭到美国媒体普遍批评。第二天，特朗普在接受美国有线电视新闻网采访时全力反击，称凯利主持辩论时"双眼冒血，哪里都冒血"，暗指凯利当天处于生理期，所以脾气不好。之后，特朗普还在自己的推特账户中质疑凯利作为记者的专业水平。为此，特朗普还拒绝出席福克斯电视台主办的最后一场辩论会，并成功地拉低了那场辩论会的收视率。

外交显然是特朗普的短板，但这并不妨碍他照样信马由缰。他说：“我有个非常好使的脑袋。我主要的顾问就是我自己。”在电视访谈节目时，他将伊朗革命卫队圣城旅和库尔德人弄混，因为两者的英文发音相似。主持人问他是否知道“伊斯兰国”“基地”等组织的头目，他答道：“我当了总统自然比你知道得还多。”

2016 年 1 月 9 日，特朗普在艾奥瓦州一次集会上论及了朝鲜领导人金正恩。他说，“如果你注意一下朝鲜，这个人，我的意思是说，他就像个狂人，是吧？但你却不得不相信他，他敢说敢干。有几个年轻人——他爸爸死的时候他大概 26 还是 25 岁——能干掉那些难缠的将军，一夜之间。他干掉了他的姑夫，他干掉了这个，干掉了那个。你瞧，如果你仔细想想就会发现这很神奇——他怎么干成的？即使那是他们的文化，这是个文化问题，他继承了大权，他掌握了权力，然后他就成了老大。我的意思是说，这个人不玩游戏。我们也不能和他玩，因为他真的有那些导弹，他真的有那些核弹。”

2016 年 5 月，特朗普又说，自己“肯定”要和金正恩见面，“如果他来这儿，我会接受他。我不会给他安排国宴，但会和他边吃汉堡边谈核问题。”

特朗普一发声屡屡成为头条新闻。特朗普在全美各地举行竞选活动时，在多地遭遇抗议示威活动，示威者高呼“别把仇恨带来我们州”，手持“抵制特朗普”等标语，怒斥特朗普支持者为“种族主义者”。

对于反对特朗普的人来说，家住纽约市的罗杰一番话颇有代表性。他说：“特朗普就是一个不断制造争议话题的小丑，他在利用民众对现行政治的不满来博得自己的选票。现在有很多人对自己的经济条件不满意，再也找不到五六十年代美国独步世界的骄傲，对两党政治都倾向于精英阶层而充满愤怒，所以今年才出了这么多极端分子在两党的候选人名单中。特朗普是其中最擅长利用甚至制造仇恨的人。”

美国政治作家杰克·沙法尔认为，就其政治观点而言，人们可能将特朗普视为民粹主义者，但他在吸引媒体关注方面却具有革命性的能力，有时是通过发表极为愤怒的评论。

特朗普的率性首先突破了美国政坛上一个不言自明的潜规则。那就是，在每四年一次的大选周期中，每一位在台上表演候选人的一言一行、一举一动、一颦一笑，乃至身上的所有行头都必须中规中矩，更不用说一张嘴就必须滴水不漏，天衣无缝。否则便可能功亏一篑。

1960 年 9 月 26 日，美国举行了历史上第一次总统选举电视辩论，两位主角分别是肯尼迪和尼克松，全国有 700 万人收看了这场直播。

为了直播效果好，电视台加强了舞台灯光。为了让观众看得更清楚，候选人被要求站着辩论。肯尼迪事先了解到这一点，也预料到灯光的加强会使现场温度升高，他在辩论时穿了一身较薄的西服。而怕热、刚刚因脚伤住院两周的尼克松却忽视了这些细节。

辩论当天，尼克松不但拒绝化妆，甚至连胡子都没刮就走上了舞台。结果，观众们看到了一个形象十分邋遢，脸色苍白的尼克松。加之现场温度很高，尼克松额头汗水清晰可见，不停擦汗的动作显得他十分紧张，脚痛也使他的表情显得很痛苦。肯尼迪则展现出年轻英俊、仪态潇洒的风采，整场辩论神情自若、游刃有余。两相对比，肯尼迪在辩论会后的支持率直线上升，最终战胜尼克松。

1984 年，年逾七旬的里根同小他许多的蒙代尔作为总统候选人同台辩论。主持人当场向里根发问：“您不认为在这次选举中，年龄会成为问题吗?”其言外之意是里根年事已高，可能精力不足、反应迟钝，恐难胜任。里根听后微微一笑，答道：“我不打算利用我的对手年轻和阅历不深这一点。”里根的弦外之音是：我有足够的阅历和经验，足可治国理政，而对手的年轻恰恰显示其阅历不深的弱点。年长的里根最终得胜。他的这句妙答已成美国大选史上经典佳话。

1988 年，民主党总统候选人杜卡基斯与老布什争夺白宫宝座。在成为民主党总统候选人的时候，杜卡基斯在民意调查中领先老布什 17 个百分点。但是他在竞选中犯了一系列错误，其中包括一个致命的口误。在1988年10月与布什的电视辩论中，主持人很诡诈地提了这样一个问题：“如果你的妻子被强奸并被杀死，你会赞成对凶手实施死刑吗？”杜卡基斯一直反对死刑，所以这个问题还以为是简单地问他对死刑的立场，所以径直回答说：“不，不会，你知道我一生都反对死刑”。杜卡基斯忽略了问题的前半部说得是他的妻子，所以这样的回答被认为是冷血。辩论后杜卡基斯在民意调查中的得分急剧下降，最终败给老布什。

1992年，由老布什和克林顿为主角的美国总统候选人电视辩论首次引入“市政厅大会”的形式，即由盖洛普民调机构抽样选出一批“未决定将票投给谁的选民”做现场观众，再由他们在现场直接向两位候选人提出问题，两位候选人既可坐在高脚椅上辩论，也可随意走动，增加与观众的互动。

这场辩论开始后，一位女士向两位候选人提问：“知道不知道国债越来越多对于普通市民生活的影响？”

率先回答的老布什态度冷淡，多为翻来覆去的官话，枯燥空泛。这位女士认为他的回答并没有解释清楚，随之对老布什步步紧逼。老布什却始终显得漫不经心，顾左右而言他。轮到克林顿作答时，他向前走了几步，来到这位女士跟前，用他那标志性的微笑和尽可能诚恳的语言回答，并讲到自己个人的遭遇，他与现场群众的积极互动让场内气氛登时活跃起来。

但在此时，老布什做了一个与现场气氛极不和谐的动作：他悄悄拉高了袖子，低头偷偷地看了看手表。这个看表的动作被摄像机作为特写镜头拍了下来直播出去。有评论指出，就从老布什偷偷看表的这一刻开始，“总统竞选战提早谢幕”。最终，年富力强的克林顿战胜老布什入主白宫。老布什偷偷看表的小动作特写镜头也作为美国大选史上一个反面教材被永久记录下来。

“政治正确”的反动

反观历史上的案例，特朗普那些屡屡“出格”的言论似乎早就该使他退出竞选，事实之所以恰恰相反，这其中一定有更为深层的原因。

这原因多半与“政治正确”与否有关。

特朗普诸多言论无情地将所谓“政治正确”踩在脚下。蔑视“政治正确”简直成为特朗普一路过关斩将的利器。他说，“我拒绝政治正确。我只做正确的事情——我想把事情变得简单一点，我想让美国变得再次伟大。”

何为美国版的“政治正确”？

其实，政治本身就是一件公说公有理、婆说婆有理的事情，对所谓“政治正确”自然也没有一个一致同意的界定。

较为折中的界定认为，“政治正确”一般用于形容语言、政策或措施不去有意冒犯或使社会中任何特定群体受到伤害。在美国媒体上，此词的运用多含有贬义，意为相关语言、政策或措施过分或者过度。

根据能够查到的文献资料，“政治正确”一词最早见于1793年美国最高法院对一桩政治官司的裁决中，但其意与现今使用的含义完全不同。

20世纪60年代，美国发生大规模民权运动，并逐渐在反对种族歧视、男女平权等方面不断取得社会进步。

1970年，托尼·卡德·芭芭拉在一篇题为《黑女人选集》的文章中说，“一个男人不可能在政治正确的同时又是一名大男子主义者”。这篇文章被认为在现代美国社会中最早使用“政治正确”一词，其含义也最接当今地气。在20世纪七八十年代，新左派、女权主义者、自由派人士常以自嘲的口吻使用“政治正确”一词，以捍卫自20世纪60年代民权运动以来所取得的各项社会进步。

美国社会的进步不仅体现在人们的观念中，还体现在相关的禁忌越来越多，如不能再将黑人称为“尼各罗”。种种禁忌也渐渐体现在校规校纪和教材中，违规违纪者便是“政治不正确”。这种舆论压力和诸般禁忌逐渐向美国全社会蔓延扩散，形成倍增效应的社会舆论压力和禁忌氛围。

对此，美国社会有过对“政治正确”的强烈反弹，其目标也首先指向教育领域。

1987 年，对美国高等教育持批判态度的学者阿兰·布鲁姆出版《美国人头脑的关闭》一书，由此引发的争论中大量使用了“政治正确”一词。1990 年，学者罗杰·金博尔题为《享有终身职位的激进派：政治如何使高等教育堕落》一书出版后，“政治正确”一词再次得到流传。1991 年，保守派作家丹尼什·德苏扎在《自由派教育》一书中抨击自由派人士通过语言、肯定性行动和改变学校教材内容推进“自虐”和多元文化。

作为主流媒体，《纽约时报》对于“政治正确”一词的使用起到了推波助澜的作用。1990 年 10 月 28 日，《纽约时报》刊载题为“理想与潮流：正在兴起的政治正确霸权”的文章；1991 年 5 月 5 日，该报又刊载题为“政治正确：新的偏见检验”的文章；1992 年，《纽约时报》以“关于政治正确的争论：大学校园中关于政治正确的争议”为题刊发相关报道；1997 年，该报刊发题为“政治正确的上下文：美国关于政治正确的争论”。

对于“政治正确”一词，美国自由派与保守派一直各执一词。自由派评论家说，保守派使用“政治正确”一词意在转移人们对保守派在一系列问题上更为实际的歧视行为的注意力，这也是在更广阔背景下对自由派发动文化战争的一部分。他们还争论说，保守派也有他们自己的“政治正确”，而这一点恰恰被保守派有意无意地忽视了。

打着“变革”旗号入主白宫的奥巴马执政八年来，一直强力推动自由派治国理念。除了反对种族歧视，主张男女平等之外，还大力推动医疗改革、反对歧视同性恋，主张保护环境，保护动物，主张抑富济贫，提高最低工资，促进社会公平，进行移民改革等。

换言之，在当今美国社会，“政治正确”的领域越发广泛，语言禁忌也越来越多。在这种氛围下，黑人不能再被称为黑人，而要称为“非洲裔”，非法移民不能再被称为非法移民，而要改称为“无证明文件移民”，否则便是“政治不正确”。

我在美国采访时，多次遇到此类情形。有一次，在填写一个表格时，我注意到表格最上面有一行字特别注明，填写内容“不得含有种族、性别、宗教歧视内容，否则便会涉嫌违法”。在美国南部最为贫穷的密西西比州政府采访时，在被问及该州“非洲裔”人口比例问题时，政府官员都避而不谈。

2016 年 5 月，奥巴马总统签署一项由华裔联邦众议员孟昭文提出的法案，规定在联邦政府文件中禁止出现“东方人”“黑种人”等含有种族歧视色彩的词汇，代之以“亚裔美国人”“非洲裔美国人”等中性词汇。有关公共卫生、社会福利、公民权利等相关法律和政府文件还禁止使用“讲西班牙语的人”“印第安人”“爱斯基摩人和因纽特人”等含有种族歧视的词汇，代之以拉美裔、土著人等。

不说不等于没有看法，绝大多数人碍于“政治正确”的紧箍咒，选择了三缄其口。恰如那些其实都看到皇帝并没有穿衣但谁也不作声的绝大多数人一样。

“政治正确”所带来的“语言禁忌”本身便是悖论。美国社会所取得的任何一个社会进步都是反传统，反禁忌，求解放，求自由的精神成果。在美国这一高度多元化社会中，如将“政治正确”当作一顶令人动辄得咎、过度使用的大帽子，势必积蓄、催化出一种新的反禁忌社会能量。

奥巴马政府执政期间，美国党争极化，社会撕裂，内政外交乏善可陈，作为社会中坚的中产阶级殷实家境程度大为缩水，底层百姓向上流动性几乎停滞，贫富悬殊拉大，社会不公难以改变，中国等国和上千万非法移民成为就业机会减少、“抢夺”美国福利资源最为方便的替罪羊。种种不满、愤怒积聚成为越发强烈的要求“改变”的社会能量。

这种社会能量火山般的释放需要一个出口。2016 年的美国总统大选便是这个出口。各种蓄积的社会矛盾借此爆发，各种利益集团的代言人挤上那道通向白宫的独木桥，一个个风云人物你方唱罢我登场，走马灯般舞动在风口浪尖，宣扬着种种看似美好却谁都无法全盘兑现的承诺，最终的角逐结果至少决定着今后四年美国社会钟摆的方向。

美国总统大选的制度安排就有着“风水轮流转”的历史惯性。

在 2016 年美国总统大选进程中，特朗普就是在反传统、反禁忌道路上走得最猛的人。

于是，人们看到了美国大选史上一个极为罕见和反常的情况：特朗普种种“政治不正确”的恣意妄为非但没有令他昙花一现，反而在美国媒体一阵强似一阵的曝光中一路前行，各种民调一直看涨，直至挑落共和党内所有竞争对手。

至少在初选阶段，宣泄较“政治正确”更为势头更猛。恰恰因为特朗普是一位局外人，所以他能够走得这样远。

“搅局者”狂欢的背后，代表着美国社会久已有之的不满、愤怒及其尽情发泄。

因为特朗普的参选，本已事事撕裂的美国更加分化。特朗普在全美各地举行竞选活动期间，多次发生暴力事件。这也是美国大选史上多年来少有发生的事情。

2016 年 1 月 1 日，为迎接新年到来，美国加利福尼亚州帕萨迪纳市举行第 127 届玫瑰花车游行。当天可谓碧空如洗，万里无云，视线格外的好。当最后一辆花车驶出时，天上飞来 5 架飞机并喷出烟雾，于是碧空中现出两行大字：

“美国伟大，特朗普恶心”；

“除了特朗普，谁都行”。

面对此情此景，历史老人或许“呵呵”一笑。美国是一个有着无限可能性的国度。当世界上许多人被种种反特朗普的显性举动所吸引之时，他们未能看到，一股隐性能量正在加速集聚。这股沉默的力量一旦释放，整个世界将瞠目结舌。

第十三章
为什么偏偏是他

特朗普的敢言触动了美国社会敏感神经；中国是绕不开的话题，候选人必然“示强”；乱哄哄你方唱罢我登场，瞬间浮沉成为常态；全世界最看走眼的事情便是没有料到特朗普的崛起和杰布·布什的翻船；选举之肮脏能将最优秀的人败坏掉；“局外人”的优势是没有历史包袱；美国总统竞选史上“最下流的辩论”；“民主”的面纱干脆被扯下，赤裸裸的阴谋浮上台面；一旦成势，便势如破竹，挡都挡不住；没有人想到特朗普会走得这样远。整个世界都看错了；美国政治家们都低估了特朗普；大选尚未结束，“政治分肥”的暗流开始涌动；美式民主周期性放大、凸显、发泄社会不满情绪的过程中势必不断催化出越发白热化的非理性氛围，以对社会不满为基础，候选人与特定选民群体间势必相互绑架；种种不满、焦虑和愤怒正如堆积起来的干柴，最终将火点得特别旺的那位就是特朗普；美国，只有美国，能够产生和造就特朗普这样的人物成事者必谋势。

《孙子兵法》“势篇”中说，“故善战者，求之于势”“激水之疾，至于漂石者，势也；鸷鸟之疾，至于毁折者，节也。是故善战者，其势险，其节短。”

湍急的流水冲击力之猛，足以漂走石头，那是由于水流迅猛的“势”所造成；鸷鸟从高空往下猛烈搏击，以致能捕杀鸟雀，那是由于抓住了时机。因而，善于作战的人，他们造成的态势总是十分险峻，他们抓住的时机总是非常短促。

只有黑白两色的中国围棋充满谋势的智慧。善弈者须做眼活气，走厚形成外势，由点及面，最终取胜。

所有参选美国总统的人在下定决心趟一趟这潭浑水前都有着各自的谋略。有志在必得者，也有刷一刷存在感、打一打知名度者，借机起哄的人也不在少数。

截至 2015 年 8 月 25 日，全美计有 828 人填写“候选人声明”，登记参加 2016 年美国总统大选，其中还包括两只猫和一只狗。

在 2016 年美国总统大选进程中，除共和、民主两党外，也确实有其他一些政党选出候选人参选。这些政党包括自由党、绿党、美国党、宪法党、独立美国人党、营养党、社会主义与解放党、禁党和美国老兵党。但美国主流媒体对这些政党的声音全然不予关注，这些政党的举动及政策主张对美国政坛的影响几乎可以忽略不计。

记得有一次与一位有着博士学位的美国国务院官员聊到美式民主时，她说，美式民主就是这样，最终只有共和、民主两党候选人对决，你没有别的选择。如果你两个人都不喜欢，也全然没有办法，只好等到四年以后再说。

2016 年 6 月，我与参加第三届中美媒体论坛的一位美国知名中国问题专家讨论美国总统大选时，他告诉我，在2016年的美国总统大选中，他将不会投票。因为无论是特朗普还是希拉里都不是他的菜。

在美国，又有多少人有这样的纠结与困惑？

“做眼”“谋势”，狙击手般狠与准

根据美国的制度安排，总统选举的主要程序包括预选、各党召开全国代表大会确定总统候选人、总统候选人竞选、全国选民投票、选举人团投票表决和当选总统就职。

共和、民主两党党内预选是美国总统选举的第一阶段。2016年的预选于2月1日在艾奥瓦州打响第一枪。各州根据人口、选区的不同，有不同数目的选举人票。就共和党而言，在全美各州预选中率先拿到1 237张选票的候选人便可确保成为该党总统候选人，经过共和党全国代表大会确认后，进而在全美各州与民主党总统候选人进行第二轮大选角逐。

在预选之前，美国媒体主持了一系列电视辩论会，有着“是骡子是马拉出来遛遛”的意思。

2015年8月6日，福克斯电视台在俄亥俄州克利夫兰举办了共和党总统候选人首场辩论会。根据民调支持率，17名共和党候选人被分成两组。包括得克萨斯州前州长佩里在内七名支持率较低的候选人被安排在当天下午进行小规模辩论。另外十人的主场辩论被安排在当晚黄金时间举行。除了特朗普外，其他九人为佛罗里达州前州长杰布·布什、威斯康星州州长沃克、前阿肯色州州长赫卡比、非洲裔脑神经外科医生卡森、得克萨斯州参议员克鲁兹、佛罗里达州参议员鲁比奥、肯塔基州参议员保罗、新泽西州州长克里斯蒂以及俄亥俄州州长卡西奇。

First Republican debate: All bark and no bite

The US Republican Party presidential candidates stake out hawkish views on policy towards the Middle East.

资料来源：http：//www. aljazeera. com/indepth/opinion/2015/08/republican-debate-bark-bite-150809074508381. html，2016年7月15日登录。

在有着2400万美国人观看的这场辩论会上，特朗普无疑是最引人注目的人物。在此之前，翻开美国的报纸，打开电视，滑动手机，“唐纳德·特朗普”的名字已是铺天盖地。自宣布参选之后，特朗普不甘寂寞的“大嘴巴”招惹了许多是非，却也带来许多人越来越看不懂的情况：特朗普的参选明明被很多人认为是个笑话，但在多个民调结果中，他在17位共和党总统候选人中高居首位，甩下位于第二位的杰布·布什十几个百分点，使得他在首场辩论会上被安排在了最中间的位置。

特朗普的敢言触动了美国社会敏感的神经。腻烦了冠冕堂皇的政客，来了个见人就喷的“大嘴巴”，美国社会蓄积着的某些愤怒、沮丧、不满便寻到了某种宣泄。那些不能全信也不能不看的民调结果多多少少揭示了美国社会的部分现实。美国福克斯新闻网2015年8月4日公布的民调显示，特朗普获得26%的支持率，在17名共和党竞选人中遥遥领先。

就在首场辩论会之前，《世界新闻报》报道，美国共和党大佬对特朗普参选总统心惊胆战。他不可能获得提名，可是党内人士担心这个口无遮拦的富商不只让自己沦为笑柄，他对拉美裔非法移民的狂言狂语，以及对竞争对手的无情攻击，会伤到最后获提名人选，并使得共和党难以争取女性和少数族裔选民，最终赢得选举也因此成为泡影。

美国“政治”网站报道称，特朗普得以参加共和党初选辩论，这扩大了共和党的风险。让特朗普在全国民众眼前登上这种重要论坛，绝对有违党内初衷。共和党担心特朗普在台上丢人现眼，猛烈攻击党内对手，或是大放厥词伤及整个共和党。

就在这场辩论中，特朗普不经意间揭开了美国“钱主政治”黑幕的一角。

站在台中央，曾为民主党人的特朗普被问及为何向民主党政客提供捐赠，并通过捐赠让这些政客“做任何想你要他们做的事”。特朗普两手一摊，环顾了一下两旁政客，说道，这个台上的所有人我都给过你们钱。他特别指着抨击他“收买政治家”的肯塔基州国会参议员兰德·保罗说：“我也买过你！你打来电话，我就把钱送过去了。”特朗普毫不否认“有钱就是任性”。“你最好相信这一事实……我一打电话给他们，他们就会出现。”他说，他确实曾向克林顿基金会提供过捐赠，作为回报，希拉里·克林顿出席了他的婚礼。“我说‘来参加我的婚礼吧’，她就过来参加了。她没有选择，因为我捐了钱给她的基金会。坦率地讲，那个基金会应该是用来做好事的，我不知道她会花钱乘私人飞机世界各地到处飞。”

对于特朗普这一番表白，台上其他所有参辩者竟无言以对。作为台上唯一参加过总统竞选的参辩者，原阿肯色州州长麦克·赫卡比说：“问题是我们有着从华尔街到华盛顿的权力轴心，这一轴心控制着美国的政治气候。捐赠阶级喂养着政治阶级，政治阶级便随着捐赠阶级的要求起舞。”

在这一场由共和党媒体大本营组织的辩论会上，没有触及民主党人所热衷的社会不平等、种族冲突、气候变化等话题，但本来不是话题的中国仍被多人提及。针对中国目前是美国国债最大持有国这个事实，兰德·保罗说："我们不应该从中国借钱然后到处发放。"来自得克萨斯州的联邦参议员特德·克鲁兹对于过去数年内奥巴马和希拉里·克林顿外交政策产生的后果提出批评，称中国正在对美国发动网络战争。在此前一场合，来自南卡罗来纳州的联邦参议员格雷厄姆直称中国"欺骗"美国。

显然，中国是2016年美国总统大选绕不开的话题。美国总统大选进程有着自身的潜规则，攻击在任总统软弱，多方示强便是其中之一。示强便需标靶，不断发展的中国因此成为话题，这一定是2016年美国总统大选的"时髦"。

"找碴儿"是美国总统大选进程的铁律。谁的风头劲谁就会被找得狠。面对两侧九位对手，特朗普标志性地昂头扫视着对方，刀来剑挡，水来土掩，毫不含糊。对于福克斯电视台女主持人凯利关于女性问题的咄咄逼问，特朗普率性回击，也因此于事后引来风波。

就在这场辩论会后，原得克萨斯州州长佩里于2015年9月11日宣布退选。退选后，他先是表示支持克鲁兹，后宣布改为支持特朗普。曾一度声望甚隆的威斯康星州州长沃克于2015年9月21日宣布退选。退选后先是表示支持克鲁兹，后于2016年6月2日表示支持特朗普。

面对十余位竞争对手，特朗普"做眼""谋势"之道是狙击手般狠、准点击，各个"消灭"，对谁也不手软。

佩里在2012年就参加过总统竞选，这一次又想出来冒个泡。特朗普根本没把这位前州长放在眼中。他在一次演讲中讥讽佩里"戴上眼镜是为了在人前显出一副聪明相，实则不然"。接着，特朗普又补了一句，"佩里很可能比林赛·格雷厄姆还是聪明一些"。

对于现任州长沃克，特朗普的攻击火力相当凶猛。

沃克的一位筹款人因不满特朗普言行，将特朗普称为"蠢蛋"。沃克本人也对特朗普攻击麦凯恩的言论表示过不满。睚眦必报的特朗普在艾奥瓦州一个竞选活动中说："我一直对沃克不错，他这人还行……但是今天，就在我看到他的筹款人发表的难听言论后，我对自己说：终于逮到'削'他的机会了。"特朗普说，沃克主政的威斯康星州"糟糕透顶，陷入混乱……他们的道路残破不堪，却又没钱重建。州政府像疯了一样四处举债。该州原计划能产生 10 亿美元财政盈余，到最后反而亏了 22 亿。他们州的教育和医疗也统统不行，简直一团糟。"

想当美国总统的人很多，都想冒冒泡，其间一定充斥着丑闻、铜臭、偏执，一定是乱哄哄你方唱罢我登场，瞬间的浮沉便是常态。

由于很低的民调支持率和无望的竞争前景，2016 年 2 月 1 日开始在艾奥瓦州举行的初选之前，印度裔的原路易斯安那州州长金德尔于 2015 年 11 月 17 日宣布退选。他先是表示支持鲁比奥，后改为支持特朗普。联邦参议员格雷厄姆于 2015 年 12 月 21 日宣布退选。原纽约州州长帕塔基也于 2015 年 12 月 29 日宣布退选。

艾奥瓦州和新罕布什尔州是最早进入党内初选的两个州。这两个州的初选结果之所以格外得到关注，是因为其结果有着"温度计"和"风向标"的意义。候选人在这两州初选中的表现将在很大程度上影响其赢得提名的机会。行就继续往下走，不行就赶紧拍屁股走人，否则便是劳民伤财。要知道，维持竞选活动的运转是很花钱的事情。

艾奥瓦和新罕布什尔两州初选后，共和党总统候选人再次出现退选潮。

由于在艾奥瓦州初选结果中表现不佳，原阿肯色州州长赫卡比 2016 年 2 月 1 日宣布退选，后宣布支持特朗普。联邦参议员保罗 2 月 3 日宣布退选，5 月 6 日宣布支持特朗普。原联邦参议员桑托勒姆也于 2 月 3 日宣布退出竞选，退选后先是宣布支持鲁比奥，后于 5 月 24 日宣布支持特朗普。

新罕布什尔州初选后，新泽西州州长克里斯蒂于 2 月 10 日宣布退选，并于 2 月 26 日宣布支持特朗普。原惠普公司首席执行官菲奥里纳也于 2 月

10日宣布退选。原弗吉尼亚州州长吉尔摩于2月12日退出竞选，并于5月6日宣布支持特朗普。由于得不到选民手中选票的认可，卡森医生于3月4日宣布退选，并于3月10日宣布将支持特朗普。

尽管在诸多民调中位于领先地位，特朗普在艾奥瓦州的初选中位于第二位，败给克鲁兹。但在2月10日举行的新罕布什尔州的初选中，特朗普获得大胜。

恶语相向，玩儿浑的你哪里是他的对手

至此，特朗普的对手中仅剩杰布·布什、鲁比奥、克鲁兹和俄亥俄州州长卡西奇。

特朗普不把卡西奇放在眼中，因为他也属出来冒冒泡的人。他需着力应对是杰布·布什、鲁比奥、克鲁兹三人，其中尤其将杰布·布什作为攻击重点中的重点。

围绕2016年美国总统大选，全世界最看走眼的事情便是没有料到特朗普的崛起和杰布·布什的翻船。

杰布·布什的父亲老布什曾出任罗纳德·里根的副总统，后于1989年至1993年出任美国第41任总统，他的哥哥小布什于2001年至2009年任两届总统。杰布本人曾任佛罗里达州州长多年。较之他的哥哥小布什，杰布显得更加沉稳。

2014年12月16日，杰布·布什在社交网站的个人网页宣布："经过（与家人的）谈话，以及对美国需要强有力领导的认真思考，我决定将积极探索竞选美国总统的可能性。"2015年6月15日，杰布·布什正式宣布参加2016年美国总统大选。

直至2016年年初，全世界的媒体都在议论美国总统大选将成为布什和

克林顿两大政治家族之对决。有媒体以“美国总统选战第一关：希拉里胜杰布”为题进行相关解析。还有分析说，尽管美国历史上多次出现“王朝政治”，但两大政治家族过招却十分罕见。如果这次希拉里和布什分别赢得党内初选，将是克林顿和布什两大家族这些年来第二次过招。这两个家族于1992年首度交锋，当时老布什谋求连任，对阵的民主党候选人是年富力强的克林顿，最终击败老布什。

其实，根本不用希拉里出面，半路杀出的特朗普就将杰布早早地“灭”了。

在美国大选年中，拿着放大镜找出竞争对手的点滴污点放大抹黑，这是一个跳不出来的老套，连那些令人景仰的美国建国之父们也未能免俗。1800年，约翰·亚当斯与托马斯·杰斐逊这两位“建国之父”在大选中对决，双方的竞选手段极其肮脏，造谣、诽谤、中伤无所不用，以至于亚当斯夫人慨叹道：“选举能把最优秀的人败坏掉”。

在2016年的美国大选中，由于有了特朗普的参与，这场抹黑大战更加具有戏剧性。

作为一名精明的商人，特朗普早就善于抓住对手的命门进行攻击。杰布·布什的命门便在于他是布什。

杰布参选的过程极为谨慎，因为他对自己的优势与劣势极为清楚。布什家族的政治资源无疑是一柄双刃剑。杰布可以得益于这一雄厚的政治资源，却也可以受制于历史包袱。2014年12月16日，杰布宣布“将积极探索竞选美国总统的可能性”，直至半年后的2015年6月15日才正式宣布参选，其间便是放出试探气球后又做了一番思量。他深知布什家族历史包袱之重，因此在正式宣布参选时及此后竞选活动中所有海报、标语仅打出“杰布”字样而避免写上“布什”。

资料来源：http：//www. msn. com/en-ca/news/world/trump-jeb-bush-clash-over-george-w-bush/ar-BBptvcX?li=AAggv0m，2016 年 7 月 15 日登录。

这历史包袱最沉重的部分便是美国民众极为厌恶的阿富汗、伊拉克两场战争，特别是那场以莫须有罪名发动的伊拉克战争。

杰布曾在接受采访时表示，如果换成自己，当初也会兵发伊拉克。不过，此后数天，他的态度出现转变，甚至说美国当初不应该发动伊战。《华盛顿邮报》就此评论说，这显示了他为是否应与兄长拉开距离或者拉开多大的距离而纠结。

小布什当政时的白宫发言人阿里·弗莱舍说，一旦迎来杰布和希拉里的终极对决，希拉里恐怕不敢拿伊拉克战争叫板，因为当时出任联邦参议员的她就发动这场战争的议案投下了赞成票。

但特朗普可不一样。这也是特朗普作为“局外人”的一个优势——他没有这方面的历史包袱。

特朗普知道杰布的这个软肋，从一开始便屡屡敲山震虎，向前总统小布什“开炮”，称小布什该为 2001 年发生的“9·11”恐怖袭击事件受到指责。

针对特朗普的攻势，杰布一度以守为攻，替哥哥打抱不平。他利用接受媒体采访的机会说，“你看，我哥哥对危机做出了反应，他做了你希望总统应该做的事情。绝大多数美国人都认同这一点，我真不知道他（特朗普）为何对这件事一提再提。”他认为特朗普有关“9·11”的言论让人质疑他的可信度，但特朗普对国际问题的掌握程度“就好像他还在上脱口秀一样”。

面对杰布此番言论，特朗普也利用媒体采访的时机回应说，“杰布一直说：‘我们和我哥哥都安全，我们安然无恙’，但世贸中心倒塌了。我不是在批评小布什，但我不想杰布说‘我哥哥让我们安全’，因为‘9·11’是这个国家历史上最糟糕的一天”。

在竞选活动中，特朗普对新媒体的运用也是驾轻就熟。他发布多条推特嘲笑杰布“太笨”，给布什家族丢人。特朗普在其中一条推特写道：“这个国家最不需要的就是另一个布什，笨得像块石头。”

杰布曾一度被认为是共和党内最为炙手可热的参选人，然而却接连数月惨遭压制。共和党第五轮辩论过后，杰布·布什的支持率仅为3%左右，特朗普却仍以39%稳居首位。在这种形势下，杰布认为需要加强对特朗普进行持续、有力的打击，来挽回自己选情的颓势。

2015年12月19日，杰布前往新罕布什尔州小镇康图库克进行拉票活动，他对支持者说：“有那么一件事，我必须发泄出来——特朗普就是个蠢蛋！”话音刚落，听众席响起掌声和笑声。他接着说：“他的参选和对民众的不敬让人深感沮丧。”杰布称，像特朗普这样的参选人，压根儿就不应该成为“共和党这个伟大党派的领跑者”，他呼吁人们能将宝贵的一票投给自己，以示对特朗普的抵制。话毕，杰布开玩笑地说：“说出来就痛快多了……谢谢大家给我一次自我治愈的机会。”

这一次杰布感觉“痛快多了”，但纵观其竞选表现，仍失之于说话软弱无力，似乎难以高度兴奋起来，这种“疲软”的形象实在难与特朗普相抗。

特朗普当天正在艾奥瓦州锡达拉皮兹市进行拉票活动。他立即对杰布进行了一番嘲弄。特朗普提及刚刚过去的共和党参选人第五轮辩论，对杰布的表现表达了不屑："太可悲了，让人不忍直视。"他还说，杰布的竞选能力"接近于无能"，讥笑他的支持率已经"非常接近于零"。

至此，一直观战的布什家族坐不住了。2 月 5 日，年届九旬的美国前"第一夫人"芭芭拉·布什前来为儿子"站台"，帮助杰布拉票。她在和杰布一起接受美国哥伦比亚广播公司《今晨》节目采访时说，"美国需要他这样的总统"。她说："美国似乎正在失去一些价值观，这些都能在他身上找到。"芭芭拉还不忘批评特朗普，并呼吁女性选民不要为特朗普投票。她表示，杰布"彬彬有礼"，甚至有时"过度礼貌"。相比之下，以"大嘴巴"著称的特朗普经常"出口成脏"，还对女性发表歧视性言论。

2016 年 2 月 13 日，美国共和党总统参选人第九场辩论在南卡罗来纳州举行。此时距南卡罗来纳州共和党初选仅有一周时间。

在这场由哥伦比亚广播公司主持的辩论中，6 名共和党参选人参加辩论。这场辩论充满的高声叫喊、相互人身攻击和辱骂，因此被《华盛顿邮报》称为美国总统竞选史上"最下流的辩论"。

在当晚的电视辩论中，克鲁兹点名批评鲁比奥在移民问题上"太软"，而鲁比奥指责克鲁兹"撒谎"。特朗普直言克鲁兹是"辩论席上最大的骗子"，而克鲁兹则"教育"特朗普要"像大人那样学会不插话"。

特朗普当晚开足马力对杰布发动了全力进攻。特朗普嘲笑杰布替哥哥小布什在伊拉克问题上辩解。

特朗普说："当然，伊拉克战争是一个非常大的错误。由于伊拉克战争，我们损失了 2 万亿美元，丧失数千人的生命。"他还说，"发动伊拉克战争是杰布·布什的哥哥、前总统小布什犯下的错误。我们所有人都会犯错误。但这是一个非同寻常的错误。我们永远都不应当出兵伊拉克。我们破坏了中东的稳定。"

特朗普嘲笑杰布说，"他花了五天时间纠结伊拉克战争到底是不是个错误，最后还是他身边的人告诉他那是个错误，他才跟着说'那场战争是错的’”。

杰布反击说：“我早就厌烦了奥巴马对我哥哥在一系列问题上的指责。坦白地说，我也不在乎特朗普对我的诸多羞辱，但我不能容忍他对我的家族指指点点，我的父亲是我认识的最伟大的人，而我的哥哥，在特朗普还在搞真人秀的时候，就已经为我们的安全设立了保护机制，我为他的所作所为感到骄傲。”特朗普当即愤怒回应：“世贸大楼就是在他执政期间遭袭击倒塌的。”杰布则回应称，“你有本事该去和我母亲过过招，她是我知道最强硬的人，我很庆幸是她的孩子。”而特朗普则直接用一句“那应该让你妈来竞选”予以回击。

在论及叙利亚问题时，特朗普主张与俄罗斯进行合作。他说，美国“应当明白，我们在与谁为敌，为谁而战以及我们正在做什么”，“美国在叙利亚耗资数十亿美元支持那些我们根本就不了解的人”。杰布反驳说，“俄罗斯在叙利亚冲突中能够站在正确的一方，这种说法完全是错误的”。他表示，“俄总统普京不可能是美国的盟友，全世界都知道这一点。普京在攻击我们所支持的军队”。特朗普回应说：“杰布完全是错的……他是在为院外游说集团站台。”

特朗普此前曾发表声明称，准备与俄罗斯进行更深层面的合作。俄罗斯总统普京对此表示欢迎，并称特朗普在“总统竞选中取得绝对优势”。特朗普随后表示，对他来说，听到俄罗斯总统这样重要人物的称赞是极大的荣耀，他再次重申获得普京盛赞的俄美必须加深双边关系的这一论点。

这场辩论再次引发国际舆论议论纷纷。英国《每日电讯报》称，这是迄今为止共和党参选人之间“最恶语相向的一次辩论”，不少参选人都失去了冷静的头脑。《华盛顿邮报》说，辩论中充满了人身攻击，无疑是“最下流的一次言语交锋”。英国《经济学家》认为，美国共和党人度过了一个悲哀的夜晚，辩论满是虚伪、诽谤和谎言，没有几句是真话，“让人有些进入垃圾场的感觉”。

布什家族再也坐不住了。2 月 15 日，美国第 43 任总统小布什出现在杰布的南卡罗来纳州的竞选现场，为弟弟站台助威。历史上，老布什和小布什在竞选活动中都在南卡州获得大胜。刚刚宣布退选的该州联邦参议员格雷厄姆说，“布什这个名字在我的州是个金字招牌。”

然而，对于自参选以来一直萎靡不振的杰布来说，再打强心针也没有用了。在南卡罗来纳州初选后，由于位列特朗普、鲁比奥和克鲁兹之后，杰布·布什于 2 月 20 日当天便宣布退选。

布什与克林顿两大政治家族对决的预言随之破灭，代之以一场更为难以预测的活剧。

在美国总统大选进程中，继艾奥瓦、新罕布什尔两州初选后，“超级星期二”格外受到瞩目，其原因在于多州同时在这一天举行初选，其结果也将决定谁能“做眼得气”，谁将气尽身退。

杰布退出后，横在特朗普路上的主要障碍便只有鲁比奥和克鲁兹了。

鲁比奥与克鲁兹有不少共通之处。他们都是美国国会参院中的少壮派，又都有拉美裔移民背景，在共和党内共同扮演着立场极端强硬的角色。身为古巴裔的鲁比奥是第三位正式宣布问鼎白宫的共和党人。43 岁的鲁比奥一直在打年轻牌。他在迈阿密自由之塔举行的集会上告诉高声欢呼的支持者：“是时候由我们这一代人来引领美国步入新世纪了。”

鲁比奥的个人经历同 2008 年参选的奥巴马极为相似。两人也都长着一对扇风大耳。雄心很大的鲁比奥早就被共和党大佬视为新生代代表。2012 年的共和党全国代表大会上，鲁比奥就获得登台发言的宝贵露脸机会。就 2016 年大选而言，共和党内不少大佬很是看好鲁比奥，认为他的形象和经历使容易吸引年轻选民、拉美裔甚至非洲裔选民支持，“茶党”的背景则有利于他争取保守派支持。他可能成为希拉里圆总统梦的最大威胁。

雄心勃勃的鲁比奥还是太年轻了。一旦登上大选舞台，他就显得有些紧张，有时还紧张得不停擦汗。所有这些，都被特朗普看在眼中。

自进入初选以来，鲁比奥一直未能开张。2016 年 3 月 1 日，在第一个“超级星期二”初选中，鲁比奥赢得了明尼苏达州，取得了初选中的第一个胜利。克鲁兹赢得了阿拉斯加、俄克拉亥马和他的家乡得克萨斯州，特朗普则赢得了其他七个州。

对于特朗普来说，对付鲁比奥可谓小菜一碟，其招数不外乎激将、嘲讽和挑衅，甚至不惜有些下作。

在推特上，特朗普直称鲁比奥为“轻量级的讨厌鬼”，鲁比奥“站在舞台上就像一个小屁孩。根本不是总统的料”。在辩论中，特朗普还模仿鲁比奥在重大演讲活动时紧张得大汗淋漓口干舌燥，竟然停下来跟人要水喝，并给鲁比奥起外号说他是“熔化先生”。

气不过的鲁比奥开始与特朗普骂起架来。他说特朗普为了使自己的皮肤看起来犹如自然晒黑的一样，所以使用皮肤色素喷雾剂，还说特朗普的“手太小”。“小手”在俚语中有着“生殖器太小”的暗喻。鲁比奥此语一出，舆论哗然。《纽约客》杂志将这个“手太小”的梗作为封面文章登了出来，随之引来“下流！没底线！”等一片骂声。

鲁比奥整个掉在特朗普为他挖好的坑里了。玩儿浑的你是玩不过特朗普的。

2016 年 3 月 15 日，在第二个“超级星期二”的初选中，俄亥俄州州长卡西奇在自己的家乡取得了唯一一场胜利。特朗普赢得了包括佛罗里达州在内的五个州的初选胜利。在自己家乡的败选使得鲁比奥不得不于 3 月 15 日宣布退选，并于 3 月 26 日宣布，他将所获得的 173 张选举人票送给特朗普，以击败民主党总统候选人希拉里 · 克林顿。

特朗普在威斯康星州的党内预选中遭遇劲敌克鲁兹强力阻击，大差距输给克鲁兹后，特朗普没有露面，而他的竞选团队炮轰克鲁兹“是特洛伊木马，被党内大佬利用来窃取属于特朗普先生的提名”。

确实，到那时为止，看来能够阻止特朗普的只有克鲁兹了。一脸忠厚的

“老好人”俄亥俄州州长卡西奇显然难以走到最后。

特朗普与克鲁兹互撕

资料来源：http：//www.chinatimes.com/cn/realtimenews/20160321002092-260408，2016 年 7 月 15 日登录。

然而，这个克鲁兹很快就被人找出了毛病。克鲁兹赢得了艾奥瓦州的初选胜利，但随之曝出他的胜出是因为他散布谣言说他的主要对手卡森医生即将退选，直接导致自己拿到了支持卡森选民的很多选票，让自己拿下了艾奥瓦州的初选。

善于给别人起外号的特朗普立即抓住此事将克鲁兹称为“说谎者特德”。

克鲁兹的出生地也出现了漏洞。他出生在加拿大卡尔加里，他的母亲来自美国，父亲来自古巴。根据美国法律，有着美国国籍的母亲会自动给予子女美国公民，而加拿大法律规定，只要出生在加拿大本土，就会取得加拿大国籍，所以，克鲁兹曾具有双重国籍。虽然他于2014年10月放弃加拿大国籍，但特朗普还是抓住这件事大做文章。他在辩论会上称克鲁兹完全不具备竞选总统的合法性，因为他出生在加拿大，并称他将就此起诉克鲁兹。

到了2016年3月，特朗普与克鲁兹之间的对掐进入白热化。

2016年3月25日，美国“国家调查者”网站曝出克鲁兹有五个秘密情人，其网页红色标题为“肮脏的政治!”下面标出“这点儿淫乱事可能摧毁克鲁兹的总统竞选活动”。网页还发出这五名脸上打了马赛克的女性照片。

“国家调查者”网站本来就是一个以爆料八卦消息为主的媒体，但对于长期以来标榜自己为虔诚基督徒的克鲁兹而言，这个有鼻子有眼的爆料不啻为毁灭性的打击。

克鲁兹忙不迭地出来否认此事，并指责特朗普是此事幕后黑手。因为“国家调查者”网站的首席执行官和特朗普是好朋友。

怎么说也不行了，只能越抹越黑。

事已至此，着急的不仅仅是克鲁兹，还有共和党内那些很不情愿看到特朗普最终出头的大佬们。于是，“民主”的面纱干脆不要了，赤裸裸的阴谋浮上台面，其目的便是不顾一切阻止特朗普。只要克鲁兹和卡西奇有一人能够挺到共和党全国代表大会，共和党大佬们就会运用党内程序等猫腻手段抛下特朗普。

特朗普从一开始便对共和党大佬们这些勾当看得很清楚，并多次威胁说，如果共和党大佬以不正当手段玩政治，他将退出共和党以独立候选人身份参选。

特朗普于4月19日在纽约及其他东北5州初选中获得压倒性胜利。

2016年4月24日，克鲁兹和卡西奇宣布，他们已达成协议，在接下来的各州初选会集中资源主攻某些州，以免分散选票，联手围堵特朗普。

印第安纳州的初选定在5月3日，俄勒冈州和新墨西哥州的初选定在5月17日和6月7日。按照他们的安排，克鲁兹将专注于印第安纳州，卡西奇专注于俄勒冈州和新墨西哥州。这些都是彼此具有高胜算的州属，两人希望通过这么做，可以阻止特朗普获得成为共和党总统候选人所需的1 237张党代表票。

克鲁兹的竞选经理罗伊说："我们将把竞选的时间与资源放在印第安纳州，不会在俄勒冈州和新墨西哥州阻挡卡西奇。"，至于其余其他各州的初选，"我们将会继续竞争争取胜选。"

卡西奇的首席策略师韦弗发表声明说，印第安纳州的初选很重要，这个州的选举人票采取"胜者通吃"的做法，对阻止特朗普拿下过半党代表票发挥重要作用。因此卡西奇阵营决定在印第安纳州"让路"给克鲁兹。

特朗普于4月24日当晚发送推文回应说："喔，克鲁兹和卡西奇刚串通好，要阻止我成为共和党候选人。孤注一掷吧。"

反对特朗普的团体对克鲁兹与卡西奇联手表示欢迎，称这是明智之举。特朗普则重申陈诉，因为现有的党代表都反对他，党内初选的提名过程将被"操纵"，不要让他成为总统候选人。共和党全国委员会则辩称党选条规早已定下，并非最近才修订。

"势"的妙处在于，一旦成势，便势如破竹，挡都挡不住。

2016年5月3日，特朗普赢得了印第安纳州全部57张选举人票。

看到再也无法阻止特朗普获胜，克鲁兹于5月3日宣布退选。卡西奇于5月4日宣布退出竞选。

在经过一番紧张的幕后磋商后，美国共和党全国委员会主席莱因斯·普里巴斯于2016年5月3日晚宣布，特朗普已成为共和党"假定的"总统候选人提名。

为什么不能是他

对于美国总统大选中对手之间的相互攻讦指责，也千万不要太当真。一切都是可以改变的。前脚是死敌，后脚可能就是盟友。

这不，曾在首轮共和党总统候选人辩论中抨击特朗普的新泽西州州长克里斯蒂刚一退选，转过身来便站在特朗普身边为他站台。

这都是一些政治上的小算盘，为的无非是日后特朗普得势后谋个一官半职。随着特朗普的得势，特朗普在共和党内获得了更多支持。在 2008 年美国总统大选中成为共和党副总统提名人的原阿拉斯加州州长佩林女士便不失时机地表示支持特朗普，并希望特朗普胜选后，她能被任命为能源部部长，她宣称自己对能源政策很有想法。

大选尚未结束，“政治分肥”的暗流开始涌动，这也真是够奇葩的。鲁比奥、卡森、吉尔摩、克里斯蒂、桑托勒姆、保罗、赫卡比、金德尔、沃克、佩里，这些昔日与特朗普同台辩论，甚至相互攻击闹得很不愉快的人最终都宣布支持特朗普，大抵是冲着分享“政治分肥”去的。

美国历史上，“政党分肥制”久已有之，其背后是美国政治制度中“钱主政治”的本质和由此带来的“投桃报李”般的利益瓜分。近半个世纪以来，当选美国总统对于驻外机构负责人的任命有着 70：30 的潜规则，即约 70%的驻外大使任命从职业外交官中挑选，另有约 30%属于权钱交易性质的“政治任命”。据美国外交服务协会统计，迄今为止，奥巴马执政以来对驻外大使“政治任命”的比例为 37%，而自奥巴马第二任期以来，这一比例已高达 57%，其中最为明显的便是任命美国第 35 任总统约翰·肯尼迪和第一夫人杰奎琳·肯尼迪的女儿卡罗琳·肯尼迪出任驻日大使，令其成为首名担任这一职务的女性。奥巴马此举就是对肯尼迪家族对其政治上支持的回报。

有一段时间，被奥巴马提名的多位候任大使在国会听证会上屡屡露怯，进而引发人们对美国“政党分肥制”的新一轮质疑浪潮。

首先露怯的是奥巴马提名的驻挪威大使乔治·楚尼斯。楚尼斯此前为旅馆业大亨，曾向奥巴马和其他民主党人提供约130万美元政治献金。在美国国会举行的听证会上，楚尼斯承认他从未去过挪威。不仅如此，楚尼斯还是一个“大嘴巴”，他在听证会上指称挪威进步党成员为极端狂热分子。事实上，挪威进步党现为挪威中右翼执政党之一。楚尼斯的失言立即在大西洋彼岸的挪威引发强烈不满。挪威进步党议员艾林森说，楚尼斯的言论是“不可接受的挑衅”，要求其就此进行道歉。楚尼斯随之忙于为此事进行“善后处理”。

被提名担任美国驻匈牙利大使的科琳·贝尔曾为肥皂剧制片人。在2012年美国总统大选中，她为奥巴马集资约80万美元。她在国会听证会上承认对匈牙利知之甚少。被提名担任驻阿根廷大使的诺厄·布赖森·马梅特在国会听证会上承认他从未去过阿根廷，也不能流利地讲西班牙语。在奥巴马进行竞选连任时，马梅特曾捐款50万美元。在同一场听证会上，被奥巴马提名担任驻冰岛大使的罗伯特·巴伯也说他从未造访过这一北欧国家。在2012年美国总统大选时，巴伯为奥巴马捐赠160万美元。除将大使职位送给为奥巴马奉上政治献金者外，美国驻南非、丹麦、坦桑尼亚等国大使职位还被给予前白宫官员或曾为奥巴马竞选出力的助手。

“这样不合格的人怎么能够成为美国驻外大使？他们明显的短板势必带来对美国利益的伤害。”美国国防论坛基金会主席、曾竞选美国国会众议员的苏珊娜·斯科尔特在接受我的采访时说，美国首都商业财产公司总法律顾问、高级副总裁艾伦·弗兰克在接受我的采访时说：“这种权钱交易在美国由来已久，谁也改变不了，今后仍将如此。”曾在小布什政府中担任总统顾问的吉莱斯皮战略咨询公司创办人爱德华·吉莱斯皮在接受我的采访时说，愈演愈烈的政党分肥现象肯定有损美国外交形象及利益。“美国改变不了‘政治分肥’现象。谁上台也都会这么干。”

对于生意人特朗普来说，他更是明白这种利益关系的“礼尚往来”。

由此牵扯出一个令人十分费解的问题：在特朗普参选问题上，为什么全世界的人都看走了眼？为什么走到最后的偏偏是他？

是啊，在对每一位候选人都细察三代，刨根问底，极尽苛责的美国，为什么这位离过婚，破过产，骂过人的特朗普能够过关斩将，脱颖而出？

在对美国及整个世界的制度安排、政治生态、忧患关切、利益冲突、思潮沉浮、历史回声进行一番审视之后，加之特朗普个性对所有这些因素的煎炒烹炸，人们可能会反问一个问题：为什么不能是他?!

每四年一次的总统大选是为美国社会发展方向提供调整机遇的制度安排。它为整个社会提供了一个“出气筒”或“撒气阀”。“你们觉得你们现在的生活比四年前更好吗?”成为每一位反对现任总统的候选人在竞选活动中必用的句型，其功用便是放大、凸显、发泄社会不满情绪。在 2012 年美国总统大选进程中，我在多个竞选场合便听到共和党总统候选人罗姆尼不厌其烦地使用这个句型。

美式民主周期性放大、凸显、发泄社会不满情绪的过程中势必不断催化出越发白热化的非理性氛围，以对社会不满为基础，候选人与特定选民群体间势必相互绑架。美国学者布莱恩·卡普兰在《理性选民的神话：为何民主制度选择不良政策》一书中认为，正是由于“理性选民”的“偏见”，他们的选票才会被各种利益集团所利用，进而对经济造成损害。例如，“理性选民”有喜欢高福利的“偏见”，政客就打“高福利”牌，结果西方国家一个接一个地陷入了高福利引发的债务危机。民主频频失误的主要原因是选民“理性的胡闹”：多数美国选民的投票选择多凭自身感受，但这种感受在很大程度上受到媒体渲染的影响，甚至是误导，本已无知，加之误导，选举进程中便有了向非理性滑落的惯性。因为自己的“偏见”，自己投出的票也带有“偏见”，国家政策最终也带有“偏见”而走上歧途。

世界上没有一个国家十全十美，“美”国也不例外。奥巴马八年的执政不可谓不努力，但他既无法兑现八年前的所有承诺，自然也无法使每个人都满意，且不论那些承诺本身便也有争议。种种民调显示，不少人积攒下一肚子气。

美国有线电视新闻网2015年12月的民调结果，69%的美国人对国内所发生的一切感到“很生气”和“有点生气”。美国全国广播公司和《华尔街日报》2015年的民调也显示，69%的民众对美国政治体制不满，认为它似乎只为有钱有势的“二华”——华尔街和华盛顿服务。

这些民调显示，许多美国民众的愤怒程度相比一年前，更呈加剧之势。在美国全国广播公司民调受访者中，61%的共和党人、54%的白人民众、42%的民主党人、43%的拉丁族裔以及33%的非洲族裔民众的“怒气值”相比往年有所上升。选民们感到美国梦在破碎，可以归结为5个原因：经济、移民、华盛顿的政策、美国在国际上的地位以及国内党争。

美国过去8年的经济发展未能让中产阶级和工人阶级实现真正的进步，这一点最易招致民众愤懑。尽管美国已从衰退中复苏，但多数民众仍感到手头拮据。美国中等家庭年收入已经原地踏步15年——据统计，1999年这一收入为57 843美元，2014年为53 657美元。不少人还感到，许多工作质量在降低，工作机会在减少。

非法移民的不断增加使得美国人口结构正在发生变化。皮尤研究中心统计显示，40年前，84%的美国人由白人组成，而到2015年，这一比例降为62%，预计到2065年将进一步降至46%。《下一个美国》一书作者保尔·泰勒称，“年长的白人选民认不出他们土生土长的国家，有一种身处异域部落的感觉。”

正如奥巴马本人也承认的那样，在他当政八年中，华盛顿共和、民主两党建制派党争越发极端。这一点令美国选民越发愤怒。盖洛普民调称，六成美国人认为政府权力太大。“国会山的僵局，加上民众感觉一些选出的官员无能，导致了20%—30%的选民心怀怨气，”美国企业研究所的民调专家卡尔林·褒曼认为，“人们看到政治家们在争斗，事情却做不成……人们感觉跟政府离得越来越远，两者关系每况愈下。”据皮尤研究中心统计，如果问美国人是否相信政府，89%的共和党人和72%的民主党人回答“有时信”或“从不信”。

政治极化现象早已将美国变成一个“分裂的国家”。皮尤中心统计显示，共和党在一些核心议题上，比94%的民主党持有更保守的观点，而1994年上述比例是70%。而中间派民主党人则比92%的共和党人拥有更自由的立场，1994年这一数据是64%。

“9·11”事件发生以来，美国人一直有“处在战争中”的感觉。随着“伊斯兰国”的发难，加之中国的不断发展壮大，有着“例外论”基因的美国人那种焦虑感极易被煽动起来。皮尤研究中心数据分析认为，2012年，38%的受访者认为美国领先世界其他国家，到2014年持有这一观点的人数下降了10个百分点。该中心在2013年的一项统计还显示，70%的人认为美国正在失去来自国际上的尊重。

在大选之年，这种种不满、焦虑和愤怒正如堆积起来的干柴，此时，远处跑来一群手持火把的点火人，他们就是共和党总统候选人，但最终将火点得特别旺的那位就是特朗普。

较之其他候选人，特朗普更敢于以践踏“政治正确”的种种言论将人们的不满归咎于非法移民、归咎于墨西哥等国家。

较之其他候选人，特朗普更善于利用媒体放大“理性选民”的“偏见”与种种合法的“胡闹”。《华盛顿邮报》的记者乘坐他的私人飞机跟踪采访时发现，一天的竞选活动结束，特朗普关心的不是选情变化，而是媒体对他的报道。

较之其他候选人，特朗普“局外人”的身份成为其一大优势：他不是体制内人，华盛顿的种种党争与他无关；他是一个商人，在初选阶段主要用自己的钱拿来竞选，与人们厌恶的“金钱政治”拉开了距离；他没有过哪怕是一天的执政资历，这恰恰使他得以毫无顾虑地尽情抨击种种政坛弊端。

在美国政治中，每位候选人都有其基本选民群体。人们经过一番审视后，发现美国蓝领白人或者被蔑称为“红脖子”的人构成特朗普满口猛喷非法移民、华盛顿建制派等最为积极的支持者。

美国制造业蓝领白人主要是受教育程度较低的白人，往往也是从事制造业或服务业的低端工作。在20世纪，美国制造业蓝领白人曾有过衣食无忧的美好岁月。那时，只要一个男性白人在诸如底特律汽车工厂谋得一份工作，他便可轻轻松松地养活一家老小。然而，近年来的情况发生了很大改变。

随着全球化的影响，低端工作大量地通过商品进口和服务外包而流失海外。这些白人发现他们的收入甚至工作机会大受影响。随着20世纪60年代民权运动的兴起，各大公司在雇佣工人时特别是低端工作时更加需要考虑“政治正确性”而在不同族裔间平衡人数。虽然白人整体的平均收入依旧远高过非洲裔，但是相同学历的人群中不同族裔间的收入差距不大。这些白人父辈时的优越感顿时被深深的失落感所取代。在2008年美国金融风暴所导致的经济衰退进程中，受到打击的也是这一蓝领白人群体。这一部分选民对于特朗普将非法移民作为“泄愤”目标，把由于恐怖主义、失业引起的紧张和焦虑感归罪其身等作法最能听得进去。对于这些人来说，特朗普就是一个拳击手，恰好在这些人希望看到有人挥拳时站了出来。特朗普也投桃报李，当他的支持者无故当街暴殴一名拉美裔路人之后，他非但未予谴责，还表示：“我的支持者都很有激情。他们真正地热爱着这个国家并希望国家再次强大。”

2016年以来，一个尘封多年的政治名词在全世界范围内被屡屡提及，这就是“民粹主义”。

民粹主义也是一个有着多角度界定的词汇，直白的解释是民粹是一种人民不满现状的意识形态，可以与任何意识形态结合，视其社会情境或反对的对象而定。马基雅弗利、黑格尔等思想家坚信历史不过是人类行为的循环，民粹主义亦不例外。

在美国历史上，有人认为对于英国皇家王室政府的民粹主义愤怒直接导致了美国独立革命。

19世纪90年代，美国中西部和南部农场主和一些工会共同成立了民粹党，反对“数以百万人民辛辛苦苦的劳动成果被一小撮人赤裸裸地偷走了，以成就他们巨大的财富”的社会制度。其他具有民粹主义政党色彩的包括1912年由西奥多·罗斯福领导的美钞党、1924年由罗伯特·拉福莱特领导的进步党和1933年至1935年由休伊·朗领导的分享我们财富运动。

在1968年的美国总统大选中，曾当过四任亚拉巴马州州长的乔治·华莱士所领导的五州民粹主义运动赢得了13.5%的选票。1972年，再次出山的华莱士反对精英政治和自由派改革，在民主党初选中赢得了大量蓝领白人的选票。

在1992年和1996年总统大选中，民粹主义者都曾被视为是一支搅动大选进程的力量。曾于1996年、2000年和2004年作为独立候选人或第三党竞选总统的亿万富翁罗斯·佩罗也被视为民粹主义者。特朗普一度便与佩罗站在一条战线上。在2008年总统大选中，具有民粹主义色彩的拉尔夫·纳德赢得了不少人的支持。

2004年、2008年美国总统大选时民主党候选人约翰·爱德华兹关于“两个美国”的言论也曾被视为民粹主义。

自奥巴马出任总统后，“茶党”运动的兴起被视为从右翼发起的民粹主义现象。左翼的“占领华尔街”运动则选择了“我们是99%”的口号，将美国最为富有的人指为1%。认为就是这1%的人制造了经济不稳定，损害了新政以来的社会安全体系。美国政治学教授乔·朗兹和多里安·沃伦都认为，这一运动是美国自20世纪30年代以为最为重大的左派民粹主义运动。

在2016年美国总统大选进程中，民主党的伯尼·桑德斯和特朗普都被视为民粹主义者，区别在于桑德斯被归为左翼，特朗普则相反。

有着一头白发的犹太人桑德斯在2016年大选中是一位极为引人注目的人物。这位来自佛蒙特州的美国联邦参议员公开宣称自己是民主社会主义者。他猛烈批评美国政治和经济体制，呼吁社会公正，缩小贫富差距、维护女权主义、坚持反战，改变美国人财富严重不均的现状，打破财富影响政治的潜规则，提高富人税率，推动美国能源改革，应对气候变化。被认为属于民主党左翼的桑德斯在大选中不接受大公司政治献金，只接受选民小额捐款。尽管在民主党党内竞选中明显不敌希拉里·克林顿，但在美国下层民众和年轻人中颇受欢迎。

“特朗普现象”引得美国众多历史学家和政治科学家寻找历史上的类似案例。1896年，威廉·杰宁斯·布赖恩因发表极具煽动性的“金十字”演讲而获得民主党总统候选人提名。在那次演讲中，布赖恩猛烈抨击了金本位制度。

有人认为，美国历史上与特朗普最为相似的无疑是第七任总统安德鲁·杰克逊。作为苏格兰–爱尔兰后裔，杰克逊有着“野蛮、粗糙、热血、暴力”的特点。他很豪爽、直率、草根、大嘴巴、心机深。他提倡施行为白人老百姓谋利的政策，痛骂华盛顿的建制派，因此很讨好草根百姓的欢心，却也很有争议。

还有人将特朗普与美国20世纪30年代要求币制改革、要求大工业和铁路国有化及保护劳工权利的查尔斯·库格林牧师，20世纪50年代间残酷反共的“麦卡锡主义”发端者约瑟夫·麦卡锡，“阴谋论”者、作为改革党成员出任第38任明尼苏达州州长的杰西·文图拉，宣扬孤立主义的社会活动家查尔斯·林德伯格等类似。

有人将特朗普与罗纳德·里根进行对比。马修·普瑞斯曼在《大西洋》月刊上撰文称，与里根一样，特朗普也善于表明解决问题的简单办法就在那里，但其他领导人没有将其实施的强烈意愿。他认为，这是理解特朗普现象的关键所在。有人指出，特朗普对待外国人和移民的态度令人想起富兰克林·罗斯福，罗斯福私下里经常对一些少数族裔发表诋毁性言论，他对日裔美国人采取了集中拘留政策，并不让逃离纳粹的犹太人进入美国。

19 世纪 50 年代，以美国土著党为代表的势力反对大量涌入的德国和爱尔兰天主教徒。《纽约客》载文称，特朗普是自那时起又一次反移民、“纯粹美国人”传统的回归。

全球化的潮流带来全球化的问题。特朗普在 2016 年得以呼风唤雨与大西洋彼岸的风风雨雨有着千丝万缕的因果关系。

自 20 世纪 80 年代末开始，欧洲右翼极端主义开始抬头，对外来移民的袭击和种族主义暴力行为在欧洲各地时有发生。2009 年以来，全球金融危机和欧洲债务危机让欧洲经济持续低迷，失业率居高不下，更强烈地激起了一些民众的排外情绪，极右翼势力借此得以扩张，一些欧洲国家的政局呈现“向右转”的趋势。在 21 世纪第二个十年里，右翼民粹主义的崛起大幅改变了欧洲的政治版图。

有着西方干涉背景的利比亚、叙利亚战争加速了向欧洲涌去的难民潮，也进一步刺激了欧洲民粹主义的膨胀。

欧洲有着一批如法国国民阵线领导人玛丽娜·勒庞和荷兰自由党领导人海尔特·维尔德斯一样的民粹主义领导人。他们在行事风格上与特朗普有着异曲同工之处：他们大多充满个人魅力，说着很接地气的亲民语言，善于激化民众焦虑情绪。他们援引国际公约，呼吁阻止移民，尤其是穆斯林进入欧洲，并且善于抨击欧盟。民族主义是他们开出的药方。

右翼民粹主义政党的崛起证明了金融危机和欧元危机引发了有利于极端民粹主义的集体缺乏安全感等情绪。随着难民的涌入，欧盟各国拒绝共同接纳成千上万难民的做法使民粹主义的恐惧和混乱论调更受欢迎，而这种论调已经深入极端民粹主义政党的政治思想。恐怖袭击也助长了民粹主义领导人惯于煽动的恐惧情绪。

在全球化浪潮中，新兴世界的崛起让全球分工朝着他们不愿看到的方向发展。西方高举自由资本主义和全球化的大旗，到头来却搬石头打了自己脚，大西洋两岸的草根阶层均认为自己被国际竞争甩在后面，他们的挫败感引发了声讨自由贸易和开放边境等全球化原则的政治运动。

反全球化，鼓吹民族主义超越全球主义是民粹主义的典型特征。在全球金融危机、欧债危机、难民危机等多重打击下，一度有着光明前景的欧盟危机重重。

2016 年 6 月 23 日，英国就是否脱离欧盟举行全民公投，结果表明多数投票者赞成脱离欧盟。欧盟遭遇历史上最为严重的组织危机。

英国公投结果揭晓当天，特朗普首次以共和党“假定”总统候选人身份出访英国，其理由是巡视在特朗普名下的两所位于苏格兰的国际豪华高尔夫球场度假村。

特朗普下榻的酒店外有数十名示威者抗议特朗普的到来，指责他是“顽固的种族主义者”，此前就有英国民众发起请愿要求拒绝特朗普访问英国。

特朗普一脸无所谓的样子。当他被媒体问及对英国脱欧公投看法时，特朗普回答说，“我认为这是一件伟大的事情，而且已经发生。这是一次历史性的、神奇的公投……世界各地人民都对移民问题感到愤怒，他们愤怒的原因是移民来到一个地方占用资源，但没人知道这些移民是谁。这种愤怒发生在英国、美国和其他很多地方。”

“毕竟英国人夺回自己国家，这是一个伟大的举动。美国人民也在做类似的事情，我相信也会成功。”特朗普说。

英国脱欧与特朗普参选，被视为大西洋两岸将影响世界格局的事件。

时势造就人物。

美国，也只有美国，能够产生和造就特朗普这样的人物。

谁也看不懂的棋局，七嘴八舌的世界，脸红了吧！

从鄙夷、嘲讽、娱乐到“玩真的”，曾经不可想象的“特朗普总统”看起来并非遥不可及。

喜欢贴标签的学者们开始议论“特朗普现象”？特朗普心里可能这样想，别整那玄乎的，我就是一个“想啥说啥，爱咋咋地”！此时此刻就是有人喜欢我这样！

在一个充满虚假的世界，有一个跳出来说皇帝没有穿新衣的小孩刚开始被视为“疯子”，转过神来又突然受到热捧。

整个世界还在回味。表情轻松的特朗普在苏格兰打高尔夫球的时候，脑子里早就在转悠着另一件大事，他将如何应战一位身经百战、经验丰富、外柔内刚、手腕毒辣、政治资源极为丰厚的女性对手。

这是一位较《纸牌屋》中那位克莱尔厉害得多的人物。她是现实中的美国前第一夫人、原纽约州联邦参议员、奥巴马政府的国务卿。她在美国政坛叱咤风云三十年。

特朗普曾和她有过显得极为亲密的合影照，因为她曾经出席过他的婚礼。他也曾暗中捐给她不愿透露准确数目的政治献金。

她就是希拉里·克林顿。

第十四章
一个男人和一位女士的对决

希拉里实在抵挡不住权力的巨大诱惑；她不缺能力，不缺手段，懂得厚黑，也知道隐忍；对参选者来说，华盛顿是一台极为残酷的人肉搜索机器；与奥巴马的“切割”成为希拉里的纠结；布隆伯格怒批特朗普：他的竞选活动是我所能记起的最能制造分裂和最具煽动性的，它利用的是人们的偏见和恐惧；将希拉里界定为“骗子”，特朗普抓住她的“不诚实或不值得信任”做文章；2016 年美国总统大选过程势必丑陋、残酷并充满戏剧性，这个男人与这位女士性格上的攻击性不相上下，寻找对方弱点猛烈反击的能力也在伯仲之间；这是一个极易喜新厌旧、也很健忘的国度，一夜之间便可因为任何事情地动山摇；美国还是那个美国，美国已不是那个美国

我与希拉里·克林顿有过数次近距离接触。

2013 年 2 月 1 日午后，美国国务院所在的杜鲁门大楼一层大厅内挤满了人，从一楼通向二楼的楼梯处也挤满了人，有人举着“谢谢你”的标语。

在作为奥巴马政府的首任国务卿满四年后，当天下午 4 时起，希拉里·克林顿的国务卿生涯就要画上句号。

下午 3 时后，戴着黑框眼镜的希拉里·克林顿出现在欢送现场，兴奋、惜别、悲凉，五味杂陈写在每一个人的脸上。

站在从一楼通向二楼的台阶上，就以那块“谢谢你”的标语为背景，希拉里在这一场合发表了作为国务卿的最后一次讲话。

2013 年 2 月 1 日，希拉里·克林顿在美国国务院做告别演讲　温宪　摄

“对那些跟着我在华盛顿、在全世界、在飞机上共同度过许许多多小时的人，我的感激难以尽表。”希拉里说着说着有些哽咽起来，“我会想念你们的。”

到了最终离开的时候了。拥挤的人群中被分开一条狭窄的通道，希拉里一边向大门处走去，一边与两边的人们握手告别。

希拉里走到我身边时，我们同时伸出了手。“我来自中国。祝你一切都好！”我向她送出良好的祝愿，希拉里·克林顿握住我的手，盯住我的眼睛，笑着连声说道“谢谢你！”

一年多以后的 2014 年 6 月 14 日，希拉里·克林顿选择在位于弗吉尼亚州阿灵顿县的好市多（Costco）仓储超市为新书《艰难的抉择》做签名销售活动。这家超市紧邻五角大楼，与华盛顿哥伦比亚特区隔波托马克河相望，其顾客多为在华盛顿工作的人。

2014 年 6 月 14 日，为希拉里 2016 年竞选总统造势的大轿车停在好市多超市门外，工作人员忙着发放为她竞选造势的海报、像章等　何小燕　摄

从一大早开始，好市多超市外便排起了等待希拉里签名的长队。一辆为希拉里 2016 年竞选总统造势的大轿车停在超市门外，希拉里团队工作人员忙着发放为她竞选造势的海报、像章等。不远处有人举着“希拉里必须为班加西事件负责”等反对希拉里竞选总统的标语进行示威活动。

等候希拉里的队伍中出现了曾与马丁·路德·金共同战斗过的非洲裔资深众议员约翰·路易斯。2016 年 6 月 22 日，就是这位路易斯带领众多议员在美国国会众议院会议大厅上演历史罕见的“静坐占领”，要求由共和党主导的众议院就新的控枪法案进行投票。

希拉里签书之处是一个被各种货物隔成曲径通幽般的狭小空间。看到约翰·路易斯的到来，希拉里从签书桌旁站了起来，两人亲切地交谈了一阵。路易斯离开现场之时，面对诸多记者的追问，他回答说：“是的，我认为她应当竞选美国总统！”

隔着签书桌，我再次与希拉里·克林顿握手，并互致问候。她身体前倾，脸上露出微笑。一望便知，她是在努力以最好的状态显示于人。

2014 年 6 月 14 日，希拉里·克林顿与本书作者交谈　何小燕　摄

那时，围绕希拉里·克林顿最大的悬念便是，她会不会再次竞选美国总统。2008 年在与奥巴马争夺民主党总统候选人提名功亏一篑之后，人们的脑中一直有这个疑问。

2012 年 12 月 12 日，即将卸任国务卿一职的希拉里·克林顿在接受美国广播公司采访时表示，“我已经表示过，我不会再竞选美国总统了。”她说，自己已经有过一次竞选总统的经历，感到满足。她表示，她的未来“可以有多种选择”。她可能考虑从事写作或是教师等行业。不过，希拉里说身体因素不是她放弃参选 2016 年美国总统的原因。她之所以提及身体因素，是因为她在担任国务卿后期时身体出现过问题。

就在做出上述表示后，随着她离开国务卿职位进入倒计时，她的口风却发生微妙变化，她开始用“我还没做出决定”“无法预知未来”取代决绝的

“不”字。就在离职前两天，她接受了全国广播公司的采访。当她被问及若她决定参加竞选，拜登副总统在民主党内是否比她更有优势时，希拉里称：“美国政治总是公开竞争的”，这引发了外界更多遐想。

在卸任前最后一周，希拉里几乎天天高调出现在镜头面前，不仅与同样即将离任的国防部长帕纳塔、财长盖特纳等人的低调形成鲜明对比，甚至较当年小布什总统离任时还高调得多，这再次引发人们认为她是在为四年后的参选作铺垫。

希拉里决意再创“第一”

希拉里·克林顿实在抵挡不住再创“第一”的巨大诱惑。

在希拉里的一生中，已有过多个闪着光环的“第一”：1969 年，她是第一个在卫斯理学院发表毕业演讲的学生；她是沃尔玛公司第一位女性董事；纽约州历史上第一位女性联邦参议员；美国历史上第一位拥有公职的第一夫人。任国务卿期间，希拉里出访过 112 个国家，出访时间达 401 天，仅在飞机上待的时间就有 2 084. 21 小时（约 86. 8 天），总旅程近百万英里，可绕地球逾 38 圈，与世界领导人会面达 1 700 次，她由此成为美国历史上出访国家最多的国务卿。

如今，尽管希拉里已当了外祖母，但仍最终决定第二次向另一个“第一”发起冲击——美国历史上第一位女总统。这最后一个“第一”的诱惑实在是太大了。

2015 年 4 月 12 日，1947 年 10 月 26 日出生的希拉里·黛安娜·罗德姆·克林顿通过一个精心打造的视频正式宣布参加 2016 年美国总统大选。

这段时长 2 分 18 秒的视频讲述了多位不同肤色、不同年龄普通人的奋斗故事。画面一切换，身着黑色套装、红色衬衣的希拉里略带微笑地出现在镜头前，她自信满满地宣布，“每天美国人都需要一个捍卫者，而我想成为那个捍卫者”。她表示，只要每个家庭都变繁荣，美国就会变得繁荣，希望每个人与她一起踏上“这段旅程”。

“我来了，我要赢！”这曾是希拉里2007年发出的参选誓言。8年后，她卷土重来，口号是“新的旅程，下一章节”。希拉里通过这个充满人情味的参选视频表达出她关心每个普通人的“美国梦”，并愿意为此奋斗的理念。

从那一天起，这位年近68岁的女士就要重新过上每日上满发条的日子。向白宫冲刺不仅需要脑洞，更是一个体力活儿。

特朗普的杀入，使得两位七旬长者开启了一场注定好看的美国政坛厮杀大戏。

为了做出这个决定，希拉里也做了审时度势的功课。她认定自己有胜算。

希拉里不缺能力，不缺手段，懂得厚黑，也知道隐忍。

还在白宫当第一夫人之时，面对夫君与实习生莱温斯基之间闹出的丑闻，背地里抽了夫君的嘴巴后，希拉里最终选择了隐忍，其背后便有着更为长远的政治眼光和谋虑。

美国历任总统卸任后都愿意搞个图书馆或博物馆，将自己那点事存放在那里供人参观。克林顿总统的图书馆建在阿肯色州的小石城，那里面有不少希拉里的故事。图书馆内有一个编年档案馆。我曾在那里专门查看了记录1993年的相关内容，最终没有看到克林顿当年与莱温斯基闹得沸沸扬扬的丝毫印记。

2004年的时候，面对很高的呼声，希拉里再次隐忍了一下，没有与争取连任的小布什争锋。2008年，看准共和党难再执政的情势，希拉里首次出山，最终功亏一篑，成全了奥巴马这位“美国历史上首位非洲裔总统”。

在奥巴马出人意料地请希拉里出任国务卿后，她调整心态，表面上尽量与奥巴马和睦相处，但锋芒实在难藏。任国务卿时，希拉里做足了“韬光养晦”的功夫。

每每有人问她是否还将竞选总统时，希拉里便断然否认，以便让奥巴马放心。卸下国务卿一职后，希拉里一边表现好升格当外祖母的形象，一边审时度势，眼睛就没离开过白宫。

自2014年以来，希拉里为再度出山竞选屡屡试水，虽多为引而不发，但言辞愈发张扬。2014年美国中期选举之后，奥巴马已显“跛鸭”态时，盖茨、帕内塔等相继辞职的前高官又相继出面公开批评奥巴马。希拉里也突然声称她在任时与奥巴马在外交政策上存在分歧，事后又立即为她与奥巴马的关系和稀泥。翻云覆雨间，足见希拉里具有美国政客所必需的厚黑素质。

对于美国公众人物来说，华盛顿是一台极为残酷的人肉搜索机器。希拉里再次投身竞选之时，便是再次将自己暴露在一台巨大的显微镜下之际。她的任何一点瑕疵都会被人极力放大来说事。

她在当国务卿时处理利比亚班加西恐怖袭击案不利并招致美国驻利比亚大使史蒂文斯等人丧生一事早已成为其执政污点。后又曝出她利用家中服务器处理公务邮件，此事立即被炒得沸沸扬扬。希拉里对此事的危机公关处理手段先是极力否认，随后不得不利用联合国安理会的记者吹风舞台予以说明，最后是断然删除邮件。这一风波一直纠缠着希拉里。

克林顿家族通过“比尔、希拉里和切尔西·克林顿基金会”极力敛财也早已成为话题。在离开国务卿一职之后，希拉里马不停蹄地通过在工商、金融及其他机构演讲等途径赢利。她的出场费一般为20万美元以上，她在加利福尼亚大学的演讲费高达30万美元。

希拉里卸任后，高盛公司也曾请希拉里演讲。一位不愿透露姓名的高盛公司高管说，较之前总统克林顿，人们对希拉里演讲的需求更强，因为她刚刚离开政府。人们希望听到她如何面对伊朗、俄罗斯或其他巨大挑战，也想听听美国政府内部那点儿事。更为重要的是，希拉里极有可能东山再起。

2014年下半年以来，希拉里除忙于签名售书外，还走马灯般接受媒体采访，其中一个话题便是竭力“澄清”克林顿一家何以暴富。她说，当克林顿一家离开白宫时，已经“穷得要死”，他们现在的富有完全凭借着“努力工作”而得，“与很多真正的富人不同，我们缴纳了所得税”。

但美国媒体一篇题为“钱越多，麻烦越多”的评论揶揄道，较之你“乘着私人飞机在讲台上站一个小时便到手一张20万美元的支票”，“在我家房顶干活的那些人”才算“努力工作”。作为一个已经成为“真正富人”的你，又如何能够为扭转美国收入不平等而呼号?!

除克林顿夫妇外，他们的女儿切尔西也遭到社会舆论“显微镜”的严厉审视。就在希拉里屡屡“哭穷”之时，切尔西却被媒体曝出住着千万美元豪宅，不干活还领着60万美元的年薪。

一份报告显示，2013年，切尔西曾经供职的全国广播公司支付了她60万美元的年薪，但她仅做过9次报道，算下来1分钟赚16万美元。尽管她自2014年1月以来就没有去工作，但是全国广播公司仍然每个月向她支付5万美元薪水。已经宣布作为共和党候选人参加2016总统大选的肯塔基州参议员保罗说，克林顿家族还接受来自沙特阿拉伯的捐款。这足以说明希拉里的“虚伪”，因为沙特限制女权运动，而希拉里则自诩为女权运动的坚定支持者。

希拉里·克林顿宣布参选后，我在美国与我的房东萨默斯先生于2015年下半年有过一段对话。

萨默斯先生退休前在美国国务院工作，曾任职于美国驻广州总领事馆。那天下午，他与夫人一同到住所看望我们时，一下车，他就笑着说，“我知道你是一个很聪明的人。你说一说谁能当美国总统?”我冲口而出，“特朗普先生!”随后，我俩会心大笑。

落座之后，我向萨默斯询问他对美国总统大选的看法。他说，在希拉里与特朗普两人间，希拉里的胜算更大，其中一个重要原因是，希拉里有着遍布全美的基层组织支持，而特朗普却没有。我又向他探询对副总统拜登参选可能性的看法，他说，“拜登不参选比参选好。如不参选，他将作为一个成功的副总统全身而退，如参选则将作为一个失败的总统候选人载入史册。”

在希拉里宣布参选后，副总统拜登是否参选曾是一个很大的未知数和可以影响 2016 年美国总统大选进程的变量。

作为曾两次角逐白宫宝座的资深政治家，拜登的参选势必使得民主党内选情更为复杂激烈。对于年过七旬的拜登来说，这也是一个极大的诱惑，因为这也是他最后一次机会了。

2015 年 10 月 21 日上午，在妻子吉尔和奥巴马总统的陪同下，拜登在白宫玫瑰园宣布不参加 2016 年美国总统选举。他动情地说，自长子博 · 拜登于当年 5 月因脑癌去世以来，全家陷入悲伤。尽管儿子生前劝他参选，但他一直怀疑全家能否一面承受失去亲人之痛，一面应对一场令人心力交瘁的选战。

拜登在这一场合含蓄地批评了希拉里。他说，任何试图与奥巴马“切割”的做法都将是“悲剧性错误”。

拜登此言说到了点子上。希拉里参选的一个先天弱点便是民主党执政已八年。美国民众的所有不满都将这些不满和愤怒算在奥巴马政府头上，共和党则借机攻击。若希拉里获胜，则意味着这将成为“奥巴马第三任”。于是希拉里所面临的纠结之处便是如何一方面坚持民主党自由派执政理念，另一方面又要与奥巴马政府拉开距离甚至“切割”。微妙之处在于分寸，不拉开距离会失去一部分选民，做得过了也会失去一部分选民。

拜登的退出实际上为希拉里 · 克林顿赢得民主党总统候选人提名移除了一个最大的障碍。

另有一人的退出事实上有利于民主党赢得更多的选票，他就是纽约前市长布隆伯格。

就财富而言，身为彭博社创始人的布隆伯格一点儿不输特朗普，但行事风格与特朗迥异。较之特朗普不定向炸弹般的极度张扬，布隆伯格相当低调、理性、不苟言笑。他于2002年至2013年间任纽约市长，在管理这个全美最大城市期间赢得了很高声望。参选纽约市长前，他从民主党改为共和党，2007年又脱离共和党成为独立派，但总体而言，他在贸易、移民、控枪、堕胎等问题上的立场倾向于民主党。

布隆伯格也曾表示有意参选美国总统。当诸多候选人争夺2016年美国总统宝座时，人们一直关注着布隆伯格的动向。

2016年3月7日，布隆伯格终于明确表示不会参选，因为这可能导致特朗普从中渔利。

布隆伯格在一项声明中说，美国人今天在保持我们共同价值观和国家承诺方面面临着严峻的挑战。国内工资水平的停滞，国外影响力的下滑使许多美国人感到愤怒和失望，然而，华盛顿对此却无能为力，仍沉溺于僵局和两党互斗。

他说，更为糟糕的是，目前的两党总统候选人是在找替罪羊，而不是在找问题的解决之道。他们在承诺他们根本无法实现的结果。他们没有解释他们将如何打破重创华盛顿的两党党争，而且在使政府无法发挥作用方面变本加厉。在美国历史上，两党都倾向于提名那些接近中间立场，从中间立场起步的总统候选人，但那一传统可能正在终结。极端主义正大行之道。除非我们制止它，否则我们在国内外的问题会变得更严重。

布隆伯格说，当我研究一下数据后，在我看来，如果我加入选战，我将无法赢得胜利。我相信，我能赢得多个州，但不足以赢得当选总统所需要的270张选举人票。在一场三方选战中，任何一位候选人都不太可能赢得多数选举人票，那么选择总统的权力将由美国人民之手转交给美国国会。事实是，即便是我赢得最多的选票和选举人票，我也非常不可能赢得选举，因为大多数国会议员将投票给他们所属党的总统候选人。在国会忠于其党派的议员，而不是美国人民或者选举人团将决定谁是美国下一任总统。按照目前的选战情况，因为共和党人控制着国会两院，我参加总统大选很有可能导致唐纳德·特朗普或者参议员特德·克鲁兹当选。这不是一个我凭良心所愿意冒的风险。

布隆伯格点名批评了特朗普。他说，我已认识特朗普先生许多年了。我们一直保持着良好的私人关系，我甚至同意两次参加他的真人秀节目《学徒》，但是他的竞选活动是我所能记起的最能制造分裂和最具煽动性的，它利用的是人们的偏见和恐惧。共和党之父林肯希望唤起我们“善良的天使”，特朗普则在试图唤起我们最糟糕的冲动。威胁禁止外国穆斯林入境是对我们国家得以兴起的两个核心价值观的直接挑战，这两个核心价值观是宗教宽容和政教分离。攻击和承诺遣返数百万墨西哥人，假装不知道白人至上分子、威胁与中国和日本进行贸易战也都是错误和危险的。这些举动将使我们在国内陷入分裂，使我们在全球各地的道德领导力受损。最后的结果将是使我们的敌人更加胆大妄为，威胁到我们盟友的安全，使美国男女军人置于更危险的境地。

布隆伯格还说，我们背离使美国成为世界上最伟大国家的价值观将不会“让美国再次伟大”（这是特朗普的竞选口号）。我深爱我的国家，我不想因为我的参选使一位将使我们的团结遭到削弱，我们的未来蒙上阴影的候选人当选，所以，我将不会参加美国总统大选。

作为一名冷峻的观察者，布隆伯格上述多个观点切中美国政坛弊端要害。耐人寻味的是，这样一位有思想、有能力、有理性的独立派人士却难以在现有选举制度安排中取得获胜。

较之共和党，参加 2016 年美国总统竞选的民主党人更显来去匆匆。2015 年 5 月 30 日，马里兰州原州长马丁·奥马利宣布参选，四天之后，即 2015 年 6 月 3 日，曾作为独立派的前罗得岛州州长，后成为共和党联邦参议员的林肯·查菲作为民主党人参选；7 月 2 日，原弗吉尼亚州联邦参议员吉姆·韦布参选；2015 年 9 月 6 日，原哈佛大学法学教授劳伦斯·莱西格成为第六位也是最后一位民主党总统候选人。

2015 年 10 月 20 日，韦布宣布退出民主党候选人竞选，改为作为独立候选人参选。10 月 23 日，查菲宣布退选，11 月 2 日，由于规则改变而未能进入民主党总统候选人第二轮辩论的莱西格宣布退选。2016 年 2 月 1 日，奥马利宣布退选，改为支持希拉里。

至此，仅剩下于 2015 年 4 月 30 日宣布参选的桑德斯与希拉里对阵。

2016 年 6 月 7 日，希拉里以无可争议的优势锁定民主党党内提名。6 月 9 日，奥巴马公开表示支持希拉里。

特朗普发起新一轮“定点清除”进攻

特朗普见状立刻在推特上发起进攻：“奥巴马刚刚为骗子希拉里背书。他还想要延续 4 年奥巴马政权——但其他所有人都不想。”5 分钟后，希拉里回应：“删了吧。”这条推文随即被转发 30 多万次。

‘Delete your account,’ Clinton fires back after Trump pans Obama endorsement

POSTED 3:37 PM, JUNE 9, 2016, BY CNN WIRE, UPDATED AT 05:23PM, JUNE 9, 2016

FACEBOOK TWITTER EMAIL G+ GOOGLE PINTEREST REDDIT

Delete your account. https://t.co/Oa92snRQY

— Hillary Clinton (@HillaryClinton) June 9, 2016

Hillary Clinton told Donald Trump to delete his Twitter account Thursday following his criticism of President Barack Obama endorsing his former secretary of state.

A. To prevent the insurance companies from taking advantage of you.
-Chris Guedri, Trial Attorney
ALLEN ALLEN ALLEN ALLEN

资料来源：http：//wtvr. com/2016/06/09/delete-your-account-clinton-fires-back-after-trump-pans-obama-endorsement/，2016 年 7 月 15 日登录。

在大选进程中，特朗普“定点清除”竞选对手的妙着之一便是用外号

“界定”对手。他在一个又一个“定点清除”共和党内所有对手的同时，针对希拉里·克林顿的命门，将她界定为“骗子”，直接拿希拉里的“不诚实或不值得信任”做文章。

班加西事件和“邮件门”事件是希拉里参选中的两大麻烦。2012 年 9 月 11 日，美国驻利比亚班加西领事馆遭到恐怖袭击，造成美国驻利大使史蒂文斯和另外 3 名外交人员身亡，是美国近年来最严重的外交耻辱。所谓“邮件门”事件系指希拉里担任国务卿期间使用私人电子邮件处理公务。

2015 年 11 月 9 日，特朗普在一场总统竞选集会上称，希拉里参选总统的目的之一是躲避“邮件门”事件可能引发的牢狱之灾。他称，希拉里此举是在“犯罪”。“你最好记住，那种罪行的诉讼时效是六年。所以希拉里参选有很多原因，其中之一就是想躲避牢狱之灾……如果我胜选，我们要认真审视那个罪行。”他说：“如果我们有诚实的政府，希拉里不会被允许参选……如果有人仅仅做了她所做的 5%，现在就已经坐牢了。而民主党却不打算起诉她，这真是一种耻辱。”

2016 年 4 月 27 日，特朗普在华盛顿发表他的首次外交政策演讲时，又指名道姓地搬出班加西事件说事儿：

“希拉里拒绝说出‘极端伊斯兰’的措辞，甚至是她在推动增加进入美国的难民数量的时候。在希拉里国务卿干涉利比亚失败后，班加西的伊斯兰恐怖分子占领了我们的领事馆，杀死了我们的大使和三名勇敢的美国人。希拉里决定回家睡觉，而不是留下来主持大局。难以置信。希拉里将这一切归罪于一段视频，这个借口完全是谎言，已被完全证明是一个彻头彻尾的谎言。我们的大使被谋杀，我们的国务卿误导了美国。随便说一下，她没有在睡觉时起来，接听早上三点打来的电话。现在，‘伊斯兰国’每天销售利比亚的石油赚得数百万美元，你知道美国采取了什么措施吗？我们没有实施贸易禁运，我们没有采取轰炸行动，我们对此没有采取任何行动。这就好像是我们的国家不知道在发生什么情况似的，这可能是一个事实，可能真的是这样。”

美国东部时间6月12日凌晨，佛罗里达州奥兰多市“脉动”夜总会发生49人死亡的枪击案。这既是“9·11”事件之后美国本土发生的最严重的恐怖袭击事件，也是美国现代史上死难人数最多的单一枪击案。在美国大选进入极为敏感阶段之时，这一惨案颇有“六月惊奇”的连锁效应。

美国大选年中有所谓“十月惊奇”之说，意为当年10月出现的突发事件最能对11月初大选结果产生意想不到的影响。2012年10月，新泽西州发生“桑迪”飓风。当时正在争取连选连任的奥巴马取消竞选活动，前往新泽西州视察，时任共和党州长克里斯蒂与他握手致意、联手抗灾的情形最终为他的竞选加了正分。坏事变成好事，成就了奥巴马的“十月惊奇”。

由于此次大选的高度不确定性，这一“六月惊奇”加剧了美国社会的迷茫、困惑、无奈与分裂。

“脉动”是一家光顾者多为拉美裔同性恋的夜总会，作案者是阿富汗移民的后代。这一血案于是就有了恐怖主义、同性恋、种族、宗教、移民、枪支等诸多观察角度，每个角度都极富争议性。特朗普和希拉里这两位“假定总统候选人”对这一事件的反应，在很大程度上决定着美国社会下一阶段大辩论的焦点、美国两党候选人的选情乃至未来美国政府可能的政策取向。

特朗普在枪击案后发出的推特说，“我在伊斯兰极端恐怖主义问题上预测准确！谢谢大家的祝贺。但我不需要祝贺，我想要强硬与警惕。我们必须聪明点!”

希拉里的表态则是：“奥兰多恐怖分子可能死了，但毒害他思想的病毒仍然非常活跃，我们必须用明亮的双眼、坚定的双手、不动摇的决心，以及对我们国家和价值观的自豪感来回击。我们必须站在一起、骄傲地在一起，没有比这更好的方式来反击恐怖分子和仇恨者。”

为了回击希拉里的“政治正确”，特朗普专门发表演讲，猛烈抨击希拉里。

他说，“希拉里·克林顿几个月来，对这么多的袭击忽视不见，一直对‘伊斯兰激进派’唯唯诺诺。希拉里·克林顿在她的政策带给我们巨大的伤害后，迫于压力今日发声，但她仍然不知道伊斯兰激进派是什么，也不愿意说出它的真相。她完全否认，也拒绝称伊斯兰激进派为敌人，这向全世界宣扬了软弱……希拉里支持将恐怖主义威胁带入境内的政策，给了恐怖主义在海外生长的空间。事实上，希拉里·克林顿糟糕的移民政策将会把更多的伊斯兰移民带入境内，不仅威胁了我们的安全，也威胁了我们的生活方式。而说到激进伊斯兰教派时，无知并不是福气——而是致命一击。事实上，希拉里的国务院正是负责海外移民接受的部门。希拉里从未从这些袭击中吸取教训，她现在计划大规模增长移民数量，而没有监控计划，仅叙利亚难民就增长了500%。这简直就是特洛伊木马的翻版。我们不能让这事发生。

特朗普说，希拉里应该告诉我们，在对移民没有切实监控措施的情况下，为什么她会认为这些危险国家的移民数量应该增长？她应该告诉我们为什么我们应该引进支持对同性恋美国人暴力的移民。她应该告诉我们她要如何为此偿还，她的计划将耗费美国数以亿计的美元。这钱花在现有人群的身上，不是更好吗？”

2016年6月23日，特朗普在纽约下城的“特朗普酒店”中发表竞选演说，他再次攻击希拉里为“世界级骗子”。特朗普再提班加西和“邮件门”等“一个接着一个的外交灾难。”他还引用了一位儿子遭非法移民杀害的女士写给希拉里的信，信中说希拉里应该去监狱待着，为这些犯罪负责。特朗普还说，希拉里在国务卿的任上时就为自己捞钱，“她让你们受穷，自己变富。”

这样一个特定男人与这位女士的对决注定了2016年美国总统大选过程势必丑陋、残酷并充满戏剧性。他们性格上的攻击性不相上下，寻找对方弱点猛烈反击的能力也在伯仲之间。

《华盛顿邮报》2016年6月一则报道称，俄罗斯黑客攻破了民主党全国委员会的电脑网络，发现了民主党用来对付特朗普的研究报告。这一长达

200页的研究报告归纳出攻击特朗普的7个要点：他不可信，为达目的不惜手段；他的竞选是立足于“恐惧”和“种族主义”，煽动对穆斯林和移民的仇恨；他作为商人也不成功，曾滥借资金；他的政策是“危险而不负责任的”；他对女性无礼之极，曾经称女性为“猪”“狗”“懒婆娘”；他是超级富豪，与民众很有隔膜；他的私生活也不检点，甚至被前妻状告“强奸”。

正如在共和党总统候选人首场辩论会上福克斯电视台主持人凯利所关注的那样，特朗普对女性的贬低成为希拉里对其猛攻的焦点。希拉里一直刻意将自己塑造成为执着为女性争取权益的勇者。希拉里一直宣称，她的母亲出生在1919年5月21日，此后一年美国国会通过了美国宪法第十九修正案，禁止任何美国公民因性别因素被剥夺选举权，从而开启了美国女性拥有选举权的历史。希拉里说，不能让特朗普这样贬低女性的人入主白宫，也不能让以种族或宗教信仰为由攻击他人的人成为美国总统。

特朗普对此心知肚明。他在奥兰多枪击案发生后发表的演讲中说，“问问你自己，谁才是女性的朋友，谁才是同性恋群体的朋友，特朗普用行动在证明，而希拉里只有废话。希拉里想要允许恐怖分子涌入我们的国家——他们奴役女性、杀害同性恋。”

特朗普直言希拉里是一个不适合做总统的女人，因为她的“判断力”和“做决定的能力”很差，甚至称希拉里是强奸犯丈夫的帮凶。

希拉里抓住特朗普极度张扬、自夸等个性特点，直称特朗普在“脾性上”干脆就“不适合当总统”。

2016年6月2日，希拉里在加利福尼亚州发表演讲时，集中火力猛攻特朗普。她称特朗普在国家安全和外交事务上的理念“危险地语无伦次”“只是一堆怪异的咆哮、个人的积怨和公开的谎言”。希拉里耻笑特朗普没有一点外交经验。他唯一的外交经验就是在俄罗斯办了“环球小姐”大赛。“如果特朗普获胜，他们将在克里姆林宫庆祝。我会找个精神病专家来，请他解释一下他为什么会喜欢某些人。”在这里，希拉里显然是在指特朗普曾对普京说过那些好话。

以己之长攻其之短是希拉里的拿手好戏。希拉里抨击特朗普的外交政策立场是“拿美国掷骰子”，选他当总统将是“一个历史性错误”。她说，大选不仅是在选总统，也在选军事统帅。特朗普声称包括沙特阿拉伯和日本在内的更多国家应当拥有核武器，威胁抛弃美国在北约的欧洲盟友，相信美国可以对全世界债务违约，宣称会命令美国军队施虐和杀害恐怖活动嫌疑人的平民家属，把气候变化说成是“中国人发明的骗局”，把美国称为“第三世界国家”，其经济计划会导致美国在未来20年内再增加30万亿美元国债。特朗普的理念“危险地语无伦次”，会将美国引向“一条真正危险的道路”，“我们不能任由他拿美国掷骰子”。

希拉里还说，世界上没有任何一个国家能够赶得上美国的军力、价值观和能力。相信美国虚弱的人不了解美国，也不配领导美国。特朗普动辄易怒，从性格脾气上讲就不适合入主白宫。“与我们之前所有总统候选人不同，特朗普根本不适合担任我们的统帅”。她警告说，如果美国不领导世界，就会留下真空地带，让其他国家乘虚而入。美国下任总统应当确保美国的领导地位、国家安全和经济增长。

她批评特朗普关于与中国打贸易战的主张不理解中美关系的复杂性，是要“走20世纪30年代的老路”，而这条路把大萧条变得更加漫长、更加痛苦。

希拉里还揶揄特朗普说，若搞砸了一个高尔夫球场的交易，没有人会因此丧命，但国际事务并非如此。国际治理方略要比奢华酒店经营管理来得更重要、也更复杂。希拉里说，她每天都能看到特朗普有多么“鲁莽”与“粗心”，而他还以此为傲。

6月23日当天，就在特朗普称希拉里为“世界级骗子”之后，正在北卡罗来纳州进行竞选活动的希拉里在一个集会上说，特朗普对她的人身攻击，是因为特朗普对竞选的实质问题没有任何答案。特朗普正在兜售“古怪的谎言”，试图“分散”人们的注意力。希拉里再次揶揄说，美国人民不能让特朗普以“造成他的赌场破产”那种方式“造成美国的破产”。美国需要书写“美国梦的新篇章，但它不可能是第11章。”她借此讽刺特朗普历史上曾利用《破产法》为自己谋利。

2016年的美国总统大选是一个男人与一位女士的终极对决。

按中国农历十二生肖算，1946年出生的特朗普属狗，2016年年满七十周岁。

1947年出生的希拉里·克林顿属猪，较特朗普年轻一岁。

美国人没有别的选择，他们的下一任总统只能在这两位七十岁上下的男女之中选出。

除了年龄相仿外，他们两人如此不同。然而，他们除了在表面上的不同之外，又有着诸多相同或由于身不由己而相同之处。

对于华盛顿政坛而言，一位是彻头彻尾的“局外人”；一位是彻里彻外的“建制派”；

一位是被排斥、嫌弃，最终因无奈被接纳的共和党人；一位是受到总统背书、组织力保的民主党人；

一位是语不惊人死不休，恣意张狂；另一位是从容不迫，滴水不漏，外柔内刚。

他们两人都已经创造历史，都已打破美国政坛200多年来形成的那块巨大且无形的天花板。

他们都有着无可遏止的权力欲，他们都有着愈挫愈奋的、决胜第一的特质。

无论是特朗普的“让美国再次伟大”，还是希拉里一再强调的“美国例外论”，争的都是美国在世界上继续称霸，万变不离其宗。

随着这一轮大选政治周期的完结，入主白宫者会被逼迫着更为现实地看待外部世界，有所变化势所必然。无论谁当选，至少在其入主白宫的最初岁月中，美国对外部世界将变得更为强硬。无论谁当选，都面临着国内政治更为分化的格局，也因此会不得不做出相当妥协，出现出尔反尔、政策回摆或干脆食言的情况皆在意料之中。因为无论是谁，他们都在做出诸多根本不可能兑现的承诺。

特朗普说得那么热闹，但他终究改变不了华盛顿的政治文化。希拉里装得那么道貌岸然，克林顿基金会的运作仍是“金钱政治”的生动缩影。经过2016年的大选，全世界的人都对美式民主有了更为深切的认识。这也是不会改变的事实。

奥兰多枪击血案发生后，又发生了达拉斯枪击案和在路易斯安那州、明尼苏达州的警察枪击非洲裔事件。一轮又一轮的激奋、慷慨、喧嚣和鼓噪后，都将归于沉寂，枪支销售量仍会与枪击案的惨烈程度成正比地暴涨。类似的惨案仍将不断发生，种族冲突的根源仍在那里隐隐作痛。这一点也是改变不了的。

美国的“选举魔咒”是“总统轮流做”。从1969年尼克松当总统开始，同一政党连续3届执掌白宫的情况只出现过一次，那就是里根下台后，他的副总统老布什又干了一届。民主党已经主政8年，“换个党干”的惯性无疑对特朗普有利。

美国是一个极易喜新厌旧、也很健忘的国家，一夜之间便可地动山摇，充满戏剧性是美国大选周期内最令人眼花缭乱之处。任何一个人的所谓强项，在一定条件下都可能瞬间转化成致命的弱点。

更不用还有那个颇有“魔咒”感，却又很神秘的“十月惊奇”等着呢。

无论怎样，美国还是那个美国。

不管是谁，美国已不再是那个美国。

第十五章
特朗普已经赢了

大选决战中，特朗普从“骗子”角度对希拉里穷追猛打；奥巴马最为在意的是尽力保留、保护、延续他八年执政的政治遗产；“要赢得选举，需要两样东西：第一是金钱，第二我就记不得了”；两党总统候选人背后大资本的角逐与较量；当初痛快淋漓的“搅局”，现在的首要任务却是将七零八落的碎片捡起来，黏在一起；共和党必须咽下特朗普这口气；内部问题浮出水面，下出“中途换马”等险棋；令特朗普出冷汗的插曲今后注定少不了，因为他做出了一个直通“高处不胜寒”的选择；奥巴马的接任者也得面对美国在阿富汗陷入“打不赢又撤不走”的窘境；美国最为不可一世之时，恰恰是其从巅峰跌落之际；整个世界都在悄悄地做着一旦“特朗普总统”成为事实后的预案；真正坐在白宫椭圆形办公室，而不是坐在特朗普大厦内的特朗普会身不由己地将钟摆向中间拨回

自2016年6月2日至7月1日，我的邮箱中先后收到落款为特朗普团

队、唐纳德·特朗普、贝拉克·奥巴马、乔·拜登和希拉里的邮件。值2016年美国总统选举进入大选决战阶段前夕，品一品这些邮件，实在是颇有兴味的一件事情。

不寻常的邮件

2016年6月2日，我的邮箱里收到了署名为“特朗普团队”的一封邮件，标题为“这是正式邮件”。这是我第一次收到来自特朗普竞选团队的邮件。这一定是自2012年美国总统大选时就一直有联系的共和党竞选阵营与“特朗普团队”“共享”的结果。

且看这封邮件到底说了些什么：

> 温，
>
> 我们的国家不再取得胜利。
>
> 墨西哥正在边境和贸易上打击我们。
>
> 从新闻报道上看，让人觉得每一天都有另一家公司离开我们伟大的国家。我们失去了数以百万计的就业岗位，现在是阻止这一切的时候了。
>
> 当唐纳德·特朗普当选总统后，这一切都将改变。我们将开始重新取胜。
>
> 我们将会开始取得那么多胜利，以至于你将对我们取得的胜利见多不怪。
>
> 在整个预选进程中，唐纳德·特朗普没有向一个人要过一分钱，因为他只向你们——美国人民——承担义务。

但是现在有问题了：那个骗子希拉里和她的密友们正在筹集20亿美元以试图阻止我们。

这就是为什么我们要求你捐献出35美元，以便成为我们竞选活动的资金委员会一员。

这个骗子希拉里怕死我们了。我们的运动威胁到了她所垄断的密友施舍机制和坏生意，这些使美国人付出了数以百万计美元。

她正在尽可能多地拉拢特殊利益集团和媒体大亨。

但唐纳德·特朗普对于这些人一个也不要。

你们是我们这个团队唯一需要的人。我们的竞选是美国人民，而不是其他任何人的运动。

请现在就捐出35美元以激活你作为我们竞选资金委员会成员的资格。

正当我们的党准备团结之时，民主党内一个社会主义者和一个正在接受联邦调查局调查的老骗子正在打得不亦乐乎。

我们有着取胜的巨大机遇。

我们不仅仅要打败骗子希拉里，我们要在各个层级碾碎整个民主党。

我们要赢得一个压倒性的胜利。我们要赢得一场如此巨大的胜利，以至于让骗子希拉里和奥巴马后悔背弃美国人民的那一天。

团结起来，我们将赢得这一选举，使得美国再次伟大！

请今天就使用这个特殊链接加入我们：

https：//secure·trump2016·com/founding-member

谢谢你，上帝保佑你，

特朗普团队

Our country doesn' t win anymore, Wen.

We are losing hundreds of billions of dollars a year to China. Mexico is beating us at the border and on trade.

It feels like every day in the news another company is leaving our great nation. We are losing millions of jobs, and it is time for this to STOP.

This will all change when Donald Trump is elected President. We will start winning again.

We are going to start winning so much that you are going to get used to winning!

Donald Trump went the entire primary without asking a single person for a penny, because he was not beholden to anyone but YOU – the American people

落款为“特朗普团队”发给本书作者的邮件

一天之后，即2016年6月3日，我的邮箱中收到了署名为唐纳德·特朗普的邮件，标题为“希拉里是一个骗子”：

人们啊，就在此时此刻！

不诚实的自由派媒体仍在说什么也没有发生。

然而，这事发生了：数以百万计的人们加入了我们！

此时此刻，骗子希拉里正在筹集20亿美元以打败我们。

沉默的大多数不再沉默。我们准备从奥巴马的傀儡骗子希拉里手中夺回我们的国家。

我需要你为这个运动投资。

请捐献35美元以阻止骗子希拉里和不诚实的自由派媒体。

让我们共同使美国再次伟大！

非常感谢你！

又及：让我们现在就证明不诚实的自由派媒体是错误的，以显示我们的运动有多么强大，请点击：

https：//secure·trump2016·com/invest

唐纳德·特朗普

Hillary is a liar ↑ ↓ ×

This is a movement, people!

And the dishonest, liberal media keeps saying it' s not happening.

BUT IT IS. Millions have joined us!

And now CROOKED HILLARY is raising $2 Billion to beat us.

The Silent Majority is no longer silent. And we' re ready to take our country back from Obama' s puppet: Crooked Hillary.

I need you to invest in this movement.

Please give $35 to help us stop Crooked Hillary and the dishonest, liberal media: https://secure.trump2016.com/invest

Together we will Make America Great Again!

Thank you very much!

Let' s Make America Great Again!

落款为唐纳德·特朗普发给本书作者的邮件

2016年6月8日，我的邮箱中收到署名为奥巴马的邮件，题目为“这些就是事实”。这也显然是2012年美国总统大选时就一直有联系的民主党竞选总部“共享”的结果。

奥巴马的邮件这样写道：

朋友，

在大选期间，你可能已经听到另一边的人就我们的国家发出了不少声音——特别是关于我们的经济，说我们的经济没有像应该的那样强大，我们没有‘获胜’，我们不再像原来那样。

我不在乎有人在政策主张上有不同意见。然而，我认为，如果你看一下在民主党人领导下我们经济的情况，你就会很清楚到底谁的政策主张对所有美国人来说更好些。但我们不能让一些人虚构一些他们自己的事实。所以，我在这里要正本清源地说：几乎从任何一个指标看，美国的经济不仅比我刚刚入主白宫时要好，这也是在全球范围内最为强大，最具可持续性的经济。

我们的企业创造了1 400多万个新的就业岗位。我们看到了自20世纪90年代以来第一个可持续性的制造业增长。我们减少了一半的失业率，这比许多经济学家预测的提前了好几年。超过90%的人有了医疗保险，这是开天辟地第一回。

这些就是事实。另外一个事实是，今年11月，美国人民将要不得不在两个非常不同的理念间决定哪一种有助于为我们的中产阶级造福。从现在起到那时，我将要在每一天都为我们共同取得的进步和保卫这一记录而战，因为，作为一名公民，我非常在乎确保我们能够将过去七年半为美国所做的工作得以持续下去。我想确保我们能够在提高最低工资、使得上大学更可承受及使我们的国家更向前进做得更多。

作为总统，我每日都在提醒自己，尽管我们有着政治歧见，但得以使我们作为美国人团结起来的东西要比令我们分裂的东西多得多。我们都热爱这个国家。我们都关心我们孩子们的未来。我希望你和全国的人们都能记住，我们是在选举能够理解将我们团结在一起的共同价值的领导人。如果你与我站在一起，请将你的名字填在下面的链接中，以确保今年11月我们共同完成这一切。

http：//my · democrats · org/Elect-Democrats

谢谢你成为我们的一员。

巴拉克 · 奥巴马

These are the facts

Barack Obama 2016/6/8 新闻稿
收件人: Xian Wen

Friend --

You've probably heard a lot of noise from the other side during this election season about how our country -- especially our economy -- isn't as strong as it should be, that we're not "winning," that we're not what we once were.

Now, I have no problem when people have disagreements about policy ideas -- although I think if you take a look at our economy under Democratic leadership it's pretty clear whose ideas tend to work better for all Americans -- but we can't have people making up their own facts. So I'm here to set the record straight: By almost every measure, America's economy is not just better than it was when I took office, it is the strongest, most durable economy in the world.

Our businesses have created more than 14 million new jobs. We've seen the first sustained manufacturing growth since the 1990s. We've cut unemployment in half, years before many economists thought we would. For the first time ever, more than 90 percent of the country has health insurance.

These are the facts. And another fact is, this November, the American people are going to have to decide between two very different visions of what's going to help strengthen our middle class. I am going to fight every day from now until then to defend this record and the progress we've made together, because I care deeply -- as a citizen -- about making sure we sustain and build on all the work we've done to bring America back over these last seven and a half years. And I want to make sure that we can do more -- to raise wages, make college more affordable, and move our country even further.

As President, I'm reminded every single day that despite all of our political differences, what unites us as Americans is far greater than what divides us. We all love this country. We all care about our children's futures. I hope you and folks across the country remember that, and keep that in mind when we're electing leaders who understand the kind of common values that bring us together. Add your name if you're standing with me to make sure we do that this November:

奥巴马给本书作者发来的邮件

6月10日，我又收到落款为奥巴马的邮件，题目为“我与希拉里在一起”。邮件这样写道：

朋友，

我想让你第一个知道：

今天，我自豪地宣布我与希拉里站在一起。

我录了一个短片解释为何这样做。无论你是从一开始就站在她的一边，还是新近加入她的行列，我希望你能在今天将你的名字添加进来，说你已经准备与我们一起在今年11月创造历史。

我知道作为总统这个工作有多么艰难。这也是我为什么知道希拉里能够做好这个工作。

我还不知道有谁能够像她那样更加适合做这一工作。

她有勇气，有激情，有做好这份工作的心（我这样说是因为我曾不得不与她辩论20多次）。

自2008年我们自己那场艰难的竞选之后，希拉里同意担任我们国家的国务卿。我看到了她的决断，她的坚定，以及她对我们价值观的坚守。

我看到了她决心使每一位美国人都能得到公正的机遇，无论将为此进行如何艰难的战斗—这就是一直鼓励她向前进的动力，现在仍旧如此。

我已经迫不及待地要出来为她竞选。如果你与她站在一起，请将你的名字今天也添加进来。

携起手来，我们将在已经取得的进步基础上更上层楼，我们将为我们所热爱的国家的未来带来更为光明的前景。

让我们一起奋斗，

巴拉克

6月30日，我收到落款为拜登的邮件，题目为“希拉里是一股自然之力”。邮件这样说，

嗨，我今天很激动地给你写邮件。距我们这个初选筹款最后期限只剩一天了，在经过长时间艰苦战斗后，我们有了一名假定的候选人，她就是我的朋友、即将成为很棒总统的希拉里。

我很自豪地对她表示支持，对于你成为她的团队的一员我也表示感谢—我们整个国家都有赖于你确保她在11月取得胜利。奥巴马总统和我准备尽我们最大努力出外助选—我们希望你能加入我们中间。

随着希拉里和全美民主党人巨额筹款目标最后期限明天到期，

任何微小捐款都有助于筹款目标的实现—你能否现在就捐出3美元或任何你想愿意做出的帮助?

我认识希拉里已有很长时间——从她作为第一夫人、纽约州的联邦参议员到成为国务卿。她是一股自然之力。她强硬，她杰出，她热爱服务这个国家。希拉里是这样一种人，她最终想要帮助别人，让他们生活得更好。这是你们想要让一个总统做的事情。

当你的另外一种选择是唐纳德·特朗普时，这一点就更加真切。

唐纳德·特朗普那种恐惧和不容忍的政治在美国没有市场。他不会解决任何问题——他只会将这些问题弄得更糟。为什么呢，让我告诉你，抹黑我们的盟友不是外交政策。告诉世界美国无法偿还债务不是一个经济政策。根据一位联邦法官的种族进行攻击违反了作为美国人我们所坚守的一切。

我一直相信，只有当美国团结得像一个人那样才能取得最大的成功。然而，唐纳德·特朗普在竞选中所做的一切就是执意将我们分裂开来。

我相信没有一个人能像希拉里那样领导与特朗普所进行的战斗。我希望你在你所在社区一次又一次地走近希拉里，走近民主党。她需要你，我们都需要你。

我希望你能在星期四这个关键的最后期限前拿出3美元或无论多少钱——对于你能够成为使我们国家向前进的一分子，我无论如何也感激不尽。

谢谢你，

乔

7 月 1 日，我收到落款为希拉里的邮件：题目为“你与唐纳德·特朗普对决”。邮件这样写道：

朋友，

今天是我们季度筹款的最后期限。这是在唐纳德·特朗普和我分别成为两党正式候选人之前最后一次筹款。这也是我们得以直接与唐纳德·特朗普团队试图所做的进行比较的第一个最后期限。

我无意让他在今年 11 月的选举中获胜——我也无意让他在今天取得胜利。我能否拜托你走出来以确保民主党能够名列前茅？

在今日午夜最后期限到来前捐出 3 美元，以便让特朗普看看清楚，他所面对是本次大选中最为强大的团队。

谢谢你，

希拉里

You vs. Donald Trump

Hillary Clinton 2016/7/1 新闻稿

收件人：Xian Wen

Friend --

Today is our end-of-quarter fundraising deadline. It's the last one before Donald Trump and I become the formal nominees for our respective parties, and it's the first deadline where what we do will be directly compared against what Donald Trump's team manages to produce.

I have no intention of letting him win in November -- and I have no intention of letting him win today. Can I count on you to step up and make sure Democrats come out on top?

Chip in $3 before tonight's midnight deadline, and let's show Trump exactly who he's up against -- the strongest team in this election.

If you've saved your payment information, your donation will go through immediately.

QUICK DONATE: $3

QUICK DONATE: $10

QUICK DONATE: $25

QUICK DONATE: $50

从这些邮件中，能够读出什么？

从特朗普的邮件中，可以看到他已经将希拉里定义为“骗子”，将《华盛顿邮报》等定义为“不诚实的自由派媒体”。在大选决战中，特朗普一定会从“骗子”这个定义出发，对希拉里穷追猛打。

曾在美国政坛历经风雨的老牌政客一再感慨，千万不要让你的对手对你进行界定，否则你就死定了。面对善于对对手以起外号的方式进行界定的特朗普，希拉里不得不全力洗刷，万一有哪句话说得不妥，又会落下新的把柄。

从奥巴马的邮件中，可以看到他正式宣布支持希拉里，意在保留、保护、延续他八年执政的政治遗产。作为一名已经青史留名的政治家，这是他此时最大的心愿。

从奥巴马总统和拜登副总统的邮件中，可以看到在民主党人看来，他们与特朗普的分歧究竟在哪里。

从所有这些邮件中，还可以看到共和、民主两党此刻最为关心的一件事，那就是钱！

宿命般的“钱主”政治

“要赢得选举，需要两样东西：第一是金钱，第二我就记不得了。”美国金融巨头马克·汉纳百余年前的此番感慨至今仍不过时。

美国大选是一个既有规则，也充满潜规则的过程。在这一万花筒般的过程中，心术与权谋之运作几近极致，政坛频现怪象。在眼花缭乱的乱象之中，不变的便是这个钱字。

美式大选，说是“民主”，其实就是“钱主”。没钱，就上不得台面，出不了镜头，做不了广告，也就谈不上知名度与支持率，更谈不上“入主白宫”了。在2014年11月举行的美国中期选举期间，我就曾收到奥巴马借民主党竞选阵营邮箱发来的邮件，其中写道："朋友，如果我从竞选活动中学到了什么，那就是你手中的资源会多么容易地决定输赢。更多的钱意味着更多的竞选组织者，更多的竞选组织者意味着前往投票的选民更多。这样我们才能赢。我们需要赢……请点击捐献10美元或更多的钱。"

短短一段话，将美国"钱主政治"的本质勾勒得一清二楚！愈是临近大选决战阶段，"钱主"政治的本来面目就愈发显得真切，美国两党总统候选人的背后也因此成为大资本的角逐与较量。

在人类政治文明的道路上，美国摸索了200余年，有不少可圈可点之处，但至今难言尽善，其中金钱政治带来的弊端仍是难以逃脱的怪圈。

自"水门事件"后，为限制政治黑金现象的肆意蔓延，美国逐步制定了一些对政治捐款进行限制的法规。在此之前，相关法律规定个人政治捐款总额不得超过12.32万美元。但是近年来，美国最高法院已通过两次重大裁决从制度上将政治黑金这只猛虎从笼中放出，从而助长其为所欲为。

2010年，美国最高法院在对"联合公民案"进行投票时，裁决"超级行动委员会"可在竞选中无限制捐款，这些捐款常常不对公众透露，因此被指为"黑钱"。2014年4月2日，由9位法官组成的美国最高法院以5∶4的投票结果对"麦卡琴和共和党全国委员会诉联邦选举委员会案"进行裁决，推翻了美国政治竞选捐款总额的上限。这一裁决改变了美国竞选资金格局，其结果是，有许多代表利益集团的"影子实体"可以花数以百万计的美元用于影响竞选。政治献金者得以更为明目张胆地送钱上门，无非是冀望有朝一日投桃报李，最终为自身利益服务。

近年来，"钱主政治"在美国遭到越来越多人的反对。记得2012年美国总统大选时，由奥巴马和罗姆尼出场的第二场总统候选人辩论在纽约长岛地区的霍夫斯特拉大学举行。大批民众聚集在霍夫斯特拉大学，利用各种形式表达诉求。在一个写有"真相"字样的白色充气大幕前，一位年轻女士用一张美元钞票贴住自己的嘴，以示对美国大选"钱主"政治的抗议。"我从洛杉矶来，代表‘99%站起来’组织，”这位名叫迪翁·惠特曼的女士告诉我，“在这场大选中，两党所筹集的竞选经费已超过10亿美元，为历史之最。他们都出于政治目的从百姓身上捞钱，并无节制地接受大公司政治献金，其中充满法律漏洞，媒体却置若罔闻。我们就是要站出来指明这一真相。”

特朗普团队在邮件中说，“在整个预选进程中，唐纳德·特朗普没有向一个人要过一分钱”，这句话最多只是说出了一半事实。真正的事实是，尽管特朗普可能没有张嘴“要”钱，但这并不等于他没有“收”钱。

有统计表明，至2016年1月31日，特朗普共计收到个人捐款750万美元，其中25 0318美元来自特朗普本人，另有1 778万美元贷款。据美国联邦选举委员会的统计，至2016年2月20日，特朗普团队手中的竞选资金为190万美元。至3月1日，特朗普筹款4 840万美元，花掉了4 630万美元，还剩210万美元现金留在手上。特朗普在初选时的所有开销为4 950万美元，其中包括外围组织所花掉的320万美元。

特朗普曾说，“我的竞选活动是自我资助，因此，我不受控于捐赠者、特殊利益集团和院外游说集团，这些人在太长的时间内腐化了我们的政治和政治家。我拒绝了所有超级政治行动委员会的钱，要求退回所有从超级政治行动委员会来的款项，我也要求所有总统候选人都这样做。”有调查指出，特朗普“自我资助”的说法也只对了一半。至2015年年底，特朗普筹集了1 940万美元，其中1 300万美元（约占66%）来自特朗普自己的贷款，其余34%来自其他捐赠者。

特朗普关于“拒绝了所有超级政治行动委员会的钱”的说法遭到了质疑。有报道称，特朗普至少参加了两次“让美国再次伟大超级政治行动委员会”的捐款活动，其中一次活动是在他女儿伊万卡公婆的家中举行。除了伊万卡婆婆捐赠的10万美元外，“让美国再次伟大超级政治行动委员会”还收到了赌场业大亨、特朗普长期商业伙伴菲尔·拉芬所捐赠的100万美元，以用作吸收更多资金的“种子基金”。这一“让美国再次伟大超级政治行动委员会”将其中的50万美元用于民调、咨询和法务活动。《华盛顿邮报》对此事进行报道后，“让美国再次伟大超级政治行动委员会”不得不关闭。

2016年6月23日，特朗普宣布免除了他用于初选的5 000万美元贷款债务。

自从成为“假定的”共和党总统候选人之后，特朗普宣布将寻求更大规模的捐赠，而不再“自我资助”。至5月底，特朗普已收到捐赠130万美元，而同期希拉里可用竞选资金为4 200万美元。

不得不认可特朗普成为共和党“假定”总统候选人后，特朗普筹款太少已使共和党高层相当震惊。2016年5月，华尔街银行家史蒂文·马金被任命为特朗普竞选团队财务总管。同月，一个名为“特朗普胜利委员会”成立，其使命为协调共和党全国委员会与11州联合筹款事宜。一些曾资助其他共和党总统候选人的共和党大款同意在这一委员会中担任副主任。

对于美国共和党而言，赌场大亨科克兄弟是最大的金主，其次是同样为赌场大亨的谢尔登·阿德森。2016年5月，谢尔登·阿德森宣布他将出资一亿美元支持特朗普的竞选活动，这一数字比他历史上任何一次政治献金的数目都大。这一举动被视为特朗普彻底远离了初选时仅靠自身财富和小额捐款进行竞选的模式。

但也有一些传统的共和党金主因在初选阶段遭到特朗普的攻击而感到受伤，因此决定与特朗普拉开距离，特朗普也由此失去了一些资金来源。

2016年7月7日，特朗普宣布6月筹款总额为5 100万美元。民主党阵营以此为借口，又开始了新一轮筹资运动。

新一轮谋局布篇

初选告胜后，特朗普明显地为第二阶段的大选进行了做眼活气、谋势布局的工作，寄望能走厚形成外势，由一州一州的点波及全美的面，最终赢得2016 年总统选举。

特朗普的身段明显放低了，言辞也明显有所收敛。

天时，地利，人和。欲成大事，少了哪一样也不成。一场初选下来，共和党最大的问题就是人不和。

当初痛快淋漓的“搅局”，现在的首要任务却是将七零八落的碎片捡起来，黏在一起。

特朗普将首要目标盯住了身在华盛顿的美国国会众议长、共和党人保罗·瑞安。从法理上说，瑞安是美国除了总统、副总统之后的第三号国家领导人，是美国共和党的正统党代表。2012 年总统大选时，瑞安被共和党总统候选人罗姆尼选为副总统候选人。当美国国会前众议长博纳出人意料地辞职不干后，瑞安在千呼万唤之后同意出任众议长一职。在特朗普竞选期间，瑞安一再对他“政治不正确”的诸多言论或私下，或公开地予以提醒甚至警告。

特朗普一直被共和党内部“精英派”视为美国保守主义的“毒瘤”。他在移民等诸多重要议题上与主流共和党人立场相左，历史上又多次在两党竞争中支持民主党候选人，因此共和党党内部分大佬一直有着特朗普不具备代表共和党出战资格的心结，担心他获得共和党总统候选人提名会导致共和党内部进一步分裂。

2016 年 7 月，共和党要召开全国大会，其使命是正式宣布共和党总统候选人提名和该党竞选纲领。瑞安则是共和党全国代表大会主席。5 月 5 日，瑞安在接受有线电视新闻网采访时说，目前自己尚未做好准备支持特朗普。随后，好斗本性不变的特朗普称自己也尚未做好准备支持瑞安的政策议程，并威胁要逼迫瑞安辞去共和党全国大会主席的职务。

2016 年 5 月 12 日，特朗普飞到华盛顿与瑞安进行了会晤。会晤后，瑞安说，特朗普在会面时说的话“令人鼓舞”，但在被问及自己是否支持特朗普时，他说共和党才刚刚结束了可能是有史以来产生党内裂痕最严重的初选之一，特朗普寻求团结该党的过程才刚刚开始。瑞安和特朗普当天还发表了一项联合声明，称此次会谈进展顺利，尽管两人之间存在分歧，但也在很多重要领域有共识。两人将在未来继续进行沟通，并对团结该党和最终赢得 2016 年总统选举抱有很大信心。最为微妙的是，瑞安当天仍表示自己尚不能公开支持特朗普。

在与民主党决战前夕，共和党必须咽下特朗普这口气。瑞安明确表示，团结是共和党的第一要务。美国国会参议院多数党领袖、共和党人麦康奈尔也说，特朗普获得了比其他参选人更多的选票，应当尊重全国各地共和党初选投票者的意愿。要想赢得 11 月的总统大选，共和党内部必须团结一致。

6 月 2 日，瑞安明确表示支持特朗普。他在一篇署名文章中说，“我有信心特朗普能帮助共和党把议事日程中的许多想法转变为法律，从而改善民众的生活。这是我决定投票支持他的原因。”瑞安承认与特朗普存在分歧，但他表示，“我们的共识大于分歧”。瑞安说：“我们的目标是赢得秋季大选。为此我们必须团结，在思想上统一。”对特朗普而言，瑞安的公开支持无疑是利好消息。他在 6 月 2 日当天接受采访时说，“我很高兴，实际上我和他的关系很好。”

此后，瑞安在威斯康星州一份报纸撰文称：“他和我有意见不合已不是秘密，我不会假装我们没有不合。当我觉得有需要时，我依然会直说。但现实是，就有关我们议程的课题而言，我们的共同点比分歧多。”

瑞安立场的转变得到了共和党内一些大佬的支持。美国国会前众议长、也曾参加过美国总统角逐的金里奇在推特上说，在一些关键议题上经过耐心的工作后，瑞安众议长显示出了真正的领袖风范，他表示支持特朗普。这是正确的做法。但也有一些人的弯子就是转不过来，其中最为典型的就是曾经挑选瑞安当竞选搭档的 2012 年美国总统共和党候选人罗姆尼。

曾任马萨诸塞州州长的罗姆尼也曾是一位成功的商人。同布隆伯格一样，罗姆尼对特朗普那套行事风格实在看不过去。罗姆尼多次对特朗普的

“炫富”表示不屑，并对特朗普拒绝公布其税务资料表示质疑。罗姆尼说，特朗普曾扬言，就算他在纽约市第五大道中央开枪杀人，他的支持也不会减少。照特朗普的逻辑，就算杀人他一样获得支持，但公布其税务资料，他就会丧失支持，“可见他的税务资料之中，有比杀人更严重的情事”。

瑞安公开表示支持特朗普后，罗姆尼继续表示不会支持特朗普。他说，“我不希望看到涓滴成流的种族主义，我不希望看到一位美国总统的说话改变世世代代美国人的品格，总统足以影响国家品格，而涓滴成流的种族主义、偏见和仇恨女性，对美国的心灵和品德将极其危险”。

特朗普对此指责嗤之以鼻。他说，“我是各位所见过最没有种族主义的人。”特朗普竞选团队发言人皮尔森说，罗姆尼的谈话“只是共和党主流派又一次酸葡萄表现，他们不满自己的权力被一位他们不喜欢的候选人剥夺。”

实际上，在2012年总统大选中，特朗普投了罗姆尼一票。当时罗姆尼曾盛赞特朗普公开表态支持他的行为，称很荣幸和高兴能够得到唐纳德·特朗普的认可，“特朗普先生显示出卓越的能力，并且为美国人民创造了就业机会。”

论及往事，罗姆尼说，如果特朗普四年前像今日那样发表有关三K党、墨西哥人的言论，我不会接受特朗普的支持。

罗姆尼还抨击特朗普是“骗子、虚伪”，称其“把美国人民当傻子”。他说，特朗普的承诺和他的那个特朗普大学学位一样毫无价值。把美国民众骗得团团转。特朗普的政策会导致美国经济衰退、美国人民更贫穷，让美国与世界不安全。他说，特朗普并非当总统的材料，既没有做总统的应有气质，也没有做总统应有的判断力，特朗普若获得共和党提名为总统候选人，将使希拉里赢得总统大选，将对本党造成毁灭性后果。

对于罗姆尼的批评，特朗普的反击更狠。他说，我才是唯一能击败希拉里的参选人。罗姆尼，失败的候选人，他打了一场总统竞选史上最糟糕的选战，他现在正和建制派联手，要埋葬共和党的大胜利！罗姆尼想在2016年卷土重来、出马参选，但临阵退缩，因为他怕我。罗姆尼就是一个“软蛋”。

提及2012年曾公开表态支持罗姆尼时，特朗普反驳说，罗姆尼在2012年时祈求我支持他的竞选。当时我如果说，罗姆尼，你要跪下求我，他绝对会二话不说跪下。

下出几招险棋

初选大局已定后，特朗普于5月9日任命新泽西州州长克里斯·克里斯蒂牵头成立一个总统过渡安排委员会，为特朗普一旦取得最终胜利做准备。

6月13日，特朗普下出一着险棋：他宣布，基于《华盛顿邮报》“对创纪录的特朗普竞选团队的难以置信的不准确报道，我们现在决定撤销虚伪和不诚实的《华盛顿邮报》的采访证。”

在美国总统大选期间，任何有关一位候选人的竞选活动的现场报道活动都需经这位候选人团队负责媒体部门的批准，并核发每场活动的文字、摄影或近身摄像记者证。作为像《华盛顿邮报》这样一家美国主流媒体，没有记者证便无法进入特朗普接下来大选竞选活动现场作近距离采访。

《华盛顿邮报》总编辑马蒂·拜伦就此发表声明说：“特朗普取消《华盛顿邮报》采访证的决定是彻底否定新闻自由与独立。”“当报道与候选人所期望的不符时，新闻机构就遭到打压。《华盛顿邮报》将一如既往光明、诚实、准确、有活力和不留情面地继续报道特朗普。我们对我们的报道感到骄傲，我们将继续这么做。”

引发此事的直接导火索是特朗普对《华盛顿邮报》6月13日一篇有关奥兰多枪击案报道的标题感到不悦，并在社交媒体上进行反击。他说，“我也不是奥巴马总统的粉丝，但是我得让你看看虚伪的《华盛顿邮报》有多么的不诚实，他们的标题竟然写道，‘唐纳德·特朗普暗示奥巴马总统卷入奥兰多枪击案’。可悲!”《华盛顿邮报》后来将标题改为“特朗普似指奥巴马总统与奥兰多枪击案有关系”。

除《华盛顿邮报》外，特朗普在此之前也禁止不少网络媒体采访他的竞选活动，包括政治新闻网、Buzzfeed 新闻网和《赫芬顿邮报》。《华盛顿邮报》的事情之所以备受关注，皆因其是一家大报，有着不容忽视的影响力。

事实上，自从特朗普宣布角逐白宫宝座以来，他的一些重要声音便是有意通过《华盛顿邮报》发出来的。

对媒体相关报道极为关注是特朗普几十年来的习性。他早已看到《华盛顿邮报》有关他竞选的报道相当“负面”。在采取吊销记者证的举动之前，他也曾对该报采取“拉”的策略。

2016 年 3 月 21 日，特朗普亲自到《华盛顿邮报》编辑部并接受了为时一个多小时的专访。在访谈中，特朗普首次向外界介绍了他的外交团队，也是首次系统阐述了自己的外交理念，其中对北约、中国、中东、核武器、伊朗核协议等议题多有涉及。

但在这次专访后，《华盛顿邮报》在相关社评中说：“不幸的是，这次采访没有提供任何可靠的证明，说明特朗普适合成为美国总统。”社评认为，在这一个多小时中，完全无法与特朗普进行“实质性的讨论”。社评甚至直言如果把白宫交到他手上将会给整个国家带来严重的风险。

2016 年 4 月 2 日，《华盛顿邮报》再度对特朗普进行了专访。在长达 96 分钟的专访中，特朗普谈及他参加竞选的初衷，声言“我就是那个将把国家团结起来的人”“给我 8 年时间，还一个没有 19 万亿外债的美国”。

《华盛顿邮报》对特朗普的说法仍不信服。一篇相关评论称，许多经济学家都会认为特朗普的目标无法实现：如果要在 8 年内还上债，美国则必须在每年 4 万亿美元的预算中拿出超过一半的份额来还债。这样沉重的财政负担，无论如何美国都是无法接受的。

特朗普的“示好”并没有阻止《华盛顿邮报》对其进行“揭老底式”负面报道。2016年5月，《华盛顿邮报》爆料称，特朗普在三四十年前就经常“乔装”成自己的发言人接受媒体记者采访，自曝私生活细节并介绍商业决策，以提升知名度。

6月18日，《华盛顿邮报》6月28日发表题为《特朗普承诺捐款数百万美元，我们发现他7年只捐1万美元》的报道。报道说，在媒体压力下，特朗普5月向一家帮助退伍军人的非营利组织捐款100万美元。但调查发现，从2001年至5月他捐出100万美元之前的15年时间，他承诺的捐款总额为850万美元，但公共记录显示他通过自己设立的基金会仅捐出280万美元，2009年以后便不再有捐款记录。

在对188家与特朗普有关联的慈善组织的调查后发现，20世纪80年代以来，特朗普在推广他的新书和特朗普大学等各类商业活动中，常常表示要把版税、酬劳等收益捐给各类慈善组织，但很多承诺的捐款之后查无所踪，没了下文。报道还提及，2009年，卡扎菲到纽约参加联合国大会时，利比亚政府租用了特朗普名下一处地块搭建帐篷。两年后，特朗普接受电视采访时说：“我当时就说了，‘我会拿卡扎菲的钱吗？我要把它捐了’。而我就是那么做的。”但人们查不到他的这笔捐款记录。而特朗普也忘了说过的话，最近他接受哥伦比亚广播公司采访时夸口，说自己当年从卡扎菲那儿赚了一大笔钱。

报道称，自2001年以来特朗普实际捐款总额不过380万美元，知名投资人斯坦利·德鲁肯米勒在《福布斯》富豪榜上净资产仅次于特朗普，其2013年一年内就捐出了1.2亿美元。

自年轻时起，特朗普就善于将媒体玩偶般为己所用。碰上《华盛顿邮报》这样似乎软硬不吃的货色，特朗普难免有些动气。但他的善变性格也表明，什么事情都可能发生，日后再以记者证为筹码拉一拉《华盛顿邮报》并非不可能。

除了与媒体打交道过程中出现的麻烦外，初选刚刚结束后，特朗普团队内部问题开始浮出水面。共和党资深策略师、曾为小布什政府副总统迪克·切尼助手的凯文·凯勒姆斯和特朗普助手埃里克·弗里曼先后从特朗普竞选团队辞职。

在所有人事变动中，最为引人注目的是6月20日，特朗普解除了竞选主管科里·莱万多夫斯基的职务。这一“中途换马”的险棋引来议论纷纷。

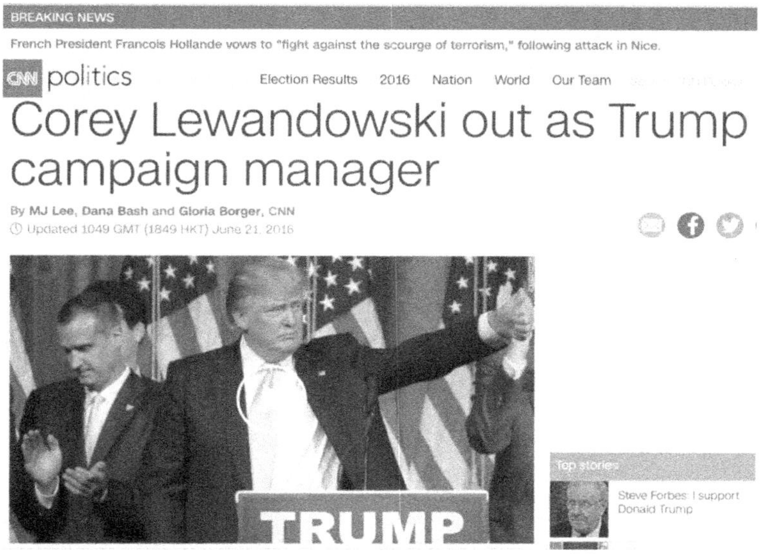
BREAKING NEWS

French President Francois Hollande vows to "fight against the scourge of terrorism," following attack in Nice.

CNN politics

Election Results 2016 Nation World Our Team

Corey Lewandowski out as Trump campaign manager

By MJ Lee, Dana Bash and Gloria Borger, CNN

Updated 1049 GMT (1849 HKT) June 21, 2016

Top stories

Steve Forbes: I support Donald Trump

资料来源：http：//edition. cnn. com/2016/06/20/politics/corey-lewandowski-out-as-trump-campaign-manager/，2016年7月15日登录。

在美国政坛中，大选中的竞选活动主管恰如白宫办公厅主任，是一个极其重要的职位。这是一个与“老大”接触最为密切、对“老大”一举一动进行周密安排的最为关键人物。对于“老大”而言，他或她要求扮演这个角色的人必须忠诚。对于这个人来说，他或她必须得到“老大”的绝对信任。

据称特朗普与莱万多夫斯基相识于2014年4月在新罕布什尔州的一个“自由峰会”，这是共和党为2016年总统大选举行的第一场集会。特朗普在那里和当时39岁的莱万多夫斯基首次相遇。“只因在人群中多看了你一眼”。

有人说："这两人简直就是在征婚网上找到了彼此，他们连穿衣风格都很像，经常穿着西装，这在新罕布什尔州是很稀奇的。"

能得到特朗普的信任很不容易，特朗普也因此得到了莱万多夫斯基的忠诚。从2015年1月开始，莱万多夫斯基就扮演了为特朗普在背后张罗着一切的角色。

莱万多夫斯基偶尔也走到前台为特朗普洗白。一次，有记者直问莱万多夫斯基："许多共和党人把特朗普叫作'蠢驴'，还说他'丑陋的言论'不能代表共和党。对此你怎么看?"

对此，莱万多夫斯基说："如果你仔细观察选民关心什么的话，你就会发现他们关心的是改变国家，选民希望能有一个人告诉他们事实。崇尚政治家陈词滥调的日子已经结束了，如果这场竞选中没有特朗普，人们只能继续听着那些话，尽管这些空话永远不可能实现。"

"过去19个月来，我放弃一切，放弃家庭，就是为了帮特朗普竞选。"莱万多夫斯基说，"我的工作和目标只有一个，就是让特朗普当上美国总统。"19个月来，莱万多夫斯基被不少人认为粗中有细，恪尽职守，摸爬滚打，最终为特朗普赢得初选胜利立下汗马功劳。

如今，这个功臣被炒了鱿鱼，一些内幕渐渐披露出来。身居日理万机的位置，方方面面的关系自然很多。莱万多夫斯基显然没有处理好一些关系，尤其是与特朗普的女儿、女婿的关系不和，此外，他与特朗普团队竞选主席保罗·马纳福特的关系也很紧张。莱万多夫斯基还得罪了一些媒体，被认为与多位报道大选事务的记者呈敌对关系。初选期间，莱万多夫斯基曾因在佛罗里达粗暴对待一名女性记者而饱受争议。当时莱万多夫斯基被警方指控殴打该名女记者。此外，特朗普团队筹款和竞选设施不利的短板也归罪到了莱万多夫斯基。

"中途换马"在大战中是很犯忌的一件事情。特朗普竞选阵营的官方说法是，此举意在"开始走一条不同的路线"。部分特朗普阵营的成员在得知莱万多夫斯基离职的消息后，纷纷在社交网络上发文表示庆祝。这也从一个侧面暴露了刚刚取得初选胜利后的特朗普阵营内已呈派系斗争。这不是一个好的征兆！

6月18日，特朗普已经经历了一次颇有些凶险的暗杀企图。一名叫麦克尔·斯蒂文·桑德福的19岁英国青年在拉斯维加斯出席特朗普的竞选集会中企图抢夺警察枪支，杀害特朗普，但被当场制服。桑德斯还购买了当天特朗普在亚利桑那州凤凰城举行的另一场竞选集会门票，以防拉斯维加斯集会的暗杀失手后可在那里再次下手。据称有自闭症的桑德福是失业人士，在美国属于非法滞留。这一插曲着实令特朗普出了一身冷汗，这是他做商人时从未有过的经历。

“再次让美国伟大”，你行吗?

在今后的日子里，令特朗普一身又一身出冷汗的插曲注定少不了，因为他做出了一个直通“高处不胜寒”的选择。

当美国总统不是真人秀。奥巴马此言并非仅仅是对特朗普的奚落，这也确实是他在白宫椭圆形办公室内呆了八年后的真切感受。

八年前的奥巴马何等意气风发！打着“变革”的大旗，奥巴马当年那些动人的演讲曾令多少人抛洒热泪。一句“是的，我能！（Yes，I can!）”又曾引来多少热烈的欢呼！

八年过去，头发已经花白的奥巴马最终可能会在私下里弱弱地嘀咕说，“是的，在很多事情上，我真的不能！”

面对共和党人控制的美国国会参、众两院，奥巴马要“改变华盛顿政治文化”的高调显得如此苍白！他的诸项改革蓝图在极端化的党争面前只得绕过国会，试图通过发布行政命令的手段予以实施，却又可以想象地收效有限。

事情就是这样具有反讽意味：美国历史上第一位非洲裔总统任职期间，不仅难以改变绝大多数非洲裔美国人处于社会底层、饱受歧视的状况，种族冲突的案件越发彰显。2016 年 7 月 5 日和 7 月 6 日，美国路易斯安那州和明尼苏达州接连发生警察枪杀非洲裔案件。7 月 7 日，得克萨斯州达拉斯又发生 5 名白人警察遭枪杀的血案。这是美国警察在“9・11”事件后遭到的最致命袭击。有人惊呼道，“难道我们已经生活在特朗普总统领导下的美国了吗?”

奥巴马于 7 月 7 日发表讲话说，根据一系列研究表明，较之美国白人，非洲裔开车被警察拦截下来的可能性高达 30%；在被拦截下来之后，非洲裔和拉美裔比白人遭搜身的可能性高三倍；2015 年，非洲裔美国人被枪杀的人数是白人的两倍多；非洲裔被告有 75%更多的可能性被判有罪；而他们的刑期比同样罪行的人通常多出 10%的时间。

美国一众建国之父们费尽心力建立了一套相互制衡的权力机制，其中多有可圈可点之处，却为何在运行了 200 多年之后，常常陷入什么事情也做不成的僵局？在这个巨大的困惑面前，将“想大事，干大事”作为人生信条的奥巴马在发问的同时，剩下的多为无奈与屈从。

令人耳目一新的奥巴马曾经在全世界受到那么热烈的欢迎，连诺贝尔和平奖都是那样迫不及待地送到他的手中。奥巴马也确实做成了与古巴建交、与伊朗达成核协议等几件事情，但没能做成的事情太多了！关塔那摩监狱总是关不上，“伊斯兰国”总是灭不了，说是已经结束的伊拉克、阿富汗两场战争也是哩哩啦啦，结束一场战争真是比开打一场战争要难得多。这不，2016 年 7 月 6 日，奥巴马不得不宣布，鉴于阿富汗安全局势依然“不稳定”，2016 年后美军在阿富汗将继续留驻 8 400 人。一而再，再而三地推迟从阿富汗完全撤军，这表明奥巴马的接任者也得面对美国在阿富汗陷入“打不赢又撤不走”的窘境。

不当家不知柴米贵。更不用说如今在美国当这个家确实大不如前了，因为，不管愿不愿听，美国看起来不如原先那样“伟大”了。这一点，特朗普早就看出来了。

物极必反，盛极而衰，天下事莫不如此，因人、因国、因事表现形式不同而已。从历史角度来看，美国亦逃脱不了这一铁律。

美国最为不可一世之时，恰恰是其从巅峰跌落之际。冷战的结束将美国置于世界“唯一”超级大国的境地，“历史终结”的幻觉和新保守主义浪潮的推动令美国更陷入飘飘然的盲动。在美国“例外论”思维的极度张扬中，美国“无所不能”的断语逐渐演变为蔑视全球的种种单边主义行动。“9·11”事件发生后，美国发动的阿富汗、伊拉克两场战争成为其神话破灭的拐点，随之露出了美国左支右绌的败絮，美国是否衰落的话题渐渐炽热起来。

这一热议反证了21世纪初美国的战略焦虑和迷思，也有着见仁见智的现实参照。美国社会两极分化凸显，经济复苏乏力，立法、司法机构中的党派之争更显对国家发展决策的掣肘，经济实力难以强撑“世界警察”般在全球各地常驻军力，同时打赢两场战争的军事战略被迫做出调整。以伊拉克战争开战理由的妄谬为标志，美国在全球事务道义上的软实力遭到质疑。无论其是否承认，更无论其是否情愿，美国已经走下曾经不可一世的神坛。

这也是势，这是世界大势。

奥巴马改变不了的世界大势，特朗普就能够改变吗？

特朗普粗线条地提出了一些美国何以在当今世界中自处的想法：他认为美国的盟友和合作伙伴在敲美国的“竹杠”，他希望美国退出国际秩序中的领导角色。特朗普一次次地质问，为何美国要不计报酬地捍卫日本、韩国、德国以及其他国家？他承诺大幅削减美国在北约的参与，他相信美国几乎没有从结盟中受益，除非盟友们支付丰厚报酬。与之形成对照的是，特朗普表示寻求和俄罗斯总统普京达成协议，大力改善美俄关系。

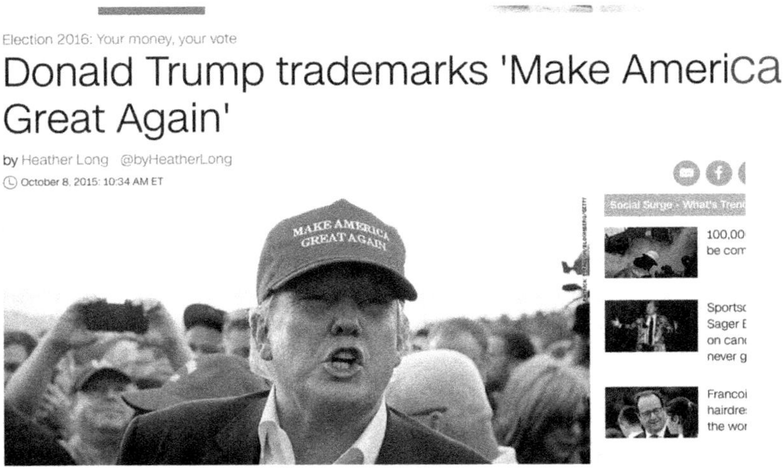

特朗普头戴写有“让美国再次伟大”竞选口号的帽子在大选活动中

资料来源：http：//money. cnn. com/2015/10/08/investing/donald-trump-make-america-great-again-trademark/，2016 年 7 月 15 日登录。

特朗普对世界的观察有着自己的视角。2016 年 7 月，他在提及伊拉克前领导人萨达姆·侯赛因时说，“萨达姆·侯赛因是个坏蛋，对不对……但你们知道他哪点做得好？他杀恐怖分子。”

特朗普反对美国在过去 30 年签署的所有贸易协定。他希望动用关税和其他保护主义措施来强迫其他国家接受让美国从中极大受益的不对称协议。他提议对其他使用航路的国家收取费用。如果他担任美国总统，开放的全球经济将怦然关闭。

特朗普的内外政策主张被冠之以“孤立主义”“贸易保护主义”等帽子。华盛顿有智库学者担忧，特朗普政府对国际和平和稳定的冲击将会是 20 世纪 30 年代以来最大的。国际经济的封闭、同盟的瓦解，以及威权时代的到来对美国利益威胁之大将不亚于 20 世纪 40 年代末由美国扮演领导角色的架构刚建立的时候。国际秩序能够经受住许多东西的侵袭，但美国领导地位的崩塌很可能会被证明是一场破坏性过大的灾难。

还有好事的美国媒体模拟了“特朗普乱世”的情形。2016 年 4 月中旬，

《波士顿环球报》在网站刊出一个日期为2017年4月9日的“假头版”，头条为“开始遣返非法移民”，副题为“特朗普总统要求美国移民和海关执法局增加2倍人手，暴乱持续”。在头条中，《波士顿环球报》放上特朗普向美国全国发表演讲的图片，称将耗资4 000亿美元，在两年内遣返约1 130万名非法移民，形容遣返速度将“快得令你头昏眼花”。“假头版”中还有报道称，美军士兵违抗特朗普的命令，拒绝杀死极端组织“伊斯兰国”成员的家人。此外，“头版”上还有黄石国家公园已经改名为“特朗普国家公园”等新闻。

美国国内对其是否衰落的争论更多地表现出直率的反思，“唱衰”的目的在于推动内外政策调整，以保持不衰。对于国际社会，特别是中国社会就此话题的议论，美国则表现出难掩反感的极度敏感。这种微妙差异的原因或许在于，为实现“不当世界第二”的誓愿，美国情不自禁地需要对国内军工复合体的刺激，需要在全球范围内寻找和确立可能挑战其霸主地位的“假想敌”。在新的形势下，不断发展壮大的中国便成为其全球战略焦虑的聚焦点。

喊着“让美国再次伟大”的口号，特朗普一路走到了今天。2016年美国总统大选初选结束后，人们对那个“大嘴巴”的奚落声忽然少了，整个世界都在悄悄地做着一旦“特朗普总统”成为事实后的预案。

2016年的美国总统选举是一场大戏，美式民主本身再一次经受了疾风暴雨般的洗礼。“民主是混乱的。”每每与共和党人陷入政治僵局后，奥巴马都会在各种场合这样公开感叹道。

民主注定是混乱的，因为客观存在的社会阶级必然有着不同甚至对立的利益诉求。一个允许社会积怨周期性洪水般横流、脓包肆意流淌的社会体现出了自信，却未必一定能够自愈。捅破后的脓包需要患者与医生做出忍住疼痛、接受治疗的妥协。

特朗普与桑德斯从两个极端都捅破了美国社会的脓包，却开出了两种截然不同的药方。民主的美妙在于解决问题，让整个身体更加健康起来。解决问题离不开妥协，但当今美国最严重的病症之一便是难以妥协。民主党中的保守派与共和党中的自由派声音似乎都已成为遥远的过去。

民意似水，水之运动循律而行。堵也罢，疏也罢，最终都将冲出自己的航道。汹汹民意之中，历史势成钟摆式运动，极端终成一时。尽管特朗普之兴起逞一时极端之快，真正坐在白宫椭圆形办公室，而不是坐在特朗普大厦内的特朗普会身不由己地将钟摆向中间拨回。

在与白宫看起来如此之近，又如此之远之际，特朗普发生了一些微妙的变化。

华盛顿是一架有着巨大历史惯性的机器，金钱便是这架机器得以运转的润滑剂。曾经作为“局外人”对华盛顿进行痛快淋漓批判的特朗普忽然变了腔调，开始按“圈内人”的规矩吸金筹款，为即将到来的大选备足弹药。归根结底，你不得不按游戏规则出牌。

2016 年 7 月 1 日，在西部保守派峰会上，特朗普在谈及他在科罗拉多州初选中的失利时说，“科罗拉多教会了我许多关于政治的东西。”

2016 年 6 月，特朗普雇用杰森·米勒协助媒体活动。7 月，特朗普宣布共和党资深策略师、说客凯雅尼·康韦为高级顾问。康韦此前为克鲁兹的支持者，转为特朗普服务后，专事如何吸引妇女选民。尽管他嘴上仍不服，但此举已表明，特朗普认识到他以往的言行使美国女性选民受到伤害，他必须施行亡羊补牢之举。

从纽约皇后区前往曼哈顿打拼的特朗普经历过建成特朗普大厦的辉煌，也经历过数次申请破产的没落，更经历过咸鱼翻身般的奋起。特朗普一直没有忘记他在 1987 年出版的《做生意的艺术》一书中最后一句话：“不要误会，我还计划着继续做生意，做大的生意，一直做下去”。

30 年后的今天，特朗普做的这个生意实在太大了——他要成为世界最有权力的人！

特朗普是美国社会“有钱就是任性”的典型代表。

在具有巨大历史惯性的华盛顿政治机器面前，他是一个不按规矩出牌、最终迫使游戏规则部分改变的搅局者；

他是一个蔑视“政治正确”、为一部分社会不满和愤怒代言的发声者；

他是一个享受捅破社会脓包快感的颠覆者；

作为商人的他一路杀得人仰马翻，最终戳穿了美国政坛上那块久已有之且极为坚硬的天花板；

他是现存国际政治和经济秩序最为令人惴惴不安的挑战者。

从这个意义上说，特朗普已经赢了。

第十六章 撕裂的美国，纠结的未来

美国第一号外交官深感“难堪”；特朗普：美国主义而不是国际主义将会成为我们的座右铭；一向在公众面前显现最佳状态的希拉里再一次被自己的身体敲响警钟；三场辩论不幸成为“谁比谁更烂”的相互抹黑总决赛；各种民调：既不要不把它当回事，也不要太把它当成事；有着二元相悖特质的他借助美式民主制度异军突起，也对这套制度的运作有着深深的疑虑和条件反射般的阴谋论猜忌；愈显僵化的民主机制漏洞百出，使得美国民主的质量大打折扣，其一度得以自傲的光环黯淡了许多；碾压着混乱、困惑与纠结，远未终结的人类社会文明历史仍在前行

有着240年历史的美国在很长时间内被奉为民主的旗帜，除将此标为灯塔、奉为放之四海而皆准的至尊外，也常常将其用为横扫异己的大棒。当美式民主新一轮政治周期于2016年下半年走入高潮之际，借助从未有过的即时媒体，地球人看到的是一波紧似一波的相互抹黑、阴谋诡计、烧钱大战、

毁人不倦，伴之以面不改色的阴损、强装笑意的虚伪、突破底线的低俗和丑恶人性的难掩。

一支又一支暗箭，一个又一个陷阱，一件又一件丑闻，狠狠地撕扯着两位年过或将近古稀之年总统候选人的脸皮和心灵，烧灼着他们的良知与耐性，考验着他们或善或恶的心智抉择与表演才能。全世界旁观的人则看到了一场直呼过瘾的争夺最高权位直播闹剧。

身在其中的美国选民们则陷入了史上罕见的撕裂之中。一位被讽为“疯子”，另一位被批为“骗子”，面对两位美国政治史中最不受欢迎的总统候选人，整个社会和无数个人都处于被撕裂状态。面对一场难做抉择的大选，许多人无奈地摇摇头，选择了无语。

在以往的美国大选期间，诸多美国驻外大使馆等机构会在驻地邀请当地各界人士隔空观摩大选重要活动，或进行模拟大选等活动，意在传递美式民主精神。2016 年，这类活动悄然消失。或公开，或私下，美国外交官们的共同感受是“难堪”。

这也是作为美国第一号外交官的国务卿克里的深切感受。

在距美国大选仅剩 9 天的 2016 年 10 月 31 日，正在英国进行访问的克里国务卿在伦敦市长萨迪克 · 汗的陪同下出席了一个与当地青年人面对面交流活动。其间，有人对美国大选进行发问。面色陡然阴沉的克里沉吟了片刻，随后说出以下一番感受：

“我必须坦率地说，这次大选确实有损美国在海外的形象。很多时候是彻头彻尾的尴尬。我实在无法想象，大选辩论根本没有聚焦在真正的问题上，这是一个真正的变化。这对于我的问题是，美国的外交工作变得更加困难了。作为美国国务卿，当我与某国总统、总理或外长面对面会晤时，他们会问，嘿，我们真的希望你们能迈向民主。他们会直视着你。他们是很有礼貌的，但你可以从他们眼神和表情中看到疑惑。”

台下是一片会意的笑声。2004 年曾作为民主党总统候选人参加白宫权位角逐的克里脸上露出了苦笑。

两党全国代表大会为决战加油

2016 年 7 月 18 日，4 年一度的美国共和党全国代表大会在俄亥俄州克利夫兰市开幕。包括前总统布什和小布什、2012 年总统候选人罗姆尼、联邦国会资深参议员麦凯恩在内的多名共和党大佬引人注目地缺席会议。

此次大会最为重要的议程设置便是表决通过特朗普为 2016 年共和党总统候选人。就在第一天的会场里，数百名代表联署要求改变大会规则，以阻止特朗普被提名为共和党总统候选人。在维护共和党团结大局的努力下，这一诉求以流产告终。失望的代表们当即在现场呼喊、起哄，另有多州代表团成员愤怒地提前离场。混乱场面导致大会短暂中断，再次凸显特朗普赢得预选给共和党造成的严重内部分裂远未弥合。

会场内一片混乱，会场外也是一片混乱。来自全美各地的上千名抗议者来到克利夫兰，高喊“打倒特朗普”的口号，指责特朗普不会让美国更加伟大，只会“让美国更加仇恨”。另有一些特朗普的支持者在不远处则举行声援集会，约 2 500 名军警荷枪实弹，确保不生意外。

大会首日通过了由 112 人组成的党纲委员会制定的党纲，这便是共和党应对 11 月大选的竞选纲领。这份党纲多处呼应特朗普在预选中的主张。在议程设置上，“让美国再度安全”“让美国再度运作”“让美国再居第一”和“让美国再度一致”的议题安排也明显呼应特朗普“让美国再度伟大”的竞选口号。

7 月 19 日，经过各地代表轮流唱票表决，共和党全国代表大会正式提名唐纳德·特朗普和印第安纳州州长迈克·彭斯为共和党正副总统候选人。

2016 年 7 月 21 日晚，特朗普发表接受提名演讲

资料来源：http：//news. 163. com/photoview/00AO0001/2189504. html#p = BSJ3HU4Q00AO0001，2016 年 11 月 7 日登录。

7 月 21 日晚，在一片难掩勉强的热烈气氛中和“美国！美国!”的高喊声中，特朗普走上共和党全国代表大会的讲台，他说，自己带着“谦卑和感激”接受美国共和党的总统候选人提名。特朗普称，自己将“把美国放在第一位”，“我们的计划就是要美国优先。美国主义而不是国际主义将会成为我们的座右铭。”特朗普承诺，如果自己当选了总统，将结束“犯罪与暴力”。他将给国家带来“法律和秩序”，将带领美国回到“安全，繁荣和和平”。

特朗普的竞争对手希拉里自然十分密切地关注着共和党全国代表大会的情形。她本想于 7 月 21 日宣布自己的竞选搭档人选，以冲淡人们对特朗普获共和党提名后发表演说的关注度，但发现多数媒体正在对共和党全国大会做负面报道，转念认为此种态势不啻为对自己选情的加分，随即推迟于 7 月 22 日晚通过推特发文宣布，自己已选择弗吉尼亚州联邦参议员蒂姆·凯恩为民主党副总统竞选搭档。

7 月 25 日，美国民主党 2016 年全国代表大会在宾夕法尼亚州费城开幕。

在这次民主党全国代表大会上，除了程序性地确认希拉里、凯恩为民主党总统、副总统候选人外，希拉里经过私下协调后获得的最大收获为党内竞争对手桑德斯公开表示与其站在一起。

7 月 28 日，满面春风的希拉里发表获得提名的演讲。她说，一旦当选为美国总统，她将把在国内创造更多机会、提供优质优薪工作、促进中产阶级繁荣确定为首要任务。她将致力于为中产阶级免除州内公立大学学费和学生债务，为没有大学文凭者提供工作技能培训；提高华尔街、大企业和超富人群的纳税额；着手移民政策改革，加强枪支管控等。美国将强化国家安全，加强与盟友合作，打击恐怖主义，打击极端组织“伊斯兰国”。

她在演讲中抨击特朗普将“早晨的美国”描绘成“午夜的美国”，称特朗普没有提出任何解决问题的方案，认为特朗普“不会带来任何真正的变革，只会提供空洞的承诺”。

两党全国代表大会的召开意味着 2016 年美国总统大选初选阶段的收官和大选对决高潮的到来。在随后极为短暂的时间内，特朗普和希拉里均进行了从身体到大选方略的调整。他们都在为短兵相接的大选进行着备战。

树欲静而风不止。还未厘清自己竞选团队内部人员调整的麻烦，特朗普又因攻击一名阵亡穆斯林美军士兵的父母而遭媒体批评。这还不算，包括美国前中央情报局局长海登、美国首任国家情报局局长内格罗蓬特、前副国务卿佐利克、两位前任国土安全部部长里奇和切尔托夫在内的约 50 名美国国家安全问题专家发表了一封公开信，警告特朗普“或成美国史上最鲁莽的总统”。他们称特朗普缺乏担任总统的“性格、价值观和经历”；特朗普似乎缺乏对美国宪法、美国法律，包括宗教宽容、言论自由和独立司法等美国制度的基本知识与了解，“特朗普弱化了美国作为自由世界领袖的道德权威”“我们都不会投票支持特朗普”。

一向笃信反击的特朗普立即发表声明，称世界变得如此混乱和危险，这封公开信上的联署名字使人们知道应该去怪谁。他说，这些人不过是一群

“失败的华盛顿精英”，他们试图抓住权力不放。

从年轻时便不乏反思素质的特朗普也懂得能屈能伸。他从对手的攻击中能够体味出自身的短板。时至大选关键阶段，一味泄愤已不大灵光，希拉里称他“只会提供空洞的承诺”，没有提出任何解决问题的方案似乎并非没有道理。

8 月 8 日，特朗普在密歇根州底特律市专门就其经济政策主张发表演讲。将这一演讲地点选在有着“汽车城”之称的底特律显然经过深思熟虑：这里聚集着众多的美国蓝领工人，这里曾历经济衰退的重创，底特律的郊区至今仍为惨遭创伤的“鬼城”，这里也曾是奥巴马政府救助美国制造业的试验田。

与以往不同，特朗普在这次演讲中没有信马由缰地自由发挥，而是拿着一份讲稿认真地宣读。

他说，“我们与全球竞争，而我希望美国赢……我要激活美国经济，这根本不难。”他的经济政策核心是全面减税，启动自 20 世纪 80 年代里根执政以来的最大规模税改。这包括把企业税从 35%大幅削减至 15%，并对美国企业海外利润一次性征收 10%的税，将所得税收用于投资密歇根州等存在经济困难的州。他提出儿童保健开支可用来抵扣个人收入所得税，意在吸引女性中产阶级选民。他提议废除遗产税，称“美国工人一生中都在缴税，他们不应该到死都要缴税，这是不对的。”他提出暂停执行联邦政府机构新的监管规定，并逐步废除那些损害就业的原有监管规定，特别是要废除奥巴马的医疗改革措施和重振煤炭行业。特朗普重申反对跨太平洋伙伴关系协定，主张对北美自贸协定重新谈判，加强贸易执法，对进行不公平倾销和补贴的国家征收惩罚性关税。

特朗普抨击希拉里为“昨天的候选人”“在希拉里执政下不会有什么改变，而是多四年的奥巴马……更多税、更多管制、更多官僚、更多对美国能源的限制。”

在特朗普发表这一演讲后，原本也在密歇根州发表经济政策主张的希拉里当天便在佛罗里达州圣彼得斯堡的竞选集会上抨击说，特朗普的税务计划“将使大企业和非常富裕者获得超大的减税优惠。我不会增加中产阶级的税务负担，但在你们的帮助下会给富人加税，因为钱都在那里。”

在各种民调上一直处于领先地位的希拉里也是麻烦不断，最致命的硬伤便是那个似乎永远扯不清的“邮件门”。9月初，应公众要求，美国联邦调查局公布了调查希拉里“邮件门”的正式报告及约谈希拉里的记录文件。2009年至2013年年初，身任国务卿的希拉里使用私人电邮处理公务，随之涉嫌诚信问题。美国联邦调查局公开的约谈记录显示，在被问及如何保存政府文件、处理涉密信息等相关问题时，希拉里至少39次用“不记得”“想不起来”做出回应。

该来的永远也躲不过去，对命运的抗争永远抗不过自然规律。一向在公众面前显现最佳状态的希拉里再一次被自己的身体敲响警钟。

2016年9月11日，“9·11”事件15周年纪念活动照旧在纽约世界贸易中心遗址处举行。与纽约有着千丝万缕联系的特朗普与希拉里共同出现在活动现场。

这是一个高调表明他们将对美国的安全与未来有着严肃担当的公关场合。他们的一举一动万人瞩目。

纽约当天上午气温约为25℃。活动刚刚开始不久，希拉里突然于9时30分许离开现场。一段迅即广为流传的视频表明，一身深蓝色西装的希拉里被搀扶着踉跄离场，在一辆“保姆车”前，身子一晃险些栽倒，还甩掉一只鞋，后被紧急送到邻近的女儿家调整。约一个半小时后，尽力保持轻松状态的希拉里独自一人走出大厦，当着众多媒体的面，希拉里在大门口弯腰与一名小女孩聊了几句，随后起身向围观群众挥手致意。“我感觉很好，”她转头告诉守候在旁的记者，“纽约今天天气不错。”语调尽量平缓的希拉里一直没有摘下那副大黑墨镜。

2016 年 9 月 11 日，身体出现不适的希拉里被送回“保姆车”

资料来源：http：//picture. youth. cn/xwjx/201609/t20160912_8648181. htm，2016 年 11 月 7 日登录。

美国总统候选人的身体状况一直是大选中的话题，里根当年在竞选中就一直被这一问题纠缠不休。在担任国务卿的后期，希拉里曾于 2012 年晕倒撞头，造成轻微脑震荡，复查中发现头部有血块。据悉，希拉里此后无法回忆起她所接受的关于处理涉密事宜的简报。在此次大选的初选阶段，希拉里屡屡当场咳嗽，或似狂笑发了癫痫。

在初选阶段，特朗普就抓住希拉里的身体情况说事儿，其团队称希拉里疑患癫痫、帕金森症、语言障碍等疾病。特朗普进而声称只要希拉里敢于公开其医疗记录，自己也奉陪到底。

为证明自己身体无碍，希拉里曾于 8 月下旬在一个脱口秀节目中配合主持人徒手拧开一罐腌菜，并借机回击称，特朗普团队爱拿她的健康问题说事，是其“疯子策略”的一部分，“我就不会没事拿他的身体说事，我看他身体壮如马，”希拉里调侃道。

希拉里当然不会退让到承认特朗普身体比自己好，她转而攻击特朗普在竞选中满口胡言、谎言。换言之，特朗普的肉身虽然看起来无碍，但脑子实在有问题。“你能放心把核按钮交给这种人吗?”希拉里不止一次地质疑道。

总统候选人辩论

美国大选最精彩的戏码是三次总统候选人辩论。对于总统候选人而言，利用地面和空中交通工具在全美各地尽可能多地举办各种竞选集会活动是争取选民支持的重要途径。然而，候选人跑得再多也无法同全体选民见面。因此，通过电视、网络及各种社交新媒体直播的总统辩论便成为美国选民认识和了解候选人、掂量和判断其政策主张乃至决定自己投票意向的最重要渠道。

这是一场重大战役中的决战；这是一场争夺中间选民的决战，最终的胜利或许就决定于这些尚未拿定主意的选民。在这场决战中，参战者的一言一行、一举一动都有可能通过媒体的迅即放大作用而成为胜选或败选的导火索。

身为美国总统候选人，总统辩论自然是阐述其执政理念、为其大政方针进行辩驳的良机。然而，2016 年这三场总统辩论的事实证明，总共计时约 4 个半小时的三场辩论不幸成为“谁比谁更烂”的揭老底相互抹黑总决赛。

位于纽约长岛地区的霍夫斯特拉大学这几年有点儿火。美国东部时间 9 月 26 日晚间，美国总统候选人首场辩论在这里举行。

2012 年 10 月 16 日晚，当时的主角奥巴马和罗姆尼，也是在这儿进行的第二场辩论，我也在场采访。一晃 4 年过去，这场辩论已经比 2012 年那场火多了，全美各地利用各种媒体围观者人数超过一亿，全球则超过 3 亿。举办地霍夫斯特拉大学也因此小赚了一笔——别的不说，光是赶到现场的上千家媒体代表在新闻中心占个座位看直播，就要交出很不便宜的费用。

2016 年 9 月 26 日第一场总统候选人辩论

资料来源：http：//www.thehollywoodgossip.com/gallery/2016-presidential-debate-photo/，2016 年 11 月 7 日登录。

灯光亮起，辩论会正式开始。身着红装的希拉里款款地走上场来，与西装革履的特朗普握手致意。特朗普很绅士地转过头去用“国务卿”称呼对手，脸上瞬间挤出了微笑，此后特朗普的多数表情便是皱眉噘嘴外带特氏兰花指。此情此景，真的比《纸牌屋》中的任何场景都好看。

1 个半小时内 6 小段的辩论，如大家所见，是一场全程高能的互黑大戏。开场前，美国有线电视新闻网的主持人就指出，希拉里的主要问题是不诚实，而特朗普的问题则是不胜任。

果然，虽然这次辩论中二人被要求扼要地介绍自己的施政纲领、价值等理念，但槽点和看点最多的无疑是二人的互黑。在“美国方向”“实现繁荣”“保障美国安全”三大主题下，二人只要逮着机会便会明里暗里贬损对方。希拉里抓住特朗普曾多次申请破产、打的第一个官司便涉嫌种族歧视、一再揪住奥巴马说他的出生地不是美国、多次对妇女有不敬言辞、纳税记录等事不失时机进行讨伐。特朗普也在希拉里的“邮件门”等软肋上猛插尖刀。当希拉里发言时，难掩急躁的特朗普屡屡以“错误”“错误”“错误”打断她的发言。

此前希拉里身体不适成为世人关注焦点。特朗普也将此作为靶子拿来说事儿。他直言希拉里“没有总统的样子”，是因为她没有足够的精力。希拉里则反击称：“如果他能去 112 个国家，谈和平协议，谈停火，或者在国会委员会作证 11 个小时，那时再来跟我谈精力吧。”此时台下一片哄笑。真是一个火药味强烈、娱乐性十足的对冲桥段！

全美直播的电视辩论，是美式民主的现代化媒介渠道，为的就是让全国选民了解候选人，候选人也借此争取那些尚未打定主意的中间选民。既然是带有决战性的辩论，观者就要问这场辩论到底是谁赢了？

辩论刚一结束，极为发达的美国媒体便就到底谁赢了此轮辩论展开各种各样的民调，这些民调结果特别有趣——面对同一场辩论，结果却大相径庭。

据美国有线新闻电视网和 ORC 的联合民调，62%的观众认为希拉里赢得辩论；27%认为是特朗普赢了，而 Drudge Report 网站的调查显示，81. 5%的受访者认为特朗普赢了，只有 18. 5%的人认为希拉里赢了。有美国媒体在对 30 多个美国网站进行调查后发现，除全国广播新闻等 5 家媒体外，多数民调认为特朗普赢得了这一辩论。

对于美国的各种民意调查，既不要不把它当回事，也不要太把它当成事。严肃的民意调查有着一定的科学取样基础和量化数据分析，也因此有一定的参考价值。但林林总总的民调，特别是互联网发达后的各种民调，除允许全球网民无数次点击的在线投票与专业民调机构操作手段的差异外，背后难免有各种各样的利益背景，也难免有操纵民意黑手存在的现象。世界上没有纯粹的新闻自由，且不说任何民调都存有误差。历史老人对美国不少所谓民调都曾打过脸。20 世纪中，美国专业民调的误差率就曾误导纸质媒体犯下在头版刊登杜威击败杜鲁门的假新闻，从而出了一个大洋相。

第一场辩论与第二场辩论之间相隔 12 天。地点也从纽约转到了密苏里州圣路易斯的华盛顿大学，形式则与市政厅晤谈会类似。市政厅晤谈会是美式民主的典型方式，多为选民坐在厅内四周，当地议员或官员站在大厅中央，手持话筒与选民做一问一答的交流互动。美国联邦国会议员逢休会期间，便从首都华盛顿回到各自选区，多以这种形式与当地选民进行交流。

第一场总统候选人辩论后，特朗普与希拉里的团队少不得闭门磋商，除评估上一场辩论情势外，还要为下一场辩论出谋划策，其中最为重要的便是寻得对手的致命要害强攻软肋，以求胜算。

特朗普的致命要害在哪里？最为能够煽情的恐怕当属他对妇女多有不敬。要知道，女性选民是任何一位总统候选人不敢忽视的大票仓。这也是为什么希拉里一再表白自己如何从年轻时就为美国妇女争得权益，并在北京世界妇女大会期间提出“女权也是人权”，这也是为什么自大选开始后，希拉里一再猛攻特朗普不尊重妇女的种种言行。

10 月 7 日，也就是第二场总统候选人辩论开始前两天，一件蹊跷的事情发生了：

就在那一天，明确表示支持希拉里胜选的《华盛顿邮报》公开了一段特朗普于 2005 年参加录制电视节目期间的视频。在这份视频录音中，特朗普以最为粗俗的语言坦承自己试图与“婊子一样”的有夫之妇发生性关系，并对“荡妇一样热辣”的女性“想干什么就干什么”“她们什么都让你干”……

对于想要入主白宫的特朗普而言，在这一极为敏感的时机暴露出自己非常下流的一面，这无疑是一重磅打击！

又是一场轩然大波！民主党竞选阵营趁机痛击特朗普。希拉里在推特上表示：“这太可怕了，我们绝对不能让这样的人当上总统。”民主党副总统候选人凯恩表示，特朗普的言论“让人反胃至极”。本来就处于严重分裂的共和党内部也因此再生一波内讧。联邦国会众院议长保罗 · 瑞安慨叹，这场选战“非常黑暗”。2012年共和党总统候选人罗姆尼感慨，特朗普的“录音门”丑闻，“在世界面前败坏了美国的脸面”。

特朗普不得不紧急进行危机处理。7日当天，他公开对此表示道歉，同时辩称：“那段视频录音具有‘更衣室闲聊’的性质，它只是多年前的一段私人对话。当年比尔·克林顿在高尔夫球场上说的话可比我这次要严重得多，我跟他简直没法比。不过，我还是要对所有感觉被冒犯了的人表示歉意。”

为了灭火，特朗普在48小时内找到了三名据说与比尔·克林顿有绯闻的女性共同召开记者会，特朗普一再宣称自己只是说话很“流氓”，而希拉里的丈夫却是实实在在地做出了很流氓的事情。

10月9日，第二场美国总统候选人辩论便是在这样的背景下开始进行。

作为危机处理的一个手段，那三位据说曾与克林顿有绯闻的女士被安排在现场显要位置入座，为的就是要让希拉里难逃尴尬。

强光之下，特朗普与希拉里尽力保持镇静地走入大厅中央。他们甚至没有像第一场辩论那样礼貌地相互握手致意。两个人的眼光碰了一下后，希拉里轻轻地说了一句“哈罗”，随即将目光转向观众。特朗普则冷冷而默默地转过身去。

经过这场打击后的特朗普脸色明显发黑，声音低沉，鼻息格外粗重。

具有“白狐”之称的美国有线电视新闻网主持人安德森·库珀一上来便点名一名与会者提了一个“你们两人是否认为应为当今年轻人做出好榜样”的问题，这显然暗指两天前出现的“录音门”一事。希拉里和特朗普对此均说了一番大话，暂时未直接交锋，恰如两名拳击手在真正出拳前左晃右晃地在对手面前寻找漏洞。

倒是“白狐”安德森忍不住了，他打断转移话题大谈“伊斯兰国”的特朗普，逼问特朗普：“你说你能在未经对方同意的情况下随意亲吻女性……这是性骚扰你知道吗?!你在吹嘘的那些行为是对女性的一种性侵犯明白吗!”

已无法回避的特朗普用尽可能平静的语气答道，这只是一个更衣室内的私聊，他并不对此感到骄傲，并已经向我的家人和其他美国民众道歉。“我没有真正做过那些事”“我很尊重女性，没有人比我更尊重妇女”，特朗普面不改色地说。在整个辩论过程中，特朗普将“没有人比我更尊重妇女”这句话重复了多次。

特朗普还反击称，希拉里的丈夫、前总统克林顿多次性侵女性，还因与女性的不正当关系而被弹劾。希拉里本人也曾经为强奸12岁女孩的疑犯辩护，“她应该为自己感到羞耻”。

轮到希拉里说话的时候，这次她可不再轻饶特朗普了。希拉里说，特朗普的言论不符合事实。她慷慨激昂地引用奥巴马总统夫人米歇尔不久前在一个抨击特朗普的演讲中所使用的一句话：“当他人下三烂的时候，我们要向高尚看齐。”

希拉里说，特朗普就是一个“侮辱妇女的人”，此外，特朗普还攻击移民、拉美裔、非洲裔、战俘等，他质疑奥巴马总统的出生地，对阵亡的伊斯兰美军士兵父母进行攻击，“他不能代表我们国家”“他欠奥巴马总统，欠这个国家一个道歉”。此前，尽管政见不同，她从来没有质疑过其他共和党人当选总统的资格，但她认为特朗普不适合担任美国总统和美军总司令。

“你才欠一个道歉!”特朗普说话声音大了起来，他再次提及希拉里私自删除33 000封邮件的事情，“如果我当选后，一定指定检察官特别审查你的邮件门事件!”

尽力显示雍容的希拉里此时再也坐不住了，她打断特朗普说：“幸好不是像和你一样的人掌控美国法律。”特朗普迅即接话：“因为那样的话，你就会被关入监狱”。

这一来一往的激辩立即使现场活跃起来，现场观众中竟有人欢呼起来。

辩论到了28分钟之后话题才转向了医疗、税制改革、能源及叙利亚等外交问题。即便是在谈论这些问题时，两位候选人也是夸自己，贬对手，时时不忘拐过弯来将重点放在抨击对手。特朗普多次引用民主党初选时希拉里的对手桑德斯的话说，希拉里对事情“没有正确的判断力”“她的判断力很糟!”

特朗普抨击希拉里有“太多谎言”“太多欺骗”。希拉里在外交政策方面所做的决定全然为一场灾难，其政策引来大批难民涌向美国将是极为危险的“特洛伊木马”。他多次指着希拉里质问，美国面临这么多问题，在过去三十年间担任公职的你到底干什么去了?!

特朗普多年没有交纳个人所得税也成为希拉里发动攻击的火力点。当特朗普谈论税收问题时，希拉里称，“一个不交税的人谈论税收非常滑稽”。特朗普回击道，等政府完成对他的税收审核后，他就会“自豪地”公布税单。他在多年的公司经营中，是在合法地进行避税。

在这场辩论中，希拉里指责说，俄罗斯政府在背后操纵美国大选，操纵美国的网络系统，获取信息。这是从未有过的外国政权侵入。他们这样做的是想帮助特朗普当选，因为他赞扬普京。特朗普辩解道，自己并不了解俄罗斯，也与普京未曾谋面，只是认为能和俄罗斯保持良好关系将有利于美国打击“伊斯兰国”。

辩论会临近结束时，一位男士起身提了一个角度别致的问题。他向希拉里和特朗普发问，你们说了这么半天，但能否说出对方有什么值得尊重的地方?

全场一片笑声。这是此次辩论会最为轻松的时刻。

希拉里思忖了一下，答道，我尊重他的孩子们，他的孩子们能力很好。特朗普的观点我全都不同意，但作为一个母亲和外祖母，我尊重他的孩子们。

特朗普说了声“谢谢”，随后说道，我为我的孩子们骄傲。我佩服希拉里不退大选、永不放弃，即便我不认同她的很多观点。但她是个斗士。

与辩论会开场时气氛不同，整场辩论结束时，特朗普与希拉里握手致意。

第二辩过了十天之后，第三辩的地点更为西移，转战到了内华达州内华达大学的拉斯维加斯分校。为显示更为客观，主持人换上了福克斯新闻电视台知名主播华莱士。华莱士的父亲老华莱士便是美国著名电视新闻工作者。在此次大选中，福克斯新闻电视台被认为是为数不多的支持特朗普的主要新闻媒体。

为了这最后一战，特朗普和希拉里阵营使出了浑身解数。为了给自己助阵，希拉里邀请了经常抨击特朗普的达拉斯小牛队老板马克・库班；特朗普则邀请了刚刚揭露民主党阵营在投票中作弊的美国独立调查记者詹姆斯・奥基夫、总统奥巴马同父异母但“不太亲近”的哥哥马利克・奥巴马，还有在2012年美国驻利比亚班加西领事馆遇袭事件中丧生的一名美国公民的母亲帕特・史密斯。在2016年7月举行的共和党全国代表大会上，帕特曾登台发表演讲，声情并茂地认为希拉里应该为班加西事件的发生去坐牢。

灯光亮起后，走上台前的特朗普与希拉里与二辩开始时一样，依旧没有握手。

面对最高法院大法官人选、堕胎、移民、俄罗斯、经济、女性、伊拉克、债务以及是否适合担任总统、是否接受大选结果等问题，特朗普与希拉里依旧唇枪舌剑、互揭老底、火花四溅、唾沫横飞。特朗普不停地在希拉里抨击他的时候插话，希拉里则尽力以快速的语速陈述观点。当特朗普抨击到希拉里痛处时，希拉里首先露出招牌式的假笑，随后利齿反驳。

在这场辩论中，双方顾左右而言它的辩技再次得以充分发挥。每每涉及不利于己的提问或话题时，特朗普与希拉里都在迅即转移话题，所答非所问。

当主持人谈到“维基解密”曝光的希拉里在巴西银行做的演讲时提到支持“开放边境”的做法时，希拉里把话锋转到俄罗斯黑客影响美国大选的意图，并暗示俄总统普京支持特朗普。

特朗普：维基解密不是曝光你想要开放边境吗？

希拉里：这都是俄罗斯黑客搞的鬼，普京想让你当选对不对……我们有十七个情报机构都说黑客攻击来自俄罗斯。历史上从来没有一个外国政府敢试图干涉我们的总统大选。

特朗普：你很能转移话题啊！

希拉里：你就是普京的傀儡！

特朗普：我不是！我不是！你才是！

希拉里：你敢骂普京两句吗？

特朗普：当然敢！我又不认识他！尽管他很仰慕我。

当华莱士向特朗普问及“录音门”曝光后又接连有女性指控特朗普的问题时，特朗普否认指控，说不认识这些女性，从来没有遇见过她们，她们或许想要出名，或者这就是希拉里指使的。他还说，没人比自己更尊重女性。台下一片哄笑。特朗普不动声色，又将矛头转移到了希拉里的“邮件门”上。

特朗普：希拉里说的都是谎言。在收到传唤之后，她删除了36 000封邮件。我们知道她肯定要入狱，所以删除了这些邮件。但她现在还居然可以参加竞选，简直可笑。

希拉里：特朗普永远都会否认和逃避责任。我相信随着竞选的进展，我们的民众就会知道什么样的人对我们国家未来发展是合适的。

特朗普：错！

希拉里：我所做的一切都是为了国家的利益。

特朗普：桑德斯就说过你的判断力极差，我同意！

希拉里：你是美国现代历史上，最危险的竞选候选人！

特朗普：你才危险！你的第六感最危险！

火药味更浓的是，在辩论最后阶段，特朗普甚至在希拉里发言时插话说，“你这个肮脏的女人”。

在论及谁更适合当总统时，希拉里振振有词：

希拉里：你们会选这人当总统吗？我是不会！我有30年经验你有啥？30年来，我在干正事儿，你在干吗呢？我在为妇女权利斗争，而你却嫌选美小姐吃点喝点儿增肥不合适；我在追杀本·拉登时，你也就是一娱乐真人秀节目主持人。

特朗普：……那又怎样，你瞧瞧你干到最后哪一件是好事儿？全都是假的！过去30年，在更重要位置上的人是你，可不是我。而你这么多年就只会说，简直一事无成。相信我，要是希拉里当了总统，美国会陷入灾难。

在辩论中，特朗普再次对美国主流媒体进行了抨击。他说，“媒体如此不诚实，毒害了选民的思想”。

第三场辩论最具新闻价值的桥段来自第62分钟。当华莱士问及，你是否接受大选结果时，特朗普甩出一句：“到时候再看”。当主持人再问这一问题时，特朗普回答说："我会给你们留点悬念"。

就是这些话，让美国再次炸开了锅。

这是美国历史上第一次有总统候选人表示胜选"全盘接受结果"，败选"到时候再看"。在第一次总统候选人辩论会的最后，主持人也问了同样的问题，当时特朗普的回答是："是的，我会完全接受选举结果"。

混乱的必然

其实，借助美式民主制度异军突起的特朗普，对这套制度的运作有着深深的疑虑和条件反射般的阴谋论猜忌。

在特朗普的身上，一直有着二元悖论的分裂特质。他是一名商人，但永远没有满足于只做一名商人；他没有一天从政经验，但他滚雪球般不断做大的经商规模使他早就与各类政客如鱼得水般厮混在一起；他嘴上抨击"华盛顿政治文化"弊端，但他从年轻时便早已懂得并不断运作对政客的政治献金；他屡遭媒体翻云覆雨的揭底，却也屡屡得益于并很享受媒体的争相炒作；他每每向别人发出"你被解雇了"的高喊时充满乐趣，却对自己也有可能被多数美国选民"解雇"本能地全力抵制；在痛斥美式民主黑暗的时候，特朗普也曾为制造这种黑暗助力且受益；所谓的白宫宝座势必对习惯于一锤定音的他形成各种制约，但椭圆形办公室所流溢出的巨大诱惑力有着他骨子里一直向往、无法抵抗的无上虚荣。

在距白宫看起来仅一步之遥的时候，这种分裂特质将特朗普曾经的一再忍耐打破了，使他身不由己地踢破了美式民主的最后底线。

美式民主总统大选的要义是基于民意基础上最高行政权力的和平交接。无论在大选过程中有着怎样的争斗，候选人应该平和而有风度地接受选民的抉择，甚而应该向获胜的竞争对手表示祝贺，并表示将以国家利益为重，今后将为民众福祉联手团结一致。这是一个成熟的民主制度应该看到的一幕。

然而，看到这一幕的前提是这一选举应该是公平和公正的。

他之所以不允诺无条件地接受大选结果，恰恰是因为他已经在质疑此次大选本身的公平与公正。

实际上，当他最终抵挡不住最高权力的诱惑，决定参选2016年美国总统大选以来，他一直以“阴谋论”的眼光审视着所发生的一切。

最为主要的原因在于，他是一个“局外人”。当他真正蹚入这潭浑水之中后，他也确实遭遇到包括阴谋在内的险恶。

特朗普的政治身份曾在民主党、共和党、独立人士之间反复切换。当他最终决定以共和党身份参选2016年总统大选后，所谓建制派共和党大佬们从一开始便以疑惑的眼光打量着他，其间不乏嘲讽、打击和威逼。实际上，在共和党总统候选人首次辩论时，特朗普便被问及一个问题：“如果你落选，你是否会支持被选定的共和党总统候选人?”在此问题面前，特朗普就曾犹豫，甚至一度威胁一旦发现有暗箱操作的作弊，自己将以独立人士身份参选。

初选阶段，甚至到了共和党全国代表大会上，一直有人试图通过规则的制定狙击特朗普的势头。冲出重围的特朗普也因此对大选中的各种黑暗手脚格外敏感，乃至于将某些阳谋也囫囵吞枣般地都算入了阴谋。

愈是接近大选尾声，特朗普愈是面对一扣紧似一扣的抹黑、贬损和反对声浪。这些声浪之所以显得格外响亮，概因于其背后本来就是掌握着美国主流话语权的精英阶级和媒体。

特朗普早已被美国精英普遍视为难以容忍的“异类”，就连在共和党内也是如此。

就像是吹响了美国危亡的集结号，特朗普的崛起令美国主流媒体出现了前所未有的站队现象。除福克斯新闻电视台等极少数媒体外，包括《纽约时报》《华盛顿邮报》《今日美国报》等都公开表态支持希拉里，一向表现矜持的《外交事务》和《大西洋月刊》等刊物也加入站队支持希拉里。亚利桑那州发行量最大的报纸《亚利桑那共和报》刊发社论宣布支持希拉里，这是该报自1890年成立以来首次支持一位民主党候选人，为此该报不仅失去了不少订阅用户，甚至还收到死亡威胁。俄亥俄州《辛辛那提问询报》和得克萨斯州《达拉斯晨报》各自改变持续近一个世纪和75年的亲共和党立场，明确“站队”希拉里。在世界范围内，就连《金融时报》等也公开表态反对特朗普当选。

在特朗普眼中，美国主流媒体就是一个巨大阴谋的重要组成部分。

在第三场辩论结束后，特朗普于10月22日在葛底斯堡发表了一个他成为共和党总统候选人以来分量最重的演说。

这显然是一个经过深思熟虑的竞选活动安排。1863年11月19日，美国总统林肯就是在这里发表了著名的葛底斯堡演说，提出了影响整个世界的“民有、民治、民享”等思想。

在特朗普的这篇演讲中，他花了不少笔墨痛斥了美国“黑心媒体”。

特朗普说，“黑心媒体也是这个腐败团伙的重要一环。这些媒体是如此腐败，他们用一件又一件编造的故事和新闻，尽全力的去抹黑除了希拉里以外的所有候选人。

他们从来不向公众展示，也不向公众报道我们人山人海的集会。他们从来只爱贬低我们的竞选活动。

这些媒体从来不说希拉里的竞选集会无人问津，恰恰相反，他们还老帮希拉里虚报集会人数。事实上，希拉里的竞选集会一直是门可罗雀，你们知道，他们也知道，所有人都知道。

这两天，三个具有公信力的民意调查显示我们处于领先地位。其中一个是近几届大选最精确的民意调查，但黑心媒体竟然装没看见，根本提都不提。

这些媒体处心积虑地阻止那些要给我投票的人，镇压美国人民为追求自由发出的声音。

亚马逊公司通过收购正在亏损的华盛顿邮报来进行海量避税。这就像球场上有黑哨存在一样，这种行为已经让美国的百货商店严重亏损。这种行为真是太不公平了，亚马逊公司已欠下巨额的税务。

Comcast 也买下了 NBC，这种集权媒体只为洗脑民众。

这样的收购行为摧毁了美国的民主制度，我们一定会阻止他们。这样的交易一定不能被批准，因为这些极权实体的所作所为，只为控制民众的思想。

黑心媒体雇用了很多女人来污蔑我，意图阻止我们的竞选运动。她们所谓的故事都是瞎编的，这样的事从没发生过。选举结束后，这些骗子都将被起诉。

有些人可以只手遮天，打一个电话就能让全美所有大型的新闻媒体对任意话题进行铺天盖地的宣传攻势，把事实晾在一边。让我来告诉美国人民，这件事为什么和你们有关。如果他们对我都能为所欲为，那你们想想，今后老百姓的衣食住行问题和全球化极权的利益产生了冲突，他们将做出什么样的事。”

特朗普说，“很多年来，我曾以局内人的身份见证这个政治系统的内幕。我知道华盛顿和华尔街是怎样运作的，我也知道他们是如何作威作福，蹂躏美国人民，践踏美国法制……我们的政治系统已经溃烂了。想要改变美国，我们只能打破腐朽的政治系统。华盛顿建制派们如此处心积虑地阻止我们，进一步印证了我们的竞选运动已是美国人民最后的机会。我们的政治系统早已腐败不堪。

第一个问题就是投票作弊。根据皮尤研究中心的报告，这届美国大选，

2 400 万张选票要么无效要么造假，选票造假到这种程度，简直难以置信。竟有 180 万死人登记投票，死人都爬起来投票了，我很想知道这是如何办到的。还有 280 万人在不同州重复刷票。堂堂美国大选，竟然有 14%的选票来自非美国公民。本次大选还有一个黑幕，希拉里本不应该被允许竞选美国总统，谁知 FBI 竟联合司法部门包庇了希拉里的犯罪行为……可以确定，本次大选最大的黑幕就是：希拉里违反这么多条法律、犯下这么多条罪名，为什么还可以参加选举？”

特朗普声称，一些针对支持特朗普竞选集会的暴力行为的作案人员竟是被民主党或者克林顿集团雇来的，“极有可能就是克林顿集团指使的”“但我们腐败的政治系统也一定会包庇这些暴徒。考虑到这些暴徒竟是被民主党请来的，那么，那些编故事蓄意抹黑我的骗子，也有可能是民主党和克林顿集团雇来的人……这么一个腐败不堪的政治系统，它的存在只为一个原因，以便建制派和利益集团维护自己的特权，而无辜的美国人民一直在为他们的罪行买单。”

在特朗普版的葛底斯堡演说中，特朗普提出了一项百日计划，并称这是特朗普与美国人民间的“神圣契约”。这是特朗普参选后最为具体、明确地提出他的施政计划，也显然是在回应希拉里阵营关于特朗普空话一大堆而毫无具体举措的严厉抨击。

2016 年 10 月 22 日，美国共和党总统候选人特朗普在葛底斯堡发表演讲，阐述如果赢得大选和就任总统后 100 天内的执政计划。

特朗普说，在我就职的第一天，我的政府会立即开始执行 6 条措施来清除华盛顿的腐败和特殊利益勾结。

第一，起草一项宪法修正案，规定所有国会议员的任期有上限。

第二，通过冻结所有政府部门招聘新员工的自然裁减以削减开支（军队，公共安全，公共健康部门除外）。

第三，以后每颁布一条新的联邦法规，必须先废除两条旧法规。

第四，规定所有白宫与国会官员离职 5 年之内不能担任游说者。

第五，规定所有白宫官员终身不能为某个外国政府担任游说者。

第六，完全禁止外国游说者为美国大选筹款。

在同一天，我将开始执行以下 7 条措施来保护美国工人：

第一，我将宣布就北美自由贸易区协议进行重新谈判，或者按照第 2205 款的规定退出协议。

第二，我将宣布退出跨太平洋伙伴关系协定。

第三，我将指示我的财政部长将中国标明为汇率操纵国。

第四，我将指示商业部长和美国贸易代表团确认所有那些对美国工人造成不公正伤害的国际贸易举措，指示他们利用所有可能的美国和国际法手段立即结束这些不公正的贸易。

第五，我将取消对能够创造就业、价值五十万亿美元的美国能源储备生产活动采取的限制，其中包括页岩、天然气和清洁煤。

第六，取消奥巴马和克林顿所设阻碍，允许关键的能源基建项目，如基斯通石油管道项目等得以继续进行。

第七，取消对联合国气候变化项目数以数十亿美元计的资助，并将这笔资金用于修复美国水资源和环境基础设施建设。

另外，我在就职的第一天还会采取以下 5 项措施来恢复安全和保障宪法法治：

第一，取消所有奥巴马总统颁布的违宪行政令、备忘录和命令。

第二，从我手上的 20 名法官名单中开始选出接替斯卡利亚大法官的程序，这位接任者将坚持和捍卫美国宪法。

第三，取消对所有避难城市的联邦资助。

第四，从美国开始遣返两百多万有犯罪记录的非法移民。对那些拒绝接受遣返者的外国取消该国签证。

第五，停止从有恐怖主义倾向且移民审查无法确保安全的国家接受移民。所有来美国的移民审查必须被视为最为严格的审查。

此外，我还将与国会合作，向国会呈送下列内容广泛的立法措施，力争在我上任 100 天内得以通过。

第一，中产阶级税务减轻和简化法案。这是一项旨在通过减税和简化税法使得经济每年增速达 4%、至少创造 2500 万个新就业岗位的经济计划，配之以贸易改革、放松监管法规和取消对美国能源生产限制等举措。

中产阶级将得到最大的税务减免。一个有着两个孩子的中产家庭将会有 35%的税务减免。目前的税务档次将从 7 档减为 3 档，税表也会相应大为简化。

商业税率会从 35%减少到 15%，数以万亿美元的美国企业海外资金会以 10%的速度回流。

第二，停止离岸法案。通过设立壁垒以阻止那些要在其他国家进行重新布局、再将他们的产品通过避税运回美国的公司解雇员工。

第三，美国能源与基建法案。通过税率优惠鼓励公、私营公司成为伙伴和私人投资，以激励在 10 年间筹得 1 万亿美元基建投资额，并可免税。

第四，学校选择与教育机会法案。重新定向教育资金，从而使父母能有权选择送他们的孩子去公立、私立、特许、磁校（一种类似私立学校一样注重教育质量，但收费较高的住宿平民“私校”。——作者注)、宗教或者家庭学校。取消从一年级到十二年级的全美统一教学质量评判标准，将教育监督权给当地社区。这项法案会拓展职业教育和技能教育，并使 2 年制和 4 年制的大学更便宜。

第五，废除并替换奥巴马医保法案。通过健康储蓄账户完全取代奥巴马医保。新的法案会让普通人有能力在各个州购买健康保险，并让各个州管理医疗救助资金。改革同样包括减少美国食品药品管理局烦琐批准流程：目前有 4 000 多种药物正在等待批准，我们特别希望能加速对那些能够拯救生命药物的批准过程。

第六，可负担的儿童照料和老年人保障法案。允许美国人通过儿童照料和老年人保障费用抵税，鼓励雇主为员工提供专用儿童照料服务，同时针对年轻和年老受抚养者设立免税的受抚养人储蓄账户，对低收入家庭也施行类似保障。

第七，废除非法移民法案。全力资助在南部边境建造隔离墙，并确保完全明了墨西哥将会补偿全部建墙支出。对于曾被驱逐、再次非法入境美国的强制执行至少 2 年联邦监禁刑罚。对于曾被驱逐、再次非法入境美国且有重罪、多次犯罪记录或二次以上遭驱逐、再次非法入境者强制执行至少 5 年的联邦监禁刑，同时改革签证法规，以加重对于超期滞留的处罚，并保证新的工作机会将优先考虑美国工人。

第八，重建社区安全法案。通过建立专门针对暴力犯罪的武装力量以减少不断上升的犯罪、贩毒和暴力行为，增加对于用以训练和协助当地警力的资金支持。增加对联邦执法机构的资源支持，加强联邦公诉力量以瓦解犯罪团伙，将违法者关进牢笼。

第九，重建国家安全法案。通过取消防务经费减少和扩大军费投资以重建我国军力。为退伍军人提供公共老兵医疗服务或由参加私人医生医疗救护的选择权利。为我国关键的基础设施提供防止网络攻击的保护。对那些允许进入我国的移民建立新的甄别举措，确保他们对我国人民及我们价值观的支持。

第十，在华盛顿反贪腐法案。通过新的职业道德规范改革清污，减少特殊利益集团对我国政治的腐败影响。

特朗普称，“如果我们按计划执行这些步骤，我们会再次拥有民有、民治、民享的政府。”

历史是一面镜子。近八年前，血气方刚的新当选总统奥巴马也曾有过一个百日施政计划，而那份计划显示出当时面临两场战争的美国有着不同的焦点任务。

当时的奥巴马发誓，上任后将立即对美国遭遇的经济危机和复杂的中东局势采取行动，并承诺与伊朗建立新的关系，继续执行打击恐怖主义的政策，并兑现关闭关塔那摩监狱的承诺。

奥巴马承诺就职后第一时间处理中东问题。他上任后会立即与中东进行接触，其中的一个重点便是处理伊朗问题。

在处理国内经济方面，奥巴马明确提出立即增加对经济的投入和给中产阶级减税，并于2008年10月13日公布了一项新的600亿美元经济救援方案。在此之前，他曾于2008年8月提出一份1 150亿美元经济救援计划。

在经济投入方面，奥巴马倾向于重点投入新能源、高科技和医疗保障事业。还将包括道路、教育等基础设施建设，并为汽车工业提供紧急贷款。

除了通过投资创造和保留就业岗位之外，奥巴马还打算对中产阶级实施减税计划，承诺为95%的中产阶级减少税收，将税赋负担移转到高收入者。此外，还包括延长一些住房贷款者丧失住房抵押赎回权的期限，扩大医疗保险范围，重新检视美国的自由贸易协议政策，收紧对华尔街的管制等。

美国的政治终于难逃已上演过无数次的老套戏码。就连曾经的“局外人”也开始按照华盛顿的套路先向空中吹起一个巨大的七彩肥皂泡。

它很好看，但很快就将破灭。别的尚且不论，任何一位对美国政治机器运作有一定了解的人都知道，仅仅在百日内由联邦国会通过那些法案就将是天方夜谭！

仅仅在八年前，比特朗普显得诚恳得多、公信力也因此高得多的奥巴马也曾经许诺上任第一天便如何如何。八年时间过去，头发已经花白的奥巴马一直兑现不了关闭关塔那摩监狱的承诺，兑现不了移民改革，结束伊拉克、阿富汗两场战争的博弈演变成为“伊斯兰国”的崛起……

法国人托克维尔在1835年问世的《论美国的民主》一书中写道：“民主制度使人们心中的嫉妒感情发展到了最高点，这与其说是因为民主制度给每个人提供了使自己与他们拉平的手段，不如说是因为人们总是觉得不能得心应手地使用这些手段。民主制度唤醒和怂恿了永远无法完全满足的要求平等的激情。这种完全的平等，总是在人们以为得到它的瞬间，便从他们的手中溜走和消逝了。人们经常热衷于追求那种近得足以使人摸到，而远得又使人取不到的重大利益。”

在四年一度的美国政治周期中，选民们需要发泄，需要改变，需要希望，需要新的面孔，需要新的承诺，至少有人还能够吹起一个吸人眼球的巨大肥皂泡。取法乎上，得乎其中，不妨一试。破裂又有什么要紧？四年之后又是一个轮回。

建国二百多年后的今天，“政客”在美国早已是一个具有贬义的词汇。是政客就得会装、会演、会忽悠，真话不多，假话不少。特朗普闯入政客圈内之所以迅速“圈粉”，全在于不少围观者突然听到一些平日敢怒不敢言的真话。还没有进入白宫，特朗普就已经开始按照政坛潜规则大言不惭了。

就在这次葛底斯堡演说中，特朗普说：“林肯总统在任时的美国，也曾处于极度分裂状态。如今，我们的国家已是四分五裂。”

这是一句难得的实话。

这也是全球范围内密切关注此次美国大选的人们的共识。

《经济学家》杂志在2016年10月15—21日一期发表题为《美国政治的堕落》的封面文章，其中点到，今年美国大选严重损害了美国的政治传统和政治规矩。民主有赖于这些没有写在纸面上的规则，但是这些都遭到了破坏，美国也更加分裂。

有统计表明，50%以上的民主党员称之所以投希拉里的票，不是因为积极支持希拉里，而是因为反对特朗普；50%以上的共和党员说他们会投特朗普的票，但并不是因为支持他，而是他们恨透了希拉里。

美国外交关系委员会主席理查德·哈斯认为，这场选战暴露出美国社会内部深刻的断层线，也损害了美国的国际名誉。几乎毫无疑问，经历了这次选举后，美国将是一个分裂的国家，出现一个分裂的政府，不管谁当总统、哪个党控制国会两院多数。不管是民主党还是共和党，都无法实现自己的目标，除非得到对方的一定的支持。事实上，两大党内部的分裂同样深刻，规模庞大、斗志昂扬的派系将两党推向各自的极端——民主党“左”倾，共和党右倾。这导致在中间立场形成妥协的局面非常难以达成。

哈斯认为，一个喜欢变化的国家不可能让民主党主宰椭圆形办公室四个任期。许多共和党人（特别是那些否认希拉里胜利合法性的共和党）将因此寻求对希拉里政府从中作梗，唯恐她在2020年寻求连任。同样，如果特朗普成功获胜，大部分民主党人（甚至一些共和党人）在从震惊与沮丧中回过神之后将把确保特朗普无法参加第二次竞选作为最高任务。特朗普决策团队所制定的日程必将遭遇重重阻力，在他的任期内，治理国家将非常困难。

有趣的是，作为美国著名国际问题专家，哈斯的新著题为《混乱的世界》。

这个世界很混乱；这次美国总统大选很混乱；这次美国总统大选过程中极为混乱的信息留给世人极为混乱的思绪。

美国的民主到底怎么了？

自美国建国以来至2016年，每四年一次的总统大选已举行了58次。在200多年不断探索、完善过程中，美国民主成为人类社会文明的伟大实践，从制度安排、操作机制、法治管理等方面有着许多可圈可点、可学可借鉴之处。

事无全美，人无完人，更何况时移势易，大浪淘沙。

美国总统选举是在选举最受公众信任的人出任国家最高权力掌门人，但美国民主制度并不能保证从历史角度来看最为恰当的人士得以脱颖而出并成功当选。

180 多年前，法国政治思想家托克维尔就已观察到这一现象，时至 2016 年，选民面临“比谁更烂”两难抉择的情形更将这一规律性现象凸显出来。

托克维尔注意到，较之华盛顿、杰斐逊等建国之父，美国政治家素质愈发低下。“今天，在美国，最卓越的人士很少去当官，乃是一个常见的现象。而且必须承认，这也是随着民主超出其原来的一切界限而产生的结果。”人们并不是总能按民主方式去选择值得他们信任的人，有时他们也不愿意这样做和不想这样做。一方面这种天然本能在使人民排斥卓越人物当权，另外一方面又有一种力量也不亚于这种本能地在使这些人远离政界，因为人们在政界的竞技中难以保全自己免于堕落。1830 年，衡平法院首席法官肯特便在《美国法释义》中写道，“最称职的人，也许为了不在普选中当选，而在行动上不十分积极，在精神上保持十分严肃。”

在当今美国，有意竞选美国总统且政策主张不走左右两个极端更难出头，前纽约市长布隆伯格便是一例。

在 2016 年年初选阶段，当共和、民主两党内部打得乌烟瘴气之时，不少人关注着布隆伯格是否决意出山。一向不苟言笑，且“在精神上保持十分严肃”的布隆伯格最终决定不蹚这潭浑水，因为他经过权衡，看到美国的现有民主机制并没有给他这种机会。

2016 年 3 月 7 日，布隆伯格公开表示，“我研究一下数据后，在我看来，如果我加入选战，我将无法赢得胜利。我相信，我能赢得多个州，但不足以赢得当选总统所需要的 270 张选举人票。在一场三方选战中，任何一位候选人都不太可能赢得多数选举人票，那么选择总统的权力将由美国人民之手转交给美国国会。事实是，即便是我赢得最多的选票和选举人票，我也非常不可能赢得选举，因为大多数国会议员将投票给他们所属党的总统候选人。在国会忠于其党派的议员，而不是美国人民或者选举人团将决定谁是美国下一任总统。按照目前的选战情况，因为共和党人控制着国会两院，我参加总统大选很有可能导致唐纳德·特朗普或者参议员特德·克鲁兹当选。这不是一个我凭良心所愿意冒的风险。”

美国民主制度无力扭转不断加剧恶化的政治生态极化，在时代、国情、科技变化的大背景下，愈显僵化的民主机制漏洞百出，使得美国民主的质量大打折扣，其一度得以自傲的光环黯淡了许多。

在“赢者通吃”等规则的制约下，从选区的划分、候选人的确定、候选人辩论问题的设置、辩论主持人的选定、直播现场镜头的切换、选民资格的审定、当地选举时间的确定、现任政府不动声色的干预等诸多环节，每一个环节都可以有各式“猫腻”，也确实发生了各种“猫腻”，至于最后由“选举人团”投票表决的做法，一直是美式民主中具有极大争议的规则设定。

在网络发达的今天，各种新媒体的运用成为竞选的锐器，同时也是各种“超级黑”的便捷通道。在此次大选中，希拉里阵营被曝出利用互联网操纵民意，通过电子邮件抹黑党内竞争对手桑德斯。大选过程中网络谣言满天飞，其背后有着明显的政治目的。美国的民主制度中迄今没有对这类违背“公平、公正”竞选原则“黑科技”的界定、审核和法办手段，成为美国大选中一大违背民主原则的漏洞。

从规则上看，成为美国总统初选候选人的门槛并不高，大门对每一位合乎标准的公民敞开，显得很公允，但其背后的金钱杠杆使得大选成为疯狂的金钱政治游戏，最终演变成与朴素的民主原则南辕北辙的“钱主政治”。

在此次大选期间，我每每收到来自特朗普和希拉里阵营的竞选活动电子邮件。愈到临近 11 月 8 日大选日，这种邮件的发送频率愈高。这些邮件万变不离其宗，除了在开头处抨击对手外，最终落脚点全是求得收件人新的政治捐款，其逻辑极其直白：谁的政治捐款多，谁就将赢得大选。在初选阶段曾自夸自己出资参加大选的特朗普也逃不出这一老套，其阵营在大选阶段求助捐款的力度骤然升级。

直到北京时间 2016 年 11 月 8 日，我仍然收到署名为特朗普、希拉里的捐款求助邮件。此外，特朗普和希拉里的儿子、女儿们也悉数上场，为这场大选最后一搏。

TRUMP
PENCE
MAKE AMERICA GREAT AGAIN!

Friend,

Here we are – less than 36 hours away from the close of this incredible 2016 presidential election.

We are on the doorstep of a HUGE victory and new direction for our country… *but we must close strong, and I need EVERY supporter on board.*

>>> CONTRIBUTE NOW TO ENSURE TRUMP VICTORY TOMORROW <<<

We' ve achieved amazing things in this race, from winning the nomination in a crowded field to building the most successful grassroots fundraising operation in Republican Party history.

And now it' s all coming down to tomorrow when you, the voter, decides if we' re going to change America forever.

I need your help more than ever before so we can WIN tomorrow and get to work.

JOIN NOW with an emergency contribution, to help get every Trump voter to the polls tomorrow. This is our only shot to end the rigged system and Make America Great Again.

CONTRIBUTE $5 TO TRUMP VICTORY GOAL

CONTRIBUTE $20 TO TRUMP VICTORY GOAL

CONTRIBUTE $50 TO TRUMP VICTORY GOAL

CONTRIBUTE $100 TO TRUMP VICTORY GOAL

CONTRIBUTE OTHER AMOUNT

We have tens of thousands of amazing volunteers, and they' re working around the clock to reach voters and remind them of everything that' s on the line for our country.

So many are sacrificing so much to push us to victory. You may even be among them.

We need to rush additional resources RIGHT NOW to give our volunteers everything they need to get voters to the polls.

With your help, we will outwork the Obama-Clinton campaign machine and WIN.

We can make history tomorrow, but time is running out.

We need to rush additional resources RIGHT NOW to give our volunteers everything they need to get voters to the polls.

With your help, we will outwork the Obama-Clinton campaign machine and WIN.

We can make history tomorrow, but time is running out.

Please help, however you can. Every dollar will help us reach another voter.

Thank you.

Best wishes,

Donald J. Trump

P.S. This is it, and we can' t leave anything on the table. I need your help more than ever before during this campaign. Help us get out the vote and win this historic election tomorrow. I am eager to get to work for you in Washington and make big things happen for our country and our people. Thank you!

CONTRIBUTE $100 TO TRUMP VICTORY GOAL

北京时间 2016 年 11 月 8 日，署名特朗普发来的求助捐款邮件

Friend --

This is the last time I'll ask you to chip in.

If you're with me, I need you to show it. Just $3 would mean the world to me.

Let's go for the win.

If you've saved your payment information, your donation will go through immediately.

QUICK DONATE: $3

QUICK DONATE: $10

QUICK DONATE: $25

QUICK DONATE: $50

QUICK DONATE: $100

Or donate another amount:

https://my.democrats.org/Stronger-Together

Thanks for everything. No matter what happens tomorrow, I'm so grateful you've been by my side.

Hillary

北京时间 2016 年 11 月 8 日，署名希拉里发来的求助捐款邮件

金钱是美国民主机器的润滑剂。没有金钱，便没有媒体的报道、广而告之的宣传、各种竞选活动的举行、选民眼球与投票意向的争夺，更没有最终大选的胜利。但金钱魔咒的背后便也生出无数见不得人的利益交易和允诺，使得看起来表面光鲜的民主内里愈发肮脏。美国最高法院数年前关于政治献金的裁决客观上将金钱政治的猛虎放出牢笼，任其在本次大选中肆意咆哮。

每四年一次的总统大选是美国各种政治势力能量释放的开阀期。乱哄哄你方唱罢我登场，没有巧舌如簧的才能请不要来。这种激情奔放的政治周期本来就有着与理性相悖的极端冲动，在不断极化的政治生态中，有着极为鲜

明个性与强烈雄心的特朗普借势成为 2016 大选年加剧变化运势的弄潮儿，成为在美式民主卵翼下想拦都拦不住的“怪胎”。

美国建国之父们在设定民主安排时有过自己的考虑：如民选时间间隔过长，每次选举都有使国家陷于动乱的危险，因为对于候选人而言，选举的失败几乎是不可救治的创伤，因而什么事情都可能做出来。但当选举间隔过短，其频繁举行也会使社会动荡不安，使国务连续不断处于变动状态。多经权衡，这一间隔选定在每四年举行一次总统大选。

事实似乎已经表明，美国民主选举机制在金钱与极化政治的侵蚀下，正在被一只看不见的手无奈地拖向疲惫。从总统到国会两院议员，在大选之年经历了一次疲于当选的过程后，两年后又需经历了一次中期选举的考验，再过两年又需面对疲于连任的拼搏。在这一政治周期中，两党内的温和派人士没有多少机会得到背后强大金主的支持而走上政治权坛，其结果是政治愈发极化，谁上台都难以干成什么大事，不少竞选时的承诺再次成为泡影。

美式民主及其选举进程与极力内敛和表现的选美有类似之处，但与选美不同的是，愈为激烈的竞选愈能在混乱中露丑。混乱本来就与民主伴生。在白宫坐了八年的奥巴马因府院党派争斗而难以如愿干成所谓大事时，曾屡屡慨叹民主的“混乱”，但又强辩这是一种“健康的混乱”，言语间却透露出浓浓的困惑。

200 多年过后，美国的民主虽然还有着强烈的惯性和多少可以预知的轨道，但已显得有些身不由己，在一定程度已经背离初心，并已多少有些无奈。

有历史学家认为，一个民主政体在本质上永远是临时的。它根本不能作为永久的政府形式存在。民主会一直存在，直到选民发现他们可以用投票的方式从公共财政中送给自己慷慨的礼物。从那一刻起，大多数人总是投票给那些承诺从公共财政中给自己最大利益的候选人。结果是每一个民主政体都将最终因为宽松的财政政策而崩溃，并将被总是紧随其后的专制政体所取代……从束缚到精神信仰；从精神信仰到伟大的勇气；从勇气到自由；从自由到丰富；从丰富到自满；从自满到冷漠；从冷漠到依赖；从依赖回到束缚。

在谈到美国民主现状时，在美国政坛中滚打了几十年的克里皱起了眉头。同他一样，许多人都在纠结着美国究竟走向何方。

特朗普最终赢得大选

走到最后的2016年的美国总统大选，愈发扑朔迷离，一波三折。

10月28日，美国联邦调查局重新启动对希拉里“邮件门”一案的调查。

这是不是仍在发生效应的“十月惊奇”？正当一些人认为这可能是压垮希拉里的“最后一根稻草”时，联邦调查局又于11月3日宣布，不少邮件系伪造，旨在抹黑希拉里竞选阵营。11月6日，在距离大选日只有两天之时，联邦调查局局长科米致信多位美国国会议员，称在新发现的希拉里的一批电子邮件中，没有找到犯罪证据，因而不会改变此前不对希拉里提起公诉的立场。

这一变化被一些媒体称为是对希拉里竞选的“神助攻”，希拉里胜选或成定局。在此之前各种各样的民调多显示，希拉里将在大选中以小幅领先赢得这一大选。至2016年9月，希拉里竞选阵营计筹得11.4亿美元资金，远远超过特朗普阵营。在希拉里的支持者中，不乏索罗斯这样的华尔街大佬和高盛公司这样的华尔街巨头。此外，诸多硅谷精英、好莱坞明星、众多知名经济学家都出来为希拉里站台，更不用说那些美国主流媒体。

一时间，希拉里胜选简直成为板上钉钉的事情。

2016 年 11 月 8 日，星期二，美国总统大选日。

这一天，特朗普通过其竞选阵营发出了题为“最后的号召”的邮件。在这一邮件中，特朗普说，“记住民调曾说我们只有 1%的胜算和媒体说我们永远赢得不了初选的时候吗？今晚我们将有机会证明他们再一次是错误的。今晚，将是我们书写美国政治历史上最伟大的大逆袭章节的机会。”

特朗普言中了！

这次大选的最后统计表明，在总共 538 张选举人票中，特朗普获 304 张选举人票，超过了当选总统所需的 270 票，希拉里获得 227 张选举人票。

希拉里竞选阵营原本打算在纽约的贾维茨会展中心举行获胜庆祝活动。当大选结果明了之后，原定活动被取消。希拉里一直决意打破美国政坛上那块最硬的“玻璃天花板”，而贾维茨会展中心便是一座玻璃建筑。不仅如此，当年特朗普初到曼哈顿时，买了一块地想在这里建个会展中心，并以自己的名字命名，这一企图最终未能实现。

美国当地时间 11 月 9 日，胜选后的特朗普在纽约发表演讲。在这一例行的演讲中，特朗普告诉人们，刚刚希拉里给他打了一个电话，她祝贺特朗普获胜。“我非常感谢希拉里和她的整个家族，她一直是个战士。希拉里工作一直非常努力，她为整个国家做出了很多贡献，我们欠她一个感谢。”特朗普说。

如同历史上所有获胜候选人一样，特朗普允诺要当“所有美国人的总统”。他说，“现在我觉得美国人民应该弥补裂痕，重新团结在一起。全美所有的共和党人、民主党人、自由党人，现在正是我们一起团结人民的时候。”

在感谢了应该感谢的人，做了应该做的允诺后，特朗普说，“我向大家保证，我不会令你们失望。我会努力做好一切。我期望着成为你们的总统，也希望在四年，或者八年之后，我们会看到美国是这样一幅景象：我们目前为之所做的一切都是值得骄傲的。现在竞选已经结束了，但我们的工作才刚刚开始。我们必须立刻开始为美国人民效力。希望大家为有我这样的总统为荣，这也是我的荣幸。”

2016 年 11 月 10 日，我收到署名特朗普题为“感谢你们”的电子邮件。在这封邮件中，特朗普说：

朋友，

他们说我们永远做不到。

但昨天晚上你们向世界显示美国再一次成为民有、民享、民治的国家。

你们像胜利者一样战斗，你们战胜了所有困难，历史将永远记得你们在将我们国家重新夺回所发挥的作用。

没有你们，我永远无法做到这些，朋友。

昨天晚上，我们了解到美国仍然有将不可能变成可能的希望之光。

在太长的时间里，我们听到华盛顿的政客们找借口说“这个干不成”。他们说我们不能平衡预算，我们不能制止腐败，我们不能控制边界，我们不能将工作带回我们的国家。

我不能接受什么都不能干。这是一个宣布了独立、赢得了两场世界大战、将人送到月球的国家。这是美国。我们能够，我们也愿意干好事情。

现在是团结我们国家、为民族分裂愈合伤口的时候了。我允诺成为所有美国人的总统。我将为你们工作。我将为你们战斗。我将为你们赢得胜利。

你们将很快记住，赢得胜利的美国人是什么样子。

谢谢你们，上帝保佑你们。

唐纳德·特朗普

DT Donald J. Trump
今天, 1:12
你

答复

TRUMP
PENCE
MAKE AMERICA GREAT AGAIN!

Friend,

They said we could never do it.

But last night you showed the world that America will once again be a country of, for, and by the PEOPLE.

You fought like a winner, you defied all odds, and history will forever remember the role you played in taking our country back.

I never could’ ve done it without you, Friend.

Last night we learned that America is still a beacon of hope where the impossible is possible.

For far too long, we’ ve heard Washington politicians give the excuse that “it can’ t be done.” They say we can’ t balance the budget, we can’ t stop corruption, we can’ t excuse that "it can’t be done." They say we can’t balance the budget, we can’t stop corruption, we can’t control the border, we can’t bring jobs back to our country.

I REFUSE to accept that it can’t be done. This is the country that declared its independence, won two world wars, and landed a man on the moon. This is America. We can and we WILL get it done.

Now it’s time to start uniting our country and binding the wounds of our divided nation. I promise to be a president for ALL Americans. I will work for you. I will fight for you. And I will win for you.

You will soon remember what it’s like to win as an American.

Thank you and God bless you,

Donald J. Trump

CONTRIBUTE NOW

又想起了 180 年前托克维尔眼中的美国。他在《论美国的民主》一书中写道：

“随着选举的临近，各种阴谋活动益加积极起来，而选举的热潮亦更加上涨和扩大。公民们分成数个对立的阵营，每个阵营都高举自己候选人的旗帜。这时，全国到处欣喜若狂，选举成了报纸的头条新闻，私人交谈的话题，一切行动的目的，一切思想的中心和当前的唯一兴趣。

“不错，选举的结果一经公布，这种热情随即消失，一切又恢复平静，而看来似乎即将决堤的河水，又静静地流在原来的河道，但是，看到这场本来以为可以刮大的风暴，怎么会不使人惊奇呢?”

第十七章
"从今天开始，只有美国优先"

美国最高行政权力在高度警戒之中再一次完成了和平交接；"买美国货，雇美国人"；甫一上任，便出台一系列举措，以示对于竞选承诺的兑现；即便美墨隔离墙得以建起，隔膜着美墨两国的心墙终难拆除；签署制裁俄罗斯法案，特朗普心不甘情不愿却又不得不为；再次领教美国政治机器的盘根错节与巨大历史惯性的碾压；美俄容不了却又分不开，防得了却又打不起，打得败却又吞不下；一旦坐在白宫的位子上，种种潜规则势必牵制着新主扮演好美国国家利益代表的角色，否则便令你捉襟见肘，防不胜防；不能用传统看待"美国总统"的思维定式理解特朗普。更多地了解特朗普早年的经商经历及各种套路，能更为准确地理解特朗普的思维方式、行事风格和交易手段；特朗普从来就不是一位轻易言败的人。他有着诸多过人之处，其中就包括举重若轻的承受和决断能力；美国正处于又一次钟摆运动过程中。特朗普所推动的是另一场大规模社会实验活动。美国的变化当然会对整个世界产生影响，但这种影响已经

2017年1月20日中午，年过七十岁的唐纳德·特朗普在华盛顿国会山宣誓就任美国第45任总统。尽管华盛顿及全美各地相继发生各种抗议示威活动，美国最高行政权力还是在高度警戒之中再一次完成了和平交接。

走出白宫的奥巴马虽百感交集，但尽力保持着应有的风度。能够尽可能多地留下政治遗产是奥巴马此时最为关心的事情。为此，在与特朗普私下交接之时，奥巴马少不得晓之以理、动之以情地劝说特朗普。1月18日，奥巴马在任内最后一场白宫记者会上说，“我不能告诉你们我多么有信服力。我给了他（指特朗普）最好的建议，无论是国内话题还是国际事务。按照他的视野和价值观行事，是合适的。而且我也不期待有大量的政策重合……也许在某些特定问题上，一旦他来到总统办公室，看到医保如何可以覆盖所有人的复杂性，一些他说想要做的，比如确保创造就业岗位和提高国民工资收入等，他也许会做出我当年的选择。”

奥巴马还颇有所指地说，他给特朗普的一条建议就是要依靠身边的人。他说，“当总统是一件要管很多事的工作，你绝对无法一人完成。”

从年龄上说，老大哥级别的特朗普对于这些“忠告”笑而不语，自有一番权衡。

较之八年前奥巴马的总统就职仪式，2017年1月20日涌向华盛顿国会山的人数有所减少。当天的华盛顿一阵阵寒风细雨，美国从此走入特朗普时代。

正午时分，在一片欢呼声中，特朗普面向观礼人群发表了时长16分钟的演讲。

特朗普说，“长久以来，华盛顿的一小群人攫取了利益果实，代价却要由人民来承受。华盛顿欣欣向荣，民众却没有分享到财富。政客们富有了，工作机会却越来越少，无数工厂关门……

“很多人面对的现实却与我们的期望不相符。内陆城市许多妇孺生活困顿，荒废的工厂像墓碑一样布满我们国家的土地，投入了巨额资金的教育系统，却让我们年轻又俊俏的学生们没能学到本该学到的知识。犯罪、帮派和毒品夺走了太多生命，毁灭许多未能实现的潜能。这样的美国浩劫会在此时此地结束……

“几十年来，我们以美国工业的衰落为代价为别国的工业输送营养，为别国军队施以援助，却是牺牲了我们的士兵……

“我们曾经致力于保卫其他国家的领地，却忽略了我们自己的领土。我们在海外花费上万亿美元，但我们自己的基础设施却年久失修、长年荒废。我们帮助其他国家变得富有，但是我们自己的财富、力量和自信却逐渐消失在地平线上。我们的工厂一个接一个倒闭，我们成千上万被落在后面的工人被长久忽视。我们中产阶级的财富被剥削，再被分配给世界其他国家。但这些都是过去了，从现在开始，我们只会面向未来。”

说到此时，特朗普提高了声调：

“我们今天聚集于此，是为了颁布新的命令，要让所有城市所有外国国家和所有权力中心都听到。从今天开始，我们的国家将拥有新的前景。从今天开始，只有美国优先……

“每一个关于贸易、税务、移民、外交的决策，都要基于有利于美国工人和美国家庭，我们要保护边境，免于受外国掠夺，不让外国制造我们的产品，偷走我们的公司，破坏我们的工作。”

特朗普用尽力高昂的声音说：“空谈的时代已经结束了。现在是行动的时间……我们会让美国再次强大。我们会让美国再次富有。我们会让美国再次骄傲。我们会让美国再次安全。”

美国东部时间2月28日晚间9时，特朗普首次在美国国会参众两院联席会议上发表讲话。在这个意在由总统发表年度国情咨文的场合，特朗普列举了上任一个多月以来兑现竞选承诺的进展，再次阐述了特朗普政府的施政理念。

特朗普说："九年后，美国将庆祝国家诞生250周年——自宣布独立以来的250年。它将是世界历史上伟大的里程碑之一。

"但是，当250周年来临时，美国会是什么样子？我们将为我们的孩子留下一个怎样的国家？

"我不会允许最近几十年来的错误决定我们未来的道路。长期以来，我们看到我们的中产阶级在收缩，因为我们向外国出口了工作和财富。我们资助、创建了一个接一个的全球项目，但忽视了我们自己孩子的面容。我们忽视了芝加哥、巴尔的摩、底特律等地较为贫困的内城，还有我们国土上的许多其他地方……

"我们必须诚实地面对我们接手的现状：9400万美国人没有工作、超过4300万人处于贫困之中，超过4300万人依靠食品救济度日。

"超过五分之一的人有着足够的劳动能力却没有工作。我们财政处于65年来最糟糕的境况。过去8年里新增的政府债务，比历届政府累加起来还要多。

"签订北美自由贸易协定以来，我们失去了制造业四分之一的工作岗位；从2001年中国加入世贸组织以来，我们关闭了6万家工厂。

"去年，美国与世界其他国家的贸易赤字达到8 000亿美元。我们要接手应对的是一场重大的、悲惨的外交政策灾难。"

展望未来时，特朗普说："奄奄一息的产业将重现生机；英雄的退伍军人将得到他们急需的关怀。英勇的美军将士将得到他们应得的资源。

"年久失修的基础设施，将被遍布大好河山的新路、新桥、新隧道、新机场和新铁路替代。美国像瘟疫一样蔓延的毒品问题将得到遏制并被彻底消灭；被忽略的贫困内城将在希望、安全与机遇中迎来新生。"

特朗普说，美国基础建设的努力将由两项基本原则指引，那就是"买美国货，雇美国人"。

这是截至2017年8月，特朗普在公众场合发表的两次最为重要的政策宣示。批评前任留下的糟糕现状，描画更加美好的未来，这样的主旋律如同二百多年来他的所有前任在这样的场合所讲的一样。个性还是有的。细细品味这两次讲话，有助于看懂特朗普执政路线图，进而理解特朗普执政以来所做的很多事情。

有所有这些政策宣示中，最为关键的便是那句："从今天开始，只有美国优先。"

无论是在华盛顿国会山面向数以几十万计的人们发表就职演说，还是在国会大厅内阐述施政理念，这在特朗普的一生中都是第一次，但听起来却似曾相识。别的不说，哪怕特朗普能够赢得八年执政时间，他也难以让美国遍布新路、新桥、新隧道和新铁路。在这方面，美国无法与有着制度性优越的中国相比。在美国的基础设施建设中，他也无法从绝对意义上做到完全"买美国货"，原因很简单，美国根本无法全数提供基建所需的货物。在当今世界，发达如美国也无法完全与外部世界隔绝而"独立自强"，连最具美国特色的高端产品波音飞机也早已不是纯粹的"买美国货，雇美国人"。

斯时斯地，肥皂泡还是要吹的，因为它看起来很美。

特朗普并非光说不干。从他早年要建"世界第一高楼"的经历来看，他的做事风格是话是一定要说出去的，这就等于为自己立了军令状，至于能够完成多少，或者最终无法做成，他也都会有个体面的说法在等着你。

大刀阔斧　雷厉风行

特朗普说干就干。甫一上任，便出台一系列举措，以示对于竞选承诺的兑现。

特朗普 1 月 20 日宣誓就任美国总统数小时内，下令美国环境保护局"从即时起"冻结所有拨款与合同，并要求环保局暂停对外发布消息。美国环保局是美联邦政府应对气候变化的一个主要机构，每年提供的拨款与合同额超过40亿美元。但特朗普称气候变化是“骗局”，他所选定的环保局局长普鲁伊特不仅是气候变化怀疑论者，还曾多次起诉环保局。

2017年1月23日，在作为美国总统开始工作的第一个星期一，特朗普便连续签署三项行政命和法令。最令全世界关注的便是特朗普签署行政命令，正式宣布美国退出跨太平洋伙伴关系协定（TPP）。签完字后，特朗普将命令文本对着镜头展示一番后说：我们刚才做的，对美国工人来说，是一件伟大的事情。

随之，特朗普签署命令，冻结除军队外的所有联邦政府机构招聘。特朗普为此解释说，“我们对非军事和非必要的联邦公职冻结了招聘。我们要开始抽干政府腐败的沼泽，对离任的行政部门官员施以五年内禁止参与游说的禁令，他们也将终身被禁止成为外国政府的游说者”。

此后，特朗普签署反堕胎法令，禁止美国政府资助任何一个与堕胎有关的机构。

1月25日，特朗普来到国土安全部，签署了旨在加强边境安全和收紧移民政策的两道行政令，并称将动用联邦政府资金，数月内在美国和墨西哥边境开工建造隔离墙。他说，一个没有边境的国家不是国家。美利坚合众国重获边境就必须重新掌控边境。白宫于1月26日表示，计划向墨西哥征收20%的进口税，以资助在美墨边境造墙。

1月27日，特朗普在五角大楼签署两道行政命令，提出大幅扩充军备，更新升级核武库，并宣布将暂停所有难民入境，暂停向叙利亚等西亚和北非七国普通公民发放签证。关于军备的行政命令聚焦于提升美军长期备战能力，要求国防部在30天内提交一份包括训练、设备维护、军火、基建等战备状况在内的美军作战能力评估报告，要求国防部拟订本财年“军备预算修正案”，并就2019财年全面提升军备起草报告。命令同时要求五角大楼制订“国防战略”文件，旨在给予总统和国防部最大限度的战略机动性并确定如何改良军队结构。政令还要求五角大楼就更新美国核武库和提高弹道导弹防御能力分别提交评估报告。

关于暂时限制伊朗、伊拉克、利比亚、索马里、苏丹、叙利亚、也门七国穆斯林移民入境，直到建立起更严苛的入境审查制度的行政命令从一开始便引起强烈反弹和混乱，并被一系列法律裁定事实上阻止。修改后的旅行禁令虽然也面临一系列诉讼，但最终被最高法院允许在有限基础上生效。

此外，出于在气候变化问题的不同认知，特朗普下令开建奥巴马时期遭到终止的基斯通（Keystone XL）石油管道；下令彻查2016年大选中“投票欺诈”行为；不允许变性人在美国军中服役……

特朗普就任后一通拳打脚踢，每项命令均引起强烈反响，其中在美墨边境修建隔离墙一事除事关来自拉美地区的非法移民外，还关乎美墨两国关系。

在人类社会历史上，早就有过建造隔离墙之举，其成效多有争议。仅就在美墨边境修建隔离墙一事而言，建墙本意在于根除非法移民在美国造成的社会弊端，但建墙就能根除这些弊端吗？且不论这道隔离墙很可能根本建不起来。退一万步说，即便墙建起来了，隔膜着美墨两国的心墙更难拆除。

墨西哥总统涅托对于特朗普建墙、并称其费用将由墨西哥支付的言论予以驳斥。涅托在论及墨美关系时说，“这是一个新的局面，我们在重新定义如何去理解美国的新政府，以及特朗普总统的外交政策。”面对咄咄逼人的特朗普，涅托总统表现出了以两手对两手的策略：一为硬，不惜与特朗普叫板；二为软，不关上谈判大门。

世界上很多事情可以选择，无法选择之一便是地缘政治上的邻国。墨西哥前总统迪亚斯曾经慨叹：“可怜的墨西哥，离上帝太远，离美国太近！”与美国接壤的只有加拿大和墨西哥两国。美加边境是世界上最长的不设防边境，而美墨边境则麻烦不断。

自位于美国最西南端的圣迭戈开始向东南蜿蜒，美国与墨西哥之间有着一条全长 1 969 英里（约 3 169 千米）的西南边界线。笔者在这条美墨边界线采访之时，看到一些地段其实早已建起高墙。一些约 3 米高的边界隔离墙用瓦楞状钢板连接，每块钢板上都标有序号。当年在越南战争和海湾战争中，这些钢板被用作美军小型战地直升机停机坪，现在被竖在这里当作隔离墙。自 20 世纪 90 年代初开始，美方开始在科洛尼亚利伯塔等地段的美墨边界处修建了第二道更高的隔离墙。高墙上金属倒刺在阳光下闪着的冷光曾给我留下很深印象。

美墨边境处地形复杂，既有海滩，又有沙漠和峡谷。特朗普一纸行政令签得倒是容易，真正实施起来，要在美墨边境全线建起高墙谈何容易?! 在人工成本极高的美国，找谁来建？弄不好愿意干这种活儿的人恰恰是来自拉美国家的“非法移民”。钱从哪儿来？特朗普声称建墙费用由墨西哥支付，这种霸王条款行得通吗？

非法移民问题撕裂着美国，也撕裂着墨西哥，其背后有深刻的历史、经济、政治、社会等因果缘由。首先，很多跑到美国的墨西哥人对他们被称为“非法移民”就很不服气。笔者曾采访的美国“边境天使”组织创始人恩里克就曾质问说，“谁是非法移民？在美国历史上，有约 230 万平方千米的土地是从早已获得独立的墨西哥手中巧取豪夺强占而来的。从历史上看，在这片土地上，白人才是非法移民！”对于上千万主要来自墨西哥的非法移民，美国社会的认知颇为极化。一些人认为这些移民对美国经济没有任何帮助，而是在“进口贫困”，另有人争辩说，移民并没有抢走美国人的饭碗，拉美裔移民在做着美国人不愿做的工作。各说各的理，又都能拿出数据支持自己的论断，更为公允的真相很可能在两者之间。

美国是一个移民国家。时至 21 世纪，这个一曾被称为“种族熔炉”的国度却在移民问题上深深地陷入两难境地。在经济和种族两大因素的制约下，美国历史上的移民政策有着严宽交替的钟摆现象。如今特朗普将钟摆推到了较为严厉的一端。

然而，墙的作用从来都是相对的。人往高处走，水向低处流。在世界上最为发达的国家与其发展中国家的邻居之间，只要存在着发展机会的落差，再高的墙也挡不住人们翻墙而过。在治标不治本的情形下，一味建墙分明是在拉仇恨。

退出《巴黎协定》 美欧渐行渐远

以“美国优先”为圭臬，特朗普在国际舞台上也动作频频，理所当然地引来各方高度关注。

特朗普最大的动作当属宣布美国退出《巴黎协定》。

《巴黎协定》是2015年12月12日在巴黎气候变化大会上通过、2016年4月22日在纽约签署的气候变化协定。这是继《京都议定书》后第二份有法律约束力的气候协议，为2020年后全球应对气候变化行动做出了安排。《巴黎协定》是迄今最复杂、最敏感也是最全面气候谈判的结果，它在如此短的时间里得以生效体现了世界各国面对气候变化采取全球行动的坚定决心，它的生效使得政府、城市、地区、公民、企业和投资者的努力得以具体化，这是人类在战胜气候变化威胁上的一个历史转折。2016年4月22日是《巴黎协定》开放签署首日，共有175个国家签署了这一协定，创下国际协定开放首日签署国家数量最多纪录。时任美国国务卿克里抱着孙女代表美国签署了《巴黎协定》。此后，美国批准接受《巴黎协定》。

2017年6月1日，特朗普在白宫宣布美国退出《巴黎协定》。他说，“为了履行我对美国及其公民的庄严职责，美国将退出《巴黎协定》”，因为旨在应对气候变化的《巴黎协定》对美国非常“不公平”。“这个有关气候政策的协定，把美国人民无数的财富带走，那些财富，甚至是我们在协定出现前，从未察觉我们原来一直拥有的。”“《巴黎协定》将破坏美国经济、扼杀美国工人、削弱美国主权，该协定施加给美国不可接受的法律风险，并使美国在面对世界其他国家时，永远处于不利地位。”

将《巴黎协定》的紧箍咒甩开之后，特朗普便放开手脚发展石油、煤炭等工业，期求借此振兴美国经济，扩大就业。

特朗普这一典型的“美国优先”作法不仅在世界范围遭到质疑和批评，在美国国内也遭到反对。曾代表美国就《巴黎协定》进行谈判的前国务卿克里则指责特朗普将美国变成了“世界上的环境弃儿”。

更为引人注目的是，特朗普在气候变化、国际贸易等全球性问题上的政策举措已使得欧洲、日本等盟友与美国渐行渐远。

7 月 6 日，欧盟和日本就欧日经济伙伴关系协定（EPA）达成框架协议，并有望在 2017 年年底前达成最终协议。欧日双方选择在二十国集团（G20）领导人峰会开幕前达成协议，不啻为向美国表明态度：保护主义不得人心，自由贸易和全球化仍是主流。

美德关系可以成为美欧关系变化的缩影。在欧盟中，德国发挥着支柱性影响。特朗普执政后，美德两国关系的微妙变化颇可玩味。

国际关系与人际关系大同小异，都有一个需要微妙把握的亲疏分寸问题。朋友与伙伴，前者较后者多了几分亲密与倚仗，后者较前者增了几许客气和矜持。从伙伴结为朋友，那是双方关系质的增进；从朋友变为伙伴，其中必有颇多难言之隐。

特朗普就任后，大西洋两岸的德国与美国经历了从朋友变为伙伴的微妙变化。

德国总理默克尔被某些国际媒体称为世界上最有权势的女性，常被冠之以欧洲“铁娘子”的称号。2017 年 9 月德国进行大选，默克尔力争再次连任。2013 年，默克尔所在政党竞选纲领称美国是德国在欧洲以外“最重要的朋友”，美德友谊是德国国际关系的“基石”。但在 7 月 3 日，默克尔所在的基督教民主联盟及姊妹党基督教社会联盟在共同竞选纲领中，引人注目地删除了对美国的“朋友”“友谊”等描述，只称美国是德国在欧洲以外“最重要的伙伴”。

德国与美国的友谊小船还真不是说翻就翻，这其中经历了相当长一段时间的摇晃。从更大的历史背景来看，德美关系变化是整个世界格局正在经历的大变动、大调整的一个方面，盟友、朋友、伙伴、对手等多对关系都在这一过程中发生着某种必然性的演变。默克尔自称面临着“自两德统一以来最艰难的局面”，此时此刻，她对德美关系新的定性从一个方面体现出其对整个世界变化的认知与决断。

从二战中重新站起来的德国在很长时间内从来不敢怠慢美国，冷战期间的西德更是紧紧将自己与美国绑在同一辆战车上。朋友和朋友也不一样。在德国的“朋友圈”中，美国一直扮演着总是掩不住颐指气使的群主角色，自尊心很强的德国之所以在很长时间内不敢说“不”，皆因势所必然。2017 年 5 月底，默克尔说：“我们能完全依赖别人的时代已过去。我们欧洲人必须比过去更牢地把命运掌握在自己手中。”言外之意便是，在刚刚过去的那个时代，德国还得依赖美国，德国的命运在很大程度上掌握在美国手中。如默克尔再次连任，她对美国将该斗便斗，该怼则怼，但不会撕破脸皮，毕竟还是伙伴。

冷战后欧盟不断加速发展是世界多极化的重要体现，在默克尔的领导下，德国是顺利时力促、艰难时力挺欧盟前进的顶梁柱。在这样一个历史发展进程中，德国逐渐从一个对美国言听计从的“小朋友”成长为强烈要求自立、自强、自主的平等伙伴，德美之间疙疙瘩瘩的事越来越多。早在 2003 年，德国便对美国发动伊拉克战争公开说“不”。奥巴马当政期间，美国情报机构监听默克尔手机的事情也闹得沸沸扬扬，这哪里像是好朋友间应该发生的事情?!

入主白宫的特朗普催化了德美关系，使之渐行渐远。如果寻根的话，特朗普的祖上也是从德国来到新大陆的，但特朗普对德国在北约防务负担、贸易、难民、气候变化等问题上的立场抨击得让德国很没有面子，甚至说出“德国很坏”这样的话来。2017 年年初，默克尔耐着性子到白宫与特朗普面谈，最后想握个手还遭到尴尬，当时默克尔的脸便沉了下来。此后，默克尔怒怼特朗普的烈度明显上升。不久前，她在抨击特朗普的“美国优先”政策时说：“如果有谁认为这个世界上的问题可以通过保护主义和孤立主义来解决，这个人显然存在巨大误解。”

有位看热闹不嫌事大的美国杂志主编说：“1945 年以来，苏联和之后的俄罗斯追求的最高目标，就是破坏德美联盟。现在让特朗普做到了。”

遭遇“通俄门”　痛斥“假新闻”

自从将房地产业打入曼哈顿后，特朗普便懂得“经营”媒体的重要性，并将利用媒体营销自己的招数运用得炉火纯青。不曾想，从竞选总统到入主白宫，多数美国主流媒体竟一味同自己对着干，气得特朗普每每以“假新闻”指责包括有线新闻电视网、《纽约时报》《华盛顿邮报》等在内的一些主流媒体。

所谓美国主流媒体的背后一直晃动着资本势力的身影，有着难掩的政治倾向。特朗普对此心知肚明。入主白宫后与美国一些主流媒体持续不断的冲突既体现出特朗普对政治导向背后“虚假新闻”痛击的勇气，也表现出他的特性。

2017 年 2 月 16 日，特朗普出现在白宫记者会吹风室，举行了他就职 27 天以来的首场记者会，也是很长时间以后特朗普在白宫举行的唯一一场记者会。

以美国主流媒体为主体的白宫记者团是一个范围很小，但能量很大的媒体精英力量。历任美国总统的一个共识便是尽量搞好与白宫记者团的关系，因为他们懂得这个媒体群体具有极为明显的“既可载舟，亦可覆舟”的巨大能量。特朗普的前任奥巴马、小布什和克林顿在上任第一年分别召开了 11 场、5 场和 12 场记者会。与之相比，特朗普无疑是个异类。

不仅如此，特朗普这场为时 75 分钟的记者会变成了一场火气很大的批斗会：他既猛烈抨击面前这些人所代表的美国媒体，也对前任奥巴马毫不留情。

特朗普说，媒体已经变得非常不诚实，如果我们不对此进行讨论，我们是在伤害美国民众，媒体确实已经失控了。很多媒体都很棒，但也有很多不是，它们歪曲事实。但我不会让这样的事情再发生了，我把我要说的直接说给民众听。

这或许就是特朗普猛发推特的原因吧。

特朗普说，媒体总是想攻击我们的政府，因为我们在一一实现承诺，但媒体不高兴，不知道为什么媒体随便讨论俄罗斯，但都是假新闻，编造出来的故事，为民主党的失败辩解。我打开电视、摊开报纸，看到的几乎全部都是关于（白宫）混乱的报道。但事实是完全相反的。

在场记者不依不饶，一再追问此前刚刚辞职的白宫国家安全事务助理弗林到底是怎么回事。

特朗普说：“他只是在做自己的工作，他只是要做自己的工作。”话锋一转，特朗普又开始批评起来，情报泄露这件事情绝对是真的，但新闻是假的，因为新闻的绝大部分内容都是假的。事情是这样的，公众读报纸、看电视……但他们不知道媒体所言是真还是假，因为他们没有参与其中。但我却参与其中了，我一辈子都在跟媒体打交道，因此我知道媒体什么时候在说真话，什么时候又在说假话。

批前任的同时，特朗普当然要借机摆一摆执政近一个月以来的政绩。他说，正如你们所知道的，我们接手了很多问题，不论是政府内部还是经济体系，都是如此。坦白来说，我接手了一个烂摊子。这真的是一个烂摊子，不管是国内还是国外，都是如此。

特朗普说他组建的新政府运作顺畅。美国当前面临工作流失海外、中东局势动荡、极端势力猖獗等问题，但他让美国人民放下心来，“我们会处理好的，我们会处理好一切。我只是想让你们知道，我接手了一个烂摊子。”

这次记者会显然没有给特朗普留下美好回忆。白宫记者会的限制也逐渐多了起来。《纽约时报》记者等人曾被拒之门外，白宫例行新闻发布会还曾禁止摄像，为此有线电视新闻网嘲讽性地派出一位漫画速写师出席发布会。此后，曾对年度白宫记者晚宴有过不愉快回忆的特朗普拒绝出席 2017 年度这一盛事，成为 36 年来首位不出席这一活动的美国总统。

有些事情还真是越抹越黑，那个所谓“通俄门”就闹得特朗普好不烦心！

2017 年 1 月 6 日，有美国媒体报道说，17 家情报机构发表联合报告，指俄罗斯在 2016 年大选期间入侵了民主党全国委员会和希拉里竞选团队的电脑系统，以帮助特朗普获胜。特朗普及其团队予以否认。此后不久，又有美国媒体报道说，美国情报机构调查了国家安全顾问迈克尔·弗林与俄罗斯政府的关系。沸沸扬扬之中，上任仅 24 天的弗林于 2 月 13 日宣布辞职，成为历史上在这个岗位任职时间最短的人。

5 月 9 日，特朗普突然解职正在调查“通俄门”的联邦调查局局长詹姆斯·科米，此举再次引发舆论风波。5 月 17 日，美国司法部任命前联邦调查局局长罗伯特·米勒为特别检察官，主持“通俄门”调查。

6 月 8 日，科米在国会参议院作证，就他此前领导的“通俄门”调查、他与总统特朗普的相关谈话以及他被解职的情况回答质询。他在发言中五次指责特朗普政府“撒谎”。6 月 13 日，美国司法部长塞申斯在国会参议院情报委员会作证，坚决否认“通俄”。

此后事情发生转机。6 月 28 日，有线电视新闻网承认关于特朗普过渡团队“通俄”的调查报道未经正常编辑程序而播发，没有特朗普“通俄”的实际证据，一系列报道只为“提高收视率”，三名相关记者集体辞职。7 月 1 日，美联社也对此前“17 个情报机构一致认为俄罗斯帮助特朗普干扰大选”的新闻报道予以否认。

却不料，此后再次生出枝节。7 月 8 日和 9 日，《纽约时报》再度爆料，特朗普之子小特朗普和一名“俄罗斯政府律师”曾于2016 年6 月密会。7 月 11 日，小特朗普在推特上公开了“密会”之前与一名牵线搭桥“中间人”之间的“全部”往来电子邮件，以证明自己行事“完全透明”。7 月 18 日，有美国媒体披露特朗普和俄罗斯总统普京在二十国集团德国汉堡峰会期间有“二次交谈”之后，美国白宫证实，两人正式会晤后的当晚，在一场宴会上进行了第二次交谈。交谈此前未被公开。7 月 26 日，联邦调查局在没有事先通知的情况下，持搜查令进入特朗普竞选时曾任竞选经理的曼纳福特家中进行突击搜查。此前有报道说，曼纳福特可能与俄罗斯和乌克兰亲普京政客有过接触，并收取了好处费。

将美国总统大选时的承诺与其后兑现情况加以对比一直是一件很有趣的事情。再深究一下那些说过以后又做不到事情背后的因由，便对这些事情多少有了去伪存真的本质性把握了。

特朗普竞选时对俄罗斯领导人普京多有点赞之语，对改善美俄关系多有期待，但他就任后美俄关系的现状却相当骨感。8 月 3 日，特朗普在推文中说，“我们与俄罗斯的关系目前处于空前和非常危险的低谷”。俄罗斯总理梅德韦杰夫则表示，改善与新一届美国政府关系的希望破灭了。特朗普政府展现出的是自己的无能，以最耻辱的方式把行政权力交给了国会。“美国的鹰派彻底击败了美国总统”。此前，俄罗斯总统普京更是强硬表示，美国对俄罗斯的无礼行为是不可接受的，并宣布 755 名在俄美方外交官应在 2017 年 9 月 1 日前停止活动。

这一次，美俄两国领导人都将批评的焦点指向了美国国会一项新的制裁法案。这一法案以俄罗斯涉嫌干涉2016年美国总统大选及乌克兰危机为由，对俄罗斯相关个人和实体进行经济制裁。特朗普已于8月2日将这一法案签署为法律。此举使得特朗普和普京期求借助白宫易主之机改善美俄关系的好梦破碎了。

不得不签署该法案的特朗普似有诸多难言之隐。他在声明中说，新制裁法案有严重瑕疵，限制了总统权力的灵活性，使美国很难与外国达成有利于美国人民的好协议，将会让中俄朝走得更近。

从心不甘情不愿却又不得不为，便可看出其中一定有更为本质的制约因素使得特朗普和普京好梦难圆。

白宫虽然易主，但美俄两国极为深刻的结构性矛盾仍在发挥着支配性的制约影响。

冷战后的俄罗斯虽然瘦了好几圈，但从叶利钦到普京，他们须臾未忘自己内心最隐秘处时时泛起的强国梦。他们的隐忍可以克制住内心的不忿，表现出有底线的妥协与合作，但他们从来没有忘记自己是“战斗民族”的利益代表。1993年，俄罗斯重新采用沙俄时的双头鹰形象作为国徽，意即俄罗斯的利益不仅在东方，也在西方。在历史文化、地缘政治、经济发展等特定条件制约下，俄罗斯双头鹰与美国白头海雕的双翼不可避免地碰撞在了一起，其中不乏深入骨髓的意识形态与价值观的仇视和排斥，也与地缘政治利害之争密切相关。对于俄罗斯而言，特朗普的当选或许会使得俄罗斯在未来数年中来自美国的战略压力得到减轻，进而赢得更大的战略利益回旋空间。但将“让美国再次伟大”视为己任的特朗普不会容忍俄罗斯坐大进而从根本上威胁美国的霸主地位。

此次，特朗普在抱怨新法案“限制了总统权力的灵活性”之时，再次领教了美国政治机器的盘根错节与巨大历史惯性的碾压。在这部机器面前，习惯了以“一言堂”特点谈生意、做交易的特朗普应该对来自国会的掣肘有了更为真切的理解，且不必说这还是由共和党多数控制的国会两院呢。

特朗普还有一个更为焦虑的隐忧，那就是司法部门悬在他头上的那柄达摩克利斯剑。打一上任开始，“通俄门”的事情越闹越大。

美国司法部2017年5月17日宣布任命前联邦调查局局长罗伯特·穆勒为特别检察官，以继续“通俄门”调查。一个相关的大陪审团已向包括特朗普长子小特朗普、女婿库什纳以及俄罗斯相关律师在内的多人发出传票。

通观特朗普涉俄言论及“通俄门”的来龙去脉，可以看出，特朗普在对于美俄关系复杂性的把握上尚需新的认识过程。

美国首都华盛顿拥有数以十计的世界级博物馆，且多免费参观。在为数不多的收费博物馆中，国际间谍博物馆18美元的门票价格可谓不菲。然而，当笔者于2010年7月间前往参观时，博物馆日均售票竟已陡增至2 000张左右。这与此前发生的一起大规模俄罗斯间谍案密切相关。

2010年6月28日，美国司法部宣布联邦调查局一次性抓捕10名“多年深度潜伏”的俄罗斯间谍。在这10名俄罗斯间谍中，一位名为安娜·查普曼的美女间谍尤为引人关注。在美国多年的优裕生活并没有改变查普曼那颗“俄罗斯心”。事情败露后，被遣回俄罗斯的查普曼受到追捧，她本人则更为高调地公开反美，并于2013年7月4日挑战性地向被美国政府通缉的中情局前雇员斯诺登求婚。

查普曼们的曝光再次激活了美国人有关冷战的历史记忆，而冷战正是国际间谍博物馆的布展主线。在这个美国唯一以“全球视野”关注间谍活动的博物馆内，主办者通过全美最多的展品，以及声、光、电等多媒体手段和体验式互动展示了冷战期间形形色色的苏联“鼹鼠”。

就在这次大规模抓捕俄罗斯间谍行动之前不久，奥巴马政府还在煞有介事地推动“重启”美俄关系。除通过调整部署欧洲导弹防御系统、寻求俄罗斯在阿富汗等问题上的支持等举措尽力与俄罗斯求同存异外，还以“无核世界”的主张为基调，积极与俄罗斯谈判削减进攻性战略武器条约到期后的后续法律文件。就在上述抓捕俄罗斯间谍行动曝光之前5天，即2010年6月23日，奥巴马与时任俄罗斯总统梅德韦杰夫在华盛顿会谈了几个小时之后，二人还跑到华盛顿近郊阿灵顿一家汉堡店啃起了汉堡，边吃边聊，大秀亲近。

其实，奥巴马确实真想“重启”美俄关系，想让自己这盘全球战略的大棋局活起来。2012年3月，他在首尔参加核峰会之时，身体前倾与俄罗斯总统梅德韦杰夫低声私聊。他说，“所有议题，特别是导弹防御问题，是可以解决的，但他要给我些空间。这次是我最后的选战，选后我就有更多弹性。”奥巴马说的“他”是指即将接替梅德韦杰夫出任俄罗斯总统的普京。谁知奥巴马说这话时身上的麦克风没有关闭，结果悄悄话被所有人听了去。当年正值美国总统大选年，一场轩然大波随之而来，最难听的话无非是共和党人说奥巴马“向俄罗斯屈服，出卖美国”云云。

再次就任俄罗斯总统的普京再也没有与奥巴马一起表演吃汉堡。在俄罗斯就乌克兰、克里米亚等问题接连强硬应对面前，奥巴马“重启”美俄关系的政策最终泡汤，其执政后期还放出了驱逐35名俄罗斯外交官和其他对俄罗斯制裁措施的大招。

即便是奥巴马创新型的外交思维也逃不出白宫与克里姆林宫之间的争斗宿命。再灿烂的阳光背后也躲藏着大片阴影。“重启”后的美俄关系曾出现过一段较为平稳的发展态势。但这样的关系中既有广泛的共同利益基础，又存在深刻的战略冲突，合作中有矛盾、较量中有妥协的态势一直存在，既合作妥协、又摩擦斗争的基本框架也一直在延续。

白宫与克里姆林宫之间的争斗宿命有着数百年的历史因素沉积，其中不乏深入骨髓的意识形态与价值观的仇视和排斥，也与地缘政治利害之争密切相关。在世界变得越来越小的“地球村”中，美苏以及后来的美俄容不了却又分不开，防得了却又打不起，打得败却又吞不下，处处不顺眼却又得时不时装笑脸，笑脸的背后又都是阴损毒辣的算计，于是生演出多少充满血腥味的代理人战争和白宫与克宫主人间波谲云诡的交手。恰如天下大势分久必合，合久必分，这类斗而不破、充满猜忌的交手也呈现出有规律的钟摆现象。

从英国殖民者枪炮中争得独立的美国带有更多西方传统思想基因，势必将19世纪的沙俄帝国视为欧洲专制制度的象征。1917年十月革命后，苏联又被视为邪恶激进势力的化身，“共产主义”从此在美国愈发遭妖魔化，成为“邪恶”的代名词。美苏两国迟至1933年才正式建交。

二战的爆发极其惨烈进展暂时冲淡了意识形态色彩，美苏两国成为战时盟友。尽管美国战时总统罗斯福一度表示，无论是几百年的沙皇专制和帝国主义，还是斯大林长达一代人的统治，都不会对战后的美苏合作构成不可逾越的障碍。然而，二战结束后不久，那位名为乔治·凯南的美国驻苏联大使馆外交官就于1946年2月22日向美国国务院发了一封长达8 000字的电文。在对苏联内部社会和对外政策进行深入分析后，凯南提出了对付苏联的长期战略。1947年，乔治·凯南以“X”的署名在美国《外交事务》上发表题为《苏联行为的根源》的文章。该文明确提出美国要使用“抵抗力量”，对苏联的扩张倾向进行长期、耐心、坚定与警觉的“遏制”。自二战后一直到冷战结束，美国对苏战略便以“遏制”冠名。美苏两霸相争的冷战期间充满了恐怖平衡，也为日后的美俄关系设置了极为深远的宿命般制约因素，留下了难以磨灭的历史记忆。

对于这种历史记忆，2017年辞世的卡特政府总统安全事务助理布热津斯基曾这样表述，美国不能从“莫斯科和圣彼得堡表面的光环、西方资金流入的主要受益者或增长率的起伏”等表象来评判后苏联时代的俄罗斯或制定美国对俄政策，而应从“持续500年之久的俄罗斯帝国（这一帝国到了苏联时代扩展成更大的共产主义帝国）”这一历史视野看问题，“决不能低估70年共产主义的历史”对俄罗斯民族和人民带来的深刻影响。基辛格则认为，苏联共产党和中国共产党之所以不同，在于俄罗斯文化所固有的侵略本性。

美国早已不是甘于待在有着两大洋保护的热炕头上过好自己小日子的国度。出于自身的霸权利益，美国早已从陆权国家发展成为海权强国。美国将凶猛的白头海雕作为国鸟，美国本土仅是白头海雕的身体部分，它向大西洋和太平洋伸张出去的两翼早已覆盖彼岸的欧亚大陆。冷战后美国的挑战在于如何把一超独霸的地位“至少保持一代人之久或者更长远一些”，同时要“建立一种地缘政治框架”（布热津斯基语），以顺应将来美国霸权衰落之后的世界情势。

看懂了美俄间这种结构性矛盾，也就理解了多年来白宫与克宫主人间的百变交手。

除奥巴马政府外，冷战后从老布什、克林顿，再到小布什，美俄关系都有“重启”，也多有反复。“重启”既具“民主化、西方化、后帝国化”的对俄战略总体目标，也有“耐心接触、坚定防范、悉心经营”等策略指导，试图最终将俄罗斯改造成为一个“真正民主的、积极参与跨大西洋共同体的、后帝国时代的欧洲民族国家”，“当俄罗斯的帝国历史和全球地位成为一种遥远的记忆而不是一种资本时，这一代人将成熟起来，从而必然创造出一种不同的全球风貌。”

为此，老布什政府确定支持俄罗斯总统叶利钦，以防止共产党人卷土重来；决定承认脱离苏联的十五个加盟共和国为独立国家；协助处理苏联留下的庞大核武库，保证不发生核失控和核扩散。克林顿积极推动对俄罗斯国内转型施加影响，试图用美国的价值观和政治体制来重塑俄罗斯，最终将俄罗斯拉进七国集团。小布什政府则允诺加快实施俄罗斯加入世贸组织的谈判，帮助俄罗斯尽快实现经济现代化和融入全球经济体系。

打拉之间，打是主导。冷战后的美国对俄政策一直具有两面性特点。美国乐见苏联解体和俄罗斯国力和势力大衰，但又不希望俄罗斯国内完全失控和无序。美国绝不愿意看到俄罗斯再度称雄，因而不断通过北约东扩、拒绝承认独联体、“颜色革命”等打压俄罗斯战略空间。普京所领导的俄罗斯则以极具韧性的百变抗争和周旋反其道而行之，其目标只有一个，那就是“战斗民族”的重新崛起。曾经的隐忍最终掩盖不住目标的坚定，使得美国从认定普京“是个可以打交道甚至值得信赖的人”，到发现其原来并未摆脱俄罗斯传统帝国文化的影响，与其说他是“俄罗斯的第一人”，还不如说他是“后苏联时代的最后一人”。

在与美国多年嬉笑怒骂、纵横捭阖的交手中，普京尽显“强人”本色，最终强硬到退出一度的八国集团，不跟你们玩了。当美国另一个大选周期结束时，入主白宫者恰恰是一位有着“强人情结”、曾对普京频频点赞的特朗普。

美国的政治机器有其自身的历史惯性。一个从未有过执政经历的人尽可在大选期间以独树一帜的“政治不正确”快意选民，但一旦坐在白宫的位子上，种种潜规则必然牵制着新主扮演好美国国家利益代表的角色，否则便令你捉襟见肘，防不胜防，还不知哪句话已经踩上哪道红线的时候，已经听到远处有人高喊“弹劾”了。

白宫与克宫之间的历史宿命如魔咒般难以跨越。特朗普招惹上的“通俄门”很麻烦，也令白宫与克宫的现任主人在交手时更多了一点五味杂陈的难言之隐。

对于特朗普来说，“通俄门”之所以成为麻烦，是因为他至此才愈发真切地感到美俄关系早已不是谈一桩交易、做一个买卖那般简单，那背后有太多更为复杂的牵制因素。这对于善做交易的特朗普来说，确实是一个有些捉襟见肘的新挑战。

使出诸般手段，一切都是交易

是的，在曾为成功商人的特朗普看来，所有内外政策的施行恰如一场场谈判中的交易。从特朗普大厦走入白宫，做交易的套路似曾相识，所不同的是现在的平台是美国，交易旗帜是“美国优先”。

应该说，作为美国利益的代表，特朗普要通过一场场交易为美国争得最大化的利益，这其实无可厚非。但世界是复杂的，既相互依存，也需相互理解，这样的现实对于一个曾否认“双赢”的特朗普来说就有些抵触。但更为骨感的现实又使得遭到碰壁的特朗普不能一味任性下去，于是做出适应现实的立场调整。作为商人的特朗普既有使出诸般手段力求赢得交易的强硬，也有放下身段及时调整的柔软。这便是特朗普入主白宫后何以在一些问题上出尔反尔、前倨后恭的原因。

入主白宫后，特朗普已促成几笔他眼中的“好交易”。

5 月 20 日至 23 日，特朗普以访问沙特阿拉伯、以色列和巴勒斯坦作为首次出访秀。历史上，美国总统首次出访或选择邻国，或选择“坚定盟友”，特朗普的选择无异于打出一张出人意料的牌。在特朗普看来，这张牌的漂亮在于这是一桩好交易。他在沙特阿拉伯一次成交高达 1 100 亿美元的军火合同，创下美沙建交 70 年来的历史纪录；未来 10 年总额 3 500 亿美元的后续武器交易，将确保美国每年从沙特拿走 350 亿美元的进项。这笔买卖意味着特朗普为美国军工业乃至整个制造业拿回大订单，进而将带来更多的就业机会。

特朗普访问沙特阿拉伯之后不久，沙特阿拉伯等国相继与卡塔尔断交，理由是卡塔尔与伊朗走得很近，还“资助恐怖主义”。此事背后无疑有美国的影子。就在特朗普还在呼吁卡塔尔“停止资助恐怖主义”之际，美国国防部于 6 月 15 日确认已与卡塔尔签署高达 120 亿美元的军售合约，其中包含美制 F-15 战机，五角大楼发言人表示，这意味美国与卡塔尔两国增强在安全与情报方面合作。特朗普里外里又赚得一笔军火生意，只是早已乱成一团的海湾地区更是战云密布。

善于反向思维一向是特朗普的过人之处。在美国国会通过对俄罗斯制裁法案后，俄罗斯总统普京于 2017 年 7 月底要求 755 名美国在俄人员应在 9 月

1 日前停止活动。时隔近两周后，面对媒体询问的特朗普说：“就我个人而言，我非常感谢他放走了一大批人，因为现在我们要付的工资少了……没什么真正的理由让他们回去，我对他们能为我们美国削减工资深表赞许。我们能省下不少钱。”这一言论令不少美国官员极为困惑，称“这个说法天真且短视”，“简直无法用文字形容自己的感受”。

谁能笑到最后　谁才笑得最好

自 2017 年 8 月 4 日始，特朗普开始了总统任期内的首次休假，地点选在了新泽西州自家的高尔夫度假村。对于新总统而言，这处距华盛顿和纽约老家中间位置的隐身之地似乎有着某种寓意。

美国总统在某种意义上可以说是手握整个世界的生杀大权，也因此没有哪位总统能够真的不管核按钮而安心度假。当然，每位总统的休假方式还是有所不同。

对于特朗普而言，休假中的他除了打打高尔夫球外，更多的时间就是发推特。事实上，自竞选以来，频发推特成为他与前任总统最为显著的不同之处之一，以至于落了个“推特治国”的名声。有统计表明，至 2017 年 7 月 20 日，即特朗普执政半年之际，作为总统的特朗普共发出 991 条推文。

偏好推特尽显特朗普个性。有感便发，简单明了，迅捷即时，面向大众，既绕过了传统媒体，也省去了白宫，独往独来，直抒胸臆，好不痛快！只是毕竟成了总统了，很多时候痛快倒是痛快，却少不得白宫发言人每每事后一再解释和澄清。

在新泽西这处度假村内，特朗普发推特说，尽管美国主流媒体虚假新闻满天飞，但在他的领导下，美国在股指新高、边境安全、军事实力、就业机会、最高法院人选、经济转好、管制放松等方面政绩突出。此外，特朗普发推的内容多为抨击美国媒体的“假新闻”和对“通俄门”说三道四的民主党议员。

入主白宫已超过半年的特朗普当然有很多话要说，其中也有不少难言之隐。如同他的前任一样，尽管他急急如律令般全力推进兑现竞选承诺，但未能兑现者不在少数。最令人瞩目的便是他关于推翻奥巴马医改案的法案竟然未能在国会通过。

特朗普从来就不是一位轻易言败的人。他有着诸多过人之处，其中就包括举重若轻的承受和决断能力。他的性格在相当大的程度上决定着他的执政风格。人们从他一路走来的经历中可以寻到他入主白宫后种种表现的根源。

确实不能用传统看待“美国总统”的思维定式理解特朗普。更多地了解特朗普早年的经商经历及各种套路，或许能更为准确地理解特朗普的思维方式、行事风格和交易手段。

骨子里，特朗普还是一位商人。但正如他本人所言，他一路走来，绝不是小打小闹之辈，而是不断进取，不断寻求越来越大的成功交易。他的心很大。他有不断超越自己的意志，也有愈挫愈奋的坚毅。

入主白宫便是进入体制。特朗普再也无法像指挥特朗普集团那样一言九鼎，除了那些难免令人烦心的媒体外，还有国会两院和司法机构的牵制。在特朗普集团内，特朗普可以不用任何公关公司，而自任其责。但在白宫内，他必须带领一支团队，这支团队本身能否形成合力便是一个很麻烦的事情。迄今为止，除弗林外，白宫发言人斯派塞、白宫办公厅主任普里巴斯、刚刚上任仅 10 天的白宫通讯主管斯卡拉穆奇等人已先后离开特朗普团队。8 月 18 日，特朗普首席战略顾问班农宣布当天是他在白宫工作的“最后一天”。这位有着“站在特朗普身后的男人”“幕后人”“大操纵者”“全世界权力第二大的人”“美国真正的总统”等多种称谓的核心人物的离去，再一次引起人们对于白宫团队运转的关注。

白宫从来就有着一扇永远转动着的“旋转门”。白宫高官的升沉荣辱是一幕幕永不停歇的活报剧。能在一位总统手下干满整个任期的阁员少之又少。在奥巴马任内，国防部长、国务卿、司法部长等重要阁员和白宫新闻发言人等人均曾相继离职，一些离职者在随后发表的回忆录中对奥巴马总统颇有微词。

尽管如此，能成事者必须能用人。对于布什、克林顿等政治世家而言，多年的经营使得他们拥有深厚的政治人脉资源。而对于政治资源相对短缺的特朗普而言，能否用人则成为其“美国优先”目标能否实现的一个挑战。

在特朗普集团公司内，特朗普绝对说一不二，独断便成为特朗普感觉舒适的领导艺术。在这个家族企业中，特朗普最为信任的就是家人。入主白宫后，特朗普最亲近的家人得到了重用，他的女儿伊万卡甚至曾在国际峰会场合代父坐在了“美国总统”的位置上，虽然合情但仍引来诸多是非。华盛顿是一个利益盘根错节的地方，制度安排使入主白宫者无法事事独断专行。早已将“你被解雇了”这句名言注册为己有的特朗普会愈发感到最大权力的背后一直跟着麻烦不断、甚至动辄得咎的阴影。

特朗普很敏锐，也很敏感。他很关注外界对他的评论，更没有摆脱愿意听好话的人性弱点。6 月 12 日，在特朗普就任后出席人数最多的全体阁员会议上，高官们竟历史性地歌功颂德。首先发声的副总统彭斯说，“作为总统的副手，这是我一生最大的荣耀”。劳工部长阿科斯塔表示，他非常荣幸参加内阁会议，“我要谢谢总统对美国工人的承诺”。刚从密西西比河考察回来的农业部长尼·珀杜称，那里的农场主们“很爱您”。白宫办公厅主任普里巴斯更是表示，“我们都感谢您给我们机会和赐福。我们正在夜以继日地努力，完成您交给的任务”。

在这次向媒体开放的场合，笑得最为灿烂的当然是总统特朗普。

特朗普为人高调，行事霸气，甚至将“美国优先”下意识地体现于相当夸张的人体接触。特朗普曾在自己的专著中谈及他很不情愿与人握手，认为这是很不卫生的问候方式。竞选期间，与众多选民握手是拉选票的必然手段；当了总统更需要与人握手。特朗普懂得其中的利害关系，但表现出来的却是一幕幕相当夸张的“握手风波”。为了表现强势，特朗普的握手相当有力，以致令日本首相安倍为此经历极为尴尬的19秒钟。加拿大总理特鲁多、法国总统马克龙等人吸取了教训，加之自己较之七十岁的特朗普更为强壮，“握手风波”才有了不同的戏码。

5月25日，特朗普在布鲁塞尔出席了北约峰会。峰会开幕前，与会领导人首先出席北约新总部大楼交接仪式，并按照惯例合影。当几位领导人边聊天边走向自己位置时，被挤在后排的特朗普突然一手把黑山共和国总理马尔科维奇推到一边，自己站到了最前面。这一突显特朗普性格的小插曲随即在全球社交媒体上被八卦得炸了锅。

对于特朗普而言，在未来执政道路上，还有着远比这些八卦更为严峻的挑战。2017年8月12日，弗吉尼亚州夏洛茨维尔市围绕罗伯特·李将军雕塑该不该拆而引发的示威冲突最终酿成血案，各种愤怒迅速蔓延整个美国。

夏洛茨维尔市是被誉为“公立哈佛”的弗吉尼亚大学所在地。这所大学的创办者正是美国《独立宣言》主要起草人、首任国务卿、第三任总统托马斯·杰斐逊。如今，这座充满人文气息的大学城因命案捅破了一个有着深刻社会背景的大脓包，其根源可以追溯到美国南北战争。

值得注意的是，这次风波的主角是白人民族主义者、新纳粹组织成员、三K党支持者等白人右翼，触动的仍是美国种族冲突这根极为敏感的社会神经。特朗普为此先后三次表态，仍难掩含糊其词、勉强应对的姿态。作为总统，他的表态不得不尽可能顾及各方利益。

这一事件预示着特朗普未来执政之路之艰难。相当务实的特朗普今后不可能只抓经济，他将面对越来越多与社会平等、公平等价值观有关的社会冲突。特朗普乘势而起于美国社会大分化中，“美国优先”的施行将不仅加剧美国与全球化进程的碰撞，还会搅动国内不同利益集团之间的差异与冲突。处理这些差异和矛盾，远较在竞选舞台上语出惊人微妙和困难得多。这又让人想起了奥巴马那句让特朗普很不中听，但又不能说没有道理的话，在白宫当总统不是“真人秀”。

谁笑到最后，谁便笑得最好。这个笑，并非可以自诩的强颜欢笑，而是历史老人 的首肯之笑。林肯一生忧郁寡欢，不苟言笑，但最终以维护国家统一、推动历史进步的悲壮得到了历史老人的首肯。反之亦然。更为耐人寻味的是，在最新涌动的种族冲突风潮中，就连林肯及华盛顿、杰斐逊等人的历史都遭到质疑，历史老人也难免困惑起来。

美国正处于又一次钟摆运动过程中。特朗普所推动的是另一场大规模社会实验活动，其“美国优先”理念的背后既可以隐约听到“美国例外论”的别样回声，也可感到“孤立主义”的历史性冲动，以及多种且必然的因素。

成事者离不开天时、地利、人和。古今中外，概莫能外。在相当拥挤的世界民族之林中，让“美国优先”成为现实，也是如此。然而，时代毕竟已到 21 世纪，小小地球村内的各种利益关系早已相互联系得密如织网，哪一个又不是在追求自身利益的最大化呢?!

此时的历史老人三缄其口。

特朗普会向历史老人呈上一份怎样的答案呢?

图书在版编目（CIP）数据

特朗普评传/温宪著．—北京：世界知识出版社，2017.12

ISBN 978-7-5012-5669-3

Ⅰ.①特… Ⅱ.①温… Ⅲ.①特朗普（Trump，Donald John 1946- ）—评传 Ⅳ.①K837.127=6

中国版本图书馆 CIP 数据核字（2017）第 319203 号

责任编辑　刘豫徽
责任出版　赵　玥
责任校对　陈可望

书　　名　**特朗普评传**
　　　　　Telangpu Pingzhuan
作　　者　温　宪

出版发行　世界知识出版社
地址邮编　北京市东城区干面胡同 51 号（100010）
网　　址　www.ishizhi.cn
电　　话　010-65233645（市场部）
经　　销　新华书店
印　　刷　北京虎彩文化传播有限公司
开本印张　787×1020 毫米　1/16　28¼印张
字　　数　388 千字
版次印次　2017 年 12 月第一版　2024 年 12 月第三次印刷
标准书号　ISBN 978-7-5012-5669-3
定　　价　68.00 元